Brasil arcaico, Escola Nova

FUNDAÇÃO EDITORA DA UNESP

Presidente do Conselho Curador
Herman Voorwald

Diretor-Presidente
José Castilho Marques Neto

Editor Executivo
Jézio Hernani Bomfim Gutierre

Assessor Editorial
Antonio Celso Ferreira

Conselho Editorial Acadêmico
Alberto Tsuyoshi Ikeda
Célia Aparecida Ferreira Tolentino
Eda Maria Góes
Elisabeth Criscuolo Urbinati
Ildeberto Muniz de Almeida
Luiz Gonzaga Marchezan
Nilson Ghirardello
Paulo César Corrêa Borges
Sérgio Vicente Motta
Vicente Pleitez

Editores Assistentes
Anderson Nobara
Arlete Zebber
Christiane Gradvohl Colas

CARLOS MONARCHA

Brasil arcaico, Escola Nova
Ciência, técnica e utopia
nos anos 1920-1930

editora
unesp

© 2009 Editora UNESP

Direitos de publicação reservados à:
Fundação Editora da UNESP (FEU)

Praça da Sé, 108
01001-900 – São Paulo – SP
Tel.: (0xx11) 3242-7171
Fax: (0xx11) 3242-7172
www.editoraunesp.com.br
feu@editora.unesp.br

CIP – Brasil. Catalogação na fonte
Sindicato Nacional dos Editores de Livros, RJ

M746b

Monarcha, Carlos
  Brasil arcaico, escola nova : ciência, técnica & utopia nos anos 1920-1930 / Carlos Monarcha. - São Paulo : Ed. UNESP, 2009.

  Inclui bibliografia
  ISBN 978-85- 7139-908-2

  1. Educação - Brasil - História. 2. Educação - Finalidades e objetivos. 3. Reforma do ensino - Brasil. 4. Escola ativa - Brasil. I. Título.

09-0817
CDD: 370.981
CDU: 37(81)

Este livro é publicado pelo projeto Edição de Textos de Docentes e Pós-Graduados da UNESP – Pró-Reitoria de Pós-Graduação da UNESP (PROPG) / Fundação Editora da UNESP (FEU)

Editora afiliada:

Asociación de Editoriales Universitarias
de América Latina y el Caribe

Associação Brasileira de
Editoras Universitárias

Para Pedro e Júlia

Devemos agradecimentos àquelas pessoas as quais temos que amar porque sem elas nos perderíamos na noite.

(Oskar Pfister)

AGRADECIMENTOS

Este livro é um dos resultados de projetos de pesquisas por mim coordenados e desenvolvidos, entre 2002 e 2006, a saber: "Cultura escolar urbana. São Paulo: 1890-1940" e "Revistas de educação e ensino. São Paulo: 1892-1945", com apoio financeiro e científico do CNPq, na modalidade bolsa de produtividade e auxílio à pesquisa; já o segundo projeto designadamente contou também com o apoio financeiro e científico da Fapesp na modalidade auxílio à pesquisa. Como os apoios foram generosos, de sorte que, sem eles, o dia-a-dia da pesquisa teria sido mais duro do que habitualmente é, de público registro meus agradecimentos.

Agradeço também aos funcionários das seguintes instituições: Fundação Biblioteca Nacional (RJ), Arquivo Lourenço Filho – CPDOC (RJ), Arquivo Público do Estado de São Paulo, Biblioteca Pública "John Kennedy" (SP), Biblioteca "Mário de Andrade" (SP), Biblioteca "Virginia Leone Bicudo" da Sociedade Brasileira de Psicanálise (SP), Biblioteca da Faculdade de Saúde Pública da Universidade de São Paulo, Biblioteca da Faculdade de Medicina da Universidade de São Paulo, Biblioteca do Instituto de Pesquisa "Sud Mennucci" (SP), Biblioteca do Museu Paulista da Universidade de São Paulo, Biblioteca Pública "Governador Menezes Pimentel" (CE) e Divisão de Documentação e Pesquisa da História da Psicanálise da Sociedade Brasileira de Psicanálise (SP).

SUMÁRIO

Prefácio   15

Parte I – A caminho
1   Espírito Novo & Sciencia Nova   23
2   Ocaso do "sol professoral"   33
3   A expansão planetária   47
4   Centralização e coordenação   55
5   O Espírito Novo no redemoinhar brasileiro   65

Parte II – Melancolia e mal-estar
1   República desfigurada: história em ruínas   81
2   Populações despatriadas e indestinas   91
3   A cura mística do corpo da nação   109
4   Derramamento da instrução   119

Parte III – Torvelinho da vida moderna
1   Um mundo pós-burguês, figuração do tempo moderno   127
2   Um modelo cognitivo para grandes massas:
     pressupostos e significados   143
3   Polifonia e catarse, o ciclo se fecha   161
     Excurso I: Decalcar a vida nua (breves notas
     sobre liberdade e felicidade)   175

Parte IV – À procura do indivíduo perdido e solitário

1 Os modernos fisiognomonistas
   (invenção e despistagem dos *morons*)   183
2 Panóplia de rostos (sob o efeito de um saber ferozmente sério)   203
3 A arte da medida e equidade social:
   escola de massas, cadinho e filtro   217
4 O corpo como aglomerado de signos   235
   Excurso II: Acalmar o tumulto do trabalho   245

Parte V – O discurso do inconsciente

1 Os insuperáveis nomencladores   251
2 A pessoa e seu duplo psicológico-ético-moral,
   a clínica entra em cena   273

Epílogo: Por um bravo novo mundo   293
Referências bibliográficas   311

Considerai-me o mundo desde seus princípios, e vê-lo-eis sempre, como nova figura do teatro, aparecendo e desaparecendo juntamente, porque sempre está passando.

(Padre António Vieira, Sermões, v. 4)

Entendamo-nos bem sobre o que é igualdade: pois se a liberdade é a cúpula, a igualdade é a base. A igualdade, cidadãos, não é o nivelamento de toda a vegetação; uma sociedade de grandes cânulas de ervas e pequenos carvalhos, um tecido de invejas; é, civilmente, o mesmo peso para todos os votos; e religiosamente, o mesmo direito para todas as consciências. A igualdade tem um órgão: a instrução gratuita e obrigatória. Principie-se pelo direito ao alfabeto, sendo a lei a escola primária imposta a todos e a secundária oferecida. Da escola idêntica sai a sociedade igual.

(Vitor Hugo, Os miseráveis)

PREFÁCIO

Continuamente feitos e refeitos, pois desde há muito sob domínio público, os estudos sobre o "movimento da Escola Nova brasileira" configuram um painel que não se fecha: sem dúvida, a seu respeito já correram rios de tintas; e isso se deve ao fato de que tal movimento constituiu uma das mais bem acabadas expressões de uma rara ampliação da consciência social brasileira, ampliação, diga-se desde já, rica em desdobramentos não apenas como momento excepcional da história intelectual e social, mas também como patrimônio político e moral do país.

Contudo, como há muito se sabe, o tema da Escola Nova encontra-se *sub judice* — algo por si só inquietante, mas que não deve nos impedir de tentar apreensões de conjunto, seguidas de interpretação e construção de outras dimensões de sentido. Sobre esse ponto, fica uma questão: seria possível, em meio à saturação dos estudos produzidos pela crítica universitária, retomar o tema e dizer algo verdadeiramente inédito e original? Se sim, como vencer esse desafio heurístico, com o intuito de recolocar análises e interpretações sobre um tema capaz de suscitar intermináveis polêmicas e não raro paixões apaixonadas? A resposta não é simples, mesmo porque, malgrado as vontades, o tema da Escola Nova continua a dispor fortemente do nosso imaginário coletivo, especialmente no tocante a um futuro de liberdade e felicidade que há de vir pela revolução da cultura. Por esses motivos, quero justificar as opções eleitas e, se possível, antecipar as resistências, pois, muito embora seja uma velha herança dos clérigos medievais, a crítica universitária não é decididamente movida por indulgência, amor ou caridade. De saída, devemos dizer que não há a pretensão de construir um quadro ou panorama acabado, quando muito uma representação tão legítima (ou ilegítima) quanto outras tantas abordagens pessoais hoje existentes, as quais, tal como a representação por mim construída, também arrastam conscientemente ou não, inadvertidamente ou não os próprios fantasmas; de sorte que não há um cânone rígido a orientar a representação, e, creio, tampouco seria desejável que assim o fosse.

Para desenvolver um outro ângulo de visão e estrutura de análise e, claro, não isentos de valor demonstrativo, o texto do livro é instruído *in extenso* pela série documental investigada, e temos boas razões para isso; tenho consciência de que, em certos momentos, o andamento de *Brasil arcaico, Escola Nova: ciência, técnica & utopia nos anos 1920-1930* progride e se desenvolve com recurso a inúmeras citações, por vezes, quase-narrativas, e em sua maioria demasiadamente eloquentes e valiosas para serem deixadas de lado; porquanto, o ritmo será lento, detalhado e refletido, trata-se de um risco calculado, onde: "A citação trabalha o texto, o texto trabalha a citação", pois "A citação não tem sentido em si, porque só se realiza em um trabalho, que a desloca e que a faz agir" (Compagnon, 2007, pp.46-7).

Portanto, o tecido documental a instruir a investigação é notório, senão benquisto, devo explicar: as vozes dos sujeitos de época pedem para serem ouvidas e meditadas, de fato, as visões esperançadas de liberdade e felicidade futuras são inequivocamente eloquentes e demandam atenção. Assim, peço ao leitor benevolente não desanimar ao deparar com uma polifonia de vozes a qual, de uma parte, faz retornar à cena as projeções de sujeitos hoje esquecidos, porém outrora vivamente empenhados no desdobramento de horizontes políticos e culturais, e, naturalmente, alargamento da imaginação criativa; e, de outra, colocam-nos perante consciências sobressaltadas ora pela fé, ora pelo desespero, ora ainda arrebatadas por devoções e esperanças — não raro desesperançadas — de um presente e futuro socialmente considerados.

Para dar conta do proposto, a opção foi pelo ensaio documentado, compreendendo-se por ensaio a forma textual descontínua e inacabada, consequentemente contrária às sínteses definitivas e fechadas. Antes de qualquer coisa, a interpretação proposta terá necessariamente caráter de hipótese e de natureza aberta, ou seja, acolho o tema da Escola Nova não como um dado de fato ou pressuposto histórico, mas como problema. Certamente, o leitor compreenderá, no decurso das páginas, o porquê desse encaminhamento.

O plano do livro está configurado em espiral passando pelos temas e objetos em diferentes alturas e quando necessário mudando o ângulo de observação e análise. Já as seções autônomas entre si constituem unidades textuais com sentido próprio, podendo ser lidas separadamente. Aqui um lembrete, construídos com recurso extenso de fontes documentais e bibliografia própria, certamente os capítulos não configuram quadros de exposição cronologicamente distribuídos, com o intuito nobre e elevado de ilustrar uma época; ao contrário, tudo acontece em relação de estreita simultaneidade; vale dizer, o andamento dar-se-á por entrelaçamento e não por enredo; e passarei do modo narrativo ao analítico, quando julgar ser necessária melhor clareza.

A primeira parte, "A caminho", funciona como prólogo extenso, nela abordando-se detidamente as questões relativas à morte de um saber clássico, aqui tipificado no sistema de ideias do filósofo Herbart e no nascimento de uma Sciencia Nova, fenômeno por mim condensado nas figuras notórias de Claparède, Ferrière, Dewey, Montessori, Decroly. Passo seguinte, tento acompanhar a expansão planetária da Sciencia Nova consubstanciada na expressão *éducation nouvelle*; por fim, interesso-me em captar essas questões no sistema intelectual brasileiro, ao refletir a tensão inerente à dialética entre localismo/cosmopolitismo, nacional/universal.

Na segunda parte "Melancolia e mal-estar", há mudança de cenário: estamos em cheio no Brasil e seus impasses traumáticos clamam por atenção, a polifonia de vozes que nela comparece deplora os descaminhos do país; a imagem da república em ruínas foi por mim eleita para condensar o mal-estar reinante entre intelectuais, cientistas e homens de letras. De olhar ubíquo, ao sobrevoarem científica e imaginariamente os sertões e as cidades habitadas por gentes despatriadas e indestinas, eles certificam-se da existência de um "Brasil errado", ao mesmo tempo armam suas hipóteses de cura do corpo chagado da nação. A república ruinosa é pensada sob o signo da doença; nesse caso, *O reino de Kiato: no país da verdade*, romance de antecipação e utopia compensatória de Rodolfo Teófilo, condensa os tantos anseios reconstrutores.

Em "Torvelinho da vida moderna", terceira parte, esforço-me para significar as representações algo futuristas produzidas no *Zeitgeist* intelectual a respeito do despertar de uma realidade nova, ou melhor, de um mundo mecânico e mecanizado, tal como vemos nas representações analógicas às cenas estonteantes de *São Paulo, a sinfonia da metrópole* e *Berlin – die Symphonie einer Grosstadt* [*Berlim, sinfonia da metrópole*], filmes que atestavam seu nascimento não no campo da ficção, mas no pulsante caos sincrônico dos centros urbano-industriais. Na virada dos anos 1920, quando flamejavam as visões

18 CARLOS MONARCHA

de reconstrução social pela cultura, o estado de transe se intensifica, é quando a metáfora-chave Escola Nova brilhará com toda intensidade na paisagem de ideias, ocupando um dos primeiros planos da cena.

Na quarta parte, "À procura do indivíduo perdido e solitário", detenho-me na reconstituição de um quadro convulsivo no qual, movidos pelo afã de aplicar os progressos da ciência e da técnica às questões práticas da vida em sociedade, sujeitos de toda sorte transitam impensada e abruptamente do conhecimento livresco para a ação transformadora, vale dizer, tomam o desejo por realidade; é quando emerge uma inusitada e poderosa demanda psi voltada para regulação do dia-a-dia de seres vivos constituídos em populações tensas e dessemelhadas. O objetivo principal é discutir o culto devoto da medida da pessoa, modo pelo qual se pensava ser possível reencontrar a sanidade, segurança e o equilíbrio perdidos.

Na quinta parte, "O discurso do inconsciente", defronto-me com as tentativas concentradas, bem ou malsucedidas, pouco importa, de difusão da pedanálise; nas flamejantes avenidas abertas pela Liga Brasileira de Higiene Mental, o "método de Freud" trafega celeremente; o trânsito veloz e embaralhado assiste ao nascimento das clínicas de eufrenia, ortofrenia e higiene mental. Rapidamente a cena é tomada por duplos modernos de Jean Itard e Philippe Edouard Séguin às voltas com o duplo coletivo de Victor, "o selvagem de Aveyron" (o primeiro, Itard, belamente cine-biografado por François Truffaut em *L'enfant sauvage*); nesse caso, a pessoa defectiva torna-se alvo de pesados investimentos, sendo transportada para o domínio privilegiado das ciências de observação e descrição, é quando a clínica entra em cena. Em suma, os duplos de Itard e Séguin demonstram-se preocupados com a prevenção das afecções neuróticas e neuropatias, é o momento do saber parapsiquiátrico e parapsicanalítico brilhar — no céu de veludo negro as estrelas da inteligência médica cintilam intermitentemente. Encerramos com "Por um bravo novo mundo", epílogo ou remate do desenrolar da narrativa; e o anexo documental e bibliográfico que ancorou o trabalho heurístico.

***

Tenho pela frente os complicados dias de hoje, os quais chegam por todos os meios e modos. Certamente, o mesmo deve acontecer com meu provável leitor. Nas páginas a seguir, encontraremos questões e problemas que, por permanecerem irresolvidos, ainda agora vincam amargamente a fisionomia do país.

Brasil! Entre 1910 e 1930, décadas que na vida nacional são irremediavelmente polêmicas, em meio à erupção e irrupção dramática de tensões sociais, conflitos militares, impulsos industriais, ideologias modernizadoras, profundas desagregações, recrudescer de desesperos e visões de esperanças desesperançadas, assistia-se à mobilização de vanguardas estéticas, políticas e culturais, cujos protagonistas atraídos pelo magneto do novo auguravam a eminência da passagem apocalíptica para uma Era Nova. Narrar essa aventura, que vislumbra a esperança para além do perigo, é o desígnio das páginas seguintes.

PARTE I
A CAMINHO

1
Espírito Novo & Sciencia Nova

> *Pois sim! Acreditamos na Nova Era. Acredi-*
> *tamos nela apesar de tudo. No grande processo*
> *que nos intenta o Passado, há um "fato novo"*
> *em favor do Futuro. É necessário rever o juízo.*
> *Esse fato novo é a ciência, é a psicologia da*
> *criança.*
>
> *A Nova Era da infância de hoje — vejam:*
> *seria a Nova Era para a humanidade de*
> *amanhã!*
>
> *Sonho? Utopia? Por quê, então. Sonho*
> *inebriante, em todo o caso. Utopia que vale a*
> *pena que nos sacrifiquemos por ela. Corramos*
> *o risco, trabalhemos pela Nova Era.*
>
> *(Adolphe Ferrière, Editorial.*
> *Pour l'Ère Nouvelle)*

Sabemos que a "educação nova" ou "escola ativa" ou ainda "escola nova", advogada pelos teoristas, desde o último quartel do século XIX, representou outros tratamentos à formação das gerações vindouras. Em geral, recusavam a pedagogia clássica, tendo como referência central a obra de Johann Friedrich Herbart (1776-1841), cuja doutrina se fundamentava nos princípios da "instrução educativa" e da "mecânica das representações", à época de larga aceitação e aplicação na Itália, Alemanha e Estados Unidos, aqui graças às

24 CARLOS MONARCHA

atividades da National Herbart Society, liderada por Stanley Hall, instituição considerada ponto de partida da voga do *child study movement*. Como se sabe, reitor da Universidade Clark, Stanley Hall, organizou a entrega do título de *Doctor of Laws, honoris causa* a Freud quando este ali esteve para um ciclo de palestras sobre psicanálise.

Sucessor de Kant na Universidade de Köenigsberg — filósofo que, em suas lições, sentenciara: "O homem não pode tornar-se um verdadeiro homem senão pela educação. Ele é aquilo que a educação dele faz" —, Herbart é o autor de *Pedagogia geral* (1806), *Psicologia* (1824) e *Esboço de um curso de pedagogia* (1835), obras fundamentais do repertório do pensamento clássico. No prólogo da tradução espanhola de *Pedagogia geral*, Ortega y Gasset (1926, p.7) observava: "Não resta nenhuma dúvida de que ninguém antes de Herbart consegue levar o caos dos problemas pedagógicos a uma estrutura sóbria, ampla e precisa de doutrinas rigorosamente científicas. Ninguém antes de Herbart assume tão completamente a tarefa de construir uma ciência da educação".

Embora anti-herbartiano, o egrégio Edouard Claparède (1873-1940) também rendeu tributo: "Herbart é o primeiro, como se sabe, que tentou erigir a pedagogia em ciência e modelar os meios de ensino e os processos educativos sobre a maneira como se comportam os processos mentais dos quais o educador faz apelo"; porém, introduzia restrições:

> Infelizmente, a psicologia que tomava Herbart como base de suas deduções pedagógicas era, apesar de seu aspecto todo matemático, uma psicologia semifantasista; estreitamente intelectualista, não dava um lugar amplo, se que é lhe dava algum, ao domínio afetivo, às inclinações individuais: ignorava a hereditariedade, e sua doutrina central, a doutrina do interesse, tão justa como princípio pedagógico, não conseguiu impor-se como mereceu, por falta de uma base psicológica e biológica suficiente. (Claparède, 1956, p.43) [1]

Ardente publicista da educação nova e, principalmente, da "escola única", seus escritos sobre o tema ainda hoje são objeto de polêmicas, Lorenzo Luzuriaga assim sumariava o essencial do sistema herbartiano:

---

1 Para uma crítica estendida do sistema herbartiano, cf. Claparède (1932b) especialmente o tópico "Herbart".

BRASIL ARCAICO, ESCOLA NOVA **25**

> Para Herbart, a Pedagogia, como ciência, depende da filosofia da prática (ética) e da psicologia. Aquela mostra o fim da educação; esta, o caminho, os meios e os obstáculos. Para Herbart, a vida psíquica é constituída essencialmente pelo jogo das representações. Estas constituem os últimos elementos a que se pode reduzir a atividade anímica. Delas os sentimentos e desejos são apenas modificações, e surgem do equilíbrio ou desequilíbrio da consciência, da facilidade ou da resistência que as representações encontrem para penetrar nesta. Daí nasce o caráter marcadamente intelectualista da pedagogia de Herbart. (1932, p.295)

Seja do modo que for, Herbart era legítimo herdeiro da visão cosmopolita tão própria do pensamento da Ilustração, a qual figurava a educação como um bem em si mesmo, pois aflorava as qualidades naturais da pessoa; e desse modo fazia-se cessar a hipoteca cristã da natureza tendencialmente má do homem. Com efeito, a pedagogia clássica com a tese do esclarecimento da razão postulava a passagem da heteronomia para a autonomia, objetivando um tipo ideal e infinito de desenvolvimento pleno e harmonioso da personalidade: a formação do caráter pela educação. Sem dúvida, foi esse o motivo que levou o pensamento clássico a colocar as discussões sobre os modelos formativos no centro das reflexões filosóficas.

Continuador da *Aufklärung*, sensível às teorizações do idealismo alemão, particularmente de Kant (para este, "O objetivo da educação consiste em desenvolver em cada indivíduo toda a perfeição de que ele é capaz", conquanto escrevesse em *Ideia de uma História universal de um ponto de vista cosmopolita*: "de uma madeira tão retorcida, da qual o homem é feito, não se pode fazer nada reto" (1986, p.16), Herbart depositava confiança na formação e no aperfeiçoamento da pessoa esclarecida, um ser disposto a abdicar de sua liberdade brutal e aceitar as determinações da legislação estabelecida pela consciência moral. Dessa exigência decorrem tanto o cultivo das faculdades intelectuais e sacrifício das emoções e instintos, quanto a valorização da liberdade individual em detrimento da hegemonia da coletividade despersonalizada movida pela satisfação das inclinações naturais. Ou seja, à educação concerne a formação do caráter reto que assim se mantêm não pela força de uma ação externa sobre a pessoa, mas graças a uma atitude moral clarificada pela razão.

Nessa perspectiva otimista, a educação age decisivamente na emancipação do ser humano do jugo da natureza e do poder despótico, tornando-o sujeito refletido da história; ou, por outra, o homem esclarecido (*Aufgeklärt*) liberta-se das contingências naturais e sociais e da crença em potências estranhas e superiores. Ora, os valores e as aspirações até aqui apontados — o cosmopolitismo liberal, o soberano bem, a comunidade de vida perfeita e altruísta — são inerentes a um mundo burguês fundado no Eu individual, confiante e orgulhoso dos sucessos materiais alicerçados no capitalismo de concorrência. Vale dizer, o ideal ilustrado de formação corresponde à imagem que a sociedade burguesa fazia de si: perfeita comunidade de destinos, sem lugar para opressão e despotismo, assenhoreados de si e de seu destino, os homens construíam uma república virtuosa (cf. Cassirer, 1992).

Pertinaz, a doutrina herbartiana envolve-se com os valores e as aspirações universais postos pela modernidade: bondade, liberdade, educação, felicidade, perfectibilidade. Note-se bem, valores e aspirações presentes nos sistemas de ideias de reformadores socialistas, socialistas libertários e comunistas — Saint-Simon, Owen, Fourier, Cabet, Proudhon, Lassalle, Marx, Engels (para todos eles, a sociedade era a humanidade inteira), os quais, perante as desigualdades aflitivas e o estiolamento do trabalho humano, causados pelo progresso industrial e pela busca incessante de lucro privado, reconstruíam as teorias societárias e, é evidente, num esforço de imaginação recolocavam o objeto social sobre terrenos cujos caminhos levariam a um sistema de vida racional e harmonioso, sobretudo feliz (cf. Dommanget, 1974; Wilson, 1986).[2]

Ao final do primeiro século da Revolução Industrial, certos intelectuais e cientistas, orgulhosos dos avanços do pensamento experimental e analítico e, claro, do triunfo da concepção de história como progresso incessante, anunciavam incredulidade diante das abstratas construções filosóficas e ao mesmo tempo demonstravam forte apego ao experimentalismo nascente. Como que descobrindo a natureza antagônica da sociedade burguesa, pondo-se a reagir contra um ideal formativo considerado chagado por valores éticos e aspirações desusadas, os teoristas solidarizavam-se na crítica dos valores desdenhosamente nomeados de intelectualismo e individualismo; por isso mesmo, confrontavam abertamente a aspiração de perfectibilidade humana assentada na cultura da inteligência, sensibilidade e volição; diziam que a perfeição da pessoa, por ser um fim em si mesma, era um valor artificial. Surgiam os teoristas do Espírito

---

2 Dentre os reformadores, apenas Owen e Cabet concretizaram seus programas educativos nas comunidades por eles criadas: New Harmony, New Lanark e República Icária. Esses programas encontram em Dommanget (1974) um bom analista.

Novo e da Sciencia Nova, dispostos a desvencilhar os processos formativos das ilusões contingentes das "impotentes construções vazias da filosofia social" e a condenar os malefícios causados pelos modelos formativos associados a uma educação longa e virtuosa — *Bildung* — objetivando harmonizar o Eu individual e o mundo histórico-social pela mediação dos conteúdos da cultura estética e literária, filosófica e jurídica, como queria Hegel, ou pelo "imperativo categórico", isto é, pelo dever ético que "fala diretamente a consciência moral do sujeito", como queria Kant (cf. Cambi, 1999; Abbagnano & Visalberghi, 1957). Para os críticos, a pedagogia clássica incorrera no erro de formar um "homem ideal" distante das exigências da vida material e social, um ideal gerador de competições egoístas; enfim, uma educação que olhava a vida de maneira indistinta e borrada — retirar o véu da rotina e da entropia da tradição que ocultava a realidade movente foi, portanto, a tarefa que trouxeram para si. Consequentemente, os ideais de sustentação do humanismo liberalista — a virtude como condição de liberdade e de ação moral e o dever como imperativo categórico — foram dados por anacrônicos, produtos de discursos divorciados das dinâmicas turbilhonadas das sociedades urbano-industriais, mecanizadas e eflorescentes. Certamente era o que pensava Herbert Spencer, em *Da educação intelectual, moral e física*, livro de chave utilitarista e evolucionista, e contemporâneo ao surgimento das políticas de massas na Europa: "Como educação intelectual, moral e física, o estudo dos fenômenos que nos rodeiam é imensamente superior ao estudo das gramáticas e dos dicionários" (1886, p.85).

Para uma pluralidade de sujeitos, era preciso substituir a formação universalista propiciada pela escola clássica, uma ruína cultural sobrevivente num presente desafortunado, pela educação moderna, em perfeita sintonia com um ambiente social móvel e progressivo. Porém, é preciso ter cautela e não carregar demasiadamente nas cores do quadro. Arno J. Mayer em *A força da tradição: a persistência do Antigo Regime*, livro promotor de uma virada na compreensão da história europeia entre 1870 e 1914, ao expor os aspectos do movimento geral do cenário educacional, é do parecer que *Bildung* ou *culture générale* clássica e humanista permaneceu atuante como parte de um processo político e cultural de conversão aristocrática da burguesia e classes médias.

> Ademais, a aspiração obsessiva dos estratos sociais mais recentes pela assimilação à antiga sociedade e cultura os predispunha a procurar escolas de elite famosas para facilitar a ascensão social dos seus filhos.

De qualquer forma, as *public schools* na Inglaterra, os *licées* na França, os *ginnasi-licei* na Itália e os *Gymnasien* na Alemanha, Áustria-Hungria e Rússia eram veículos de reprodução da concepção de mundo e erudição dos antigos notáveis, e as universidades desempenharam o mesmo papel. Entre 1848 e 1914, os estudos clássicos foram fundamentais para esse empreendimento em todos os países europeus, independentemente do seu nível e ritmo de modernização capitalista. (Mayer, 1987, p.246)

Persistência que obviamente não chegou a impedir o desabrochar de uma via moderna composta pelas escolas secundárias deslatinizadas e desclassicizadas, institutos de treinamento voltados para o ensino de ciências teóricas e aplicadas e outros moldes universitários.

Nos debates e nas discussões, a teoria alemã sobre a formação da pessoa ética e virtuosa (*Bildung*), orientada pelo imperativo categórico, caía por terra. Noutras palavras, orgulhosos da sociologia e da psicologia (termos recéminventados por Comte e Stuart Mill) os teoristas repudiavam a pedagogia animada pela filosofia, cujo propósito de formação universal de homens cultos fora colocado sob suspeição, pelo fato de acionar processos considerados artificiais, verbais e abstratos, e claro, característicos de uma era ingênua e primitiva, portanto proscrita.

Não era, de fato, um bom período para os filósofos. Mesmo no seu reduto tradicional, Alemanha, não havia ninguém de estatura comparável para suceder às grandes figuras do passado. As duas grandes correntes filosóficas subordinavamse elas mesmas à ciência: o positivismo francês, associado com a escola do curioso Augusto Comte, e o empirismo inglês, associado com John Stuart Mill, sem mencionar o medíocre pensador cuja influência era então maior do que qualquer outro no mundo, Herbert Spencer (1820-1903). (Hobsbawm, 1982, p.262)

Assistia-se à abolição gradativa das fronteiras entre as ciências naturais e as ciências humanas e sociais. Desde então, a psicologia e a pedagogia clássicas foram fustigadas pelos mais variados espíritos, como saberes pré-científicos modelados pela atividade especulativa ou metafísica, ou melhor, como domínios indeterminados de conhecimento, levando o campeão do realismo sociológico e da noção de educação como fato social, Émile Durkheim, a emitir um julgamento severo, no qual nem Stuart Mill e Spencer (o popularizador do termo sociologia) eram poupados.

BRASIL ARCAICO, ESCOLA NOVA **29**

Para Kant, como para Mill, para Herbart, como para Spencer, a educação teria como objeto primacial o de realizar em cada indivíduo, levando-os ao mais alto grau de perfeição possível, os atributos constitutivos da espécie humana em geral. Dava-se como verdade evidente, axiomática, que há uma educação, e uma só, a qual, com exclusão de qualquer outra, conviria indiferentemente a todos os homens, quaisquer que fossem as condições históricas e sociais de que dependesse. Era um ideal abstrato e único, que os teoristas de educação se propunham a determinar. Admitia-se que houvesse *uma natureza humana*, cujas formas e propriedades seriam determinadas uma vez por todas; e o problema pedagógico consistiria em verificar de que modo a ação educativa devia exercer-se, sobre a natureza do homem, assim definida. (1929, p.94 - grifo no original)

Aqui convém lembrar um dado significativo: no pansociologismo de Durkheim a pedagogia desaparece na sociologia.

À mesma época, Claparède, autor do imponente tratado *Psicologia da criança e psicologia experimental* — um "Evangelho para os novos educadores", segundo Renato Jardim — afirmava o atraso das teorias pedagógicas diante das conquistas da biologia, fisiologia e psicologia: "A pedagogia, ao contrário, ainda não foi encarada senão como uma disciplina filosófica" (1933, p.187). Por enquanto, podemos dizer apenas que a reação de teor crítico-naturalista ocorria contemporaneamente à segunda Revolução Industrial, 1870, cuja principal característica consiste na aplicação crescente da ciência e tecnologia aos processos industriais orgulhosamente exibidos e classificados nas vitrinas do progresso oitocentista — as exposições universais. Indubitavelmente, o horizonte técnico daquele ciclo histórico expandiu-se prodigiosamente ao criar as invenções tecnológicas e descobertas científicas que dariam sustentação ao desenvolvimento do século XX — o concreto armado, a técnica de transforma-ção do ferro em aço, o motor de combustão, a turbina a vapor; a eletricidade e o petróleo como fontes de energia; a lâmpada de arco voltaico, o automóvel e o ônibus motorizados; o trator, o aeroplano e o transatlântico; o fonógrafo, o telégrafo, o telefone, as máquinas de escrever e calcular, a técnica frigorífica, a microbiologia, a liquefação do gás. Enfim, um surto interminável de inven-ções e descobertas causadoras do triunfo do sistema de fábricas e escritórios, fenômenos atuantes na consolidação de uma economia de mercado de alcance mundial fundada no princípio da livre-iniciativa e lucro privado.

Desde a última quarta parte do século XIX, nos países capitalistas mais avan-çados, duas *tendências* de *desenvolvimento* podem ser notadas: (1) um acréscimo da atividade intervencionista do Estado, que deve garantir a estabilidade do sistema, e (2) uma crescente interdependência entre a pesquisa e a técnica, que transformou a ciência na principal força produtiva. As tendências perturbam aquela constelação do quadro institucional e dos subsistemas do agir racional-com-respeito-a-fins, pela qual se caracterizava o capitalismo desenvolvido dentro do liberalismo. (Habermas, 1968, p.318 - grifo no original)

Nesse ciclo tecnológico, a industrialização das descobertas científicas aproximava de maneira inusitada laboratório e fábrica, ou seja, a absorção crescente do conhecimento pela lógica mercantil, com vistas à realização de objetivos imediatos; e, nele, as sociedades europeia e norte-americana adquiriram deslumbrante paisagem urbanizada, industrializada e mecanizada, e sobremaneira movimentada diariamente pelo deslocamento das massas em direção às fábricas, aos escritórios e às escolas. Por uma parte, a estrutura produtiva do sistema de fábricas aumentava esplendidamente a produção e as riquezas em circulação; por outra, o reverso do espetáculo da produção de mercadorias concentrava largos contingentes populacionais nas cidades industriais europeias, cuja miserabilidade das condições de vida e dilapidação da força de trabalho foram dramaticamente descritas por Engels em *A situação da classe trabalhadora na Inglaterra*:

E o que é verdade para Londres é também para Manchester, Birmingham e Leeds, é verdadeiro para todas as grandes cidades. Em todas, indiferença bárbara, dureza egoísta, de um lado, e miséria indestrutível, por outro, em toda parte guerra social, a casa de cada um em estado de sítio, em toda parte pilhagem recíproca com cobertura da lei e tudo com cinismo e uma franqueza tais que nos assustamos com as consequências do nosso estado social, tais como aqui nos aparecem na sua nudez e que já nada nos espanta, exceto que este mundo louco ainda não tenha se desmembrado. (1985, p.35)

Crescimento demográfico, urbanização, industrialização e novos processos técnicos, fenômenos interdependentes, conferiam maior visibilidade à oposição de interesses dos dilapidados e nômades exércitos de força de trabalho, que erravam pelos territórios das cidades industriais, sempre mergulhados num estado de natureza rude, e a cúpula de burgueses financistas e industriais, em cujas mãos se concentravam poder, riqueza e vida espiritual. Fatos bem elaborados em imagens tensas e condoídas por Émile Verhaeren ao poetificar em *Cidades tentaculares* o caos informe; os versos de forte apelo imagético dramatizavam a aridez da paisagem: a agitação de postos e ferrovias, a vida nos subúrbios miseráveis, a espoliação de vidas humanas pelo industrialismo.

> Além, dedos meticulosos, de teares ágeis,
> Com ruídos miúdos, gestos curtos,
> Tecem os panos com fios que vibram
> Leves e finos como fibras.
> Correias transversais de couro
> Vão de um extremo a outro das salas,
> E os volantes grandes e violentos
> Rodam, como se fossem loucas asas de moinho
> Girando sob as rajadas de vento.
> A luz avara e rasa do exterior
> Banha, através dos vidros sujos
> De graxa e umidade da claraboia,
> Cada trabalho.
> Minuciosos, automáticos,
> Operários silenciosos
> Regulam o movimento
> De tique-taque universal
> Que fermenta de febre e de loucura
> E despedaça, com seus dentes obstinados,
> A palavra humana abolida. (Verhaeren, 1999, p.72-3)

E sob o signo da produção de mercadorias, concretizavam-se o duplo movimento simultâneo e contraditório de afirmação da ordem liberal burguesa e o desejo de emancipação das massas de trabalhadores, numa época em permanente choque pelo desdobrar de formações sociais antagônicas e competitivas, a crescente divisão social do trabalho e o revolucionar incessante dos meios de produção. No intervalo de uma geração, ou pouco menos, o mundo mudara de maneira sem precedentes, ao mesmo tempo, os elos entre as gerações afrouxaram. Talvez tenha sido esse tipo de percepção que levou o republicano Durkheim a emitir um juízo um tanto apreensivo:

> As transformações profundas, que as sociedades contemporâneas tem experimentado, estão para esfera experimental, necessitam de transformações correspondentes nos planos de educação. Se sentimos que essas transformações são necessárias, não sabemos, porém, de maneira precisa, quais serão elas. Quaisquer

que possam ser as convicções pranteadas dos indivíduos ou dos partidos, a opinião pública continua indecisa e ansiosa. (1929, p.37)

Enquanto isso ocorria, os teoristas da Sciencia Nova traziam para si a pugna concernente à formação do novo ser humano: *Homo faber*, ser por inteiro, corpo e alma, capaz de exaltar a técnica e a ciência, voltado para a ação dinâmica, prática e útil e, acima de tudo, inserta nos quadros da vida cotidiana.

> Um espírito novo aviventa o mundo. A velha escola tradicionalista, com seu alicerce de rotina, as suas paredes de preconceitos e o seu teto de formalismo social, não lhe resistirá.
> Uma ciência esclarecida virá reconstruir o edifício em ruínas. O novo edifício será então mais vasto, uma "escola de sol"; e ver-se-á, talvez, um dia os homens não odiarem a escola da sua infância, pois que eles ai terão conhecido a saúde do corpo, a harmonia da alma e o desabrochamento do seu espírito. (Ferrière,1934, p.15)

Tudo isso, por certo, permite concluir por agora que, entre o final do século XIX e as primeiras décadas do século XX, a cultura psicopedagógica nomeada vagamente de "educação nova" ou "escola ativa" ou ainda "escola nova", uma cultura assentada na compreensão do entrejogo do organismo e o meio circundante, armou-se com o rigor epistemológico próprio da ciência analítica, ou seja, observação dos fatos, manejo do método experimental, quantificação e generalização da experiência. Num futuro não muito distante, essa cultura culminará com a organização de um funcionalismo biológico e uma antropologia naturalista, ambos perigosamente exacerbados.

2
Ocaso do "sol professoral"

Na Europa da Comuna de Paris, cujas barricadas estremeceram as boas consciências, e da *belle époque*, cujo horizonte técnico revigorou a ideia de progresso social, ocorreram simultaneamente evoluções dramáticas na paisagem industrial, a extensão de redes de controles sobre a vida civil, a construção dos Estados nacionais europeus e a expansão do imperialismo. De par, concretizava-se a montagem de sistemas nacionais de educação em moldes laicos e estatais; nascia a escola de massas destinada à formação da cidadania segundo preceitos da doutrina liberal(*i.e.*, escola para indivíduos cujas ações deveriam ser coordenadas pelo Estado e orientadas pela visão de mundo burguesa). De sorte que a instituição escolar torna-se central no conjunto das sociedades, a ela delegando-se a unificação da cultura no quadro de formação das cidadanias nacionais. Na voz autorizada de Hobsbawm: "Em termos educacionais, portanto, a era de 1870 a 1914 foi, na maioria dos países europeus, acima de tudo a era da escola primária" (1989, p.213).

Nesse largo ciclo histórico que assistiu ao advento da escola de massas e sua obrigatoriedade como questão de Estado, nasciam saberes especializados denominados das mais variadas maneiras pelos mais variados espíritos: "antropologia pedagógica" (Pizzoli), "pedagogia científica" (Montessori), "psicologia pedagógica" (Claparède), "pedologia" e "pedotecnia", neologismos criados por Oscar Chrisman, para designar o estudo experimental da criança, e por Decroly, para nomear a ciência aplicada à criança, e, "pedanálise" outro neologismo criado pelo pastor protestante e psicanalista Oskar Pfister para designar a educação psicanalítica, ou seja, aquela que descobre as inibições prejudiciais originadas pelas forças psíquicas inconscientes geradoras de sintomas enigmáticos para dominá-las e submetê-las à personalidade moral.

Preocupado em estabilizar a linguagem científica recém-fabricada, o grande Claparède, esclarecia, "logia" indica estudos teóricos, enquanto "tecnia", ciência aplicada; já para um certo Patrascoiu:

> Chrisman teve razão ao dizer que o triunfo da Pedologia significa a morte da Pedagogia, pois, na realidade, agora esta velha estirpe do saber humano só existe nominalmente: todos seus ensinamentos milenares ficaram relegados à filosofia especulativa, enquanto os valores didáticos foram transformados radicalmente, como consequência das novas orientações impostas à arte de ensinar pela Pedotecnia. (1926, p.3)[1]

Dito melhor ainda, com essas aquisições valiosas no ativo da ciência consolidava-se um domínio disciplinar positivo e instrumental centrado no estudo da infância, para o qual convergiam disciplinas repentinamente dotadas de sentido educativo: medicina, antropometria, fisiologia, biologia, psicologia (normal e anormal), sociologia e estatística. Assomavam na cena os sujeitos que iriam operar uma reestruturação em profundidade do estatuto epistemológico da pedagogia, a saber: os médicos educadores, com suas análises próprias do douto em medicina, e honestamente envolvidos com as questões da escola popular: Edouard Claparède, Maria Montessori, Ovide Decroly; os avatares da psicofísica: Stanley Hall, Alfred Binet, Theodor Simon; e os expoentes da nascente sociologia: Herbert Spencer e Émile Durkheim.

Bem após inúmeras descontinuidades, a pedagogia clássica de fatura filosófica sofreu uma ruptura decisiva quando, ao final do século XIX, caiu sob o foco médico, biopsicológico, sociológico e estatístico. Simultaneamente ao aqui relatado, vinha a público o estoque canônico de autoridades centrado no esforço de clarear as energias nebulosas da infância — *Psicologia da criança e pedagogia experimental* e *A escola sob medida* de Claparède (1905; 1910), *O método da pedagogia científica* e *Antropologia pedagógica* de Montessori (1909; 1910), *Ideias modernas sobre as crianças* de Binet (1911), *O conceito da escola do trabalho* de Kerschensteiner (1912), *Escola e cultura juvenil* de Wyneken (1913), *Como pensamos, Interesse e esforço na educação* e *Escolas de amanhã* de Dewey (1910; 1913; 1915), *O método de projetos* de Kilpatrick (1918), *Para a escola renovada* de Decroly (1921), *A escola ativa* de Ferrière (1922), *Um método de trabalho livre para crianças* de Cousinet

---

1 Para uma exposição aprofundada, cf. Binet (1911), Barnés (1932) e Pimentel Filho (1936).

(1925) (convém lembrar, em 1924 a Liga das Nações adotava a Declaração de Genebra dos Direitos da Criança elaborada pela International Union for Child Welfare, instituição criada por Eglantyne Jebb: "A criança que tem fome deve ser alimentada; a criança doente deve ser tratada; a criança retardada deve ser assistida; a criança delinquente deve ser corrigida; ao órfão e ao desamparado devem ser dados abrigo e socorro").

A Sciencia Nova, enquanto saber psicológico-médico-sociológico, foi seriamente cultivada em instituições como a National Association for the Study of Child, dirigida por Stanley Hall, nos Estados Unidos, Société Pedagogique de la Suisse Romande, La Société Libre pour l'Etude Psychologique de l'Enfant, criada na França por Ferdinand Buisson, Institut des Sciences de l'Education J.-J. Rousseau, criado em Genebra por Claparède, Société Belge de Pédotechnie, com Decroly à frente, Société Alfred Binet, liderada por Theodor Simon e British Child Study Association. Ou ainda, em organizações de experimentação: Nouvelle Education, dirigida por Roger Cousinet, Compagnons de L'Université Nouvelle, Groupe d'Education Nouvelle e assim por diante.

Desbarbarizar o banco escolar

Do experimentalismo nascente emanavam revitalização pedagógica e renovação didática sem precedentes, ambas enfeixadas na consigna *éducation nouvelle*, então solidamente postada na linha de frente da luta do "ensino pela ação" e recusa do princípio herbartiano da "educação pela instrução"; isso tudo num crescente enquadramento de populações escolares cada vez mais numerosas e heterogêneas.

Abria-se um campo inédito para o estudo dos fenômenos humanos; com efeito, a adoção de métodos clínicos, os acúmulos do acervo de fatos de laboratório e a prescrição da função da educação como instância de prevenção dos males sociais revestiam a pedagogia com a indumentária de gala da ciência e ideais terapêuticos. No ambiente douto caracterizado pela confiança nas ciências da natureza, uma polifonia verbal produzida por vozes graves e inteligentes consolidava o significado biológico da infância, juntamente com a concepção psicobiológica de interesse, algo aparentemente singelo, mas que alargaria consideravelmente o terreno de investigação e produção do homem contemporâneo. É de então a sagração da "lei da necessidade e interesse em educação", estipulada como "mola vital" do espírito.

A educação funcional é a que se assenta na necessidade: necessidade de saber, necessidade de investigar, necessidade de olhar, necessidade de trabalhar. A necessidade, o interesse resultante da necessidade — aí está o fator que, de uma reação fará um *ato* verdadeiro. A escola tradicional reclama esta monstruosidade psicológica: atos que não correspondem a nenhuma necessidade; logo, atos sem causa. A escola ativa, ao contrário, é baseada no princípio da necessidade. (Claparède, 1932b, p.168 – grifo no original)[2]

Ou como argumentava Ferrière, em *L'autonomie des écoliers*, expressivamente subintitulado "L'art de former des citoyens pour la nation et pour l'humanité", livro tido como obra de psicologia social: "Por 'Escola Ativa', entende-se uma escola em que o trabalho intelectual é um trabalho pessoal que se baseia não em uma ciência adquirida de fora para dentro, dogmaticamente, senão em saber conquistado pelo espírito, organicamente, de dentro para fora" (1921, p.273).

Na visão psicofísica, o "interesse" desata a mola comprimida, colocando a pessoa em movimento, especulação teórica sugerida anteriormente por Herbart. Essas elucubrações apoiavam-se em lugares-comuns da ciência da época, a saber: o princípio evolucionista da "adaptação útil" de Spencer — "o apóstolo do darwinismo social" (Gould, 1991) — que sustentava a noção de reajustes sucessivos da ação humana perante as suscitações do meio; e o princípio que afirmava que as fases evolutivas do indivíduo reproduzem as fases do desenvolvimento da espécie, como na teoria evolucionista de Haeckel (Claparède denominou esse princípio de "lei da sucessão genética"). Afirmava-se a ideia sistêmica de adaptação do indivíduo ao ambiente: o que estava em jogo era a descoberta comprovada da energia que orienta a atividade humana. Num dos seus tantos escritos, Claparède diria resoluto: "Os métodos e os programas gravitando à volta da criança e não mais a criança rodando assim-assim à volta de um programa decidido de fora dela, tal é a revolução 'Copernicana' à qual a psicologia convida o educador".

No redemoinhar de teorias desejosas de efetuar uma avaliação experimental da criança, a voz de Maria Montessori foi uma das poucas a se alevantar e a protestar, talvez motivada pela junção peculiar do materialismo e espiritualismo místico, característicos de seu sistema de ideias.

---

2 Para análise do conceito de interesse em Herbart, Dewey, Claparède, Kilpatrick, cf. Ruiz (1960).

BRASIL ARCAICO, ESCOLA NOVA   37

Experimentou-se estudar nas escolas elementares a antropologia e a psicologia pedagógica, na esperança de obter da antropometria e da psicometria a renovação da escola.

Ao progresso que resultou desse esforço, seguiu-se à intensificação mais pela própria ciência do que pela pedagogia. Os médicos orientaram mais a sua contribuição experimental no sentido da psicologia e da antropometria que no sentido tão esperado da pedagogia científica. Em conclusão, jamais o psicólogo ou o antropólogo ocupou-se em educar crianças nas escolas, como também os educadores não se tornaram cientistas de laboratório. (1924, p.7)[3]

Com roteiro diferente e contribuições originais, o movimento heterogêneo e controvertido nomeado de "educação nova" também se fez presente nos Estados Unidos, tendo como referência central John Dewey (1859-1952), um teorista que, diferentemente de Claparède, ingressara na psicologia não pela biologia, mas pela filosofia. Num livro escrito na fase da Universidade de Chicago, quando na Lab School aprofundava sua psicologia de sentido funcional, *Meu credo pedagógico*, dizia: "Creio que a educação é o método fundamental do progresso e da reforma social. E creio que todo professor deve dar-se conta da dignidade de sua profissão, de que é um servidor social instituído para manter a boa ordem social e para assegurar a regularidade do crescimento social" (1980, p.20).

Do conjunto da obra prolífica de John Dewey depreende-se tanto a concepção de educação como processo pelo qual os grupos sociais transmitem as capacidades e os ideais adquiridos (*i.e.*, como processo prospectivo e reconstrutor da experiência), quanto a definição da escola como instituição social capaz de concentrar os meios eficazes que levam a criança a utilizar sua capacidade para fins sociais com recurso à ação moral. Para essa filosofia que se concretiza na realidade vivente, a verdade do conhecimento não se refere tão-só à coincidência do real com o ideal, mas a tudo que se mostra eficaz para a existência e serve para guiar e conservar a ação (*pragma*). O que fez um antigo discípulo, John L. Childs, afirmar que o pragmatismo de Dewey era "algo mais que uma filosofia de filósofos" (1956, p.140).

De modo claro e conciso, Dewey explicita essa concepção em *Democracia e educação*: "O que é nutrição e a reprodução são para a vida fisiológica, a

---

3 Sobre a natureza psicofisiológica da pedagogia científica na Itália, cf. Bucci (1990) e Babini (1996, 2000) Babini, Lama (2000).

educação é para a vida social". Para ele, o objeto da educação é o homem, que, por viver num mundo em permanente mudança (*i.e.*, a América industrial), não poderia deixar de empreender a contínua "reconstrução da experiência vital"; a conduta humana orientada pelas experiências positivas teria mais sentido, segurança e coerência, ao promover reajustes sucessivos da ação ante as suscitações do meio social dinâmico.

Sobre as inovações introduzidas pela *progressive education* na relação aluno-professor, dizia: "É uma mudança, uma revolução muito semelhante à introduzida por Copérnico, trasladando o centro de gravidade da Terra ao Sol" (1934, p.57). Em *Schools of to-morrow* livro em coautoria com sua filha, Evelyn, e traduzido para o espanhol como *Las escuelas de mañana*, ele seria menos metafórico e mais incisivo: "O professor intervém apenas para corrigir erros e evitar o desânimo, deve deixar de ser um cicerone e um ditador para ser tornar observador e um guia"(p.20). Em síntese: Dewey apelava para os poderes ativos da criança. De todo modo, esse filósofo pragmatista, com seu intenso otimismo sobre progresso, ciência , liberdade e peculiar apreço pela democracia, Dewey é também um pensador políti-co, tornara-se referência central no discurso acadêmico norte-americano, certamente o funcionalismo constituiu a essência do americanismo. Dotada de atualidade e premência, sua doutrina implantou-se duradouramente na cultura norte-americana, por ter acolhido na reflexão psicopedagógica a recusa veemente do dualismo clássico que opunha o espírito ao mundo, o pensamento à ação. Reflexão que acolheu também os problemas sociais e po-líticos originados pela presença de imigrantes, urbanização, industrialização e progresso tecnológico. Em *Schools of to-morrow*, reafirmava a necessidade de modificar a escola em decorrência da passagem do "sistema doméstico e de vizinhança" para uma "civilização industrial" com sua forma singular de fabricar e intermediar mercadorias.

> Quando os homens viviam em pequenos grupos que tinham pouco que ver com os demais, o dano que a educação intelectualista e memorista causava era realmente pequeno. Mas agora é diferente. Os métodos e as operações industriais dependem, hoje, do conhecimento dos fatos e das leis das ciências naturais e so-ciais, num grupo muito maior do que o foram antes. Nossas ferrovias e barcos, os bondes, telégrafos e telefones, fábricas e granjas de trabalho, e até nossos recursos domésticos comuns dependem, para sua existência, de intrincados conhecimentos materiais, físicos, químicos e biológicos.

Dependem, em sua melhor e última aplicação, de uma compreensão dos fatos e relações da vida social. A menos que as massas de operários tenham que ser cegos pinhões e as engrenagens dos aparelhos que manejam devem ter alguma inteligência dos fatos físicos e sociais atrás e além do material e dos instrumentos que estão manejando. (1950, p.23)[4]

Considerada *alma mater* da inovação educacional norte-americana, as teorizações de John Dewey converteram-se em esteio de teorias societárias, além de exercer influência sobre Claparède, Cousinet, Ferrière, Piaget, Kilpatrick, Decroly, Kerschensteiner, Luzuriaga e outros. Claparède, nomeado de "Dewey francês", identificou-se de imediato com a teoria "pedagógica, genética, funcional e social" do "filósofo e pedagogista norte-americano", tendo auspiciado e prologado a publicação de textos do autor pragmatista: "A meu pedido, L. S. Pidoux traduziu para o francês quatro estudos de J. Dewey, publicados sob o título *l'Ecole et l'enfant* [...] Anexei a este volume uma introdução sobre "A Pedagogia de M. John Dewey", redigida *com amore*, pois muito simpatizo com as ideias tão finas e tão profundas do eminente pensador de Nova Iorque" (Claparède, 1959, p.44). Todavia, vale lembrar rapidamente um dado, se Claparède associa "interesse" e "necessidade", Dewey antepõe o "interesse" ao "esforço", e isso faz toda a diferença entre ambos.

Igualmente Decroly traduzia para o francês *How we think*, de Dewey, sob o título de *Comment nous pensons*. Na avaliação pessoal do ativista Luzuriaga, Dewey "fez ruir com fragor a carcaça da escola intelectualista à 'Herbart e à Loyola'" (1932, p.15). Contrapondo-se a esse ciclo de louvores, o teórico uruguaio Jesualdo, num texto de certa repercussão nos anos 1940, julgava severamente:

Não é uma simples coincidência que apareça o teórico-pedagogo Dewey no cenário educativo dos Estados Unidos, na mesma época em que o prático industrial F. W. Taylor ajusta os processos de trabalho a um mínimo de tempo e a um máximo de aproveitamento do esforço humano, nos campos da produção. Não. São fatos concomitantes, ou melhor, determinados: um é consequência direta e imediata do outro. Dewey é uma consequência de Taylor, e ambos podem simbolizar perfeitamente a totalidade do problema: Ford. (1945, p.48)[5]

---

4 Cito a tradução realizada por Lorenzo Luzuriaga, quando de seu exílio na Argentina.

5 Essas críticas feitas desde um ponto de vista pró-soviético se intensificariam na "guerra fria", cf. Matthias et al. (1956) e Simon (1956).

Seja qual for a apreciação a respeito de Dewey, autor de uma obra em permanente interpretação e reinterpretação, ainda nos dias atuais, não nos é dado esquecer sua conduta corajosa ao assumir em 1938, quando acabara de completar 80 anos, a direção da Comissão Conjunta de Inquérito encarregada de realizar o contrajulgamento de Leon Trotski, então exilado no México, em decorrência dos expurgos soviéticos de 1936-1937, que levaram a condenação à morte de Kamenev, Zinoviev e Bukharin. A "Comissão Dewey" desfez as acusações de Stalin, como demonstrou o biógrafo de Trotski. Para Isaac Deutscher: "A participação de Dewey no Comitê foi quase um ato heroico".

> Filosoficamente, era adversário de Trotsky — teriam uma polêmica sobre o materialismo dialético. Apesar de todo seu radicalismo, era pelo "modo de vida americano" e pela democracia parlamentar. Como pragmatista, inclinava-se a favor do Stálin "não doutrinário" e "prático" contra Trotsky, o "marxista dogmático". Ao assumir em sua idade, o trabalho de presidir ao inquérito, teve de romper muitas ligações antigas e abrir mão de velhas amizades. (Deutscher, 1963, p.387)

Dewey repetia a atitude corajosa anteriormente assumida nas análises do julgamento dos imigrantes italianos de pendor anarquista, Nicola Sacco e Bartolomeo Vanzetti, julgamento que moveu e comoveu a opinião pública mundial, no início dos anos 1920.

O movimento heterogêneo e controvertido destinado a conferir outros tratamentos à educação escolar também se fez presente na Rússia revolucionária. Os soviéticos, ao elegerem a escola de classes como via perfeita de renovação do mundo, denegavam a escola neutra — pois estava em jogo a reconstrução radical da personalidade humana, ou melhor ainda, a construção do "homem comunista".

Em meio ao fragor da luta entre *staroie i novoie* (velho e novo), fulcro da visão soviética de mundo, discursava Lenin, no I Congresso do Ensino Soviético, em 1918: "O nosso trabalho no domínio escolar consiste em derrubar a burguesia, e declaramos abertamente que a escola desligada da política é uma mentira e uma hipocrisia" (apud Dommanget, 1974, p.515).

À frente do Comissariado do Povo para a Instrução Pública, o Narkompros, Vassili Lunatcharsky, secundado por Nadeska Kroupskaia, presidente da Seção Pedagógica do Conselho Científico do Estado, envolveu-se na construção da *troudovaïa skola* (escola unificada do trabalho) difundida por Blonsky de modo a preparar a formação politécnica da juventude.

Foi nessa ambiência revolucionariamente encrespada pelo vento forte, que se destacaram os nomes sonantes de Kroupskaia, Vera Schmidt, Pistrak, Pavel Blonsky, Vygotsky, Makarenko e Pinkevich, este defendia a seguinte tese: "Insistimos em afirmar que o objetivo fundamental da escola do trabalho é o de formar o lutador futuro para o comunismo e o construtor do novo regime" (1931, p.47). (cf. Volpicelli, 1954)

Surpreendentemente, parte da *intelligentsia* revolucionária especialmente aquela alinhada ao Narkompros acolhera os modelos e experimentos educacionais norte-americanos e europeus, o próprio Dewey quando lá esteve espantou-se com o fenômeno. De fato, a nascente pedagogia soviética colocara a prova os pressupostos de Decroly, Montessori, Dewey, Kerschensteiner e Nartorp, os quais não menos surpreendentemente pareciam adequar-se à reeducação do povo em moldes socialistas abrangentes. Os métodos ativos, a *Arbeitsschüle*, de Kerschensteiner, o Plano Dalton, de Helen Parkhurst, inspirado nas posições montessorianas, e os princípios da escola única ou ativa ou do trabalho lá repercutiram na fase do comunismo de guerra.

Na passagem pela União Soviética em 1928, Dewey observava em uma de suas reportagens para o *New Republic*, posteriormente reunidas no livro *Impressions of soviet Russia and the revolutionary world*:

> Embora os educadores russos reconheçam neste ponto — como em muitas outras coisas — um débito original para com a teoria norte-americana, eles criticam muitos dos "projetos" empregados em nossas escolas como inconsequentes e triviais, porque não pertencem a nenhuma meta social, nem têm consequências sociais definidas em sua aplicação. Para eles, um "projeto" educacional é o meio pelo qual o princípio de um todo "complexo" ou unificado de questões sociais é materializado. Seu critério de valor é a contribuição para um "trabalho socialmente útil". (Dewey apud Veer & Valsiner, 1996, p.322-3)

A situação mudou radicalmente a partir de 1932 quando uma resolução do Comitê Central do Partido Comunista condenou os métodos modernos, ou melhor, "burgueses", como impróprios para a formação da juventude comunista. Então, a palavra de ordem era ligar a escola à vida prática, e prosseguiam os soviéticos confiantes nos acertos revolucionários.

> O que faltava, porém, precisamente a esses pedagogos, promotores de "escolas para a vida, escolas novas, escolas do trabalho", era justamente uma base socioló-

42 CARLOS MONARCHA

gica, ou melhor, social, capaz de suportar o edifício de suas concepções, e que aqui se acha em caminho de realização: escola do trabalho, repousando sobre o trabalho e o educando para o fim do trabalho. E isto não poderá ser realizado senão num meio social onde o trabalho e aquele que trabalha sejam soberanos. (Internacional dos Trabalhadores de Ensino, 1935, p.114)

Nas complexas condições da década de 1920, guerra civil, crise econômica e expurgos ideológicos eram os fatos decisivos, além do que as massas de adultos analfabetos e de crianças órfãs e abandonadas comprometiam o porvir socialista, a pedologia assumiu o estatuto de disciplina científica estreitamente vinculada às práticas e conceitos educacionais; para muitos, o futuro da escola soviética enquanto instituição social dependia dos sucessos e acertos da ciência pedológica. Logo eram criados os institutos de Pedagogia Científica em Leningrado e Moscou, e em 1930, o Instituto de Psicologia Experimental de Kornilov foi transformado em Instituto de Psicologia, Pedologia e Psicotécnica. Concretizava-se a institucionalização da ciência da infância reestruturada pela metodologia marxista-leninista, como bem atestam as teses debatidas no Primeiro Congresso Pedológico Soviético; de fato, nesse evento enfatizou-se a função do meio social no desenvolvimento psicológico da criança. Por aqueles anos Vigotysky notabilizava-se como teórico e professor de Pedologia (cf. Trombetta, 2002; Veer & Valsiner, 1996). De par aparecia a revista *Pedologiya* para difundir os avanços da nova ciência junto aos professores das escolas elementares. Entrementes, não demoraria muito para que as controvérsias colocassem a pedologia sob suspeição político-ideológica. Quando começaram os primeiros expurgos e as autocríticas da Era Stalin, as metas e a natureza dessa ciência foram revisadas. Por exemplo, a revista *Pedologiya* em editorial do ano de 1931 reposicionava-se do seguinte modo:

A pedologia é uma ciência social que estuda as regularidades do desenvolvimento de acordo com as faixas de idade de crianças e adolescentes com base nas regularidades da luta de classes e na construção do socialismo na URSS. (apud Veer & Valsiner, 1996, p.331)

Mais ainda, enquanto sistema unificado e prático, à ciência pedológica caberia promover estudos sob os aspectos psicológico, fisiológico e psicotécnico.

À morte da pedagogia clássica sucede o nascimento da Sciencia Nova em educação, progressivamente institucionalizada e organizada em corpo de conhecimento científico e autônomo voltado para a adaptação do homem comum à ordem social de massas. Visando à libertação da tradição, inúmeros sujeitos anunciavam o novo em educação, por meio de conceitos operantes: "educação funcional", "escola sob medida", "pedagogia psicológica" (Claparède); "escola ativa" (Bovet/Ferrière); "escola do trabalho" (Kerschensteiner); "educação progressiva" (Dewey); "escola única" (Luzuriaga); "pedagogia científica" (Montessori). Nesses sistemas, a noção de interesse era numinosa: "a alavanca que move as montanhas, a pedra angular da Escola Ativa" (Ferrière, 1934, p.35). E não tardaria o momento em que Claparède propusesse a equivalência entre as noções de interesse e a de libido formulada por Freud.

> Por outro lado, o verdadeiro pensamento de Freud não teria sido desvirtuado por sua linguagem? Ele empresta, na maioria das vezes, uma extensão tão grande à palavra *libido*, que a torna perfeitamente equivalente àquilo que chamamos *interesse*: um instinto ou uma necessidade que tende a satisfazer-se. A evolução da *libido* se reduz, assim, à evolução do interesse, cujo objeto varia à medida das necessidades do momento e das necessidades orgânicas. (Claparède, 1956, p.501 - grifo no original)

Obviamente Freud contestou e disse não.

Preocupado com a "cura das almas", Oskar Pfister, "pastor analista" (*Analisenparrer*), segundo Freud, notabilizava-se com trabalhos de divulgação entre pastores e professores. Pfister para Freud:

> Falei publicamente sobre psicanálise por quatro vezes seguidas em diferentes localidades e sempre colhi sucesso exterior muito grande. O professorado de grande parte do cantão de Zurique coloca-se unido atrás de mim e exige que a instância superior dê oportunidade aos professores de conhecerem a psicanálise pedagógica (Pedanálise). (in Freud & Meng, 2001, p.105)

Um dos momentos dessa notoriedade foi *Was bietet die Psychanlyse dem Erzieher* (1917), livro de alcance assombroso traduzido para o francês, inglês, italiano, polonês, grego, dinamarquês e em espanhol sob o título *Psicoanálisis y la educación*.

> A educação psicanalítica tem como fim dominar as fantasias sexuais reprimidas que inibem o curso normal do desenvolvimento e que produzem enfermidades psíquicas. Há de se sublimar a sexualidade pelo desenvolvimento da alegria na natureza, nos jogos, no esporte, na arte, na religião e na amizade com outros camaradas ajuizados. (Pfister, 1932, p. 56)

44 CARLOS MONARCHA

Na tradução francesa, *Psychanalyse au service des éducateurs*, Pierre Bovet saudou o autor como "o inventor e o mestre da psicanálise aplicada à educação" (p.xii). E seria essa tradução que circularia entre intelectuais-cientistas brasileiros preocupados em colonizar os territórios da educação escolar com recurso a uma pedagogia analítica. Assim como Claparède, Pfister divergia de Freud num aspecto: ele propunha a substituição da "libido" por *Liebe* — na sua cogitação pastoral, a energia vital ou pulsão fundamental não provinha da libido, mas da *Liebe*, isto é, do amor.

Na ambiência brasileira, Artur Ramos sintonizado com os debates científicos, era um dos poucos a dar conta da sutileza da discussão.

> Para tirar ao termo libido o significado de sexual no sentido estreito, autores o tem procurado substituir por outras expressões. Alguns identificam a energia libidinal a "vontade de poder" (Jung). Pichon propôs o neologismo *Aimance*, enquanto que, para Claparède, esta força instintiva poderia ser chamada *Interesse*. (1934, p.96)

Seja o que for, cientistas importantes como Flournoy, Claparède, Bovet e Stanley Hall, este já em idade avançada, não resistiram e admitiram algumas das hipóteses psicanalíticas de Freud.

A busca por uma "escuta educativa" analógica à 'escuta analítica" fez prorromper uma diversidade de teoristas, como Hans Zulliger, autor de *La psychanalyse à l'ecole* (Sandor Ferenczi, em conferência de 1909, "Psicanálise e pedagogia", não via perspectivas na aproximação dos dois campos, para ele o caráter repressivo das emoções pela educação favorecia o surgimento de neuroses (cf. Ferenczi, 1991).

Pensava-se com essas ideias práticas empreender uma radical reconstrução da sociedade e cicatrizar as feridas individuais e coletivas pelo saneamento das relações humanas, fazendo-se necessário um conhecimento profundo do ser individual. Surgindo quase de súbito, a proclamada *éducation nouvelle* invocava a velha herança de Comenius, Rousseau, Pestalozzi e nalguma medida Fröebel; numa manifestação ampla e generalizada, o ensino verbal do professor cedia lugar à aprendizagem ativa do aluno. Nos anos de 1920, especialmente, a Sciencia Nova vivenciou uma evolução espetacular, aparecendo como princípio dinâmico, infinito e impessoal, capaz de conduzir a humanidade em direção à paz e ao progresso. Para os infatigáveis teoristas, tratava-se, antes de tudo, de elucidar questões colocadas *na* modernidade e *pela* modernidade, e aparentemente inextricáveis. Como conciliar educação, liberdade e autoridade com objetivo de instituir sociedades harmoniosas? Como concretizar o princípio da disciplina liberal e amável?

Enfim, desde o ponto de vista da Sciencia Nova, preocupada em estudar "as molas da vida do espírito" e possibilitar a "expansão vital" da pessoa, era necessário subsumir a educação escolar às regras do método experimental, com recurso à ciência e à sua objetividade própria. O "espírito científico" — ditava Claparède — "é essencialmente o senso do fato, como fonte, regra, medida e controle de todo o conhecimento" (1932b, p.57). Com a incorporação dos conhecimentos originários da psicologia de base biológica e fisiológica e da estatística, almejava-se melhor caracterização da infância (e consequentemente do adulto); ao se estabelecerem as constantes do desenvolvimento, os estágios de maturação e a identificação das diferenças individuais, almejava-se renovar as técnicas de ensino; e, por fim, com a incorporação da explicação sociológica, firmava-se a tese da influência da sociedade na formação dos sentimentos e da personalidade humana. Em suma, o alvo privilegiado era o estudo do comportamento humano.

Sem dúvida, os estudos intensivos sobre a infância, nomeados de "movimento pedológico", ganharam impulso de objetividade, conquanto houvesse um certo retorno à imaginação romântica — a crença numa humanidade naturalmente boa, porém pervertida pelo meio social defeituoso; contraditoriamente, o movimento pedológico não só retomava as teorias carregadas de nostalgias, segundo as quais a natureza é a melhor educadora, como prolongava o princípio positivista de construção científica das coisas humanas. Em suma: firmava-se a configuração arbórea de pedagogia — um saber compósito constituído por diferentes discursos triunfantes no século seguinte sob o rótulo de "ciências da educação", vitória prefigurada por Alexander Bain, em *Ciência da educação*, obra na qual situava a educação como especialidade psicofisiológica.

Na atmosfera científica contrária à ação de repetição fixa, vicejava o assustador princípio que postulava o homem como ser inteiramente natural e cuja vida espiritual era dirigida por impulsos e instintos. Assim, dos estudos analíticos e experimentais, defluia uma antropologia naturalista (Brecht: "Os psicólogos da época descobriram o behaviorismo, a psicologia vista pelo olho de uma câmera" (2002, p.29). Em poucas palavras, armada com o método experimental, a ciência psicológica enfrentava a escola existente e a barbárie do banco escolar. Vale dizer, na escola nova predicada pela "revolução copernicana na educação", o verdadeiro centro, o centro de fato, não é a criança e seu ensino, mas a psicologia funcionalista, a ela e somente cabem todas as honras e glórias.

Graças aos sucessos proporcionados pela ciência, saber positivo e moralmente neutro, firmava-se a concepção de educação como atividade pessoal, espontânea e ativa, mas também e sobretudo como alento necessário para reerguer o mundo. Para esse radical evangelismo social e moral, a ciência caucionava o bem-estar da humanidade.

3
A EXPANSÃO PLANETÁRIA

Espalha-se a boa nova como um rastilho de pólvora.
(Ferrière, "A técnica da escola ativa", 1932)

Após a Primeira Guerra Mundial, fato assinalador do fim do longo século XIX, o Ocidente deparava com os grandes -*ismos* coordenadores e representativos de possibilidades históricas antagônicas: o reformismo social-democrata da II Internacional, o comunismo social da III Internacional e o pulsante capitalismo norte-americano. Nesse ciclo histórico, o movimento de reforma da educação incorpora as questões relativas à paz social, reconstrução social e estabilidade política: "No momento em que este livro aparece" — constata pesaroso Claparède no prefácio de *Psicologia da criança e pedagogia experimental* — "a Europa está em ruínas, ruínas materiais, ruínas morais. Poder-se-ão conjeturar, no futuro, retrocessos para a barbaria, semelhante a este de que somos testemunhas impotentes" (1956, p.10). Com um *front* de 500 quilômetros, da França à Turquia, a Grande Guerra Mundial, a guerra de trincheiras cujos estilhaços abalaram as consciências daqueles que, estupefatos, viam as nações representativas da superioridade ocidental ameaçarem a civilização, ao constituírem o caos da morte como princípio de vida. O retorno mortificante à barbárie fizera desmoronar a segurança e a civilidade, gerando a sensação de abismo; o mundo de antes de 1914 ruíra e com ele desapareceu um padrão de ordenação social.

Sensível observador dessa realidade dramática, quase improvável, pela primeira vez ocorria uma guerra de âmbito mundial, Walter Benjamin outro-

48 CARLOS MONARCHA

ra envolvido com o Movimento Juvenil liderado pelo neo-hegeliano Gustav Wyneken, manifestava-se pesaroso:

> Não, está claro que as ações da experiência estão em baixa, e isso numa geração que entre 1914 e 1918 viveu uma das mais terríveis experiências da história. Talvez isso não seja tão estranho como parece. Na época, já se podia notar que os combatentes tinham voltado silenciosos do campo da batalha. Mais pobres em experiências comunicáveis, e não mais ricos. Porque nunca houve experiência mais radicalmente desmoralizadora que a experiência estratégica pela guerra de trincheiras, a experiência econômica pela inflação, a experiência do corpo pela fome, a experiência moral pelos governantes. Uma geração que ainda fora à escola num bonde puxado por cavalos viu-se abandonada, sem teto, numa paisagem diferente em tudo, exceto nas nuvens, e em cujo centro, num campo de forças de correntes e explosões destruidoras, estava o frágil e minúsculo corpo humano. (1982, p.165)

Novamente, o sonho iluminista de Kant, o projeto de Paz Perpétua com seu propósito de unidade da espécie humana, fora contestado e considerado singularmente utópico; a natureza humana demonstrara-se equívoca e contrária às crenças do humanismo liberalista, o mundo dos homens parecia quebrado e ensombrecido.

Decididas a pôr término à instabilidade das relações políticas e econômicas, as potências vitoriosas, após a assinatura do Tratado de Versalhes, criaram a Liga das Nações (na verdade, um diretório de grandes nações sediado em Genebra para harmonizar os interesses dos Estados-nação e tornar o mundo estável e seguro) e a Organização Internacional do Trabalho, agência destinada a arbitrar as relações entre capital e trabalho: "Desgraçadamente, porém, o armistício e a paz não puseram termo, em muitos países, ao estado precário no qual se encontra a infância em todos os sentidos. O mais difícil de precisar as consequências futuras que advirão para os meninos que sobreviverem a esse estado de coisas", relutava Claparède (1956, p.10) às voltas com presságios sombrios. Nesse contexto defeituoso, a reforma da educação ganha foros de movimento pelo altruísmo e torna-se um canto de paz num mundo dilacerado por desesperos acumulados e torturadas frustrações. Dir-se-ia que os teoristas do Espírito Novo, ao colocarem como escopo comum a cooperação, lealdade e sentido de justiça entre as pessoas, almejavam oferecer uma "segunda chance" à humanidade. Evocava-se a urgência de uma "escola nova", como antídoto ao traumatismo e sublimação do egoísmo interesseiro supressor do sentido de solidariedade.

Ao trauma histórico ocasionado pela guerra acrescentam-se outros que alteraram radicalmente a política internacional: a nova e desconhecida Revolução Bolchevique, cujo espectro vermelho espalhava-se pelo Ocidente, sugerindo uma revolução mundial em curso; a República de Weimar, que, com sua modernidade estética e literária e processos políticos revolucionários, desmoronava, cedendo à ordem totalitária; a Itália fascista, cujo ímpeto político seduzira nacionalistas ansiosos por uma política de Estado capaz de disciplinar a sociedade. Em suma, assistia-se ao declínio do Estado liberal burguês, à ascensão de regimes totalitários, à expectativa de um ciclo de revoluções coordenado pela Internacional Comunista e, acima de tudo, à insurgência das massas humanas. Massas que habitavam um submundo, não possuindo outro bem senão a força de trabalho (tal como nos dias de agora).

Para os atentos observadores da desordem, o complexo de experiências sociais e políticas testemunhava o advento de dias incertos. O soçobrar da sociedade humana parecia ser iminente, o futuro encontrava-se adiado por um presente amargo e, naquela época, talvez mais do que em outras, a crença ilimitada no poder regenerador da educação e da escola difundiu-se pelos quatro cantos da terra, aprofundando-se a revisão de seus fundamentos, de modo a fazê-la atuante na estabilização das nações e classes sociais e, assim, reencontrar a segurança, medida e equilíbrio.

Honra e promessa de uma época

No imediato pós-guerra, insuflou-se o apelo irresistível para a construção de um ser humano novo para uma ordem nova — "La paix par l'école" conclama Pierre Bovet.

Intelectual tocado pela mística iniciática da teosofia, tal como Beatrice Ensor, Ferrière autor de títulos como *A ciência e a fé*, *O mistério da pessoa*, *A influência dos astros* e *A ontogênese humana ou a ascensão para o espírito*, explicava o teor do espiritonovismo:

> É aquele que, forçosamente, fará suceder, um dia ou outro, ao regime da autoridade o regime da liberdade; precisemos: que ao regime da má autoridade, da que se impõe desde fora, que vai contra as necessidades fundamentais da natureza da criança, e que não é, pois, para este "autoridade consentida", fará suceder o regime

da boa liberdade, da "liberdade reflexiva", daquele que é a submissão do eu inferior ao eu superior e que poderá levar melhor o nome de liberdade espiritual. (1934, p.38) (cf. Hameline (1993a)

É dessa época de consolidação das sociedades produtoras de mercadorias constituídas num ritmo simultâneo, desigual e internacional, o surgimento do Instituto de Ciências da Educação, criado em 1912, em Genebra por Claparède, ano do bicentenário de nascimento de Jean-Jacques Rousseau. Seu programa de ação reunia as funções de centro de ensino e pesquisa, informação e propaganda. Com o fito de formar *experts*, o instituto oferece cursos distribuídos em seis seções: psicologia da criança, psicopedagogia das crianças anormais, pedagogia geral e experimental, educação dos púberes, proteção da infância e orientação profissional, incluindo tecnopsicologia. A esse centro germinador da educação funcional, Claparède anexou uma escola experimental, a lendária Maison des Petits.

O "instituto psicopedagógico" contava com as presenças atuantes de Adolphe Ferrière, Alicia Descoeudres, Pierre Bovet, Léon Walther, Hèléne Antipoff e Jean Piaget; em 1932, a instituição seria incorporada à Universidade de Genebra e, em certos momentos de dificuldades, receberia auxílio da Fundação Laura Spelman Rockfeller. De largo prestígio, o Instituto Jean-Jacques Rousseau conciliava os estudos dos problemas de ensino com a observação científica de casos psicológicos. E do cadinho teórico-experimental do instituto sairia o programa da "psicologia pedagógica" cuja chave situa-se no estudo da "lei da necessidade" e "interesse em educação", conceitos tidos como reveladores da síntese dinâmica do ser humano e sua conduta. Imbuídos do *páthos* do novo, no exato momento em que as fronteiras históricas e nacionais eram derrubadas, redesenhando-se os mapas da Europa e do Oriente Médio — desapareciam os impérios Russo, Habsburgo e Otomano —, os teoristas colocavam em circulação, no mercado mundial de ideias, uma antropologia da qual se desprendem óbvias recomendações pedagógicas.

Os avanços do Instituto de Ciências da Educação Jean-Jacques Rousseau, cujo lema *Discat a puero magister* ["O mestre deve aprender do discípulo"], transformaram Genebra num dos grandes centros do movimento pedológico, o outro é a Universidade de Columbia, com Dewey à frente. Anos depois, radicada em Belo Horizonte, Hèléne Antipoff, cujo prenome já estava abrasileirado para Helena, recordava um passado pessoal ainda quente: "Claparède erguia, em pleno coração da Europa, um centro educativo para educadores do mundo inteiro. Foi assim que encontramos, entre alunos, os brasileiros Dr. Carlos de Sá, Dr. Francisco Lins, D. Laura Lacombe... Era uma pequena *liga das nações*" (1945, p.34 - grifo no original). Sem dúvida, a frequentação cosmopolita disseminou pelos quadrantes do mundo os novíssimos discursos científicos sobre a infância e a puerícia, os quais, como já disse, evidenciam um certo retorno aos românticos com sua celebração da espontaneidade humana, ainda que prolongasse o princípio positivista de construção do conhecimento científico dos homens e das coisas, fenômeno que por si só constitui um paradoxo intelectual.

Ao lado de Claparède, o psicologista russo Léon Walther compôs a intrincada face do instituto às voltas com a organização científica do trabalho. Investimento de larga repercussão, os conhecimentos produzidos pelo Centro de Orientação Profissional anexo ao instituto favoreceram os progressos dos métodos psicotécnicos e o ensinamento obstinado da otimização e do papel do *expert* na organização da produção. Com isso, o instituto inscrevia-se na larga empresa de regulação do sistema de trabalho, cujo clímax ocorreu no entreguerras. Para a cultura de eficiência vicejante, a psicotécnica (ou tecnopsicologia ou psicologia do trabalho) era um saber de virtudes prometeicas, de fato, a ciência do gerenciamento acenava com o apaziguamento das classes. Inventavam-se a "psychotechnique" e os "psychotechnics", termos híbridos e polissêmicos criados por Stern, na Alemanha, e Münsterberg, nos Estados Unidos, nos começos do século XX.

Na análise de um crítico das ideologias da racionalização amadurecidas no após-guerra, Charles Maier: "Por razões muito diferentes, todos os adeptos fervorosos do gerenciamento científico e da supervisão tecnológica procuravam apenas uma coisa: invalidar o modelo anterior à Guerra, contestar-lhe todo caráter inevitável e por aí mesmo afirmar uma nova imagem das relações de classes" (1978, p.136).[1]

A potência da máquina, a esteira de montagem, a produção em massa, a concentração da força de trabalho e o desejo de regular o trabalho comum alimentaram a razão psicotécnica. Paulatinamente, esse saber analítico e previsor integrou-se à economia política, constituindo-se em linha de continuidade das práticas de Taylor, que transformara em "ciência" a organização do tra-

---

1 Sobre o "taylorismo soviético", cf. Finzi (1986) e Querzola (1978).

balho industrial, com os propósitos de normalizar a produção e intensificar a extração de mais-valia. Na visão de Antonio Gramsci, em "Americanismo e fordismo":

> Taylor de fato exprime, com cinismo brutal, o fim da sociedade americana; desenvolver no trabalhador, no máximo grau, atitudes maquinais e automáticas, despedaçar o velho nexo psicofísico do trabalho profissional qualificado, que exigia uma certa participação ativa da inteligência, da fantasia, da iniciativa do trabalhador e reduzir as operações produtivas ao seu único aspecto físico maquinal. (1974, p.237)

Com efeito, a emergência de uma representação apolítica do mundo do trabalho promanada do saber psicotécnico, então elevado à altura de uma técnica pela qual a sociedade se autorregularia, estava em conexão com *Fundamentos de administração científica* de Taylor com seu intento de transformar a produção em puro domínio técnico. No cenário prodigioso de progresso material, desenrolado em países de regimes políticos diferentes — Estados Unidos, França, Itália, Alemanha e União Soviética –, surgiam agências difusoras de um saber fundado na separação das instâncias de concepção, direção, execução e avaliação da atividade.

Na atmosfera regurgitante de promessas, um vento forte encapelou fortemente a extravagante razão psicotécnica às voltas com identificação das capacidades humanas reclamadas pelas sociedades industriais ou a caminho da industrialização e expansão de serviços. Os porta-vozes da razão psicotécnica elegiam o rendimento como núcleo de uma visão autônoma da sociedade e instância soberana da vida. Então recém-engajada no trotskismo, Simone Weill em conferência para uma plateia de operários industriais, em Paris, nos idos de 1930, dardejava críticas:

> Muitas vezes se fala da revolução industrial para designar exatamente a transformação que se produziu na indústria quando a ciência se voltou para a produção e apareceu a grande indústria. Mas pode-se dizer que houve uma segunda revolução industrial. A primeira se define pela utilização científica da matéria inerte e das forças da natureza. A segunda se define pela utilização científica da matéria viva, isto é, dos homens. (1979, p.117)

Designadamente, nos Estados Unidos, na Itália, na Alemanha e na Rússia soviética, corporificava-se a era de planificação das economias, com intensa

BRASIL ARCAICO, ESCOLA NOVA **53**

mobilização de recursos tecnológicos e contingentes de força de trabalho. Registros das expectativas a respeito da psicologia do trabalho e das experiências práticas realizadas no Centro de Orientação Profissional do Instituto Jean-Jacques Rousseau encontram-se nas obras de Claparède, *L'Orientation profissionelle, sés problèmes et sés méthodes* (1922) — publicação do Bureau International du Travail —, e *Comment diagnostiquer les aptitudes chez les écoliers* (1923); e de Léon Walther, *Tecnopsicologia do trabalho industrial* (1929), em cujo prólogo Claparède declarava: "O princípio da racionalização do trabalho, caldeado ao calor de profunda simpatia pelo operário — Taylor corrigido pela psicologia — tal é, nos parece, em suma, a obra de Léon Walther, tão benéfica quanto engenhosa" (p.8). Essas obras contêm as tantas elucubrações cientificistas, dominantes nos anos 1920 e 1930 (mas os efeitos da Grande Depressão solaparam as utopias industriais, a retração da economia reduziu quase a zero os postulados da colaboração de classes, desacreditando os dirigentes dos sistemas, por consequência, o sedutor modelo americano perdeu muito do poder catalisador).

Num futuro próximo, a expectativa de racionalização ecoaria em *Educação funcional*, quando a exaltada imaginação de Claparède, no auge da projeção, figurou essa espantosa imagem em movimento: "Se fizermos um certo número de cortes na ação contínua de tomar o bonde, teremos primeiramente uma *máquina-de-esperar-olhando; logo depois uma máquina-de-subir-para-o-bonde; em seguida, uma máquina-de-sentar;* depois, uma *máquina-de-pagar-passagem* etc.". E avançava, traçando homologias entre corpo humano e entes mecânicos: "Um organismo é uma máquina, isto é, uma reunião de peças que concorrem para um fim único, a manutenção do próprio equilíbrio. Muito bem: como se constituiu esse conjunto, *como foi fabricada essa máquina,* em virtude de que série de acontecimentos, de determinações se constituiu esse arranjo que produz efeitos tão úteis à conservação?" (1933, p.65 – grifo no original). Ao exaltar a fusão harmoniosa entre a energia humana e a potência da máquina, os sujeitos da razão psicotécnica obscureciam perigosamente a distinção entre homens e artefatos, algo nada estranho à cultura do século XIX.

Os relógios e os robôs abriram o caminho para a noção de que o funcionamento e o comportamento humanos obedeciam às leis mecânicas e os métodos experimentais e quantitativos, tão eficazes na descoberta dos segredos do universo físico, seriam igualmente aplicáveis aos estudos da natureza humana. E assim, o legado dos séculos XVII ao XIX inclui o conceito do funcionamento do homem como uma máquina e a aplicação do método científico na investigação do comportamento humano. (Schultz & Schultz, 2005, p.28)

Soará como paradoxo, portanto, a admiração aberta dos teóricos da significação da infância e do autodesenvolvimento harmonioso à ideia de produtividade assentada no paralelismo estreito entre ação e tempo. É bem de ver, figuras como Decroly, na Bélgica, Piéron, na França, Faria de Vasconcelos, em Portugal, e Lourenço Filho, no Brasil, enfrentaram as discussões da ciência do trabalho e administração experimental, como se fossem desdobramentos naturais das preocupações educacionais. Sem dúvida, há conexões entre as concepções de "educação funcional" ou "escola sob medida" com as ideologias da racionalização. No ideário chamativo da *éducation nouvelle*, encontram-se as teses canônicas da cultura da eficiência, a saber: a crítica do dispêndio de esforços inúteis, a desqualificação das rotinas empíricas, o elogio implícito da superioridade do douto, por ser íntimo das práticas experimentais, ou a preeminência do especialista sobre o prático por ser dotado de justa apreciação das situações.

> A economia de tempo que a teoria (entendendo-se como tal a experiência sistematizada e racional) consegue sobre a prática pura, sobre o empirismo, foi posta em evidência por F. W. Taylor, em seus interessantes estudos sobre a organização científica do trabalho industrial. As razões que ele fez prevalecer em favor da organização científica das técnicas industriais são as mesmas que se podem invocar em favor da organização científica das técnicas pedagógicas. (Claparède, 1956, p.21)

Para essa perspectiva, a educação assim como o trabalho é um problema próprio da economia política, donde o permanente elogio das hierarquias construídas com recurso à ciência. Em uma palavra, a *éducation nouvelle* era chamada a partilhar da litania técnica. E aquilo que inicialmente era um filete pueril tornar-se-ia torrente atormentada.

4
CENTRALIZAÇÃO E COORDENAÇÃO

De meados do século XIX aos começos do século XX, quando o mundo de fato se viu unificado pelas vastas mobilizações de capital, surgiram organizações de centralização e coordenação do movimento reformador. Coadjuvado por Decroly, Ferrière, em 1921, promovia a criação da Ligue International pour l'Éducation Nouvelle, menos numa associação e mais numa federação de instituições com seções em diversos países. Para ressaltar o caráter de federação, o comitê executivo da Liga, reunido em 1925, implanta um comitê internacional integrado por Beatrice Ensor (presidente), Inglaterra; Isabel Rotten, Alemanha; Ovídio Decroly, Bélgica; Katzaroff, Bulgária; Sigurd Nasgaard, Dinamarca; G. Kruwell, Escócia; Lorenzo Luzuriaga, Espanha; J. Hauser, França; Marta Nemes, Hungria; Lombardo-Radice, Itália; e Adolphe Ferrière, Suíça.

Em 1925, o Bureau International des Écoles Nouvelles, criado em 1899, por Ferrière, foi substituído pelo Bureau International de l'Education (BIE), subordinado à OIT. O BIE ajuda decisivamente a abrasar a "educação nova", para tanto, recolhia documentação sobre educação primária e secundária pública e privada, pesquisas relacionadas à psicologia da criança e coordenação de entidades ocupadas com experimentação. De par à mobilização contra a ordem escolar existente, apareciam: Progressive Education Association, nos Estados Unidos, New Education Fellowship, fundada na Inglaterra por Beatrice Ensor, e o Bureau of Educational Service do Teachers College da Universidade de Columbia.

As diretrizes da Ligue International pour l'Éducation Nouvelle se expandiram graças aos concorridos congressos internacionais, na verdade cursos de conferências bienais realizadas na Europa — a celebrada conferência de

Calais (1921) e, depois, Montreux (1923), Heidelberg (1925), Locarno (1927), Elsenor (1929), Nice (1932) e Cheltenham (1936). Com cerca de 400 a 1 000 delegados, os congressos reuniam intelectuais de porte e de filiações políticas diversas, porém unidos pelo desejo de uma educação branda e com referência na ciência: Adler, Amélia Hamaïde, Bakulé, Bertier, Cousinet, Decroly, Fauconnet, Ferrière, Freinet, Jung, Geeheb, Glökel, Jung, Lietz, Lombardo-Radice, Piaget, Rommel, Rotten.

Segundo informe da *Revista de Pedagogía*, o congresso de Nice presenciou uma reviravolta de ideais; o Groupe Français d'Éducation Nouvelle, de tendência socialista e comunista, impôs preocupações concernentes à igualdade social e à democracia, questionando, o espiritualismo prevalecente de Ferrière. Élise Freinet deixou um registro vivido do Congresso de Nice então dominado pelo prestígio de Maria Montessori:

> O seu material [de Montessori] viera num comboio especial; tinham sido reservadas numerosas salas do imenso Palácio do Mediterrâneo. Crianças ideais, ajuizadas e lindas, embora, parecessem de uma outra época, com todos os seus penduricalhos rococó, moviam-se por entre o material luxuoso que as atraia visivelmente. Era com uma espécie de admiração que as víamos manusear em silêncio, com destreza, as superfícies e os cubos e todos aqueles objetos que, no meio da maior imobilidade, levavam às vezes a virtuosismos de raízes quadradas ou cúbicas e que nos mergulhavam numa atmosfera de macaquinhos de feira ...
>
> Pensávamos nos nossos alunos, desgrenhados e mal vestidos, tão espontâneos nos seus gestos e nos seus impulsos, e a recordação das nossas classes barulhentas invadia-nos e impedia-nos de compreender o que poderia existir de verdadeiro por trás dos gestos dos pequeninos prestidigitadores montessorianos. (1978, p.214)

Autora do bem difundido *El método Cousinet*, manual de alguma penetração nos meios brasileiros, Concepción S. Amor, militante na seção espanhola da Ligue International pour l'Éducation Nouvelle, numa notação documental de aspectos interessantes do ambiente de lufa-lufa, reinante no Congresso de Locarno, cujo tema central era "A liberdade em educação", registra a presença de 1.200 congressistas de inúmeros países, regiões, etnias e religiões, reunidos temporariamente numa Urbe comum: negros de fala inglesa, índios da América do Norte, alemães, ingleses, norte-americanos, escandinavos, japoneses, australianos, turcos, húngaros, romenos, poloneses, portugueses, espanhóis, mexicanos, uruguaios, italianos, franceses, suíços, austríacos, búlgaros, russos, letões, estonianos, poloneses, judeus da Mesopotâmia e da Polônia, tchecos, belgas (estes "encantados com o método Decroly", segundo a autora) e brasileiros. Nesse registro de valor historiográfico inquestionável, porém reticente senão desabonador, Concepción S. Amor narrava a participação da delegação brasileira, no Congresso de Locarno, que depois viríamos saber tratar-se de professores liderados por Laura Jacobina Lacombe, e enviados por Antonio Carneiro Leão, diretor geral da instrução pública da Capital Federal. Transcrevemos quase na íntegra o registro, pois ainda pouco se sabe da participação de brasileiros, nos congressos da Ligue International.

> Os brasileiros querendo se destacar no Congresso, nos apresentaram um longo *film* da vida das suas escolas do Rio de Janeiro. Para poder julgar bem todas as complexas realidades que a fita mostrou, há que se conhecer previamente o estado do país onde se produzem, e quando eles se mostram tão orgulhosos de sua obra certamente responde as necessidades que supõe um avanço e que vai bem com o conjunto.
> Os campos de jogo, os passeios escolares, o ensino doméstico, as danças e muitas outras coisas me pareceram encantadoras; mas para apresentar como modelo uma obra completa, é preciso que seja realmente excelente em todos os detalhes; num Congresso composto majoritariamente de saxões, que nestes assuntos vão muito longe, os brasileiros deveriam ter se precavido muito bem trazendo como modelos armários contendo bacias e utensílios de limpeza, que é necessário tirar e pôr sobre uma mesa na hora do asseio, que por este meio há de ser muito relativo; aulas de completa imobilidade e vários outros detalhes pelo estilo, fizeram com que grande parte de ingleses, norte-americanos e alemães sorrisse, e o restante deles e de todos, pensar que os elementos brasileiros organizadores do *film* ou desconheciam a realidade mundial ou pouco sabiam de bom sentido e tato para apreciar o conceito que estas coisas deveriam merecer aos elementos que deviam julgá-las. Uma pequena exposição de trabalhos (painéis) e os programas gerais de ensino completavam as novidades e contribuições do Brasil. (Amor, 1927, p.487)

Quaisquer que sejam as interpretações algo é inegável: os ideais de educação funcional e seus métodos assumiam crescente caráter de internacionalização e cosmopolitismo, o léxico e as fórmulas internacionalizavam-se, configurando um mercado planetário de ideias: "O movimento em favor da Escola Ativa estende as ramificações e abraça o planeta" (Ferrière, 1932, p.182); e, de fato, assistia-se ao nascimento de um saber experimental de alcance mundial. Desde logo, na constituição do mercado planetário, foram estratégicas as funções desempenhadas pela Collection d'Actualités Pédagogiques et Psychologique

(Éditions Delachaux & Niestlé, Neuchatel), Ediciones La Lectura e Publicaciones de la Revista de Pedagogía (Madrid), série Actualidades Pedagógicas, editada por Francisco Beltrán Librería, Educación e Pedagogía Contemporánea (Barcelona/Buenos Aires); Colección Labor; e as edições da Livraria Cultural (Havana), claro indicativo de que o investimento na pedagogia experimental se encontrava respaldado comercial e editorialmente.

Mercado ampliado pelo surgimento de revistas de educação e ensino, sempre dirigidas por teóricos de expressão, como as vinculadas à New Education Fellowship: *The New Era* e *Progressive Education*, editadas na Inglaterra e nos Estados Unidos; ou, as vinculadas à Ligue Internationale: *Pour l´Ere Nouvelle*, órgão oficial da Liga, direção de Ferrière e Decroly; *L'Educazione Nazionale*, Itália, direção de Lombardo-Radice; *Revista de Pedagogía*, Espanha, direção de republicano Lorenzo Luzuriaga. Prosseguindo com *Escola Nova* e *Educação Social*, Portugal, direção de Adolfo Lima e António Sérgio; *Das Werdende Zeitalter*, Alemanha, Áustria e Suíça Alemã, dirigida por Isabel Rotten; *Svobodono Vaspitanie*, Bulgária; *A Jovo Utjain*, Hungria; *La Nueva Era*, Chile, direção de M.A. Hamel; *Escuela Activa*, Uruguai; *La Obra* e *Nueva Era*, Argentina. (No mais, será importante lembrar que a metáfora "Era Nova" capitaneava as crenças próprias da Teosofia, movimento esotérico fundado pela mística Helena Petrovna Blavatsky).

No Brasil, a revista *Educação*, órgão da Diretoria Geral da Instrução Pública e da Sociedade de Educação de São Paulo, editada entre 1927 e 1930, divulgava regularmente as ações do Bureau International d'Éducation e da Ligue Internationale. Lourenço Filho, do comitê de redação, apresentava-se como Delegado, em São Paulo, do BIE. Francisco Venancio Filho, por sua vez em *Notas de educação* (1933), traduziu artigos originariamente veiculados na *Revista de Pedagogía*, *Progressive Education*, *La Nouvelle Education*, *La Renovation Scolaire*, *New Era* e *Schola*.

Produção editorial massiva e imprensa periódica de propaganda trivializam o programa da Liga junto ao grande público, por vezes mobilizando-o. A rede de contatos pessoais, publicações e conferências, mantinham o público atualizado nas conquistas e avanços das "ciências da educação". Graças à tarefa pastoral dos teoristas da infância e do princípio de interesse livre, cujo sermonário fora traduzido em diversas línguas, o ideal de reconstrução social e moral pela educação escolar repercutiu largamente; e, mais do que antes, colocou-se a educação no centro da vida social, cultural e política. E, de fato, insertos numa conjuntura histórica a um tempo apreensiva e esperançosa, Decroly, Kerschensteiner, Dewey, Claparède, Montessori, Ferrière e Luzuriaga (intelectuais que certamente evocam os "mercadores da luz", figurados por Bacon em *A Nova Atlântida* — viajantes que chegam aos portos, trazendo conhecimentos de lugares remotos), percorreram os quadrantes do globo predicando uma educação nova para um mundo novo. No imaginário reconstrutor, a escola aparecia como causa primeira da sociedade do amanhã.

Decroly, que transformara o interesse psicobiológico em fundamento do método intuitivo e construtivista denominado "centro de interesse", efetuou missões pela Inglaterra, Espanha e América Latina e, sob os auspícios da Commission of Relief for Belgium, presidida por Herbert Hoover, percorreu por duas vezes o *establishment* universitário estadunidense, recolhendo documentação sobre os exames mentais e escolares realizados pelo método de testes e as "escolas-laboratório" das universidades de Chicago, Columbia, Harvard, Yale e outras, ao mesmo tempo em que agitava o método psicogenético, a função da globalização, do interesse e da expressão.

Kerschensteiner, inspetor das escolas de Munique, a convite da Associação Internacional para Desenvolvimento da Educação Industrial, realizou conferências nos Estados Unidos, e encontrou-se com Dewey, ainda que brevemente. Maria Montessori percorreu Espanha, Inglaterra e Estados Unidos, nesse país pronuncia conferência no âmbito da Panamá-Exhibition, em São Francisco. Vivamente impressionado Grahan Bell fundou a American Society Montessori.

Dewey difundiu suas ideias em conferências e cursos em capitais de países de formação social díspar: Istambul, Cidade do México, Nanquim, Pequim, Tóquio e Moscou, onde conviveu com Lunatcharsky conforme relatou em *Impressions of soviet Russia and the revolutionary world: Mexico, Chine, Turkey* (1932).

Suas ideias se difundiram pela frequentação de alunos-professores de nacionalidades diferentes, ao Teachers College da Universidade de Columbia, onde, além de contatos com Dewey, gozavam da presença de Kilpatrick e de outros avatares — Kandel, Monroe, Pintner, Thorndike, Watson, Wilson. Nessa instituição de ensino e pesquisa, os estudantes estrangeiros obtinham o prestigioso título de Master of Arts, experiência que para muitos brasileiros representou uma jornada de autoconhecimento e autopercepção, tal como relatam Isaías Alves, Anísio Teixeira e Noemi Marques da Silveira.

Glober trotter, segundo João Batista Damasco Penna, Claparède, percorreu Atenas, Bucareste, Cairo, Copenhagen, Edimburgo, Haia, Istambul, Madri, Moscou, São Francisco e Varsóvia . "Vi-o muitas vezes — disparava o fisiologista Ivan Pavlov — "É o secretário-geral perpétuo de todos os congressos psicológicos mundiais" (1970).

Claparède visitou o Brasil no exato momento em que a Revolução de Outubro de 1930 encontrava-se em curso; Pierre Bovet assim rememorou o fato: "suas aventuras no Brasil, quando as balas silvavam em Belo Horizonte, só são conhecidas por quem ouviu seus relatos na Amical" (1934, p.214). Claparède esteve em Belo Horizonte, detendo-se no Laboratório de Psicologia Experimental da Escola Normal; e na Capital Federal, além de visitar o Laboratório de Psicologia Experimental da Colônia de Psicopatas de Engenho de Dentro, chefiado por Waclaw Radecki, ele pronunciou a conferência "O complexo de inferioridade na criança" na sede da Associação Brasileira de Educação.

> Em 1930 esteve no Brasil, em Minas e no Rio. Já em 1920, aliás, havia sido convidado para vir a São Paulo: realizava-se, naquela época, no aparelho escolar do Estado, a reforma Sampaio Doria, de cujos planos constava uma Faculdade de estudos superiores de educação, na qual Claparède iria ser o professor de psicologia. As circunstâncias, porém, não permitiram que se levasse avante o plano dessa faculdade, e o psicólogo só dez anos mais tarde é que conheceria o Brasil. Veio, aliás, na época agitada da Revolução de Outubro, o que não o impediu de entrar em contato com alguns educadores brasileiros (Mário Casasanta, Lourenço Filho, Francisco Venâncio Filho e outros) e realizar conferências, uma sobre o Instituto Rousseau e outra sobre o sentimento de inferioridade na criança. (Damasco Penna, 1949, p.262)

No ano de 1929, Luzuriaga, republicano de orientação socialista, então no cargo de secretário-técnico da Seção de Relações Culturais do Ministério de Estado da Espanha, percorreu o Panamá, Chile e Argentina, por delegação da Junta de Relações Culturais do Ministério, e desenvolveu seminários, cursos e conferências sobre o tema da educação nova, nas universidades de Santiago do Chile, La Plata e Buenos Aires. (cf. Rodríguez, 1989a; Viñao-Frago, 1994-95)

Em prol da escola ativa, Ferrière percorreu a Bélgica, França, Grã-Bretanha, Iugoslávia, Itália, Hungria, Romênia, Áustria, Alemanha, Tchecoslováquia, Polônia, Espanha. Ao final da década, dirige-se à América do Sul e, na condição de representante da Liga junto ao Bureau International d'Éducation, visitou Equador, Chile, Argentina, Uruguai, Paraguai e Brasil , também no exato momento da revolução outubrista, fato que malogra a visita. Impedido de descer a terra, permaneceu ao largo da baía do Rio de Janeiro, onde recebe documentos sobre as reformas em andamento no Espírito Santo e Capital Federal; do Rio de Janeiro seguiu para Portugal e Espanha. Logo publicaria suas impressões, em *L´Amérique Latine adopte l´ecole active*.

Acrimonioso, o respeitável Manoel Bomfim em conferência na ABE contraditava o viajante: "Ferrière é o declamador dos chavões empertigados. Ferrière, com todos os defeitos de Decroly, agrava-os, pois lhe falta a boa cultura científica e psicológica que fez o êxito do pedagogista belga. Depois de arrombar todas as portas abertas da pedagogia livresca ele oferece a sua escola ativa a proclamar-lhe a orientação" (1930, p.49).

Tentativa de mitologia

É de notar como certos autores de uma literatura de difusão e propaganda, como Luzuriaga, alardeavam ter encontrado as fontes da modernidade em educação, nos sistemas de ideias e nas experiências isoladas objetivadas por uma linhagem de humanistas. É de notar o modo pelo qual engendrou-se um mito de origem da Escola Nova situado nas nascentes de um extenso rio luminoso que trazia nas águas uma educação branda centrada no contato com a natureza, no trabalho coletivo, na autonomia individual e no princípio de interesse. Para todos os efeitos, situa-se a fonte límpida no Renascimento italiano: a Casa Giocosa fruto do humanismo de Vitorino da Feltre.

E para o rio luminoso da boa doutrina confluíram a visão realista e antiescolástica do mestre-guia Comenius; a clarividência filosófica de Montaigne, Locke, Rousseau; as cosmovisões e realizações de Pestalozzi, em Yverdon; e de Fröebel, com a invenção do *Kindergarten*. Rio tornado caudaloso com as experiências de conotação tardo-romântica ou pastoral: a New Schools de Abbotsholme, de Cecil Reddie (este sinceramente inspirado em Robert Owen), a École des Roches de Verneuil-sur-Avre, experiência aristocrática e confessional, dirigida por Edmond Demolins cujo lema era "Bien armes pour la vie"; ou Yasnaia Polyana, escola para camponeses localizada em Tula, no coração da Rússia Tzarista e perfeito produto do comunismo místico-primitivo do grande Leão Tolstoi. Inspirado em Fourier, ele dividia a jornada em quatro partes, dedicadas ao trabalho manual, trabalho intelectual, artes e convívio social.

No lugar se levantam com a luz das lâmpadas. Desde a escola se veem brilhar há muito tempo as luzes nas janelas; meia hora depois do toque do sino entre a escuridão, sob a chuva ou os oblíquos raios de um sol de primavera, aparecem pelas alturas – o lugar está separado da escola por um barranco – confusas silhuetas de duas, três ou uma criança sozinha. O instinto que leva os cavalos a andar pelos rebanhos, nossos alunos perderam há um longo tempo. Não precisam esperar nem gritar uns para outros:

- Ei, crianças, para a escola!

Andando, nunca os vi se distraindo, salvo, se por acaso, algum dos menores, ou um novo aluno vindo de outra escola. Ninguém leva nada consigo; nem livro, nem caderno; nunca lhes dão deveres para serem feitos em Casa. E apenas não leva nada a criança nas mãos como tão pouco leva nada na cabeça. Nada de lição; não é obrigado a se preocupar hoje do que se fez ontem. Não se tortura o entendimento para a próxima lição. Não se leva mais que a si mesmo, sua natureza impressionável, e a certeza de que a escola lhe será hoje tão alegre como ontem. Não pensa na aula, até o momento em que esta começa. (Tolstoi, 1910, p.25)

Rio que, após ter-se tornado caudaloso, desaguou rumorejante no século XX, trazendo consigo os encantatórios apostolados de Hermann Lietz, propositor de uma elite social purificada a ser educada nas *Land-Erziehungsheime* [Casas de educação no campo], de Paul Geheeb com a *Odenwaldschule*, cujos ardores apostólicos assumiriam conotações nacionalistas, e Gustav Wyneken, idealizador do *Jugendbewegung* [Movimento Juvenil] além de teórico da educação antiburguesa e libertária centrada no culto à natureza (Lourenço Filho viu em Wyneken o "mais vigoroso incitador do movimento pedagógico da atualidade. Não procurava apenas a adaptação dos moços ao estado social presente, mas a um estado social futuro. É a revolução pela escola" (1930, p.9).

Desaguar oceânico que trouxe, em suas correntes, o politécnico Georg Kerschensteiner, idealizador da *Arbeitsschüle*, e seu desejo de educar as grandes massas trabalhadoras — "A escola do livro há de se transformar na escola da atividade", "A salvação da escola primária, não está em Kant nem em Goethe, e sim em Pestalozzi", dizia —, a carismática Maria Montessori, com as Case dei Bambini mergulhadas no "Ambiente Revelador" necessário a "explosão vital" da criança, e, por fim, Decroly, com a escola l'Ermitage, local em que exercitava a educação de crianças normais e anormais, e cuja legenda "Pour la vie, par la vie" teria vida longa e próspera, como teremos oportunidade de ver.

Um mito de origem que remete a um conjunto acotovelado de experiências indicativas de supostas leis naturais do progresso em educação. Em síntese e sobretudo ao anexar-se uma trama teleológica ao conjunto de experiências, a educação nova (ou escola ativa ou escola nova) decantada *pelo* e *no* tempo, aparecia como força irreprimível e sobrecarregada de tradição e autenticada pelo passado (*i.e.*, surgia compreendendo-se conceitualmente e concluindo-se historicamente). Pura efabulação? Sim e não, se lembrarmos que mito é também incitador de ação, apelo ao movimento e, claro, estimulador de energias. Dito de outro modo, os teoristas modernos afirmavam que a escola antiga mergulhada na repetição fixa, portanto, neurótica, encenava a morte na vida.

Na ambiência brasileira, Lourenço Filho validou esse mito de origem tomando-o como ponto de partida de sua argumentação, em *Introdução ao estudo da Escola Nova*. Entrementes, convém lembrar que, nos meados dos anos 30, Everardo Backheuser, fora um dos primeiros a questionar a confusão:

> Já o desfilar dos chamados *precursores* é um indício. São citados como corifeus da escola nova pedagogos sem dúvida eminentes, mas cujas ideias e concepções "hurlent de se trouver ensemble". Vemos, de fato, nos serem apresentados uns de mistura com os outros, baralhados em promiscuidade, como se tivessem unidade de propósitos: Rousseau, Dewey, Spencer, Pestalozzi, Kerschensteiner, Lunatcharsky, Herbart, Decroly, Ferrière, Nartorp e tantos outros. (1936, p.19 – grifo no original)

No tumultuado transcorrer dos Tempos Modernos, cujo moto reside no prodigioso progresso técnico-científico (cujos abismos já eram relativamente fáceis de serem previstos), o credo novo fez seu percurso de diferentes modos, mas nem sempre vencendo a animosidade dos opositores, para esses a "educação nova" representava o caos e a anarquia escolar, em suma: a demissão dos adultos da educação da infância. De par com a concentração de capital produtivo e de massas humanas, dados constitutivos das sociedades alicerçadas no trabalho coletivo, os fiéis do Espírito Novo, com sua confiança ilimitada nas ciências da natureza, tinham em mente a expansão de práticas positivas nos domínios culturais, visando ao melhoramento do homem inserto numa ordem idealizada, senão extraordinária. Pensava-se fazer com que a boa natureza cumprisse velhas promessas e, desse modo, superasse a intensa crise na cultura e exorcizasse o espectro da catástrofe final (porém a Liga das Nações fracassou: trinta anos depois, eclodiria a segunda guerra mundial).

5
O Espírito Novo no
REDEMOINHAR BRASILEIRO

Quero dizer a V., amigo diário, da Reforma Carneiro Leão de ensino da qual tanto se está falando nos jornais do Recife, do Rio e até nos dos Jesuítas de Paris, que a combatem. Inteligente no seu modo de ser modernizante. Revolucionariamente modernizante.

Tem certos aspectos mais que modernizantes: modernistas, que me repugnam. Enfaticamente modernistas para uma província, como Pernambuco, como toda província apegada a convenções. Direi, como homenagem ao seu valor e restrição ao seu método, que é uma espécie de Semana de Arte Moderna — o Modernismo — de São Paulo, 1922, em termos pedagógicos.

(Gilberto Freyre, Tempo morto e outros tempos)

Um dos relatores da 4ª (e histórica) Conferência Nacional de Educação (1932), cujo tema geral – "As grandes diretrizes da educação popular no Brasil" – galvanizara o público assistente, Leoni Kaseff, concluía o relatório com um de grito de alerta: *"Fora da escola não há salvação* — eis o novo evangelho que conquistou a adesão universal e a que se vêm subordinar, sem restrições, em nossos dias, os programas e atividades de todos os regimes políticos e os processos de infiltração de todas as doutrinas sociais" (1933, p.11 - grifo no original)

O grito de Kaseff não era de todo estranho à *intelligentsia* brasileira, verdade seja dita, uma vez que manifestações a favor da vinculação da educação e ensino à ciência, e sobretudo às questões sociais, remontavam pelo menos à chamada "geração de ilustrada de 1870", quando, segundo um expoente, "Um bando de ideias novas esvoaçou sobre nós vindo de todos os pontos do horizonte". Naturalmente, Silvio Romero (1910, p.25) referia-se às vicejantes filosofias sociais e científicas do século XIX europeu ou, mais exatamente, àqueles sistemas teóricos construídos com recurso da transposição de modelos biológicos para as nascentes ciências do homem. Outro expoente, José Veríssimo resumiu a situação nos seguintes termos:

> O movimento de ideias que antes de acabada a primeira metade do século XIX se começara a operar na Europa com o positivismo comtista, o transformismo darwinista, o evolucionismo spenceriano, o intelectualismo de Taine e Renan e quejandas correntes de pensamento, que, influindo na literatura, devia por termo ao domínio exclusivo do Romantismo, só se entrou a sentir no Brasil, pelo menos, vinte anos depois de verificada a sua influência ali. (1976, p.335)

É da "geração de 1870" o propósito mais claramente determinado de criar ordens harmoniosas pela confiança na educação; confiança instalada no pensamento social brasileiro desde quando o Estado monárquico, agrário e escravista adotara a doutrina do liberalismo como fundamento jurídico-político da nação. Semelhada a uma estrutura profunda, tal confiança atravessaria os tempos, permanecendo viva e atuante, a despeito dos acontecimentos mais gerais no quadro do país.[1] Tocada pelo ímpeto de reivindicar para si a liderança moral e intelectual, os membros dessa geração, com seus pontos de convergências e afastamentos — é impossível considerá-los como congregação que aceita sumariamente um conjunto de ideias integradas —, envolveram-se em profundidade com o temário da modernidade. Com efeito, ganhava melhor visibilidade uma linhagem *auflkerer*, que tinha na instrução popular a chave de ouro para avançar o processo civilizatório. Vale dizer, a defesa de uma educação livre, leiga e científica, porquanto a altura das necessidades dos tempos, fora instalada pelos adeptos das filosofias sociais positivistas envolvidos por um estado de espírito sustentado na certeza da evolução geométrica da humanidade.

---

1 Sobre a "geração ilustrada de 1870", cf. Ventura (1991) e Alonso (2002).

No arco temporal, essa linhagem participaria das grandes campanhas e reformas redentoras da formação social brasileira: abolição do elemento servil, questão religiosa, ocaso do Império, proclamação da República, renovação do espaço urbano, saneamento rural e urbano, reformas do ensino e institucionalização da ciência e tecnologia. Em síntese: o grito de alerta *"Fora da escola não há salvação* — eis o novo evangelho que conquistou a adesão universal" fora bradado por diferentes sujeitos, em outros e diversos contextos histórico-culturais. Para os nossos propósitos práticos, é possível dizer simplesmente que esse grito intensifica-se sobremodo na conjuntura agitada pelo brusco surto industrial de 1914-1918 e pelo encrespar das vogas cívico-nacionalistas. No transcorrer dos anos 1920, uma geração recém-ingressa na vida política e intelectual, a qual não se identificava como aristocrática ou burguesa ou proletária, mas como grupo disposto a construir um outro e novo sistema de expressão e de vida, adentra na conjuntura.

> Nessa década, está em plena maturidade a geração nascida com a República. Nessa década, vem a manifestar-se aqui, por mil e uma influências, o grande drama que foi a Primeira Guerra Mundial. Inclusive por novos aspectos econômicos resultantes de improvisado surto industrial. Nessa década, agitam-se novas ideias na literatura, nas artes e na filosofia. Nela, comemorou-se o Centenário da Independência, fato que refletiu no espírito público e nos intelectuais, com uma polarização de sentimentos e ideias ligadas ao próprio sentido dos verbos "depender" e "não depender". Nela, pela primeira vez, lançava-se o governo federal a um empreendimento de fins sociais e políticos muito consideráveis — o de combate às secas do Nordeste. Nela, enfim, duas revoltas sangrentas sacodem o país, preparando a revolução de sentido nacional com que veio a encerrar-se o período. É ele de nítida transição. Para o Brasil, só então o Brasil começava. (Lourenço Filho, 1959, p.19)

Com essas exatas palavras Bergström Lourenço Filho resumiu os fatos quando, em plena maturidade, assumiu o tom do historiador para vestir o passado com roupas de gala. Mas, controversa, a ideia de geração remete a questões nem sempre de fácil solução; seguramente, o critério naturalista (*i.e.*, o agrupamento por idade ou data de nascimento) não é por si só suficiente para definir uma geração intelectual. De sorte que, sem excesso de rigor, a expressão "geração de 1920" aqui utilizada remete a um grupo produtor de bens simbólicos preocupado em proceder a uma revolução cultural.

68 CARLOS MONARCHA

Seja o que for, do modo que for, premida pela invenção do novo e decididamente integrada na vida nacional, surgia uma federação de graves reformadores sociais. Sumamente dispostos a medrar o Espírito Novo, os atuantes sujeitos do discurso sobre a regeneração da República (em ruínas) e do povo (inculto), ao lançarem um olhar de sobrevoo, constatavam o abandono e o atraso dos sertões ignotos e das cidades caóticas. Envoltos em redes de sociabilidade (minúsculas) e coesos pelo arrebatamento criador uma pluralidade de sujeitos, dispunham-se a remanejar ideias, crenças e valores. Para tanto, asseguram posições na vertente do sistema intelectual que transitava dos modelos explicativos assentados em parâmetros mesológicos e raciológicos para a visão que reunia à interpretação sociológica a explicação psicológica dos fatos sociais. Demonstrando paixão incontida pelo *novo* e *moderno*, termos de grande fluência a soarem como recomendação em si mesmos, vivia-se uma época de separação e distinção entre o velho e o novo, o antigo e o moderno, a "consciência de ruptura" dos reformadores aparecia como percepção das demandas do tempo e da história. Decidida a promover soluções apaziguadoras e negações drásticas do passado histórico-cultural, uma polifonia verbal alardeava a iminência da passagem de etapas retrógradas para outras modernas e industriais.

Naqueles anos revolucionados, manifestos de toda a sorte repercutiam uns sobre outros, lembremo-nos do Manifesto Pau Brasil (1924), Manifesto Antropofágico (1928), Manifesto de Cataguases (1927), Manifesto Verde-Amarelo (1929), Manifesto Revolucionário (1930), Manifesto aos Mineiros (1931) e Manifesto Integralista (1932). De outra forma, anunciava-se a chegada de um tempo forte e original, capaz de promover a fusão positiva entre interesse individual e bem público, tal como em "A reconstrução educacional no Brasil: ao povo e ao governo", documento histórico-cultural sintetizador das aspirações de redenção avolumadas em anos precedentes e assinado por Fernando de Azevedo, Afrânio Peixoto, Roquete Pinto, Antonio de Sampaio Doria, Anísio Teixeira, M. Bergström Lourenço Filho, Mario Casasanta, J. G. Frota Pessoa, Julio de Mesquita Filho, Raul Briquet, Carlos Delgado de Carvalho, J. P. Fontenelle, Antonio Ferreira de Almeida Júnior, Roldão Lopes de Barros, Noemi Marques da Silveira, Pascoal Lemme, Hermes Lima, Atílio Vivacqua, Francisco Venâncio Filho, Paulo Maranhão, Cecília Meirelles, Edgar Süssekind de Mendonça, Armanda Álvaro Alberto, Garcia de Rezende, Nóbrega da Cunha.

BRASIL ARCAICO, ESCOLA NOVA **69**

Surgido em meio a grandes inquietudes e alvoroços, anos marcados por golpes e contragolpes, marchas e contramarchas, do pós-Revolução de 1930, esse manifesto fundador aparecia ao lado de outros manifestos-programas destinados a reconstruir o Brasil de baixo para cima, de cima para baixo. Documento-capitular que, ao ser publicado em livro, ganhara o expressivo subtítulo "Manifesto dos Pioneiros da Educação Nova", termos pelos quais os reformadores do ensino são comumente lembrados. Com esse subtítulo, Fernando de Azevedo concedia aos signatários o título de "pioneiros da educação nova", título honroso outrora formulado por Ferrière, em *Trois pionniers de l'Education Nouvelle* (1928), livro de homenagem a Hermann Lietz, Giuseppe Lombardo-Radice e Frantisek Bakulé. Observador atento do desenrolar dos fatos, Menotti Del Picchia escrevia no *Correio Paulistano*:

> Um grupo de professores dos mais ilustres do país acaba de publicar um documento de cardeal importância para a reorganização da nossa nacionalidade, sugerindo uma necessária "Reconstrução Educacional" Com excelsa razão observou Laboulaye que toda Revolução provoca a fecunda fermentação de um levedo de ideias. Ideias boas e más surgem à tona das convulsões sociais, quebrando a estagnação marasmática da velha ordem, em cujo fundo sempre fica um pútrido sedimento de arcaísmos.

E finalizava: "Seja como for a publicação desse documento assinala um dia novo no nosso calendário feito de tantas decepções". Essa apreciação, foi reproduzida na quarta-capa do livro *A reconstrução educacional no Brasil – ao povo e ao governo. Manifesto dos pioneiros da educação nova* (Nacional, 1932).

Com suas possibilidades explosivas, o manifesto fermenta os debates na 5ª Conferência Nacional de Educação, realizada em fins de 1932, em Niterói, e convocada para subsidiar a redação do conteúdo do capítulo II, "Da Educação e da Cultura", da futura Constituição Federal de 1934, que nesse aspecto segue a iniciativa original da Constituição de Weimar. Desde a Constituição alemã de 1919, diversas nações disciplinavam a matéria de educação em capítulo especial das respectivas cartas constitucionais, isso porque, aos direitos clássicos do homem e do cidadão instituídos pela Revolução Francesa, concluía-se pela inclusão do direito à educação.

Na dinâmica centralizadora e antiliberal da Era Getuliana, conforme formulação do ideólogo estadonovista, Humberto Grande, ciclo histórico conflagrado a assistir a processos modernizadores e autoritários, originou-se uma unificação cultural sem precedentes "projetando na escala da Nação fatos que antes ocorriam no âmbito das regiões" (Candido, 1984, p.30); era na qual Getúlio aparecia como homem providencial.

O lugar das ideias

Tal como ocorrera com a geração de 1870, singularizada pelo internacionalismo e pela simultaneidade com a "hora do mundo", a geração de 1920 também conferiu visibilidade à tensão dialética entre localismo e cosmopolitismo, nacional e internacional. Característico do processo cultural brasileiro, esse fenômeno foi nomeado de "imitação de ideias estrangeiras" ou "importação de ideias", motes condenatórios do vezo imitativo nacional, conforme sentenciara Sud Mennucci:

> A escola ativa é a última "trouvaille" dos meios adiantados, admirável de concepção, magnífica de bom senso, genial mesmo, se quiserem, pela inteligência com que resolve um gravíssimo impasse econômico. Mas de onde nos vem? De inúmeros focos, centros de indústria: da Suíça, da Bélgica, da Alemanha, da Itália, da Inglaterra, dos Estados Unidos. Cada um desses países pode ser representado no quadro da pedagogia moderna, por um nome: Claparède, Decroly, Kerschensteiner, Montessori, Parkhurst, Dewey.
>
> Os dois primeiros, então, desses países, ficaram mesmo — e nem sempre a justo título — como os índices, os estalões do progresso da nova pedagogia científica. São eles, de regra, os imitados e copiados em toda parte. (1934, p.78)

Sob o mote "ideias fora do lugar", a crítica universitária dos anos 1970 retomou esse debate ao rediscutir a eficácia do liberalismo no século XIX brasileiro. Roberto Schwarz (2000, p.29) considerava que, por ser incompatível com a escravidão, o liberalismo das elites estava "fora do lugar": "Ao longo de sua reprodução social, incansavelmente o Brasil põe e repõe ideias europeias, sempre em sentido impróprio". Maria Silvia Carvalho Franco (1976) replicava, posicionando-se pela pertinência do liberalismo brasileiro pelo fato de ter fundamentado a construção do Estado monárquico.

Acertadamente, Maria Tereza Aina Sadek observa que esse debate surgira nos começos do século XX, quando a *intelligentsia* brasileira confrontou longamente o tema da imitação, atribuindo-se à cópia indiscriminada de modelos institucionais e sistemas teóricos estrangeiros a origem dos males nacionais [...] enquanto para os intelectuais das décadas de 1920 e 1930 tal diagnóstico funcionou como ponto de chegada, para Maria Silvia Carvalho Franco e Roberto Schwarz, tal problemática, ou seja, o "lugar das ideias" foi o ponto de partida para o exame da formação brasileira. (1978, p.26)

Quaisquer que sejam as interpretações, o fato é que o ciclo aberto descontínuo e polifônico aberto nos anos 1910 assiste à realização de ações de sujeitos dotados de disposição e ímpeto doutrinário, e sobremaneira seduzidos pelas teses de Durkheim, para quem "a vida escolar não é senão o germe da vida social". Aos poucos, as redes sociais comunicativas ao mesmo tempo públicas e privadas constituíram fortes lealdades e adquiriram dimensão de movimento reconstrutor, adentrando nos círculos de poder local e nacional. Fato engendrador de uma ronda repetitiva de reformas do ensino, como parte dos derradeiros esforços de modernização levados à frente por presidentes de Estados e prefeitos da Capital Federal, ronda prosseguida em vórtice na fase aguda do Governo Provisório, graças ao apoio de alguns interventores federais. De súbito, as capitais culturais brasileiras entravam em sintonia fina, no tocante às doutrinas modernas — São Paulo, Fortaleza, Salvador, Recife, Curitiba, Belo Horizonte, Capital Federal, Natal, São Luís, Vitória, Porto Alegre executavam ações e planos reformistas de maior ou menor amplitude.

Na avaliação de Eliseu Vianna na série de artigos publicados em *A República*, órgão oficial do Estado, sobre a "propaganda da Escola Nova e sua aplicabilidade entre nós":

> O problema educacional no Brasil vai tomando agora um novo rumo com o movimento sério que se está operando em muitos de seus Estados, vanguardeados estes por S. Paulo, Minas Gerais, Distrito Federal, Rio de Janeiro, Paraná, Pernambuco, Rio Grande do Norte.
>
> O influxo dos mais perfeitos métodos de ensino praticados experimentalmente e com os melhores êxitos obtidos lá no Velho Mundo ou na majestosa Norte-América vem empolgando a nossa vida atual, convidando-nos a participar da excelência de sua orientação. (1930, p.4-5)

Simultaneamente à execução das reformas, surgia a atuante Associação Brasileira de Educação, entidade civil sediada na Capital Federal; menos uma associação classista e mais uma frente de combate em prol do "Brasil novo", a ABE aglomerava expoentes da *intelligentsia* originários de várias regiões do país e desejosos de interferir na elaboração de políticas nacionais e reorientá-la, mediante defesa da intervenção do poder de Estado no âmbito da coisa pública (e privada). [2]

Designadamente, as conferências acontecidas entre os anos de 1927 e 1935, respectivamente em Belo Horizonte, São Paulo, Distrito Federal, Niterói e Fortaleza, aglomeravam professores, inspetores-escolares, diretores-gerais da instrução, médicos, jornalistas, engenheiros, escritores e políticos, muitos dos quais detentores de poder administrativo e expressão política. Enquanto isso ocorria no âmbito maior da Federação, Francisco Campos, à frente do recém-criado Ministério da Educação e Saúde Pública — é dele a frase audaciosa "O Estado nacional já está feito; façamos agora os cidadãos do novo Estado" — tecia planos e reformava o ensino em escala nacional, além de implantar uma teia de agências reguladoras da esfera educacional, iniciativas retomadas por seu sucessor, o controverso Gustavo Capanema. Em suma: assistia-se a passagem do estado de revolução para o estatismo impulsionador e controlador de mudanças; de um momento para outro o Estado trouxera para a si a legislação, a administração e o controle do sistema de ensino com o intuito de dar forma e conteúdo à educação nacional, insigne garantia de um futuro renovado para o país.

De par ocorria um arranque editorial responsável pela disponibilização aos leitores de obras dotadas de uma linguagem simbolizadora dos avanços das ciências. Espécie de *mass media*, apareciam os projetos editoriais: a "Biblioteca de Educação" da Companhia Editora Melhoramentos, a série "Atualidades Pedagógicas" da Companhia Editora Nacional, a "Coleção Pedagógica" de F. Briguiet & Cia. e a "Biblioteca de Cultura Científica" da Editora Guanabara, idealizados por Lourenço Filho, Fernando de Azevedo, Paulo Maranhão e Afrânio Peixoto, respectivamente.

Metáfora arrebatadora

Acontecimentos inter-relacionados, redes de sociabilidade, reformas de ensino, conferências nacionais, textos com feição de manifestos e arranques editoriais tornaram-se possíveis pela reunião de valores da *intelligentsia* dedi-

---

2 Sobre a origem e trajetória da ABE cf. Lourenço Filho (1950), Cunha (1981) e Carvalho (1986).

cados à reforma de costumes com o fito de medrar o novo. Ao final de 1920, anos de intenso crescimento industrial e diversificação da economia nacional, quando o fogaréu de reconstrução social pela educação crepitou mais forte e do qual os reformadores retiravam luz pessoal, já era possível deparar com a metáfora-chave "Escola Nova" integrada aos mais diversos discursos. Nesse redemoinhar de fatos brasileiros, a metáfora-chave ganhava foros de Cidade, recrudescendo a busca heterogênea e polifônica do *novo* e do *moderno*, ou melhor, de tudo daquilo considerado diferente ou singular e, portanto, nascido fora da tradição. Numa palavra: crise de representação e apelos de educação social caminhavam juntos.

O antigo propósito de fundação de sociedades harmoniosas pela educação condensara-se na metáfora-chave "Escola Nova", então convertida em indicativo (indicativo equivocadamente transformado em imperativo) de um amplo programa a ser seguido, assemelhado àquelas verdades imemoriais que outrora desceram do Monte Sinai — tal como se podia ouvir, na fala desbragada de Pedro Deodato de Moraes, numa das concorridas sessões da 1ª Conferência Nacional de Educação, 1927. Repetindo Ferrière, anunciava o inspetor-escolar na Capital Federal: "A contrapor a Escola de Satã, surge a Escola Nova, cujo lábaro, de harmonia com as leis físiopsíquicas da criança, abre campo vastíssimo às observações e experiências".

A bem da verdade, citamos apenas um trecho da parábola lida por Deodato de Moraes que discorria sobre Belzebu, que certa vez se apresentara aos homens como enviado de Deus para reformar a sociedade e criar a escola dita tradicional. A íntegra da parábola consta em *Transformemos a escola*, de Ferrière, livro que lhe rendera condenações morais por ver na instituição escolar e em seus professores um diabolismo inaudito.

> A criança adora a natureza: encerram-na em salas fechadas. A criança gosta de brincar: obrigam-na "trabalhar". Pretende saber se a sua atividade serve para qualquer coisa: fez-se com que sua atividade não tivesse nenhuma finalidade. Gosta de mexer-se: condenam-na à imobilidade. Gosta de manejar objetos: ei-la em contato com ideias. Quer servir-se das mãos: é o cérebro que lhe põem em jogo. Gosta de falar: obrigam-na ao silêncio. Quer esmiuçar as coisas: constrangem-na a exercícios de memória. Gostaria de buscar a ciência de *motu* próprio: é-lhe servida já feita. Gostaria de seguir sua fantasia: fazem-na vergar sob o jugo do adulto. Gostaria de se entusiasmar: inventaram os castigos. Gostaria de servir livremente: ensinaram-lhe a obedecer passivamente. *Simul ac cadaver.* (1928, p.12-3)

74 CARLOS MONARCHA

Contraditor do chamado "movimento da Escola Nova" e avesso a tudo aquilo que nomeava de "naturalismo pedagógico", Tristão de Ataíde objetava mordente no seu *Debates pedagógicos*:

> O termo *moderno* é uma simples indicação cronológica que não tem a mínima importância quanto à veracidade ou não das doutrinas. O erro e a verdade foram *modernos*, indistintamente, como indistintamente se tornaram *antigos*. Bem sei que é muito comum hoje em dia essa confusão entre *moderno* e *verdadeiro*. (1931, p.20 - grifo no original)

Tudo isso sugere que o *novo* e o *moderno* eram categorias gerais vinculadas à "consciência de ruptura" das vanguardas culturais, às voltas com o repensar a formação de homens e mulheres numa época de acelerado desenvolvimento tecnológico e industrial, avançada secularização da cultura e surgimento de formas de vida social de massas. Ora, certamente a luta travada na modernidade contra a superstição e o mito, denunciados como falsas objetividades, trouxe melhor compreensão do homem e da natureza. Porém, sabemos que a modernidade reduzida tão-somente ao ideal do novo arrisca-se a excluir as gerações de ontem e anteontem: "mais do que uma ruptura com o passado, o 'novo' significa um esquecimento, uma ausência de passado" (Le Goff, 1984, p.374).[3]

Assim é preciso adotar cláusulas de reserva e prudência quanto a certas explicações produzidas pela historiografia triunfante, cuja escrita magnifica um "ciclo épico" de realizações, do qual jorra sempiterna fonte de luz, para essa escrita, o que importa é fixar a cronologia comprovadora do advento de uma educação social laicizada, científica, moderna e nacional.[4] Singelamente: a ideia de modernidade conquistadora contida nas formações discursivas pode ser aprendida em dois níveis: *modernidade cultural* – secularização da cultura e da ética baseada em princípios teológicos, de modo a aliviar o peso do mito e superstição – e *modernidade social* – racionalização das atividades humanas

---

3 Para uma discussão sobre o adjetivo *novo* como categoria que "permite organizar a inteligibilidade do discurso", com referência na obra de Hegel e Marx, cf. Bornheim (1992).

4 Discuti enfaticamente essas questões em Monarcha (1989). Para Santos (2002, p.31): "Ora, a historiografia que ordena o passado em função do presente, e assumindo o presente como o 'moderno', está desarmada para entender as exatas articulações do desenvolvimento intelectual da humanidade. A rigor, está desarmada até para entender o presente, pois, 'se é presente moderno, em todas as épocas, desde que se pense mais ou menos como seus contemporâneos e um pouco diferente de seus mestres' [Alexandre Koyré]'".

Retornar o recalcado

Feito isso, é preciso colocar interrogações: em que medida o esforço retórico dos vultos do "movimento de reconstrução escolar" é continuidade de esforços de "antigos modernistas", a um tempo tão diferentes entre si, porém próximos no pensar a educação e a cultura com recurso à ciência e sua objetividade: João Köpke, Antonio da Silva Jardim, Rui Barbosa, Antonio Caetano de Campos, José Feliciano de Oliveira, Gabriel Prestes, Joaquim José de Menezes Vieira, Manoel Dantas, Clemente Quaglio, João Hipólito de Azevedo e Sá, Manoel Bomfim? Por ora, basta dizer que a geração de 1920 mantinha conscientemente ou não identidade com os modernos das épocas precedentes. Figuremos um exemplo remoto, um exemplo tomado ao acaso.

> Uma imparcial e sã apreciação do passado moderno nos impõem, como primeira necessidade a satisfazer a total reforma de todos os nossos planos e programas de instrução. A condição capital a preencher-se é a presença permanente, nas escolas, do Espírito Moderno.
>
> A mocidade não se prepara para viver no mundo de outrora; a vida de nossos dias não é a vida de Nazareth; a legislação que nos rege não é a dos Faraós; as nossas virtudes não são a dos Levitas; a indústria e a ciência suprimiram os profetas; a salvação não está mais nas águas do Jordão, mas no trabalho e no saber.

Esse era o pressago dizer de Luís Pereira Barreto no distante ano de 1880, no ocaso da monarquia (in Barros, 1967, v.1, p.117). Essa voz grave incitava a despedida de um passado ingênuo e irrefletido incapaz de se constituir em referência segura para a vida presente.

Convém, no entanto, lembrar que, no auge das campanhas de reconstrução escolar, intelectuais como Manoel Bomfim, José Feliciano de Oliveira e Clemente Quaglio vieram a público em defesa do valor do passado. Professor de Pedagogia e Psicologia na Escola Normal e ex-diretor-geral da instrução pública na Capital Federal, Bomfim retrucava em conferência na ABE, soberbamente intitulada "Crítica da Escola Ativa":

Onde a Escola Nova é velha

Como doutrina a *Escola Ativa* vem de longe. Em todos os tempos, foi reconhecida a necessidade de moldar a educação, por um lado à própria fórmula do desenvolvimento natural da criança, por outro, à natureza de cada educando. Destarte, se indagamos: há de fato, uma concepção pedagógica realmente nova, para os efeitos de panaceia como o proclamam os sôfregos? Podemos afirmar: não. Todos os objetivos da *escola moderna* estão em Comenius, Montaigne, Rousseau, Pestalozzi... São essas ideias mesmas que, desenvolvidas e apuradas, de Herbart a Dewey, inspiram as modestas professoras do Distrito Federal, desde que ele teve uma organização escolar a merecer o título de racional. (1930, p.45 – grifo no original)

Irmanado na mesma rememoração e defesa do passado recente, José Feliciano de Oliveira, então em Paris, onde exercia a função de curador do testamento de Augusto Comte, e outrora professor de Astronomia na Escola Normal da Praça, saía em defesa do passado recusado pelos mais novos:

Há muito que minha geração docente e a de meus antigos mestres, sofrem dos moços alguns injustos reparos. O que podemos deplorar na geração de hoje, feita posteridade para nos julgar, é que ela negligencie a colheita de muitos documentos conhecidos e fale de coisas que realmente não conhece. As teorias nunca faltaram, desde os tempos dos gregos. Nem creio que hoje se tenha inovado, nessa matéria, mesmo com o psicologismo de Le Bon e o experimentalismo de Binet, Simon, etc... Hoje dão às vezes o nome de teoria a modificações verbais ou a pesquisas descoordenadas, a fatos de laboratório, com certas conclusões apressadas, à custa de teorias antigas ou anteriores.

Não duvido que haja melhoria, pois que a ciência progrediu e progride. Mas quero saber antes, precisamente, cientificamente, — sem palavreado psico-bio-pediatro-pedagógico — em que essa melhoria realmente consiste. Cansei-me da pedagogia que ensina a ensinar, ensinando o que era o ensino. (1932, p.3)

Ora, no que diz respeito à construção da memória histórica do ciclo épico de realizações, ocorre um fenômeno sugestivo: intelectuais outrora sujeitos de ações reformadoras converteram-se em enfáticos intérpretes do passado e, portanto, de suas próprias ações. Por consequência, se os argumentos retóricos dos sujeitos da "Escola Nova", onde tudo é louvor e devoção ao novo e ao moderno, forem interpretados ao pé da letra, ideações e realizações anteriores serão remetidas à zona de sombras. Sobre os sujeitos movimento de reconstrução escolar, que, por suposto direito moral e intelectual, julgavam e avaliavam as épocas precedentes, podemos dizer que se ergueram sobre os esforços acumulados pelas gerações precedentes, as quais em tempos idos também haviam delatado a força emergente do novo e a resistência do arcaico. Noutras palavras, a geração de 1920 atualizava antigas aspirações ao interpenetrá-las com as coordenadas culturais de seu tempo. E, por sobre os escombros da tradição, essa geração prosseguiu a grande aventura, levada a efeito por sujeitos que, na busca da modernidade (de seu presente), passaram da ciência à política e à administração, para retornar à ciência e assim reafirmar lideranças pessoais e propósitos de um mundo radicalmente renovado.

No ciclo ingente aberto em meados dos anos 1910, descontínuo e polifônico, como já dissemos, quando se constatou *de facto* o esgotamento da experiência liberal clássica, no Brasil (e no mundo), com os princípios políticos de não intervenção na economia de mercado, manejo tarifário e capitalismo concorrencial, com a mistura de ordem e caos, racionalidade e irracionalidade, a presença inquietante e competitiva de individualidades egoístas e astuciosas desdizia a ideia de nacionalidade emancipada, configurando um estado de coisas contrário à sociabilidade moderna e, claro, típico de um mundo fragmentário, habitado por entes solitários e perdidos; chegara, então, um tempo forte caracterizado pela edição contínua de manifestos explosivos cujos ideais taumatúrgicos anunciavam a atualidade e premência de uma revolução cultural; escritos sociais que pretendiam restaurar o entendimento e a compreensão entre as forças sociais e, por fim, restabelecer vínculos perdidos e esquecidos entre homens e coisas. Noutros termos, chegara o momento de solucionar os infortúnios do povo, do governo e da República.

PARTE II
MELANCOLIA E MAL-ESTAR

A esta hora no Recife,
Em Guaxupé, Turvo, Jaguará,
Itararé
Baixo Guandu,
Igarapava, Chiador,
homens estão se matando
com as necessárias cautelas.
Pelo Brasil inteiro há tiros, granadas,
literatura explosiva de boletins,
mulheres carinhosas cosendo fardas
com bolsos onde estudantes guardarão re-
tratos
das respectivas, longínquas namoradas,
homens preparando discursos,
outros solertes, captando rádios,
minando pontes,
outros (são governadores) dando o fora,
pedidos de comissionamento
por atos de bravura,
ordens do dia,
"o inimigo (?) retirou-se em fuga precipitada,
deixando abundante material bélico,
cinco mortos e vinte feridos ..."
um novo, claro Brasil
surge, indeciso, da pólvora.
Meu Deus, tomai conta de nós.

(Carlos Drummond de Andrade,
Outubro 1930)

1
REPÚBLICA DESFIGURADA: HISTÓRIA EM RUÍNAS

> *Veio a República. Veio a Democracia. Veio a Federação. E para logo se levantou um sussurro de desapontamento do seio da turba fanatizada — e esse desapontamento se acentuou, com o tempo, numa permanente desilusão. Os mais fortemente desiludidos foram precisamente os mais ardentes evangelizadores do novo credo. Os Cristos da Nova Revelação foram justamente os que mais alto fizeram ressoar o refrão do seu desânimo. Não era esta a República dos meus sonhos! E suspiravam de melancolia.*
>
> *(Oliveira Vianna, O idealismo na constituição In: Vicente Licinio Cardoso, À margem da história da República)*

De imediato, na aurora da República Federativa, a paixão pelo (re)começo apodera-se das vozes e dos gestos dos diretores da República, levando-os a afigurar sonhos radiosos. Em São Paulo, Cesário Mota Júnior, republicano histórico e membro de um governo promotor de significativas mudanças na instrução popular, escrevia numa linguagem de celebração da fraternidade e ordem:

> O que era delegação no antigo sistema é ação direta do povo; as inculpações que outrora se faziam ao governo recaem agora sobre o próprio povo; as aptidões requeridas nos seus homens é ele que tem de reger os seus destinos. A ideia da instrução

então impôs-se. É que praticamente ficou demonstrado o asserto tão conhecido americano: "a democracia sem instrução será uma comédia, quando não chega a ser tragédia". É que a República sem a educação inteligente do povo poderia dar-nos, em vez de governo democrático, o despotismo das massas, em vez de ordem, a anarquia, em vez de liberdade, a opressão. (apud Rodrigues, 1930, p.346)

No Pará, longe do centro de poder, Veríssimo concedia créditos ao novo regime:

> É, pois, a nós mesmos, é ao povo, é à nação que cumpre corrigir e reformar se quisermos que realize a República as bem fundadas e auspiciosas esperanças que alvoreceu nos corações brasileiros. Para reformar e restaurar um povo um só meio se conhece, quando não infalível, certo e seguro: é a educação, no mais largo sentido, na mais alevantada acepção desta palavra. (1906, p.34)

Apresentando-se como livres-pensadores adeptos do método científico, logo, emancipados das religiões confessionais, beletrismo romântico e visões de mundo abrumadas, os diretores da República a veem como uma revolução que deslocara a fonte de poder do Alto para o Baixo trazendo o povo para o centro da esfera pública. Para os diretores da República, o novo regime significava a abolição dos privilégios de classe, cor, raça e religião.

Na perspectiva de educar o novo príncipe, o povo, os repúblicos ilustrados exercitam ações reformadoras com o intuito de concretizar a clássica ficção sociológica inserta na doutrina liberal: a concórdia da comunidade, propiciada pela igualdade jurídica e civil e por uma constituição conforme as leis. Nesses termos, o Estado liberal, *locus* da moralidade pública, aparece como fiador do laço contratual no qual diferentes proprietários (da força de trabalho e dos meios de produção) renunciam ao poder, entregando-o a outro poder maior. De sorte que a paixão pelo (re)começo engendra a mística republicana ao renovar a confiança na educação há muito incorporada pela mentalidade ilustrada, tal como lemos nesta síntese expressiva em *A Província: estudo sobre a descentralização no Brasil*, de Tavares Bastos, um defensor da federação e completa autonomia dos poderes locais.

> Emancipar e instruir é a forma do mesmo pensamento político. Que haveis de oferecer a esses entes degradados que vão surgir da senzala para a liberdade? Que reservareis para suster as forças produtoras esmorecidas pela emancipação?

O ensino, esse agente invisível, que centuplicando a energia do braço humano é, sem dúvida, a mais poderosa das máquinas de trabalho. ([1870] 1937, p.160)

Confiança partilhada por Antonio de Almeida Oliveira, em *O ensino público*, obra dedicada ao recém-criado Partido Republicano: "Esclarecer, pois, o povo em semelhante governo não é só o desencargo de um dever, é ainda uma condição da sua existência. Se a segurança das monarquias está nas trevas, a segurança das repúblicas está na luz". ([1873] 2003, p.75)

Essa montagem de citações antes declinada procura dar conta do débito profundo da *intelligentsia* brasileira com os ideais otimistas da Ilustração: nessa visão dos fatos, a ignorância produz iniquidade e opressão despótica, o saber gera a felicidade e a virtude dos povos. De outro modo, esclarecer as massas humanas, sob os princípios das luzes e virtudes, significa conquistá-las para uma vida e um mundo renovados. No entanto, desterrada a euforia própria da aurora republicana, bacharéis, ensaístas, filantropos, funcionários, jornalistas, literatos, médicos, militares, politécnicos, políticos, professores e toda sorte de diletantes questionavam a existência real e jurídica da República. Eclipsado o novo regime esquecia-se das promessas: a nação permanecia inculta e bárbara e o povo decaído no estado de rudeza, sobretudo. Defraudadas e desqueridas, as virtudes republicanas encarecidas cediam lugar à depravação dos costumes, à predominância dos vícios oligárquicos, à banalização da universalidade da lei, à corrupção das instituições democráticas, à redução do Estado liberal a instrumento de defesa de interesses privados, à transformação da liberdade em licenciosidade, à instrução popular reduzida ao ler e escrever de poucos. Na percepção de Manoel Bomfim no clássico *América latina: males de origem*, em última análise, um livro de crítica às ilusões do liberalismo republicano:

> No entanto, ocorre que, no país, apenas 10% dos cidadãos sabem ler e escrever, e vem daí que, mesmo quando as eleições fossem puríssimas, ainda assim, o regime estaria falseado – porque apenas 10% dos cidadãos iriam às urnas. Em hipótese nenhuma, seria uma *República* democrática, pois que o governo representa a vontade de uma minoria insignificante, e o sufrágio universal — uma burla, visto a ignorância absoluta das massas.
>
> Dado isto, qual o dever do Estado-República? Mandar ensinar a ler e escrever a esta população de analfabetos. Bem, há treze anos que existe a *República*, e, em todo esse tempo, nenhuma voz reclamou contra este absurdo, ninguém se ocupa do assunto. (1905, p.226 – grifo no original)

De fato, o voto limitado aos homens alfabetizados e com idade de 21 anos reduzia o número de votantes a 3% de brasileiros (Hahner, 1993, p.292).

Um país estremunhado

Horror moral. Para a mentalidade esclarecida, o arbítrio, o privilégio e o egoísmo inferiorizaram as entidades protetoras da República: a Razão e o Altruísmo, para os esclarecidos pela filosofia social de Augusto Comte, designadamente, esquecendo-se das mais caras promessas da propaganda republicana, entre elas, aquela formulada pelo tribuno da República, Antonio da Silva Jardim: "Elevação dos fracos, dos desprotegidos, dessa enorme massa do proletariado, até hoje não domiciliada, acampada, sim, na sociedade moderna" (1978, p.35). Tomando partido dessas promessas (antigas aspirações de Comte herdadas do conde Saint-Simon), Henrique Coelho posicionava-se na tese *O direito e o proletariado*:

> Ao proletariado de nenhum modo favorecem as leis com a vã promessa das garantias do direito de liberdade. Escravo da necessidade de viver, condenado à labutação cotidiana, oprimido de todos os lados pela cerrada escuridão da miséria, faltam ao trabalhador as condições ao pleno exercício do direito em questão, que não se compreende sem a garantia da independência material.
>
> Jamais o possuirá quer direta ou indiretamente se estiver sujeito a outrem e ninguém há nas relações sociais tão presos pelos vínculos da submissão como o operário, desde que o seu trabalho ficou convertido em simples mercadoria que a exploração capitalista há de eternamente procurar adquirir por preço cada vez mais inferior. (1906, p.32)

E, muito embora todos afirmassem que a destinação da nacionalidade fosse a República liberal-democrática — lembravam-se dos ímpetos republicanos no transcurso da colônia e da monarquia, as inconfidências Mineira e Baiana, Revolução Pernambucana, Confederação do Equador, Cabanada, Revolução dos Farrapos, Sabinada —, constatavam a predominância da irrazão e confusão do caos sobre o bem comum e as virtudes públicas. Movidos por sentimentos de indignação moral, os cidadãos da "República das Letras" emitiam juízos condenatórios, atribuindo a causa dos males aos desacertos do regime desprovido de uma constituição solidária e justa.

Saturados de reflexão melancólica, denunciam o precoce arruinamento da República, nação, elites e povo; e adivinham um porvir de dias obscuros; com efeito, perante o mosaico ruinoso como que descortinado no transcurso de um só dia, a Primeira República, os intelectuais se exasperam e com mão colérica escreviam: "Olhem e vejam os flagelos que se abateram sobre o país! Olhem e vejam as forças centrífugas que impedem a integração da nação!". A "República da Espada", de Deodoro da Fonseca e Floriano Peixoto; as revoltas da Armada e da Chibata; os excessos do federalismo; os arranjos de Campos Salles consolidadores do poder das oligarquias estaduais; o Convênio de Taubaté, a favorecer os cafeicultores pela ação do Estado; o militarismo e o "salvacionismo" de Hermes da Fonseca; o caudilhismo de Pinheiro Machado; o quatriênio de Arthur Bernardes em crônico estado de sítio; o levante do Forte de Copacabana, a estalar insurgências militares: as colunas da Morte e Prestes; a degeneração do sistema eleitoral, a reduzir a soberania popular à peça de retórica. E, por fim, a insubordinação do trabalho, a interromper o fluxo do tempo produtivo com as greves gerais em São Paulo, Distrito Federal, Salvador, Recife e Porto Alegre, entre 1917 e 1920; greves que certamente fizeram sentir o peso do braço do proletariado de fábrica.[1] Para a enlutada *intelligentsia*, esse complexo de fatos e acontecimentos ominosos comprometia o pendor republicano e o amanhã brasileiro. E se, outrora, a monarquia fora objeto de exprobação — "uma planta exótica na América", dissera alguém —, agora se exprobrava a República, uma revolução de cúpula, de resultados institucionais escassos e duvidosos.

> A República que devia emendar a mão à monarquia, não conseguiu ainda viver senão à custa das sobras da monarquia. Nenhum novo horizonte rasgado, nenhuma nova fonte de riqueza criada. O governo colonial nos deu o café: permanecemos coloniais. Toda a nossa orientação, todas as nossas esperanças, toda a nossa atividade prática ainda não se diferenciaram das de uma colônia típica. (Pereira Barreto, 1981, p.39)

Para a consciência social da nação, só havia um lamentável veredicto, o ímpeto modernizador republicano se perdera, em meio à indiferença das populações insuladas nos sertões, das massas decaídas dos centros litorâneos

---

1 Baseio-me aqui em Calógeras (1980), Souza (1974) e Dulles (1977).

e das letárgicas elites culturais e proprietárias saturadas de cosmopolitismo e artificialismo, portanto, incapazes de organizar um centro político unificado. Para ilustrados de todos os tipos, a fonte dos males provinha do malogro das instituições e dos processos políticos; a mitificação da República, os excessos de federalismo e as desgovernadas paixões humanas marginalizavam o país do processo civilizatório. Em uníssono, afirmam ser ingenuidade a crença de que a forma e o conteúdo da Constituição de 1891 fossem capazes de moldar uma nação moderna e próspera. Inquietos, descriam da harmonia preordenada pelo *laissez-faire*. Para esse ponto de vista, a vida social inviabilizava-se por interesses egoístas e vontades apaixonadas. A República aparecia em ruínas, um simulacro gerador de dissídios mortais entre povo e governo. Os valores positivos da doutrina liberal, Igualdade, Liberdade, Democracia, Mérito, Trabalho, Razão, Justiça – valores a serem sabiamente temperados com os ideais sublimes de Comte – Amor e Altruísmo – convertiam-se em ornatos retóricos.

A despeito das diferenças teóricas, a *intelligentsia* elabora a crítica social sob a influência de Euclides da Cunha, Alberto Torres e Oliveira Vianna, infatigável trindade a denunciar as contradições do país. Na analítica de Oliveira Vianna, por exemplo, a constituição fora equivocadamente decalcada, por ação de um "idealismo abstrato", de fontes heterogêneas — o democratismo francês, o liberalismo inglês e o federalismo norte-americano, donde o contraste entre os "dogmas da ideologia" e a "realidade nacional"; contraste delatado por Rui Barbosa, na frase áspera — "Sob o país legal que nos oprime está a nação". Diagnóstico aprofundado na celebrada conferência "A questão social e a política no Brasil". Invocando o Jeca-Tatu, tipo recém-construído por Monteiro Lobato, Rui expunha com gravidade a situação de penúria, ignorância e abandono do povo, e defendia planos de reforma social e econômica.

Para largos segmentos, o liberalismo democrático, a princípio doutrina fundadora da política, sociedade e cultura burguesa e força de emancipação, graças à defesa intransigente da economia de livre-concorrência, neutralidade do Estado e liberdades civis, engendrara uma competição desenfreada entre sujeitos econômicos condicionados por impulsos instintivos e ou egocêntricos. Incapaz de estabelecer cooperação nos atos, a experiência liberal, com a defesa intransigente do Eu possessivo, contribuíra para a execução de um espetáculo desolador. Descriam da doutrina liberalista ... descriam dos instrumentos clássicos da democracia, os partidos políticos, e, sinalizavam perigos — "O Brasil, de fato, não progride; vive e cresce, como cresce e vive uma criança doente no lento desenvolvimento de um corpo mal organizado", contestava Paulo Prado, em *Retrato do Brasil: ensaio sobre a tristeza brasileira*.

Dia a dia, terra a terra, questionavam: onde está o Estado democrático representante da soberania e vontade popular? Como concretizar os princípios e valores do humanismo liberal? Onde a forma republicana virtuosa, governada conforme as leis da justiça? Interrogações imensas em meio ao mal-estar na consciência moral e teórica da nação.

Veríssimo repete Couty: "No Brasil não há povo"

Inúmeras vozes confirmavam o malogro da nação: atrasada, inculta, patriarcal, conservadora, oligárquica, doente. Disseminava-se a percepção do perecimento das expectativas que outrora cercaram a fundação do novo regime. Para a *intelligentsia*, a análise da via-crúcis da República impunha a rejeição das fórmulas liberais; desfazia-se a imagem política do Povo como fonte originária de poder e instância jurídica e política de legitimação de governos; passada a exaltação inicial, Veríssimo manifestava desalento, na segunda edição de *A educação nacional*: "O povo, a grande massa dos cidadãos, limita-se a votar, sem discutir nem ouvir discutir". Perempto, concluía: "No Brasil não há povo". Como que se certificando da verdade, completava: "Nenhuma hierarquia nenhuma casta, nenhuma coesão entre as diferentes moléculas do corpo social, este era como matéria mole, excessivamente plástica e dúctil, no qual podia trabalhar à vontade quem tivesse uma convicção e um objetivo" (ibidem, p.56).[2]

Veríssimo repetia, assim, a frase condenatória de Louis Couty, "O Brasil não tem povo", biólogo francês residente na Corte, autor de *A escravidão no Brasil*, de 1881.

Ora anárquica e impetuosa, ora apática e indiferente, a inserção do povo na forma republicana era responsabilizada pela presença de arrivistas à procura de posições de prestígio e mando. Na retórica de mobilização crítica, o nivelamento social propiciado pela extensão dos direitos civis e jurídicos gerava o

---

2 A primeira edição de *A educação nacional* é de 1890 no Pará, a segunda é de 1906 no Rio de Janeiro; nessa edição, além do capítulo "A educação da mulher brasileira", Veríssimo acrescentou um candente estudo a respeito dos descaminhos da República e da educação nacional.

irracional na vida política. Constada a ausência do povo, formula-se, então, a questão sobre o caráter do brasileiro? Qual era a essência da alma nacional? Para responder à questão, setores da *intelligentsia* perquiriam ali e aqui as nossas origens históricas, raciais e culturais. E concluíam pela inexistência do povo, pelo menos na acepção política do termo, havia tão-somente deserdados da fortuna abatidos pelo analfabetismo e doenças, insulados em subúrbios e além-subúrbios miseráveis ou em sertões com modo de vida colonial; populações ignorantes de si e da malograda formação nacional. Nas representações da consciência culta, a presença das massas populares confunde-se com as multidões anônimas: aglomerados humanos desprovidos de regras de sociabilidade (o fato é que nas representações ilustradas o povo não é visto nos seus próprios pressupostos, na própria vida, mas de cima).

Trivializadas como o senso comum, as teorias conservadoras de *Psicologia das multidões* de Gustave Le Bon, e *A multidão criminosa: ensaio de psicologia coletiva* de Scipio Sighele, autores de uma psicologia social fustigante das incoerências dramáticas das manifestações coletivas, concorriam para caracterizar as massas como aglomerados irracionais, com características de ferocidade e espontaneidade, e, às vezes, capazes de heroísmo e sacrifício. Para esses pensadores sociais, o contágio malsão faz que o sujeito coletivo anule o sujeito individual; donde a inexistência de uma massa majestosa capaz de se expressar como opinião pública esclarecida e, que elege, dirige e julga governos; em seu lugar, havia multidões tumultuárias, massas incultas e aturdidas, e doentiamente avassaladas pelas endemias e por índices históricos de analfabetismo, portanto, sem direito de voto.

Entre políticos e intelectuais, as conclusões eram as mesmas, a existência do cidadão republicano, portador de inalienáveis direitos civis e jurídicos, era uma ficção, sobretudo. Entretanto, num erro de percepção, tomavam uma coisa pela outra; e quanto mais falavam em abstrato sobre o povo, mais calavam a respeito das reais condições de vidas desvalidas. Baldados os esforços, inconsciente e deslembrado de si, o Brasil jazia como promessa perdida e ser indeterminado, reduzido a mera expressão do meio étnico e geográfico. Ou por outra, para a consciência social republicana, o poder intelectual não comandava o espírito nacional.

Para a *intelligentsia* de pelagem diversa, a falta de uma autêntica educação nacional causava a dispersão e perda de energias produtivas; letargiadas, as massas populares permaneciam desprovidas de sentimento altruístico e solidariedade nacional: "Precisamos educar, precisamos revolucionar a nossa massa popular", exasperava o velho Pereira Barreto, em "O século XX brasileiro", para ele o novo regime não fora capaz de infiltrar a instrução na alma popular, a qual jazia desprovida de senso e responsabilidade moral. Na ânsia de modernidade, os sujeitos esclarecidos efetuam a crítica jurídica e política do país, ao delatar a dissonância entre a realidade social aqui vigente e os padrões civilizados dos centros desenvolvidos. Visionários anseiam por uma organização concorde, em substituição à sociedade de indivíduos possessivos; evangelizadores sonham acordados a época seguinte: "Dos sonhos generosos saem realidades benfazejas. A utopia é o princípio de todos os progressos e o esboço de um futuro melhor" (Bomfim, 1905, p.32). A fé inabalável nas instituições políticas dera lugar às campanhas de reforma dos costumes corrompidos para ensejar uma regeneração a emanar do Alto para o Baixo da sociedade, e promover o saneamento das instituições sociais, e do Baixo para o Alto, com o revigoramento do povo.

Frustradas as esperanças advindas com a Proclamação da República, desterrada a euforia inicial, reapareceriam as incertezas e os temores. Desafortunadamente, enquanto o fato histórico "Revolução de 1930" não chegava para estremecer o país de cima para baixo e concretizar transformações preceituadas, espécie de Parúsia laicizada pressentida e anunciada pelos espectros ideológicos dos anos 1920, a indignação permanecia no ar. Descrentes e de espírito amargo, os evangelizadores compenetrados repetiam o desabafo enlutado de Aristides Lobo, ministro do Interior no Governo Provisório do novo regime: "Esta não era a República dos meus sonhos!".

2
POPULAÇÕES DESPATRIADAS E INDESTINAS

> *Enfim, a solidão, a miséria, o analfabetismo universal, o abandono completo dessa pobre gente, devastada moralmente pelo obscurantismo, pelas abusões e feitiçarias, e física e intelectualmente por terríveis moléstias endêmicas.*
>
> *(Artur Neiva e Belisário Penna, Viagem científica pelo norte da Bahia, sudoeste de Pernambuco, sul do Piauí e de norte a sul de Goiás)*

Em discurso na Câmara dos Deputados, nos idos de 1918, Afrânio Peixoto sentenciava que "os sertões do Brasil" começavam no fim da Avenida Central, na Capital Federal. Simples frase de efeito? Metáfora do Brasil? Interpretação geral da degradação do país? No mesmo ano, José Maria Bello estampa na *Revista do Brasil*, longo texto configurado com idênticos argumentos retóricos. Em o "Sertão", descria dos espaços degradados da nação e das gentes decaídas.

> Como acreditar, pois, nas forças íntimas, no futuro de semelhante nação? Poderá a vontade de quer que seja, povoar esses desertos, vencer essa natureza, tantas vezes hostil, na sua exuberância ou na sua desolação, agitar esses homens, dar-lhes instrução, energias, confiança em si mesmos, desejos, ambições, ideais. Não será esta política melancólica que, tão comodamente, vimos seguindo, de *laissez-aller, laissez-faire,* a mais inteligente de todas? Tais perguntas, creio, faremos todos nós, no silêncio de nossa aflição.

Não nos iludamos, a nossa vida civilizada se reduz, quase às capitais, ao litoral e algumas regiões sertanejas do sul, à margem das estradas de ferro. Pelo resto do país, é a tristeza, o abandono, a desolação, a miséria, a decadência moral, a dissolução dos costumes. Passados a Avenida [Rio Branco] e São Paulo, começa o deserto; raros sinais de vida, nenhuma aparência de organização econômica. (Bello, 1918, p.124-5)

E com tintas fortes, compunha um quadro mórbido das finisterras brasileiras, ao seu modo José Maria Bello explicava o que tinha diante de si: paisagens ruinosas habitadas por espectros vacilantes, lugares inacabados e desconectados do resto do mundo.

Viajai pelo Norte, pelo Estado do Rio, pelos sertões do sul em meio da opulência tropical das terras, cidades em ruínas, aldeias mortas, fazendas abandonadas, latifúndios inúteis. De légua em légua, uma pequena choupana, de sapé ou de palha de coqueiro, no Norte, de pinho, no extremo sul, a abrigar, numa confusão animal, numerosa família de negros boçais ou de mulatos e caboclos indolentes, que vivem do que a Natureza oferece sem esforço, do peixe e do caranguejo nas praias, da carnaúba e do pinheiro nos sertões. (ibidem)

Terra-de-ninguém, habitada por homens e mulheres dotados de força rude, porém, inconscientes de si, confins subjugados pelo caos da natureza e afastados da ordem nacional.

Dentre a preguiça mórbida dos homens e das coisas, só a mulher se salva; é ela quem trata da roça de milho ou de mandioca, pesca nos córregos, e nas horas de descanso, vai à lenha, cose, remenda, tece as rendas de almofada. O homem tem todos os vícios; é quase um degenerado: embriaga-se nas feiras, joga as cartas, cultiva como uma flor preciosa a velhacaria dos intrujões na *berganha* dos animais.

É mau, violento, pérfido, fácil de levar-se até a desonestidade e o crime; os seus instintos sexuais, apurados na indolência e na promiscuidade doméstica, não respeitam, muitas vezes, os próprios laços de sangue e de filiação. E ao cabo de tudo, de todos os vícios e defeitos, é um desgraçado, um pobre servo de gleba, um escravo de fato, explorado pelos fazendeiros e pelos mandões de aldeia. (ibidem, p.125-6)

Desde já, é preciso dizer que o vocábulo "sertão" funcionava no sistema retórico como metáfora dos desvios da nação, referia-se tanto àquele Brasil profundo dilatado a partir dos centros urbanos litorâneos, quanto à exiguidade do processo civilizatório brasileiro.

Coincidência ou não, em 1916, Miguel Pereira profere, na Faculdade de Medicina do Rio de Janeiro, o discurso de saudação ao professor Aloísio de Castro. Num arroubo oratório deixava escapar um grito exaltado: "Fora do Rio ou de São Paulo, capitais mais ou menos saneadas, e de algumas outras cidades em que a providência superintende a higiene, o Brasil é ainda um imenso hospital".

Afrânio Peixoto, José Maria Bello e Miguel Pereira, intelectuais arvorados em conhecedores do país, desesperavam-se do Brasil; tudo leva a crer que seus diagnósticos provinham de *Viagem científica pelo norte da Bahia, sudoeste de Pernambuco, sul do Piauí e de norte a sul de Goiás*, relatório médico-sanitário seriamente composto por Belisário Penna e Artur Neiva, e escrito médico-social sem par, não há outro assemelhado, quanto à exposição de uma teratologia do país.

O relatório dos cientistas-viajantes está impregnado de sentimento de drama e tragédia; configurado em linguagem pictórica capaz de enquadrar em grande angular as paisagens do interior do país, e fechar em *close* nos morbos constitucionais: as deformidades físicas e mentais causadas pelas doenças endêmicas, o bócio, ao lado das endemias de leishmaniose, tuberculose, sífilis, disenterias, ancilostomíase, malária, febre amarela.

Os primeiros contatos de Belisário Penna com os confins do país ocorreram com as expedições científicas do Instituto Oswaldo Cruz, patrocinadas pela Superintendência da Defesa da Borracha, Inspetoria de Obras contra a Seca, estradas de ferro Noroeste, Central do Brasil e Madeira-Mamoré Railway Company. De modo geral, as expedições denotam o esforço do Estado para incorporar os sertões no âmbito da produção e circulação de mercadorias. A grande viagem pelos sertões ocorrera em 1912, em resposta à demanda da Inspetoria de Obras contra as Secas (Ifocs). Oswaldo Cruz designa Belisário Penna e Artur Neiva para chefiarem a expedição científica que, durante sete meses, percorrera de quebrada em quebrada quatro mil quilômetros das regiões do Brasil central, para estudar as condições sanitárias do interior do país. (cf. Lima, 1999)

Interpretação enciclopédica das regiões baldias, a denotar o retorno do olhar dos viajantes naturalistas, *Viagem científica pelo norte da Bahia, sudoeste de Pernambuco, sul do Piauí e de norte a sul de Goiás* é um levantamento memorável das condições climáticas, sociais, econômicas, nosológicas e da fauna e flora das regiões percorridas. Além de expor o estado mórbido das populações sertanejas abatidas pelo "mal de Chagas", malária e ancilostomose — males que, para Tristão de Ataíde, constituíam as "parcas do nosso destino" — os cientistas-viajantes concluíam pela causação social da doença e denunciavam a realidade malsã, com ênfase nos indicadores de saúde e analfabetismo. Sob o signo da doença, um mundo esquecido próprio de tempos extintos, os sertões eram reinscritos na vida nacional. Estupefatos, os cientistas-viajantes cogitavam sobre a vida, nos territórios inacessíveis aos olhos das populações urbanas.

> Conhecemos quase todos os Estados do Brasil, e pesa-nos dizer que, à exceção dos Estados do Sul, nos quais se cuida de algum modo da instrução do povo, da viação, de leis protetoras da lavoura e da pecuária e indústrias conexas, quase todos os outros, excetuadas as capitais e alguns municípios, são vastos territórios abandonados, esquecidos pelos dirigentes, com populações vegetando na miséria, no obscurantismo, entre si mesmas, flageladas pelas secas no Brasil Central, e por moléstias aniquiladoras como o impaludismo nos Estados do extremo Norte e pelo impaludismo, ancilostomose e a moléstia de Chagas no Estado de Maranhão, Mato Grosso e Norte de Minas. (Neiva & Penna, 1916, p.220-1)

E, ao vasculharam o conhecido e desconhecido, elaboravam imagens da barbárie desarrazoada; incrédulos, descreviam panoramas distantes do progresso técnico.

> Concorre muito para esse estado de coisas, as falsas informações dos que viajam por essas regiões, pintando em linguagem florida e imaginosa, quadros de intensa poesia da vida bucólica, feliz e farta. Nós, se fôramos poetas, escreveríamos um poema trágico, como a descrição das misérias, das desgraças dos nossos infelizes habitantes sertanejos, nossos patrícios.
>
> Os nossos filhos, que aprendem nas escolas que a vida simples de nossos sertões é cheia de poesia e de encantos, pela saúde de seus habitantes, pela fartura do solo, e generosidade da natureza, ficariam sabendo que nessas regiões se desdobra mais um quadro infernal, que só poderia ser magistralmente descrito pelo DANTE imortal. (ibidem, p.222)

Convém lembrar que 4/5 de brasileiros vegetavam nos latifúndios, o quinto restante acumulava-se em cortiços, semicortiços e casas de cômodos, distantes, portanto, de uma instrução capaz de insuflar nas populações rudes o desejado culto de amor à pátria e aos deveres cívicos. Contudo, ainda que a desagregação parecesse comprometer as fontes mais profundas da existência, grassava o propósito de curar a vida enfermiça e chagada da nação.

O relatório científico aparecia, por conseguinte, como a última ruptura com a literatura e a historiografia romântica e as generalidades sonoras do liberalismo político, ruptura iniciada, com *Os sertões*, de Euclides da Cunha (1902). Muito embora, recordemos, já nos idos de 1870, o eminente Pereira Barreto em *As três filosofias*: *filosofia teológica* fustigasse o problema.

> Pelo fato de achar hoje, a nossa caipirada, isto é, quase toda a massa da nação, inerte, indiferente, não se conclua que nela não exista uma força preciosa... Forças adormecidas são forças latentes. A educação transforma a latência em potência. Não precisamos só de enxadas, precisamos de cabeças. ([1874], p. 47)

Por conseguinte, não se queria mais construir a singularidade nacional à moda dos românticos, mas recuperar e integrar o Brasil à civilização e a seus progressos.

"Sanitation over all"

Na práxis de Belisário Penna, encontram-se os aspectos característicos do reformador social envolvido no acerto de rumos das questões públicas, desde o ponto de vista médico-social. Não cabe aqui biografar sua figura luminar e vagamente apocalíptica, cujos escritos são variadas descrições da peste, contento-me em evocar tão-somente momentos da trajetória pessoal. É suficiente dizer que apoiou o levante tenentista liderado por Isidoro Lopes, em São Paulo, no ano de 1924, sendo preso e suspenso de suas funções públicas; nos anos de desintegração da Primeira República, além de ocupar o cargo de inspetor federal de educação sanitária, preside a Associação Brasileira de Educação e dirige a Comissão de Higiene da entidade; ao lado de outros médicos atuantes na ABE — Afrânio Peixoto, Manoel Bomfim, Miguel Pereira e Miguel Couto — consolida o tema da educação higiênica e eugênica, nas barulhentas campanhas da associação.

A figura luminar e vagamente apocalíptica de Belisário Penna resplandece mais ainda ao assumir interinamente o Ministério da Educação e Saúde Pública e presidir a Sociedade dos Amigos de Alberto Torres. Nessa fase da vida, vincula-se à Ação Integralista Brasileira, desdobramento da admiração pela política de Estado de Benito Mussolini.

> E aí está muito recente o maravilhoso exemplo da velha Itália, salva do caos para onde caminhava, pelo fascismo, cuja tradução na nossa língua é feixismo, que o

mesmo é dizer a reunião dos elementos conservadores e patrióticos esparsos, num bloco invulnerável, num feixe resistente, inquebrantável, de encontro ao qual se esfacelaram os elementos de desordem e de desagregação daquela nação. (Penna, 1923, p.520)

Em intervenção na 1ª Conferência Nacional de Educação, na qual predominavam teses sobre a unidade nacional, expôs a síntese de sua plataforma: a formação de uma consciência sanitária baseada no lema norte-americano: *sanitation over all*. Disposto a redimir o homem brasileiro e sanear o meio físico, social e moral, estipulava como meta "dar combate eficaz aos dois cancros da nacionalidade — a doença endêmica multiforme e a ignorância do povo" (Penna, 1928, p.23).

No *Correio da Manhã* e em *O Estado de S. Paulo*, continuará a denunciar a realidade malsã dos sertões, ao analisar as funestas consequências do abandono da terra e da gente que a habita e a cultiva. Logo, Penna reuniria os artigos no livro *Saneamento do Brasil*, cujo subtítulo – "sanear o Brasil e povoá-lo; e enriquecê-lo; e moralizá-lo" – indicava o programa de reformas para a construção de uma nação ancorada num povo hígido. De outra forma, *Saneamento do Brasil* é a raiz do primeiro credo eugênico em solo brasileiro.

E sob o impacto do caudaloso discurso médico-social, a analítica dos males brasileiros, melhor dito, das afecções e da patologia dos processos nacionais, tendia a ser feita nos moldes próprios das fichas sinaléticas, nas quais o observador (médico) registra os estigmas físicos e as falhas morais do sujeito observado. Vale dizer, o elogio das lentes da ciência reavivava antiga vocação da medicina social: "A nós, médicos, compete a direção da hominicultura, e, jogando com as leis biológicas, como os químicos jogam nos seus laboratórios com os reativos, precisamos proteger as gerações futuras da delinquência", proclamava em tom vibrante, o genro de Belisário Penna, Renato Kehl, por ocasião da inauguração da Sociedade Eugênica de São Paulo (cf. *Anais de Eugenia*, 1919, p.9). Para Madel Luz: "A medicina é, desde suas origens institucionais na sociedade brasileira do século XIX, nitidamente, não só uma forma de conhecer – através do organismo humano – o corpo social, mas também uma forma específica de intervir politicamente neste corpo" (1982, p.13).

Saneamento do Brasil: sanear o Brasil e povoá-lo; e enriquecê-lo; e moralizá-lo repercutiu intensamente. Mário Pinto Serva, por exemplo, anunciava: "A leitura desse livro descerra as cortinas e descobre a nossa vista o panorama trágico e dantesco de um enorme país completamente abandonado, em que vagueia lacerada de misérias uma raça inteira ao desamparo de qualquer assistência" (1924, p.20). Por sua vez, Monteiro Lobato ao publicar, em *O Estado de S. Paulo*, os artigos "Dezessete milhões de opilados", "Três milhões de idiotas" e "Dez milhões de impaludados", amplificava ruidosamente as estatísticas declinadas por Penna. Certamente, o livro de Belisário Penna está também na raiz das campanhas desencadeadas pela Liga Pró-Saneamento do Brasil, entidade que aglomerava médicos, cientistas, professores, políticos para combater o tríptico nosológico — opilação, tracoma e sífilis.

Exaltantes, as ideias saneadoras circulam numa década na qual os assuntos referentes à saúde e à instrução pública subordinam-se ao Ministério da Justiça e Negócios Interiores, uma pasta caracterizada pela troca de favores e prática da pequena política. Do movimento sanitarista, incluindo-se nele os congressos da Sociedade Brasileira de Higiene, resultou a criação do Serviço de Profilaxia Rural e Departamento Nacional de Saúde. Nessa conjuntura de denúncias, intensificava-se a demanda de criação de um ministério nacional de educação: "Para modelar a nossa raça, destinado a esculpir o tipo físico e mental do nosso povo, para velar pelo desenvolvimento físico e mental do povo brasileiro", como bem queria Mario Pinto Serva em *A educação nacional*.

As descobertas científicas e a institucionalização da medicina sanitária conferem autoridade ao discurso médico-social: "Maguinhos e Butantã surgem como oásis salvadores nesse deserto de indiferença, ninhos onde começam de armar-se os novos cruzados do saneamento", certificava Alceu de Amoroso Lima (1929, p. 42). E em sinal de adesão às teses da Liga Pró-Saneamento do Brasil e da Sociedade de Eugenia de S. Paulo, Monteiro Lobato patenteava a o desejo de redenção do país pela ciência:

> Bastou que a ciência experimental, após a série de instantâneos cruéis que o diário de viagem de Artur Neiva e Belisário Penna lhe pôs diante dos olhos, propalasse a opinião do microscópio, e esta fornecesse à parasitologia elementos para definitivas conclusões, bastou isso para o problema brasileiro se visse, pela primeira vez, enfocado sob um feixe de luz rutilante. E instantaneamente vemo-la evoluir para o terreno da aplicação prática. E a ideia-força caminha avassaladora. (1918, p.156)

Na conjuntura movimentada pelo signo da doença, materializam-se os interesses convergentes das ligas Contra o Analfabetismo, Pró-Saneamento do Brasil, Defesa Nacional, Nacionalista de São Paulo, Brasileira de Higiene Mental, Sociedade Brasileira de Higiene, Associação Brasileira de Educação e Sociedade Eugênica de São Paulo: "Nesse particular cabe à Eugenia, e, portanto, à classe médica, o indeclinável esforço do dever de arregimentar forças, estabelecer disciplina, criar coesão, e iniciar o empolgante combate que visa, que tem por objetivo selecionar física e moralmente a raça brasileira", palavras constantes nos *Anais de Eugenia* (1919, p.9). Nesses anais encontramos projeções sobre o desaparecimento de contingentes populacionais malemolentes e folgazãos, por herança atávica.

Com efeito, para um certo Dr. Rubião Meira: "A raça negra, sabeis tão bem como eu, vai desaparecendo, rareando em seus originais, extinguindo-se e hoje cidades do nosso país existem, onde os pretos são dificilmente encontrados, substituídos que são pela imigração de estrangeiros sedentos de ambições pecuniárias" (ibidem, p.51). Tal constatação fora enunciada em 1911, pelo diretor do Museu Nacional, João Batista Lacerda, em documento apresentado no Congresso Universal das Raças, em Londres. Nas previsões de Batista Lacerda, a população negra por volta do ano de 2012 estaria reduzida a zero e os mulatos constituíram não mais que 3% do total da população (cf. Skidmore, 1976; Stepan, 2005).

Ligas e associações desencadeadoras das campanhas nacionalistas, sanitárias e de proteção ao índio colocaram em evidência as lideranças da consciência crítica da nação: Olavo Bilac, Belisário Penna, Miguel Couto, Artur Neiva, Candido Mariano Rondon, Adolfo Lutz, Juliano Moreira, Frederico Vergueiro Steidel, Renato Kehl, Emílio Ribas, Vital Brasil, Carlos Chagas, Oswaldo Cruz, Gustavo Riedel e tantos mais.

Lugares aquém da razão

Nos anos 1910, 1920 e 1930, o termo alemão *Hinterland* (hinterlândia, em português) apresentava alta frequência nos discursos intelectuais, sendo utilizado como eufemismo dos sertões habitados por colonos, parceiros, camponeses minifundiários, posseiros, em suma, um Brasil arcaico distante do poder de Estado, o qual trazia consigo ameaças de desmembramento do país, fosse pela fragilidade do poder central, fosse pelas ações autônomas das oligarquias estaduais e regionais.

Termo dotado de forte simbolismo, *Hinterland* nomeava as áreas inexploradas ou precariamente incorporadas à nação — as terras do norte, centro-oeste e extremo sul do país e seus tipos regionais, frutos da submestiçagem: o sertanejo, o caboclo, o caipira, o tabaréu, o cafuzo, o caburé. E, muito embora as mitológicas expedições do coronel Candido Mariano Rondon efetuassem rigorosos levantamentos geográficos e topográficos de determinadas regiões, além, claro, de realizar estudos sobre fauna, flora, mineralogia, etnografia, pacificar nações indígenas; e, principalmente, assentar nos "sertões ínvios" os signos da ordem técnica: os cabos telegráficos assinaladores da tomada de posse dos territórios, ainda assim havia muito a fazer no tocante à construção da unidade territorial e alargamento das fronteiras internas da República. As muitas análises encontram-se insertas num período de conhecimento precário do território do país, mas, aos poucos, o Brasil vinha à tona, por exemplo, da Região Norte, destacava-se a área sujeita ao flagelo da seca, colocando-a sob a responsabilidade da recém-criada Ifocs, incumbida de ampliar a eficácia da ação governamental. Surgia a Região Nordeste. Em *Impressões do Nordeste*, de Paulo de Moraes Barros, professor na Escola Superior de Agricultura de Piracicaba, São Paulo, e membro da comissão a serviço da Ifocs, constam as primeiras representações dessa região:

> O Nordeste brasileiro só foi divulgado com tal designação após a última calamidade climática que o assolou em 1919, determinando a fase decisiva das grandes obras contra as secas que ora lá se efetuam.
>
> Situação geográfica. É constituído pelo bloco territorial dos Estados do Ceará, Rio Grande do Norte e Paraíba, situado entre o Oceano Atlântico e as linhas divisórias do Piauí e Pernambuco, na cadeia de montanhas formada pelas serras da Ibiapaba, Grande ou Geral, dos Cariris Novos, na do Araripe, e dos Cariris Velhos, na da Borborema.
>
> Entretanto melhor exprimiria a integralidade geográfica do território o prolongamento em reta da linha serrana dos Cariris Novos até a Bahia do Salvador, abrangendo, a mais, os Estados de Alagoas e Sergipe, a maior parte do de Pernambuco e uma porção Norte do da Bahia. (1924, p.7)

O exame da realidade crua do *front* interno desfazia por completo a imagem do país como paraíso perdido, própria da idealização compensatória dos românticos. Para os intérpretes do Brasil, a distância social e cultural entre cidade e interior, litoral e sertão, mais que distância geográfica, era temporal. O desconhecimento das vastidões solitárias e abandonadas fixava a imagem dos sertões como lugares fora da história e da geografia, atuando como excitante da imaginação sociopsicológica.[1] Territórios bárbaros, vastidões rudes, associados à ideia de espaço primitivo e sedicioso. Entretanto, havia uma avaliação ambígua sobre a demopsicologia sertaneja, ora via-se o abandono e insulamento multissecular do interior como ameaça à integridade territorial e à política do país, ora sertão e sertanejos significavam a reserva moral da nacionalidade.

> Sertão, no Norte não tem a mesma significação de terras não desbravadas, sem povoamento, do Sul. É a vastidão seca dos tabuleiros de caatinga que fica entre o litoral, aquém e além da cadeia de montanhas.
>
> Formação étnica. Essa população, genuinamente nacional, é ainda amálgama informe de cruzamento entre brancos, pretos e aborígines, em todos os graus de sub-mestiçagem, com as tonalidades intermédias de cor, sem predominância coletiva de tipo étnico caracterizado. Apenas a denominação de caboclo que a abrange, é uniforme. Há muito preto retinto e ainda mais embaçado, tocado à fula; muito branco aloirado, de olhos azuis; muito índio legítimo, de tez requeimada e cabelos corredios de azeviche. Também há muito mulato sem cor, muito cabra disfarçado, muito cafuzo bem ... claro, muito bugre sem raça, como muito branco tostado.
>
> O Caboclo nordestino. Esta Babel deprimida de tipos tão variados, que se embalam na rede, à espera que o verão passe, tem, no entanto, qualidades latentes de energia e notável resistência orgânica, apesar dos fatores degenerativos que a assoberbam. (Moraes Barros, 1924, p.11-2)

Para esse ponto de vista, as populações desvalidas e sensíveis aos apelos místicos inclinavam-se naturalmente para rebeliões e surtos milenaristas, comprovados pelo transe de Canudos, as sedições de Juazeiro, Contestado e Caldeirão, quando, segundo os observadores sociais, as multidões inconscientes tabuizaram figuras como Antonio Conselheiro, padre Cícero Romão Batista e beato José Lourenço. Nas representações graves e inteligentes, os sertões eram lugares indeterminados aquém da razão, habitados por seres da aurora da humanidade ou decaídos do paraíso, lugares caóticos a contrariarem a ordem nacional e a ordem competitiva. Predominava na imaginação sociopsicológica a chave interpretativa calcada nos pares contrastantes: sul europeizado/norte mestiço, progresso/atraso, cultura/natureza e, principalmente, no par civilização do litoral/civilização

---

1   Sobre o tema do sertão como categoria espacial e de pensamento social, cf. Amado (1995) e Lima (1999)

do sertão, formulado por Euclides da Cunha, na configuração literário-científica d'*Os sertões*, marco inaugural do pensamento nacionalista brasileiro. Na visão letrada, esses pares eram mundos distintos e mentalidades rivais.

No transcorrer do tempo, o movimento sanitarista e nacionalista adquire tom de crítica aguda à malfadada república oligárquica, ao liberalismo artificial, aos jogos de poder originados da "política dos governadores". As denúncias correntes sobre a difícil territorialização do poder de Estado, num país de impressionantes contrastes, evoluíam de modo a associar à doutrina liberal as práticas próprias de um regime político constrangido por mazelas originadas pelo assédio de partidos inescrupulosos e eleições fraudulentas. Não tardaria a entrada em cena de reformadores a se socorrerem do eugenismo e higienismo para caucionar a tese do atraso do país na marcha da história universal, marcha que não prosperava sob o sol rutilante e as cintilações do Cruzeiro do Sul, em consequência da mestiçagem racial agravada pelas doenças tropicais e pelo analfabetismo. A comprovação empírica do abandono do interior e da degeneração dos costumes políticos reforçava o desejo de subjugar os espaços reclusos e inacessíveis aos imperativos da civilização e de governo centralizado.

Quem somos?

Nos debates sobre a República alienada de si, floresciam as questões relativas à diversidade geográfica, ao caráter brasileiro e à psicologia do povo, e intensificavam-se os voos doutrinários sobre a ontologia do ser nacional. Invariavelmente, constatava-se a presença de populações dispersas na geografia selvagem e na natureza bruta, desprovidas de sentimento de identidade nacional — "Raro o indivíduo que sabe o que é o Brasil. Piauí é uma terra. Ceará outra terra. Pernambuco outra" (Penna, 1923, p.523). Fatores considerados responsáveis pela geração de um tipo nacional preguiçoso, recalcitrante e nada inteligente, mas passível de ser redimido pela ciência. Datam de então as denúncias e elucubrações sobre o sertão ínvio e a mata bravia, a brenha, a tapera e o deserto, a gente despatriada e indestina, quase selvagens: "Caboclos, caipiras, sertanejos, tabaréus, gaúchos, seringueiros, há uma raça inteira a levantar, civilizar, cultivar e nobilitar" (Serva, 1924, p.110).

Do caldo de cogitações, surgiam os modos de ser do homem brasileiro. O primeiro deles, sem dúvida, refere-se ao tipo criado por Monteiro Lobato, o

Jeca-Tatu das "cidades mortas" do Vale do Paraíba, figuração da condição doentia do país. Em contraposição aberta à figura decaída do Jeca-Tatu, um tipo inconsciente de si e da vida nacional, surgiam os tipos radicalmente antagônicos, como Mané Chique-Chique, arquétipo esplendente do sertanejo nordestino e cearense, em particular.

> Enquanto nas veias de Jeca-Tatu corre, ao que parece, sangue degenerado, Mané Chique-Chique herdou as qualidades nobres e viris dos Tabajaras, dos Jenipapos, dos Cariris, dos Potiguares e dos Apinajés.
> Aquele vive numa toca, em local escuso, dentro do mato. Este, homem de vistas largas, constrói sua casa, limpa e arejada, no alto, donde possa dominar a estrada e perscrutar, *assuntar,* os horizontes; o terreiro, vasto e limpo, a separa da estrada.
> Enquanto Jeca, acocorado em sua toca, com olhar embaciado e pálpebras preguiçosamente semicerradas, mal enxerga a vereda estreita e coberta de mato, que vai ter à estrada, os horizontes de Mané Chique-Chique não têm limites; com seu olhar vivo, de longo alcance, livre ele campeia pelos vastos sertões. (Albano, 1920, p.416)

Na esteira do contraensaio "Jeca-Tatu e Mané Chique-Chique', de Ildefonso Albano, apareciam Jeca-Bravo, de Renato Kehl, tipo doentio recuperado pela higiene e eugenia, e Jeca-Leão, de Rocha Pombo, "rocha viva da nacionalidade".

Sob impacto das campanhas de saneamento, Monteiro Lobato adere à cruzada de Belisário Penna e publica *Problema vital,* espécie de bússola a nortear por largo tempo os debates sobre o destino moral do país. Mais tarde, ele recordaria as circunstâncias ao prefaciar *Bio-perspectivas* de Renato Kehl.

> Vim a conhecer Renato Kehl no início de minha vida literária, certo ano em que, numa série de artigos de jornal, me pus a entender de saneamento. Fanático que já era ele da Eugenia — ou da aplicação da ciência para melhorar o mau animal humano — procurou-me com proposta para editar em volume tais artigos e prefaciá-los. Surgiu assim o "Problema vital", a primeira coisa, creio, que de mim saiu sob a forma de livro — e com prefácio de Renato Kehl. (Lobato, 1938, p.5)

Na série de artigos antes publicados em *O Estado de S. Paulo* e "enfeixados em volume por decisão da Sociedade de Eugenia de S. Paulo e da Liga Pró-Saneamento do Brasil", Lobato promovia a ressurreição do Jeca-Tatu: "O jeca não *é assim:* está assim".

Não que ele assim seja por influência da raça e do clima. Ele é, sobretudo, uma vítima indefesa da doença, da ignorância e da deficiência ou do vício de alimentação. Preserve-se das doenças, alimente-se convenientemente, dê-se-lhe instrução e a produção de seu trabalho. (1918, p.170)

Noutras palavras, a cura do corpo do Jeca tornava-o apto a se projetar nos quadros da civilização (*i.e.*, para o trabalho produtivo e exercício dos direitos civis e políticos); recuperado pela microbiologia e parasitologia, o Jeca simbolizava o desejo de cura do corpo da nação. Mas, ainda assim, o *quem somos* atravessaria os anos 1910, 1920 e 1930 como questão irresolvida. De fato, com olhar armado pela sociologia, Fernando de Azevedo reconhecia: "A maioria das populações rurais e praieiras continuou a bocejar na miséria, na subserviência e no embrutecimento, em que as vem deixando vegetar, indolentes e opiladas, a falta de uma política larga de melhoramentos rurais" (1937a, p.49). Afrânio Peixoto por sua vez, nos trabalhos de revisão constitucional de 1925-1926, quando se pleiteava a intervenção da União na esfera dos direitos sociais, nessa revisão, o governo federal foi autorizado a legislar sobre o trabalho, delatava a existência de populações desgarradas da ordem nacional:

> O essencial e perigoso é a diversidade dos Brasileiros, diferentes pela alma e pela capacidade, isolados nos seus confinamentos regionais, nortistas e gaúchos, sertanejos e litorâneos, sulistas e nordestinos. Brasil que se desagrega porque a educação fundamental não pode fazer brasileiros e vai fazendo goianos e cearenses, mineiros e paulistas.
> O nosso ideal é ter uma escola única, disseminada, profusa, usina "em série" da formação dos "mesmos" brasileiros, educados e cultos, e não, como agora, diversos pela alma e pela capacidade, isolados nos seus confinamentos regionais, nortistas e gaúchos, litorâneos e sertanejos, nordestinos e sulistas, Brasil que se desagrega, porque sem a educação fundamental, não se pode fazer Brasileiros, mas cidadãos de pequenas "pátrias" provincianas. (1931, p.22) [2]

Do clima saturado de aspiração higiênica e eugênica, promanaram obras reveladoras da nostalgia da higidez e, certamente, da nostalgia de um povo

---

2 Em "A nova Itália", há um sincero elogio a Mussolini: "Essa gente nova será a Itália de amanhã. Uma Itália forte, disciplinada, patriota, que aprendeu a substituir o mesquinho egoísmo pessoal, pelas vantagens da ordem, da obediência, do trabalho, da fé, em bem da coletividade. 'Tudo é durar', diz o Duce" (Peixoto, 1931, p.419).

104 CARLOS MONARCHA

de formas estatuárias: *Antinous: estudo de cultura atlética* e *A educação física: o que ela é, o que tem sido e o que deveria ser*, "Os segredos da Maratona" de Fernando de Azevedo (sincero elogio da vida esportiva e da ciência galtoniana: "Um organismo bem conformado e de músculos adestrados é de certo mais fácil de moralizar do que uma máquina humana enfraquecida e emperrada" (*Anais de eugenia*, 1919); *A cura da fealdade: eugenia e medicina social, Lições de eugenia, Povo são e povo doente* e *A fada Higia* de Renato Kehl (livro de higiene adotado pelas diretorias de ensino de São Paulo, Pará, Pernambuco); e *Eugenia e medicina social, Cartilha de higiene* e *Saneamento pela educação*, de Antonio de Almeida Júnior; *Vida higiênica! História, em figuras, de duas crianças que nunca ficaram doentes*, de Pedro Deodato de Moraes; *Minha terra, minha gente* e *Higiene*, de Afrânio Peixoto; *Defesa sanitária do Brasil* e *Amarelão e opilação*, de Belisário Penna, este último distribuído aos professores para envolvê-los na "obra de eugenia nacional"; "Meninas feias e meninas bonitas", de Luiz Pereira Barreto; *Virilização da raça, Pátria nova, A renovação mental do Brasil* e *A educação nacional*, de Mario Pinto Serva:

> Sem povo não há nação. Não temos povo no Brasil, porque não temos educação nacional organizada. Com um povo fraco, dessorado, doentio e ignorante, em que o tipo de Jeca-Tatu se encontra aos milhões e constitui a maioria, temos uma nacionalidade inconsistente, débil, pobre. Jeca-Tatu só desaparecerá com a escola espalhada por todo o interior do país, escola que eduque física e mentalmente o nosso povo. Com um povo forte e preparado, teremos uma nacionalidade dominadora e vigorosa.
>
> O Brasil é a grande incógnita do século XX. Só saberemos decifrá-la por uma ação educativa. (1924, p.19)

Críticas estas compartilhadas por Bergström Lourenço Filho, em *A escola Nova*, um opúsculo-manifesto de recusa da incoerência política, desordem social e fragmentação nacional. Em tom de tempestade, sonorizava: "Já certa vez escrevi":

> "O Brasil não é geograficamente, economicamente, etnograficamente, uma nacionalidade constituída. O solo, a raça, a vida econômica, todos os fatores naturais, forçam por partir o país. Só o laço histórico de três séculos, a língua e as aspirações comuns de liberdade nos podem continuar a prender. O que, noutras palavras, quer dizer: somos uma nação feita pelo homem, um grande sonho político,

e só o homem, por suas obras de criação, é que nos poderá ter sempre jungindo, na elevada compreensão do futuro". Reafirmo o que disse, não mais por indução de gabinete, mas por observação direta da vida de mais de três quartas partes do país. Por isso entendo que a escola precisa ser fundamentalmente nacionalizadora, integrando não só o estrangeiro, mas o próprio sertanejo, tanto ou mais desviado, por certos aspectos, do que o imigrante, em relação à vida contemporânea política e social. (Lourenço Filho, 1927, p.10)

No intento de construir uma alternativa ao mal-estar existente nos setores e graus de hierarquia da *intelligentsia*, transitava-se da visão fatalista e putativa do povo decaído pela inexorabilidade do meio e do sangue, para a visão do povo fatalizado pela doença e ignorância. Não se explicava mais a condição do povo pobre unicamente em função de fatores como clima e raça, mas também pela doença endêmica e pelo analfabetismo. É desses anos de nacionalismo exaltado o declínio da concepção partidária das implacáveis pressões do meio e herança de sangue.[3] Como que testemunhando uma providencial superação do discurso retórico e abstrato, o discurso médico-social contamina os círculos intelectuais e as lutas pelas causas sociais.

Das viagens promovidas por Manguinhos, das realizações de Oswaldo Cruz, Carlos Chagas, Artur Neiva, Belisário Penna, da recepção oratória de Miguel Pereira, Miguel Couto e Afrânio Peixoto, das campanhas de saneamento rural e da sarcástica de Monteiro Lobato, aflorava a necessidade de uma intervenção médica no corpo social para reativar a circulação do fluido da vida do país, por consequência linguagem científica e linguagem moral se interpenetraram.

Arvorados em conhecedores do país aflito, intelectuais, cientistas e políticos exaltavam a posse do saber dotado de poder de cura dos males que afligiam a nação. Daí por diante, a imagem do sertão insulado e doentio, acoplada aos índices de analfabetismo, iria compor o quadro histórico e o repertório de argumentos que anunciavam a urgência da reconstrução social pela confiança na educação e na saúde, considerados em si elementos de higidez.

> Saúde, instrução e educação, ou melhor, saúde e educação, pois que esta implica a instrução, pelo menos a alfabetização geral, são os fatores mágicos da produção de riqueza, da ambição justa de prosperar, do progresso, do civismo, do respeito, da moralidade e do prestígio da nação. (Penna, 1923, p.517)

---

3 Sobre essa clivagem no pensamento social brasileiro, cf. Süssekind & Ventura (1984), Lima & Hochman (1996) e Skidmore (1976), especialmente o capítulo "O novo nacionalismo".

Fruto desse quadro mental, surgiam livros taumaturgos, carregados de intenções civilizadoras, estampadas em tempos de "redescobrimento do Brasil" — *Pela educação nacional* e *Eduquemo-nos*, de José Augusto; *O Brasil e a educação popular*, de Antonio Carneiro Leão; *A educação popular*, de Firmino Costa, e tantos outros. Configuradas com recurso dos conceitos de ciência, raça, civilização, foram publicadas obras de larga ressonância na época, pois, animadas por intensa vontade de julgar (e assim estabelecer relação visceral com o leitor e suscitar desejo de ação), obras que podem ser situadas folgadamente na tradição intelectual que, sob o lema épico "Brasileiros, olhem para o interior", promoviam a "redescoberta do Brasil" — *Urupês*, de Monteiro Lobato (em *Rodapés*, Sud Mennucci concluía a respeito de *Urupês*: "A natureza brasileira não é ali a conhecida cromolitografia das surradas antologias escolares, é ela mesma, escarvoada em traços fundamentais de que nos ficam na mente bocados inesquecíveis" (1927, p.36); já em *Monteiro Lobato e sua obra*, Edgard Cavalheiro comentava: "Pois tanto 'Urupês' como 'Os Sertões' traem o mesmo ânimo crítico de julgar"); *Populações meridionais do Brasil*, de Oliveira Vianna; *A Sedição de Juazeiro*, de Rodolfo Teófilo; *A crise brasileira de educação*, de Sud Mennucci; e *Juazeiro do Padre Cícero: cenas e quadros de fanatismo no nordeste*, de Lourenço Filho, cuja conclusão nada mais é senão um hiperbólico diagnóstico médico-patológico.

> As medicações heroicas não se aplicam quase nunca aos casos sociais. Já Euclides da Cunha, fechando com amargura o seu livro genial, sobre a campanha de Canudos, pedira um Maudsley para os crimes e as loucuras das nacionalidades, quando por acaso, elas se empenhem em ações iníquas, como o do combate armado à miséria e à ignorância. O criminólogo e patologista social que Euclides invocara, tivemo-lo nele próprio, — e de que estatura!... e, no entanto, volvidos os anos, nem uma só medida têm julgado necessária às administrações do país, para a debelação dos casos semelhantes, reincidentes no organismo predisposto da nação... As "caatingas" do Nordeste continuam a ser, por muitos pontos, a "selva hórrida", sem água e sem pão, sem tranquilidade e sem justiça, sem ensino e sem Deus, com oásis maravilhosos de riquezas e energias malbaratadas. Neles, um povo forte — matéria-prima excelente para uma raça de elite — cumpre silenciosamente a pena de ser brasileiro, assaltado periodicamente pelos flagelos do clima e da politicagem. (Lourenço Filho, 1926, p.230)

"Eco estilístico de *Os sertões*", segundo autorizado crítico literário, *Juazeiro do Padre Cícero* resultara do contato do reformador com o alto sertão, quando dos trabalhos da reforma da instrução, no Ceará, na presidência de Estado de Ildefonso Albano, e expressava em linguagem sociológica e literária a compreensão controversa de Lourenço Filho sobre o tema do messianismo religioso. (Para Wilson Martins: "Quanto a mim, acredito que a *Introdução ao Estudo da Escola Nova* só poderá ser compreendida em sua verdadeira natureza quando 'temperada' com a leitura do *Juazeiro do Padre Cícero*. É que o Sr. Lourenço Filho tomaria contacto com a escola antes de tomar contacto com a Escola Nova" (1994, p.425).

Desde os anos 1910, quando o abandono dos sertões, a experiência urbanizadora, a irrupção dramática das massas populares e as polarizações ideológicas tornaram-se observáveis a olho nu, recrudesceram os diagnósticos que afirmavam conhecer a terapêutica para debelar as doenças corruptoras do corpo exangue e chagado da nação. Logo, ao grito desacorçoado de Miguel Pereira — "O Brasil é ainda um imenso hospital", acrescentou-se outro grito estridente, saído da garganta do presidente honorário da Associação Brasileira de Educação, Miguel Couto: "No Brasil só há um problema nacional: a educação do povo":

> A ignorância é uma calamidade pública como a guerra, a peste, os cataclismos, e não só uma calamidade, como a maior de todas, porque as outras devastam e passam, como tempestades seguidas de bonança; mas a ignorância é qual o câncer que tem a volúpia da tortura no corroer célula a célula, fibra por fibra, inexoravelmente o organismo; dos cataclismos, das pestes e das guerras se erguem os povos para as bênçãos da paz e do trabalho; na ignorância se afundam cada vez mais para a subalternidade e degenerescência. (1927, p.14)

3
A CURA MÍSTICA DO CORPO DA NAÇÃO

> *Os habitantes de Kiato haviam conquistado
> a soberania de sua liberdade depois de mais de
> um século de reação contra os usos e costumes
> resultantes da intoxicação alcoólica e sifilítica.
> Restaurada a saúde e a moral, começou uma
> vida nova, o socialismo enfim.*
> *(Rodolfo Teófilo, O Reino de Kiato: no país
> da verdade)*

Lugar-nenhum idealizado por Rodolfo Teófilo, o Reino de Kiato celebra o vigor orgânico e a beleza física, os habitantes de elevada estatura falam inglês, o álcool e tabaco estão proibidos, a sífilis erradicada, alto-falantes invisíveis emitem avisos permanentes; nesse reino dirigido não por um rei, mas por um presidente, não existem forças armadas; estátuas de Pasteur e Jenner ornamentam as ruas da cidade e por aí vai. Editado por Monteiro Lobato, o romance de antecipação *O Reino de Kiato: no país da verdade* é uma utopia científica e compensatória, sem dúvida, um dos produtos político-literários que melhor resumem os anseios de recuperação da sanidade e a saúde dos órgãos do corpo do país.

Em meio às atitudes de desesperança, mas também de fé e vontade de ação, os estudos da sociedade assumiam foros de ciência; com efeito, a linguagem presente nos escritos evidencia a transposição de esquemas biológicos para as teorias sociais, isso graças aos sucessos da biomedicina, popularizados pelas campanhas de saneamento rural e pela crescente institucionalização da pesquisa científica.

110 CARLOS MONARCHA

Naqueles anos que aspiravam à modernidade do século XX, ainda vigiam as filosofias evolucionistas e materialistas herdadas de Spencer e Comte, por exemplo. Spencer, como se sabe, identificava vida social e natureza física; no seu sistema, "evolução" confunde-se mecanicamente com "progresso". Trivializadas no sistema intelectual, as filosofias sociais oitocentistas permaneciam ativas, não se citava este ou aquele teórico, como recurso à autoridade; apenas replicavam-se os postulados acrescidos da tese de Durkheim, para quem a sociedade não é a soma, mas síntese de indivíduos e suas consciências.

> Muito maior do que agora geralmente se supõe, foi a influência das ideias de Augusto Comte na geração de Vicente [Licínio], a primeira nascida na República. Não seria, por certo, a de um sistema completo e acabado, mas a de um método e conjunto de valores morais, de poderosa atuação. (Lourenço Filho, 1959, p.33)

Descrever os "fatos sociais" com recurso às analogias orgânicas tornara-se lugar-comum; por paradoxo, a ciência positiva não prescindia de um estilo metafórico. Seja o que for, como por contágio, em diversos graus da hierarquia do sistema intelectual proliferam prescrições terapêuticas para a cura das afecções que acometiam o país ferido pelas mutações políticas e sociais. Na atmosfera mental saturada de discurso médico-social a caucionar a consciência crítica dos problemas nacionais, despontavam escritos sociais taumatúrgicos, invariavelmente elaborados com recurso da terminologia da técnica médico-fisiológica — carne, cérebro, dissecação, energia, sangue, tecidos, vírus, órgãos, organismo. Seduzidos, intelectuais, cientistas, políticos dotados de poder administrativo ou não se entregam às tentações fáceis ao estreitar o paralelismo entre "sociedade humana" e "organismo vivo", ao agitarem uma linguagem incomum — "organismo uno e indissolúvel", "corpo social, "tecido social", "energia social", "crise orgânica", "necessidades orgânicas", "metabolismo social".

> Todo esse sistema de representações – verdadeira episteme, no sentido de Foucault – tende a inocentar os dominados, retirando-lhes a responsabilidade na instituição política, e atribuindo simultaneamente um poder demiurgo às elites religiosas ou laicas. O resultado disso é a figura orgânica como *telos* coletivo, seguindo-se as noções grotescas sobre a doença e a saúde social. O indivíduo é visto como quimera, a massa é infantilizada. Sobra a milagrosa mediação dos intelectuais, os únicos que comungariam com os sofrimentos infinitos do povo.

E no Brasil? Temos por aqui tantos exemplos dessa fantasmagoria orgânica que ela serve como base para os vários discursos edificantes que disputam entre si o domínio político. Mudaram as formas, mas subsistem os pressupostos do Todo superior ontológica e logicamente às partes sociais; o apelo às elites é mantido; a inocente irresponsabilidade das massas, vistas como perigo ou salvação, continua intocada. Vale a pena consultar alguns textos cujo núcleo é a consideração do problema social brasileiro como doença. Lembrarei rapidamente Luís Pereira Barreto, Soares d'Azevedo e Julio de Mesquita Filho. (Romano, 1986, p.113)[1]

O organismo é um todo, um conjunto integrado de órgãos e funções; porém, isso não é tudo, há uma hierarquia interna: alguns órgãos e funções são importantes e decisivos, outros secundários, mas todos interdependentes. Para a discussão que nos interessa mais de perto, é importante ressaltar que, para os teóricos entregues às tentações do organicismo, a instrução popular, ao elevar o nível de compreensão das massas, iguala-se ao fluido da vida. O próprio Lourenço Filho epigrafava o introito de *Juazeiro do Padre Cícero*, livro por ele dedicado a Rodolfo Teófilo, com reveladora frase de Antonio de Sampaio Doria: "A educação pública é a medicina radical. Ela daria ao povo a possibilidade de curar-se por suas próprias mãos, a despeito dos usurpadores. Mas a educação é tarefa demorada". Em *Introdução ao estudo da Escola Nova*, ele cogitaria um tanto mais:

> Salientamos que a pedagogia em ação se divide, como a arte de curar, em dois ramos principais, perfeitamente distintos: a *clínica* (meios de diagnóstico, de medida e verificação), que é a pedagogia experimental, e a *terapêutica* (intervenção positiva e direta sobre os indivíduos a curar ou a educar) que é a didática, *lato sensu*. (Lourenço Filho, 1930b, p.121 – grifo no original)

Redescobrir a inteligibilidade do mundo

Por ser precocemente envelhecida, a Primeira República demonstrou-se pródiga quanto a intelectuais dispostos a escrutarem outros caminhos. Ao se

---

1 Cf. também Romano (1981) e Lenharo (1986), especialmente o capítulo "O corpo teológico do poder".

defrontarem com os dilemas do país: a crise política originada pela falência do regime representativo, as dissensões interoligárquicas, a anarquia econômica de um sistema industrial nascente, a crise das finanças nacionais, debruçavam-se sobre a nação para gerar soluções positivas.

Desacomodada num presente provisório contrário a razão esclarecida (*i.e.* presumidamente liberta da ideologia, resquícios teológico-metafísicos e paixões discordantes), uma multiplicidade de sujeitos encartados nos graus de hierarquia do sistema intelectual encarnava-se na figura do reformador social. Por agora, basta dizer apenas que os propósitos voltados à edificação de um todo unificado pelo bem comum engendraram o clima mental que antecedeu o levante armado de 1930, reunindo momentaneamente as classes médias urbanas, frações de tenentes e oligarquias dissidentes — "Para engrossar as hostes do aglomerado de esperanças coletivas e descontentamentos variados e desconexos que se chamou Aliança Liberal", segundo Virginio Santa Rosa, em *O sentido do tenentismo* (1976, p.50).[2]

Colocadas as coisas dessa maneira, podemos dizer o seguinte, o clima mental dos anos 1920 pôs em movimento a mística de regeneração dos costumes do governo e do povo.

> Desde Abolição da Escravatura e a proclamação da República, mas em escala crescente ao longo das décadas posteriores, muitos estavam preocupados com a questão nacional. Interessados em recriar o país à alma do século XX. Queriam compreender quais seriam as condições e possibilidades de progresso, industrialização, urbanização, europeização, americanização, civilização do Brasil. Apaixonados ou indiferentes, aflitos ou irônicos, perguntavam-se sobre os dilemas básicos da sociedade nacional, de uma nação que se buscava atônita depois de séculos de escravidão: agrarismo e industrialização; cidade e sertão; preguiça, luxúria e trabalho; mestiçagem arianismo e democracia racial; raça, povo e nação; colonialismo e nacionalismo; democracia e autoritarismo. (Ianni, 1992, p.26)

Sobressaltada pelos graves sofrimentos e pelas longas calamidades a abaterem o homem brasileiro, a *intelligentsia* decide dar um basta ao cenário desarrazoado. Nos anos em que os grandes -*ismos*, com seus postulados críticos, espalhavam focos de luzes excitantes, uma pluralidade de sujeitos

---

2 Para análise ampliada cf. Fausto (1985), Costa (1978) e Ramos (1983).

integrava-se numa reação crítica: "O Brasil precisa de um espírito novo, capaz de sacudir a vida nacional, acordando-a para a realidade do mundo contemporâneo", compelia Antonio Carneiro Leão em *Os deveres das novas gerações* (1923, p.35); o mesmo diziam outros intelectuais, armados de um niilismo positivo que pretendia combater a recessão do poder do espírito. ("Porque é bom não esquecer nunca aquele dilema de Euclides da Cunha — que eu nunca me canso de repetir: 'Estamos condenados à civilização; ou progredir ou desaparecer'", exclamava Sud Mennucci em *Rodapés* (1934, p.54). E como regenerar a República significava valorizar mudanças socialmente controladas ("conservar melhorando", ponderava Comte, em *Apelo aos conservadores*), intelectuais, como Vicente Licínio Cardoso, concluíam pela necessidade de defrontar o momento vivido: "Mas reagir, pelo progresso dentro da ordem, por isso que todos eles sabiam que, em Sociologia o caminho seguro para andar mais ligeiro é aquele que evita os desatinos das correrias revolucionárias, perigosas e intempestivas" (1924, p.4).

É de crer que os reformadores partiam do princípio de tutela dos detentores do conhecimento das leis sociais e sua evolução: as vanguardas esclarecidas. Inadvertidamente ou não, reforçavam a concepção de soberania abstrata do povo e valorizavam a atividade prática das vanguardas esclarecidas; ao mesmo tempo em que criticavam o poder, induziam as massas para o poder. Num Brasil fatigado por lutas e indeterminações, vicejava a proposição de formação de elites culturais urbanas, condutoras e onipotentes, explicadas como guias da direção nacional e faróis das aspirações sociais.

Noutras palavras, da ampliação do campo de consciência social defluia um discurso *para* o povo e *sobre* o povo, porém, quanto mais se tagarelava sobre ele, o povo, mais se calava acerca de sua condição existencial. Inadvertidamente ou não, a convergência radical de inquietudes e idealismos salvadores encontrava-se presa num círculo contraditório, a saber: a favor do povo, na luta contra o obscurantismo e despotismo (o declinante liberalismo oligárquico, o elitismo intelectual e o aristocratismo social), e contra esse mesmo povo (inculto e tumultuado), em nome da razão, ordem e civilização. Vamos dizer então que a decepção generalizada com a República fez pressentir a deflagração de formas revolucionárias. E, de fato, uma sucessão de acontecimentos discordantes entre si parecia indicar a chegada do tempo da maturidade, mais exatamente uma república de inspiração tecnológica, capaz de conjurar a realidade do caos e revolucionar racional e simultaneamente a economia, administração, política e cultura. Espécie de sublimação das lutas e dos conflitos da sociedade civil, prestes a revolucionar a práxis curativa dos processos patológicos nacionais, engendrou uma reflexão a um tempo moderna e conservadora sobre a vida em sociedade, com o fito de lograr paz social, ordem pública e unidade de direção, o que fez que os anos 1920 assistissem ao nascimento de uma vontade de ordem e disciplina civil antes não vista. De fato, os adeptos da explicação objetiva, da qual retiravam a fé pessoal, revelaram-se argutos observadores da vida coletiva. Entrementes, o desejo imperioso de conduzir e guiar suplanta a vontade de servir. Nesse caudal de acontecimentos desconcertantes, as especulações efloresciam. Precedida pela agitação social que acompanha a greve geral de 1917 e a paúra da "gripe espanhola", em 1918, irrompia na cena uma sucessão labiríntica de acontecimentos proverbiais, considerados assinaladores do nascimento conflituoso do Brasil contemporâneo, como bem explica a historiografia acadêmica. Dentre tantos, releva-se habitualmente a iconoclasta Semana de Arte Moderna, com sua condenação das formas retóricas mortas e proposição de novas técnicas de representação da realidade; a fundação do Partido Comunista do Brasil, com sua organização centralizada do operariado, em oposição aos grupos anarcossindicalistas; as campanhas de Belisário Penna; a cruzada de recristianização de Jackson de Figueiredo, à frente do Centro D. Vital; a criação do Bloco Operário e Camponês (BOC), frente de massas e de trabalho legal do PCB (cujas certezas provinham da 3ª Internacional Comunista); a gesta revolucionária dos tenentes, com o estalar de levantes armados destinados à regeneração liberal da nação (mais tarde, seus líderes ocupariam posições centrais, na política da Era Getuliana).[3]

Sucessão labiríntica intensificadora da vontade de introduzir um Espírito Novo, capaz de alterar o curso dos acontecimentos, de modificar a estrutura política, de aplacar o rumor das massas, de revitalizar o panorama urbano e, claro, de evolucionar a cultura. Nessa sucessão, a celebração do Centenário da Independência funciona como data propícia para a realização de balanços da vida nacional. E se as campanhas de saneamento rural forçaram as elites a olhar para o interior do país, não resta dúvida de que a celebração centenária forçara a *intelligentsia* a olhar para o passado recente. Desses olhares advinha a

---

3 Esse quadro foi composto com base em Forjaz (1988), Carone (1977), Pereira (1979), Brito (1964) e Motta (1992).

condenação das estruturas e instituições passadistas e retóricas mortas: "Nada de postiço, meloso, artificial, arrevesado, precioso: queremos escrever com sangue – que é humanidade; com eletricidade, que é movimento, expressão dinâmica do século; violência – que é energia bandeirante" – declamava escandalosamente Menotti Del Picchia, na conferência-manifesto de corte futurista, lida na abertura da Semana de Arte Moderna (in Teles, 1982).

Outros fatos, no entanto, ainda estavam por vir: a sucessão labiríntica anteriormente sumariada prosseguiria com o levante armado de 1930, a revolta paulista em 1932, os *putschs* sangrentos da Aliança Nacional Libertadora, em 1935 (versão local das frentes únicas antifascistas, preconizadas pelo Comitern) e da Aliança Integralista Brasileira (o "fascismo caboclo", de Plínio Salgado, segundo Graciliano Ramos), e, por fim, o Estado Novo. Independentemente das conclusões a que chegaram as interpretações historiográficas, por agora é suficiente dizer que se iniciava a rumorosa e desconcertante Era Getuliana, e sobre a qual ainda muito teremos a comentar, o que não nos impede aqui de acelerar a narrativa e citar breve passagem da conferência proferida no cume tenso do Estado Novo, pelo secretário de Educação da Bahia, Isaías Alves, um reformador sobre o qual também muito teremos a dizer.

> Meus senhores: o retrato que agora vai ser descerrado é de um homem que teve a energia necessária para concretizar um pensamento político, que no Brasil, como no mundo inteiro nesta hora histórica, desfaz as ilusões do liberalismo, que, durante o luminoso século XIX, teve desenvolvimento, apogeu e decadência.
>
> As formas liberais do Século da Luz organizaram os povos em normas que enfraqueceram o poder. E a razão do fortalecimento do poder, iniciado, com o nascimento da nação americana, após o deflagrar da guerra da abolição da escravatura, e continuado a seguir, em todos os países, até a profunda perturbação traduzida pela guerra mundial às nações europeias, acha-se na circunstância de que o regime liberal era uma ilusão ... Eu me sinto perfeitamente a gosto para dizer que o sr. Presidente Getúlio Vargas transformou o caos liberal do Brasil num novo cosmos ... (1939, p.10)

Se interpretarmos adequadamente os fatos, podemos então dizer que a vontade de ordem e disciplina, em suma, o pensamento afirmativo dos anos 1920, materializou-se integralmente com o advento de um poder executivo forte, o Estado Novo.

Ordenar o caos desconcertante

Produto da interpenetração de atitudes e linhas ideológicas diferentes, a retórica da cura mística produz escritos sociais dotados de inapelável feição de manifestos, os quais extravasavam a frustração de uma geração defrontada com uma realidade proteiforme, não obstante o presente vivido fosse adverso, senão amargo, e as expectativas de futuro parecessem estar tolhidas, esses escritos anunciavam soluções gerais. Nascia o hábito de publicar exames da via-crúcis da República, por ocasião das efemérides nacionais: o centenário da Independência, 1922; a passagem dos trinta e cinco anos de regime republicano, 1924; o centenário da lei de criação das escolas de primeiras letras, 1927.

Por seu poder de interpelação, tornado como sinônimo de contrapoder, convém ressaltar os seguintes exames, na verdade severos inventários dos erros e desacertos da experiência republicana: *À margem da história da República*, expressivamente subintitulado "ideias, crenças e afirmações", organizado por Vicente Licínio Cardoso, com a participação de Antonio Carneiro Leão, Celso Vieira, Gilberto Amado, Jonatas Serrano, José Antonio Nogueira, Nuno Pinheiro, Oliveira Vianna, Pontes de Miranda, Ronald de Carvalho, Tasso da Silveira, Tristão de Ataíde; homens que, segundo Licínio Cardoso, "leram Spencer, Comte, le Play, Marx, mas contrariamente à geração precedente não são ortodoxos".

> Escrevem. Porque não puderam fazer ainda outra coisa senão pensar, mas sentem com a própria obra que vai surgindo (no isolamento em que é composta) o irremediável das situações que vão criando: Prometeus acorrentados pela opinião pública que os esmaga com o maior dos castigos de homens livre: o silêncio horrível de uma nacionalidade sem consciência ainda, perdendo em atritos passivos veementes, as poucas energias soerguidas sobre o "peso morto" aterrador dos milhões de analfabetos que as solapam. (Cardoso, 1924, p.17)

Nas linhas finais do volume coletâneo, Licínio Cardoso externava ideias angustiadas: "O livro de agora será de futuro um prefácio ou epílogo; prefácio inicial de uma obra maior exigida pelo ambiente de nossa Pátria, ou epílogo sombrio... epílogo temeroso, ou prelúdio criador, ele marcará, porém uma época, definirá uma geração ou fixará uma data de nossa história" (p.91).

Uma das figuras centrais na efetuação da crítica do "Brasil errado", Licínio Cardoso, intelectual do porte de um Pereira Barreto, atuou como subdiretor técnico na gestão de Fernando de Azevedo, na Capital Federal, presidente da ABE e criador, ao lado de Tobias Moscoso, da Federação Nacional das Sociedades de Educação. Em 1931, após rápido giro pela Europa, motivado por um encontro pessoal com Decroly, e visita à Universidade do Trabalho de Charleroi, Licínio Cardoso retornava ao Rio de Janeiro; angustiado com os desacertos brasileiros no pós-1930, suicida-se.

A crise nacional, de Julio de Mesquita Filho, produto das campanhas d'*O Estado de S. Paulo* destinadas a emendar vícios e difundir virtudes republicanas; e o inquérito da instrução pública paulista, conduzido por Fernando de Azevedo para *O Estado de S. Paulo*, com a colaboração de: Antonio de Almeida Jr., Renato Jardim, José Escobar, Francisco Azzi, Bergström Lourenço Filho, Teodoro Braga, Paim Vieira, Rui de Paula Souza, Mario de Souza Lima, Amadeu Amaral, Ovídio Pires de Campos, Raul Briquet, Teodoro Ramos, Reinaldo Porchat, Artur Neiva, Sud Mennucci. (Posteriormente o inquérito de opinião aparecerá em livro sob o título *A educação pública em São Paulo: problemas e discussões*).

N'*O Estado de S. Paulo* aparecia o ensaio de Sud Mennucci "Cem anos de instrução pública: 1822-1922", em número especial dedicado à comemoração do centenário da Independência do Brasil (mais tarde publicado em livro). Em suma: em meio ao desnorteio geral, surgiam escritos sociais animados pela vontade de julgar e suscitar desejo de ação, e de autoria de homens que, de boa-fé, apresentam-se como sujeitos de forças inapeláveis, e dessa maneira exorcizavam as visões de caos e destruição.

4
DERRAMAMENTO DA INSTRUÇÃO

Do conteúdo manifesto dos escritos sociais, extrai-se a compreensão de que a consciência nacional seria construída por esforço concentrado de cultura. A crítica às insuficiências e ilusões republicanas, da qual decorria forte sentimento antiliberal, renovava o crédito de confiança na educação para curar os males de uma época de tormentos: "A instrução é o gênio misterioso, que conduz os povos à independência, à liberdade e à riqueza" — proclama Antonio de Sampaio Doria, em a *Instrução pelo Estado* (1922, p.19).

Ora, no contexto de crise de hegemonia dos anos 1920-1930, a empolgação pelo esclarecimento do povo novamente se fez presente: as massas tocadas pelas luzes trançariam armas, combateriam os governos despóticos e ilegítimos, e, claro, tornar-se-iam aptas para os negócios públicos. Ou, antes, esperança social compartilhada, é para a escola de massas, terra de missão, que convergem as ambições das autoridades públicas; pelo derramamento da instrução, colocar-se-ia ordem nas ideias e disciplina nos sentimentos individuais e coletivos. Numa palavra, do fascínio pela escola deflui o desejo de nela ancorar os mecanismos da boa integração social: moralização, coesão e salvaguarda da ordem nacional. Em síntese, no lugar de tensão e conflito, função e regra.

Na proximidade dos eventos comemorativos de 1922, o governo federal realizava um censo demográfico e econômico geral, até então o mais bem-planejado e bem-sucedido levantamento estatístico já feito no Brasil, cujos resultados foram exibidos no Pavilhão de Estatística da Exposição Internacional do Centenário da Independência, inaugurada pelo presidente Epitácio Pessoa em 7 de setembro de 1922, no Rio de Janeiro. Na data em que o país se preparava para festejar o centenário de nascimento da nação, em meio a uma atmosfera de fervor cívico, ardor patriótico nos círculos oficiais, o censo delatava a permanência dos cruentos índices históricos de analfabetismo, a saber: do total de trinta milhões de habitantes, vinte e três milhões eram iletrados.

Em *Marta e Maria: documentos de ação pública*, o ex-deputado Afrânio Peixoto (1931) corroborava esses números e acrescentava outros dados, com base em protocensos e censos oficiais anteriores. Ainda hoje a estatística causa espanto:

ANO	BRASILEIROS QUE SABIAM LER E ESCREVER	BRASILEIROS QUE NÃO SABIAM NEM LER NEM ESCREVER
1872	1.564.481	8.356.997
1890	2.120.559	12.213.356
1900	4.448.681	12.989.753
1920	7.493.357	23.142.248

Infatigável denunciador dos males sociais, Mario Pinto Serva, na 1ª Conferência Nacional de Educação, apresentava uma estatística eloquente pelos números colhidos.

Tabela 1 – Índices de analfabetismo nos Estados, na Capital Federal e nos territórios

ESTADOS	POPULAÇÃO	ANALFABETOS	% DE ANALFABETOS
Alagoas	978.748	834.213	85,2
Amazonas	363.166	266.552	73,4
Bahia	3.334.465	2.720.990	81,6
Ceará	1.319.228	1.073.262	81,4
Distrito Federal	1.157.873	447.621	38,7
Espírito Santo	457.328	349.400	76,4
Goiás	511.919	433.389	84,7
Maranhão	874.337	735.906	84,2
Mato Grosso	246.612	174.819	70,9
Minas Gerais	5.888.174	4.671.533	79,3
Pará	983.507	695.806	70,7
Paraíba do Norte	961.106	834.155	68,8
Paraná	685.711	492.512	71,8
Pernambuco	2.154.835	1.770.302	82,2
Piauí	609.003	536.061	88,0
Rio de Janeiro	1.559.371	1.173.975	75,3
R. G. do Norte	537.135	440.720	82,1
Rio G. do Sul	2.182.713	1.334.771	61,2
Santa Catarina	668.743	471.342	70,5
São Paulo	4.592.188	3.222.609	70,2

ESTADOS	POPULAÇÃO	ANALFABETOS	% DE ANALFABETOS
Sergipe	477.064	397.429	83,3
Acre	82.379	64.881	70,2

Fonte: Serva (1927).

Munidos desses números depoentes, os reformadores sociais e críticos da República inflavam às últimas consequências os discursos que diziam ser a instrução do povo o "primeiro problema nacional", conforme a conhecidíssima análise de Miguel Couto, em inspirada conferência, na ABE:

> A educação é o nosso primeiro problema nacional: primeiro, porque é o mais urgente; primeiro, porque, resolve todos os outros; primeiro porque resolvido colocará o Brasil a par das nações mais cultas, dando-lhes proventos e honrarias e lhe afiançando a prosperidade e a segurança; e assim se faz o primeiro, na verdade se torna o único. (1927, p.15)

Com autorização do Conselho Municipal do Distrito Federal, a conferência de Miguel Couto foi distribuída entre o professorado carioca para discussão e debate. Era preciso tocar, purificar e esclarecer a alma coletiva e formar o espírito nacional, e, é evidente, propagandear uma liturgia cívica voltada para a efusão dos espíritos e corações.

Que *deus ex machina* traria a solução e precipitaria o desenlace da tragédia nacional? Que *deus ex machina* seria capaz de manipular os fios do teatro da vida? Vivendo numa época das economias planificadas e coletivização da produção, as vontades de ordem e disciplina civil revelam-se francamente adversas ao individualismo de mercado e abertamente favoráveis ao Estado como instrumento de organização social. Sem dúvida, os sujeitos sociais de inclinação doutrinária de diversos matizes — positivista, evolucionista, anarquista, socialista, integralista, solidarista, corporativista, liberal — condenavam a harmonia preordenada pelo *laissez-faire*, *laissez-passer*, outrora princípio considerado decisivo na passagem do homem natural à condição de homem civil. Para muitos e muitos, a doutrina liberal era uma patologia sancionadora do livre jogo da concorrência política e econômica, donde um modelo de gestão de poder incapaz de estender a soberania sobre os territórios e corpos das populações.

Na cosmovisão reformadora, envolvida com a racionalização da prática de governo, todo impulso vital emanaria de um centro diretor e consciente da sociedade, um órgão de comando centralizador, previdente e provedor. Nas formações discursivas totalizantes, orientadas para outras práticas de governabilidade, o Estado-Providência, instrumento de riqueza, tranquilidade e felicidade, aparece como instância diretiva e corretiva, capaz de entrelaçar a sociedade de ponta a ponta ao corrigir os excessos desagregadores. É esse o sentido da nota de apreciação de Azevedo Amaral, constante em *A reconstrução educacional no Brasil: ao povo e ao governo. Manifesto dos pioneiros da educação nova.*

> A razão de ser do monopólio do Estado na esfera educativa consiste no reconhecimento de que, nas condições atuais da civilização, toda a finalidade pedagógica converge para a formação de homens e mulheres capazes de desempenhar as funções que as circunstâncias lhes destinam em uma organização social, baseada no conceito da associação e da cooperação dos indivíduos em esforços destinados a promoverem o bem coletivo.

Nos diversos graus do sistema intelectual, especialmente naqueles próximos aos círculos de poder, concebia-se e autenticava-se o Estado como resumo dos interesses coletivos. Imaginava-se um tipo de aparelho estatal próximo à "ditadura republicana", idealizada por Comte, concepção familiar a certa tradição republicana estatizante e reformista, que, no decorrer dos anos, vinha sustentando o elogio do saber técnico-científico, a sagacidade das elites dirigentes e a eficiência das coortes técnicas. Em resumo: associava-se ao executivo forte a qualidade de poder civilizatório e modernizador. "Uma ditadura de elite torna-se benefício nas nações onde a ignorância das massas solicita que regras necessárias ao progresso coletivo – defesa higiênica, instrução literária, científica, técnica, disciplina, etc — sejam coercitivamente impostas para o bem geral" (Del Picchia, 1931, p.153).

Nas projeções sumamente interessadas em eliminar da trama orgânica da sociedade os "resíduos impuros do passado", portanto corruptores das fontes da vida moderna, figurava-se o Estado-Providência, como peça-chave da topografia administrativa (mas, ainda que tal modelo de Estado representado como impessoal e separado da sociedade apareça como Razão em ato, sabemos que a manutenção das contradições e tensões sociais é inelutável). De sorte que, numa inversão imaginária dos termos e da realidade, o aparelho de Estado aparece situado acima e fora das classes sociais, criador e instituidor da sociedade altruísta e, evidente, poder demiurgo com preeminência sobre os grupos. É esse certamente o sentido do texto erudito do professor da Escola Normal de Recife, Estevão Pinto, em *O problema da educação dos bem dotados:*

O Estado é uma fase necessária, é um "fato social". As modernas doutrinas do *equilíbrio social* não se preocupam em justificá-lo: ou o Estado consiste no fato inevitável da *diferenciação entre governantes e governados* (L. Duguit); ou é o Estado o estabelecimento de uma *força organizada* que, pela circunstância de permanecer acima dos grupos sociais, procura atenuar o conflito resultante da incompatibilidade, do choque, do antagonismo crescente das classes irreconciliáveis (Engels). (1933, p.8 - grifo no original)

Pensava-se assim colocar o poder acima dos interesses egoístas das classes e da estiolada política dos partidos; pensava-se assim praticar uma política orientada pela razão, virtude e moral, logo livre das contingências. Ou por outra, idealizava-se o aparelho de Estado como força agregadora e positiva, afiançando-se a infalibilidade do poder imanente do Alto para o Baixo, como bem quer Fernando de Azevedo: "O Estado forma o ápice da pirâmide, em cuja base fremem as massas, do seio das quais, submetidas a um processo de educação intensa e extensiva, surgem, para constituí-lo, as minorias abertas, vivas e dinâmicas, coordenadoras das forças históricas e sociais do povo em evolução" (1933, p.3-24).

Reconstrutor, o imaginário social exemplificado nas citações anteriores cauciona o aparelho de Estado e suas instituições como centro articulador e condutor da realidade social, política e cultural, e, acima de tudo, centro simbolizador; em suma, um *deus ex machina*, cuja aparição inesperada em cena causaria um desfecho à vacilante trama nacional.

A esta altura da exposição destas notas e argumentos, é preciso perguntar o que pensavam os intelectuais animados pela representação teológica do mundo por eles considerada a única capaz de fixar as fronteiras entre o bem e o mal, a verdade e a mentira, o real e o imaginário (qualidades atribuídas unicamente à ciência segundo os pensadores laicos e mundanos). No polo contrário do espectro ideológico, a rejeição em coro dos intelectuais católicos delatava as soluções estatizantes, em especial aquelas referidas à instrução pública, responsáveis por uma indevida e malquista supremacia do Estado sobre o indivíduo. Por isso mesmo, Tristão de Ataíde (1931) confrontava o chamado "absolutismo do Estado pedagogo"; Jonatas Serrano, autor do pacificador *A Escola Nova: uma palavra serena em um debate apaixonado* recriminava os exageros dos reformadores laicos e seu "Estado onipotente" e "Estado onidocente":

A hipertrofia do conceito de Estado, em certos pedagogos, é a consequência lógica do erro filosófico, apontado já em páginas anteriores: o desconhecimento do valor inalienável do indivíduo. A pedagogia social-radical de Dewey e Durkheim é a grande responsável das exagerações perigosas e inaceitáveis que se leem, em frase não raro sedutora, em alguns dos nomes mais eminentes apologistas da Escola Nova. (1932, p.119)

A confusão não se fez por esperar. As aspirações de obrigatoriedade escolar e escola única como dever de Estado, a laicidade do ensino, verbalizadas pelos reformadores sociais ao ferirem a lógica da doutrina liberal eram imediatamente interpretadas pelos adversários ora como esboço de socialismo, ora como criptocomunismo, acusações então muitíssimo frequentes.

Colocando o tema da educação no centro de suas visões de mundo, vestíbulo de um admirável mundo novo, no qual política e cultura se reencontrariam, os pensadores sociais, ao se armarem com valores científicos, mundanos e democráticos, revivificam o humanismo e, em seguida, concentram forças em formação de combate corpo a corpo. E, de fato, ao armarem hipóteses de cura da nação com recurso aos poderes teóricos, advogavam o derramamento das luzes da instrução, melhor dito, da educação moderna, com seu ideal social característico, capaz de associar os indivíduos à coletividade, persuadindo-os a tomar como objeto de respeito e devoção a própria sociedade (*i.e.*, idealiza-se uma totalidade orgânica equivalente a um todo superior e transcendental). No entanto, sem se dar conta de que a instrução é um pseudorremédio, louvavam aos céus as suas virtudes terapêuticas.

PARTE III
TORVELINHO DA VIDA MODERNA

1
UM MUNDO PÓS-BURGUÊS, FIGURAÇÃO DO TEMPO MODERNO

O título de "Novo Mundo Industrial" pareceu-me ser o mais exato para indicar esta formosa ordem societária que, entre outras vantagens, possui a de criar a atração industrial. Veremos os nossos ociosos, e até as coquettes, levantar às quatro horas da manhã, tanto no inverno como no verão, para se dedicarem com entusiasmo a trabalhos úteis, como o tratar dos jardins e dos currais, dedicar-se aos trabalhos domésticos e aos trabalhos fabris, além de muitos outros para os quais o mecanismo civil inspirava grande desgosto à classe rica.

(Charles Fourier, O novo mundo industrial e societário, 1828)

Reencontrar a segurança e o equilíbrio perdido

Insertos numa conjuntura intelectualmente inquieta e socialmente instável e, sobremaneira movimentada pela experimentação apaixonada do novo, os reformadores de ensino, quase todos no meio-dia da vida, acentuam e tencionam o par contrastante antigo/moderno, então, par tornado esteio das reflexões abrangentes sobre a vida nacional, cujo passado proscrito está fadado a desaparecer. Se representando como vanguardas intelectuais purificadas, anunciavam a premência da reforma das instituições, dos hábitos, das tradições e tendências coletivas. E como já vimos, pertencem a uma geração que, por motivos contingentes e históricos, demonstra-se sequiosa de eficiência.

É igualmente importante ressaltar, os temas arrebatados próprios dessa geração constituem índices da presença de sujeitos solares magnetizados pelas teorias contrárias às estruturas sancionadas, o passado soava como flagelo. Encantados com a atmosfera excitante e conturbada da paisagem urbano-industrial a fundir energia humana e tecnologia moderna, recusavam as mentalidades herdadas de épocas anteriores (*i.e.*, de épocas prototécnicas e pré-científicas). E, em face do espetáculo proporcionado pela vertigem da desordem, parte integrante do clima de utopia, colocavam em causa o passado — consideravam irrelevante e inatual o já-acontecido e já-sabido, o futuro pressentido adquiria urgência aguda e tangível.

Era essa a fé modernista. Carregados de impressões sensoriais e imagens motrizes, os discursos retóricos desacreditam uma temporalidade dada por imutável. Com isso, vivendo num tempo de vanguardas que afirmam ter a percepção da transitoriedade da duração das coisas e ideias, enfim, dos produtos materiais e simbólicos fabricados pela ação humana, o movimento explicava-se como autoconsciência da época. E, de fato, convictas de si, as vanguardas à frente da reconstrução escolar apresentavam-se como libertas das amarras sombrias do passado inatual; com autoridade indiscutível anunciavam as mutações incessantes originadas pelos avanços da ciência, da técnica e do mercado.

> A ordem social e moral essas eram eternas e obedeciam a "verdades eternas" que não sofriam os choques e contrachoques da ciência experimental. Mas o homem é mais lógico do que os seus filósofos. Com a nova civilização material, feita e governada por ele, começou a velha ordem social e moral a se abalar. A velha ordem preestabelecida seja ela religiosa ou tradicional, não lhe merece já respeito. (Teixeira, 1933, p.24)

Era esse o impulso de sujeitos de ações inovadoras e enunciados contrastantes e ubíquos, quase sempre enunciados em dias de transição e instabilidade, tal como Aníbal Bruno o fez, ao localizar na paisagem humana o fulgor dos signos incessantes da vida moderna desdobrada pela vertigem coletiva da ação e velocidade, ao prenunciar um modo de vida fabuloso luzindo à distância como máxima recompensa:

> Em poucos momentos foi tão intenso o sentimento de transitoriedade das coisas presentes e a confiança em um mundo futuro cujos elementos se preveem em estado

potencial na alma da criança. Inquietos os homens, inquietos os povos, atormentados pelos interesses em tumulto, e por um anseio que se dirige obscuramente para novos e misteriosos destinos, a época moderna se oferece como um campo de múltipla e intensa elaboração.

Lá onde forças renovadoras despertam e grandes condutores de homens se oferecem para dar uma configuração às tendências obscuras da alma moderna, as multidões que se coligam e se precipitam animadas de místico fervor pelas novas estradas que se lhes oferecem e ao cabo das quais julgam divisar o fruto cobiçado de seu doloroso anseio. (Bruno, 1932, p.7)

Feita de fragmentação, descontinuidade e aceleração, essa ontologia do tempo ancora o imaginário engendrado por sujeitos que aparentavam ter mergulhado no caos abissal da história e dela arrancaram os mais recônditos arcanos. A exuberância de linguagem própria do imaginário vanguardeiro, linguagem sobrecarregada de impressões de sentidos e imagens motrizes, configurava uma exacerbada reflexão sobre o tempo, que outra coisa era se-não sentimento agudo de modernidade, cujos processos miríficos prometiam emancipar a condição humana de todas as maldições. Encantatório, esse imaginário vanguardeiro feito de planos cinematográficos, muito embora o cinema ainda fosse promessa voluptuosa, expressava a marcha dos dias simbolizada num conjunto de inovações e objetos técnicos facilitadores dos transportes e comunicações, indicativas do domínio absoluto do espaço e tempo, cujas concepções tradicionais já não mais vigoravam — "O vapor, o trem, o automóvel e o aeroplano como o telégrafo, o telefone e o rádio, põe todo mundo em comunicação material e espiritual", declarava Anísio Teixeira, em *Porque "Escola Nova"* (1930d, p.15). Essa espécie de convite a autorreflexão, visualizava o abrandamento do fardo humano.

Noutras palavras, as figuras dos mecanismos estrondosos apareciam como fenômenos em harmonia com o silêncio da natureza. Podemos dizer, então, que os teoristas com seu peculiar entusiasmo pelo trabalho exibiam atitudes culturais de signo futurista/modernista, ao defenderem doutrinações que comportavam aplicações morais e políticas. Nesse caso, positivamente conotada, a ideia de modernidade significa ruptura com a noção habitual de tempo. Para eles, o surto inédito de inovações simbolizava o cume dos tempos modernos e consequente ruptura com o tempo cíclico e místico da tradição e seus atributos ominosos, dispersão, isolamento, heterogeneidade. Ou seja, reflexão sobre o tempo, identificação da diferença produzida pelo novo, proclamação do dissenso e, naturalmente, descontinuidade do fluxo da história. Sublime, esse panorama de ideias anuncia com ostentação a percepção das mutações originadas pela ciência, técnica e lógica de mercado, engendradas pela modernidade conquistadora. Tais exteriorizações fáceis de relevo luminoso e irreal são, inequivocamente, próprias de uma geração com acúmulo de *páthos*.

Cor e textura do tempo

E, conquanto os diagnósticos e prognósticos fossem pouco acurados, pois feitos de impressões de sentidos, é inegável que apreenderam corretamente o sentido geral no qual se move o capitalismo industrial: energia, transformação, velocidade, simultaneidade, utilidade, espacialidade, produtividade.

> A sociedade humana quase repentinamente, de uma sociedade de aquisições e movimentos lentos, tão lentos, que os seus passos se contavam por séculos, transformou-se numa sociedade febril e dinâmica, que totalmente se renova, sob os olhos de uma só geração. (Teixeira, 1932a, p.247)

E, dos desvendamentos arcanos, resultavam tanto a condenação moral das formas de vida e cultura produzidas pelas classes sociais despedaçadas, quanto o desejo de uma comunidade de vida pacífica, trabalho e cultura, ou melhor, comunidade abençoada por ser isenta da opressão civil, exploração econômica e dominação política (*i.e.*, idealizam um capitalismo reformado pelo Estado do Bem-Estar fundamento da felicidade societária). Da constatação da derrocada das velhas solidariedades, deflui a expectação de uma vida melhor e de outros valores morais, e, assim, livrar homens e mulheres das peias e servidões impostas pelo governo injusto, por igrejas, classes e corporações; enfim, das instâncias que determinam tiranicamente a vida das pessoas, as quais geram as maldições que pesam sobre a humanidade. Eram essas as auspiciosas previsões concernente a um modelo ideal de sociedade, por ser isento de perturbações ou mesmo fricções ... eram essas as projeções de um outro destino, no qual não haveria lugar para isolamento individualista e sujeição de classe.

Partidários de uma visão produtivista de mundo, para eles era preciso lograr o livre acesso às forças industriais e científicas, desejosa de transcender os conflitos de uma ordem socialmente obsoleta e, claro, eivada das dores de sofrimentos, os reformadores com proverbial espírito de objetividade desapaixonada rejeitavam a habitual divisão da sociedade de classes em prol da união de todos os elementos produtivos, em estreita e harmoniosa colaboração, conforme celebrava Anísio Teixeira no deslembrado *Em marcha para a democracia*: "Desfeito o antigo espírito de organização rígida da sociedade em classes hereditárias, desaparecido o sentido de superioridade das classes altas e de inferioridade das classes baixas, percorreu a sociedade humana um vigoroso imperativo de libertação" (1934c, p.122).

Aspiram, como se vê, a uma viragem radical com o advento de uma grande ordem que, ao abolir qualquer direito de nascimento, privilégio de classe, ofertaria a todos a igualdade perfeita de oportunidades. De toda maneira, o que podemos dizer pelo menos por agora é que, da visão afirmativa da modernidade, escapa um imaginário contagiado pelas encarnações típicas das sociedades contemporâneas (*i.e.*, de tudo aquilo que exprime o moderno, nas suas formas arrojadas: usinas, fábricas, caldeiras, aviões, automóveis, guindastes, trilhos, locomotivas, dínamo, motor, asfalto, arranha-céus, torres, avenidas). Bem, quais são os sentidos dessas figuras de relevo? Nos escritos sociais dos reformadores de toda a sorte, o mundo moderno vinha à luz com o auxílio de intensas e extravagantes imagens, quase devaneios futuristas.

> Na base da civilização, estão a máquina, que é produto e obra da ciência, e as ideias igualitárias, cujo desenvolvimento se deve, em grande parte, às próprias descobertas e conquistas científicas. A ciência que, com a máquina, dilatou quase ao indefinido o "raio de ação" e multiplicou a eficiência do homem, antes estreitamente limitado pela matéria, e lhe permitiu dominar a natureza, pondo-a a serviço da humanidade, contribuiu para o desenvolvimento das ideias democráticas, para o nivelamento das classes e para a solidariedade social, pela interpenetração cada vez mais rápida e profunda dos grupos humanos. (Teixeira, 1933, p.25)

Nessa imagem da verdade, a máquina, signo da vitória do homem sobre a natureza, é vista como potência positiva criadora de bens e riquezas. Com efeito, a florada retórica cultivada no clima de opinião utilitarista exalta a técnica, a eficiência, o rendimento e a organização e, sobretudo, a máquina, representada como instrumento libertador e figura de elevado patamar civilizador/modernizador. E, não há dúvida, a expectação de uma vida melhor associava-se à ideia avassaladora de "civilização técnica e industrial" — segmento áureo de processos materiais e sociais, cujos efeitos prodigiosos expressam verdades tão incontestáveis quanto as verdades da matemática e astronomia. Possuídos pelo princípio dinâmico, infinito e impessoal que conduziria a Humanidade à plena liberdade e felicidade, os sujeitos do discurso sobre o *novo* e o *moderno* reafirmavam otimismo ilimitado quanto à evolução social. Era claramente um mundo novo que estava a começar; por isso, para se fazerem ouvir num entretempo de certezas e incertezas, engendram um código linguístico para representar o tempo acelerado pelo possante e irrefreável moto técnico, com seu estonteante fluxo de *vir-a-ser*.

> O mundo inaugurava a era da velocidade, mas a escola continuava a ensinar sem a menor preocupação de aproveitar convenientemente o tempo. Desambientava, pois, o educando. E como na sociedade a atmosfera é uma só, porque existe um *clima de época*, que a ninguém é dado ignorar sem declarar-se fora da comunidade e, portanto, fora da lei, clima formado por uma complicada trama de fatores cujas raízes afundam história adentro, na fisiologia e na psicologia racial, a escola perdera nitidamente o controle de sua tarefa navegava serenamente em seu navio à vela, enquanto, por cima dos mastros e das enxárcias, passavam, trepidando de gasolina, os aeroplanos e hidroaviões. (Mennucci, 1934, p.22 - grifo no original) [1]

Com essa fraseologia futurista, Sud Mennucci, integrante da Legião Revolucionária de São Paulo, fundada por Miguel Costa e João Alberto, e propagador das ideias de Alberto Torres, expunha a fácies de um bravo novo mundo, provido de sentido explícito e reconhecido. Preocupados em modificar o destino histórico do país, os reformadores opinam com palavras que se excedem, palavras que não querem tão-somente dizer, mas mostrar como a humanidade ressurgia e recriava-se (num mundo deficiente de sentido, resolvia-se o venturoso significado da existência).

Mera vazão de retóricas proféticas? Simples torneios dialéticos a transformarem gozo sensorial em fatos? Por agora, basta dizer que os reformadores produziram um imaginário acerca da atmosfera elétrica e da movimentação ruidosa das massas humanas anônimas; sob seus olhos, a vida mudava para melhor, ao concretizar energias flutuantes sujeitas à dispersão e ao perecimento. Numa formulação concisa e dialética: nesse quadro mental iluminado por reminiscências involuntárias, os reformadores com alma transbordante replicam

---

1 Essa representação dinâmica da vida moderna consta também em *Alma contemporânea* (1918) livro de estreia nos domínios da crítica literária e elogiado por Mario de Andrade.

as teses de enciclopedistas como Condorcet, com sua ideia de progresso infinito; ou dos expoentes da reação utópica, Saint-Simon, que, em sua Fisiologia Social, conclamava a união das classes produtivas — proletários, camponeses, industriais, técnicos, as "abelhas" — contra os elementos parasitários, "os zangões", teses presentes nos clássicos escritos utópicos de Fourier, Owen, Cabet, Blanqui, Proudhon, Comte e de tantos outros dedicados à tarefa de emancipação da Humanidade inteira (Em tempo: no início dos anos 1930 a Editora Piratininga lançava a "Biblioteca Sociológica Piratininga", dirigida pelo socialista Antonio Piccarolo; na série "Os Patriarcas da Sociologia" consta a publicação de *Catecismo dos industriais* de Saint-Simon, traduzido e comentado por Fernando de Azevedo). De mais a mais, o juízo era um só: fundir as energias humanas com a tecnologia moderna e assim criar um mundo novo.

Da mescla de reminiscências involuntárias centradas na arquitetura utópica da sociedade do futuro, renascia o acalentado ideal de plenitude da existência, em suma, uma abrangente utopia solidarista e produtivista, fundada na associação de homens livres de qualquer opressão e constrangimento, o que, na visão pessoal dos reformadores, seria possível graças à fabricação de um ambiente de livre circulação, propício à obra de libertação do homem: a idade técnica e pacífica. Anseios, diga-se rapidamente, presentes na visão de mundo de modernos de épocas passadas e antigas. E para despertar o sono do mundo, promoviam descrições paradisíacas de futuro, nos extremos do possível, sonhavam o grande sonho utópico permanente na reflexão filosófica e política de todas as épocas: a edificação de uma ordem de plenitude, transparência e liberdade.[2]

Nessa imagem de desejo de um mundo plenamente habitável, a inovação técnica e científica, com as flamejantes invenções mecânicas, colocaria término à luta obscura e árdua da raça humana na conquista da liberdade e bem-estar material (mais ao fundo, um atento Menotti Del Picchia, ao ler o Manifesto dos Pioneiros da Educação Nova, augurava nas páginas do *Correio Paulistano*, órgão do PRP: "Se o exemplo for imitado pelos responsáveis por outros setores da vida nacional, o país poderá sair do hiato em que se acha encurralado entre um regime destruído e um futuro obscuro e perturbador").

---

2 Para uma discussão tensa e controversa sobre esse tema, com foco nos sistemas de pensamento dos autores clássicos, cf. Berlin (1991) e Desanti (1973).

Não à *Buchschule*

A vaga inspiradora de sonhos se contrapõe à dita "escola tradicional" com seu modelo de educação liberalista (ou clássica ou latina), tida como fonte do individualismo burguês autárquico e egoísta. Nessa fonte de sonhos ondulantes, Anísio Teixeira, banhava-se num ato de exculpação:

> A escola é uma réplica da sociedade a que ela serve. A escola tradicional era a réplica da sociedade velha que estamos vendo desaparecer. É fácil demonstrá-la e mostrar como todos os pressupostos em que ela se baseava foram alterados pela nova ordem de coisas e pelo novo espírito de nossa civilização.
>
> A escola nova não pretende, por sua vez, se apoiar senão nesses fatos e nessa nova mentalidade. Como a escola tradicional, ela é réplica da sociedade renovada em que vivemos. (1930, p.8)

E, seguramente, Bergström Lourenço Filho foi um dos que mais alto gritaram ao mobilizar uma intolerância, ou seja, a inatualidade da "escola livresca" (*Buchschule*), responsável pela desinteligência entre escola e vida. Em *A Escola Nova: resposta ao inquérito acerca do ensino paulista*, escrito social grafado sob a influência espiritual de Alberto Torres, suas convicções atroaram como trovões.

> A escola tradicional não serve ao povo não o serve, porque está montada para uma concepção social já vencida, e senão morta de todo, por toda parte estrebuchante — o burguesismo. A cultura verbalista, bem ou mal, vinha servindo aos indivíduos que se destinavam às carreiras liberais, mas nunca às profissões normais de produção econômica. Estendida a todas as classes populares, ela provou bem cedo que não só falhava à finalidade social de adaptação econômica, mas à própria finalidade mais ampla e profunda da elevação moral do homem. A Europa acordou um dia, depois da grande guerra, surpreendida por esta verdade cruciante: — Os milhões que havia gastado, em prol da educação popular, estiveram, sempre, paradoxalmente, ao serviço da insegurança e da corrupção social. (Lourenço Filho, 1927, p.4)

O juízo final do reformador é drástico e audacioso, não é outra coisa senão horror moral:

> Eles geraram um mal-estar que é hoje sentido em todo o mundo, porque não logrou harmonizar ou coordenar para os altos destinos da civilização, as forças vitais da coletividade. Ela não fez irmãos; gerou inimigos. Não plasmou indivíduos úteis à sociedade: criou revoltados. (ibidem, p.5)

BRASIL ARCAICO, ESCOLA NOVA **135**

Se se quiser, é importante relembrar, tal juízo drástico repetia-se na voz de Fernando de Azevedo em *A reconstrução educacional no Brasil — Ao povo e ao governo*:

> A escola tradicional, instalada para uma concepção burguesa, vinha mantendo o indivíduo na sua autonomia isolada e estéril resultante da doutrina do individualismo libertário que teve, aliás, seu papel na formação das democracias e sem cujo assalto não se teriam quebrado os quadros rígidos da vida social. (1932, p.43)

Ou melhor ainda, a iluminação profana, o salto de fé futurista, levava-os a verem o marco escolar vigente como artefato cultural remanescente de eras pré-científicas e prototécnicas, por essa razão, alienado da essência da vida e meio social moderno. Por estar em desacordo com o moto-contínuo do presente contemporâneo, denunciava-se a "escola tradicional" como escândalo histórico; de sorte que coube aos reformadores apregoarem a invenção da escola única numa sociedade dividida; esse era o sentimento de Afrânio Peixoto:

> É o ponto de partida; e o de chegada é a homogeneização da sociedade, reunindo na educação as castas, as classes exploradoras, dominantes e dominadas, sacerdotais e leigas, nobres e plebeias, ricas e pobres, na escola única que estandardiza socialmente; é a paz interna ou espiritual, separada a crença ou mesmo a política, da escola leiga e popular, para o *outsider* das igrejas ou dos parlamentos, com a escola neutra, é a paz externa, inculcada no aluno a solidariedade humana, pela colaboração, pela sintonia espiritual, vencendo os particularíssimos agressivos das pátrias imperialistas e guerreiras: socialização pela educação, obra educativa, intencional, para ser conseguida, na escola ativa, escola nova. (1933, p.254-5)

De certo modo, essas convicções, desacreditavam indiretamente os apelos líricos semelhados aos de Afonso Celso em *Porque me ufano de meu país* — livro ingênuo e otimista escrito para celebrar o quarto centenário do Descobrimento do Brasil —, sabia-se que a existência de um povo-nação instruído unicamente pelo discurso cívico-patriótico e unidade linguística já não bastava.

Sob o signo da rapidez e simultaneidade

> *Agora a palavra "América"*
> *foi definitivamente anexada.*
> *Mas o que é que está por trás*
> *dessa palavra?*

136 CARLOS MONARCHA

> *O que significa América,*
> *o que vem a ser a nação americana,*
> *o espírito americano?*
> *(Vladimir Maiakovski,*
> *Minha descoberta da América)*

Quanto ao mais, podemos dizer que os reformadores incitavam a uma experiência histórica única, na qual haveria potenciação do poder sobre a organização da sociedade e domínio da natureza. Nas visões de futuro, o modelo industrial americano referendava as expectações associadas ao gênio do progresso. As proezas técnicas acentuavam as convicções — uma Era de justiça, felicidade e paz estava a bater à porta. Por esse motivo, traziam para si a glorificação do impulso para o futuro, da vida ardente e febril própria das cidades, do progresso do maquinismo, fenômenos em si testemunhantes do despertar de um império industrial.

> A grandeza material que resultou da aplicação das descobertas científicas às indústrias e às atividades humanas, desenvolve-se, em toda a sua imponência faraônica, em estradas e avenidas de asfalto, em fábricas e arranha-céus, em palácios e em monumentos, nas máquinas gigantescas que sapateiam nos trilhos, roncam nos ares ou se embebem nas nuvens e sulcam, como cidades flutuantes, as águas do oceano. (Azevedo, 1937a, p.65)

De resto, tal florilégio atesta a influência da estética futurista na percepção da realidade das coisas. Nessa encenação de linguagem, há um sempre relembrar de épocas imaginadas como se estivessem de posse da heliografia do futuro.

Como interpretar satisfatoriamente esse coro de vozes a entoar hinos à vida moderna e ao iluminismo científico? Revisão da atividade ideológica, no contexto de exacerbação do egoísmo competitivo causado pela busca desenfreada do lucro particular e defesa de interesses privados? Simples ficções visionárias, expostas com recurso a fórmulas amáveis? Lucidez irrefletida trivializadora da tecnociência como árbitro dos afazeres deste mundo? Senão, vejamos, ainda que de forma breve e sumária. Por certo, o extenso conjunto de citações inventariado demarca, por assim dizer, as aspirações de superação do "Brasil arcaico", mas, claro, não deixa de ser curioso o modo como se encontram conjugados aspectos do organicismo medieval com a energia e racionalidade moderna, como fundamentos da ordem técnica.

No teatro da ação e dispostos a ordenarem o caos e a engendrarem um mundo despojado de paradoxos e ambiguidades, os sujeitos da razão racionalista sentem, ao que parece, uma paixão exacerbada e quase religiosa pela ciência, elegendo a racionalidade técnica como a face pública da autoridade administrativa despertada para as questões de centralização, cálculo, controle e planificação (mas, como se sabe, "A ciência ela própria não tem consciência de si, ela é um instrumento, enquanto o esclarecimento é a filosofia que identifica a verdade ao sistema científico" (Adorno & Horkheimer, 1985, p.85). Modernista e modernizadora, a mentalidade figurativa de inspiração materialista e antropológica, esvai a diferença entre persuasão e verdade, de sorte que o conhecimento torna-se ideologia associada ao culto devoto.

Céu-teto: o fascínio pelo *Sky-scraper*

> *De manhã, a América passava rolando, veloz; o expresso apitava, sem parar, voando e sugando água com a tromba num piscar de olhos. Ao redor, caminhos brilhantes como espelhos, formigando de fords, algumas construções de fantástica técnica.*
>
> *Nova York estonteia com suas construções e técnicas empilhadas surgindo à tona do oceano.*
>
> *(Vladimir Maiakovski, Minha descoberta da América)*

Se aceito o argumento demonstrado, podemos prosseguir e dizer: não deixa de chamar a atenção a maneira como os pensadores sociais idealizavam a modernização do país à imagem do eflorescente capitalismo industrial norte-americano, que, juntamente com seu espírito juvenil e pragmático, vivenciava o fastígio da segunda revolução técnica e industrial. Ao improvisarem invectivas e rupturas com o passado, os reformadores encontram no industrialismo, uma ideologia urbana e cosmopolita, o necessário estoque de valores para o engendramento da modernidade brasileira. A bem dizer, o modelo industrial norte-americano, gerador do extraordinário e maravilhoso espetáculo da produção e circulação de mercadorias, arrebatava a imaginação desenvolvimentista de homens tão diferentes entre si, mas dedicados à ação pública, como Luís Pereira

Barreto, Licínio Cardoso e Anísio Teixeira. Seguidor de Comte e Darwin, Pereira Barreto, decano dos intelectuais paulistas, afiançava: "A América do Norte nos aponta o caminho a seguir. Em um século tornou-se ela a mais poderosa região do globo. Lá está o eterno modelo a imitar" (1981, p.79). Convicto de si, Licínio Cardoso em *Arquitetura norte-americana*, relatório apresentado à congregação da Escola Politécnica do Rio de Janeiro, pelo prêmio de viagem concedido em 1912, semelhava a sociedade americana com seus monumentos de concreto armado, aço e vidro, à Atlântida mitológica:

> Ao contrário, trabalho sucessivo de adaptação, criação, invenção, engenho e técnica ... O *Sky-scraper* é o símbolo de uma democracia, é a sua expressão material, concreta, papável, a representação, em suma, da liberdade individual dentro de um organismo democratizado pelo trabalho generalizado. (1935, p.56)

Em marcha para a democracia: à *margem dos Estados Unidos*, que hoje pode ser lido como livro de valor prognóstico do triunfo coletivo do regime industrial concebido como livre, cooperativo e fraternal, Anísio Teixeira sonorizava as mesmas impressões: "A América do Norte não é uma doutrina, mas um método".

Quando se releem esses escritos sociais, compreendemos que estava em jogo o comprometimento com uma causa maior, a substituição do *Homo sapiens* pelo *Homo faber*, prefigurado em apogeus de outras épocas luminosas: livre, autônomo, independente, solidário, de hábitos práticos e, sobremaneira, envolvido num tipo de relações sociais testemunhantes do ruir das hierarquias naturais; ao final das contas, um ser à altura da multiplicidade de estímulos simultâneos, mas desconcertados, próprios da parafernália infrene da modernidade, com seus sobressaltos e movimentos bruscos, porém sempre alumbrados. Na busca venturosa por um *novo* e *outro* estar-no-mundo, atribuía-se à educação e à cultura o poder de produzir tipos sociais sintonizados com a rapidez do presente.

> Esse novo homem, com novos hábitos de adaptação e ajustamento, não pode ser formado pela maneira estática da escola tradicional que desconhecia o maior fato da vida contemporânea: a progressão geométrica com que a vida está a mudar, desde que se abriu o ciclo das invenções. (Teixeira, 1930d, p.12)

Na ascese do *novo* e do *moderno* ciosamente aguardados, os críticos da cultura celebram a *vita activa* — a postura ativa diante do mundo, pois para o ser ativo o mundo é concebido como alterável — e reafirmam o crédito de confiança na educação para a criação de um ser humano dotado de um código de sentimentos e interesses à altura do espírito do tempo, mas, seja o que for, tantas proclamações otimistas sobre as verdades inevitáveis da história intentam eliminar o estranhamento perante a modernidade cujo sentido profundo acabara de ser desvelado: libertar a produtividade humana de todas as amarras.

Às voltas com a construção de uma visão não contraditória do mundo, transfigura-se o caos industrial em ordem virtuosa. Inadvertidamente ou não, o teor das prédicas generosas a respeito de um mundo habitável fazia coro ao capital industrial, que se gabava de ter uma forma justa e capaz de criar uma legítima associação humana. Esteio de uma vida feliz e costumes regenerados, o elo técnico-científico uniria tudo e todos na conquista da igualdade na abundância, superando-se, finalmente, os abismos nos quais homens e mulheres estão obrigados a viver.

Para a discussão que nos interessa mais prontamente, importa ressaltar a seguinte questão: ciência e técnica adquirem a função de ideologia de modernização e, consequentemente, poder corretivo dentro do sistema. Em suma: anuncia-se uma sociedade do trabalho saturada de ação instrumental capaz de suplantar as ordens competitivas, diferenciadas, instáveis e, evidente, povoada de indivíduos perdidos e solitários. ("Procuramos felicidade nas coisas exteriores porque, parece-me, não somos verdadeiramente senhores de nossas almas. Somos impacientes, apressados, agitados, porque procuramos a felicidade onde ela não poderá estar" (Dewey, 1950, p.27).-

É sobre esse fundo de representações e sentimentos comuns que os reformadores sociais recorreram para anunciar a chegada de uma ordem lógica e coerente, verdadeiro lugar-nenhum que desde há muito teima em habitar a imaginação criadora (contudo, o tagarelar incessante sobre os benefícios da idade industrial implica um silêncio pesado sobre a iniquidade das relações sociais de produção). Donde a celebração alucinatória da união entre progresso tecnológico e revolução social, confundindo-se educação e trabalho, cidadania e produtividade. E não será injusto dizer que a ideia de progresso (técnico-científico e cumulativo, cujos abismos são em si mesmos previsíveis desde sempre) funcionasse como expressão do providencialismo cristão, a almejar a renovação do mundo dos homens. Donde, o alvoroço de entusiasmo modificador de base utilitarista, propício à fermentação de ideias contestadoras, resulta em aprovação sem reservas da técnica. Mas, não é possível figurar os reformadores sociais como profetas ingênuos do progresso, ainda que prometessem messe farta ou depositassem na infalibilidade técnica a legitimação de um outro modo de viver. No entanto, é preciso dizer que, no coro de vozes, há um excesso de realidade técnica, a que somos chamados a acreditar.

Iluminismo científico

O apelo à expansão da produtividade apoia-se na miragem da participação igualitária na riqueza, cultura e política. Da recusa à desordem e fragmentação advém a reverência pelo ato de planejar e administrar. Explico-me melhor. Para o iluminismo científico, importa criar normas e procedimentos destinados a orientar a realização eficiente dos fins práticos mais próximos subitamente emancipados. A primazia concedida à razão utilitária determina o deslocamento da reflexão dos fins dados como autoevidentes e universais, para os meios necessários à execução dos fins. Funcionalizada, a razão abandona a reflexão transcendente, contribuindo para a absorção da cultura e da política pela economia. "É como se o próprio pensamento tivesse se reduzido ao nível do processo industrial, submetido a um programa estrito; em suma tivesse se tornado uma parte e parcela da produção" (Adorno & Horkheimer, 1985, p.29). Sobre a propagação do tipo de agir "racional-com-respeito-a-fins" e "desenfeitiçamento do mundo", dimensões constitutivas da modernidade, Habermas pondera: "Na medida em que a técnica e a ciência penetram os setores institucionais da sociedade, transformando por esse meio as próprias instituições, as antigas legitimações se desmontam" (1968, p.303).

Ou por outra, representadas como elementos solidificadores do poder humano, ciência e técnica aparecem como fonte inesgotável da verdade moderna e, claro, determinação de sentido da vida — a uma ordem injusta fundada na desigualdade, os reformadores contrapõem a ordem técnica justificada pela divisão do trabalho social. Por conseguinte, o anelo de uma ordem funcional traz a percepção do social como realidade composta de fatos e coisas, engendrando concepções reificadas de homem e sociedade: "Sustento, com elementos de convicção arraigada, que é possível, hoje ajustar os recursos didáticos às leis naturais dos processos biológicos adaptativos, de modo a ter na educação resultados de certeza matemática" (Lourenço Filho, 1930b, p.58). Consequentemente, o afã de gerência técnico-científica viceja o intento de criação de formas de comportamentos estáveis contrários à inata imponderabilidade da ação humana.

Dispostos em movimento de vanguarda, fazendo-se presentes na vida pública, suas ações causam efeito de choque, os reformadores anunciam uma ordem técnica centralizada e hierarquizada, assentada no mérito e talento individual (*i.e.*, a natureza fez os homens desiguais em talentos e qualidades, mas igualmente aptos para o trabalho). Fruto memorável da árvore do saber caberia à ciência, conhecimento livre de qualquer tipo de corrupção social e política, um lugar extraordinário no protagonismo da história, inteiramente liberta da linguagem, valores e hierarquias herdadas da tradição; mas, quer queira, quer não, a ordem perfeita é derivativa da religião, indubitavelmente tais projeções têm inequívoco caráter soteriológico.

A razão desconcertante de Lubambo

Agora a tese grave (e sensata) de um intelectual pernambucano e católico, um certo Manoel Lubambo. Escutem esse argumento ponderado no artigo "Em que consiste a Escola Única?", publicado em *A Ordem*, órgão do Centro D. Vital. Escutem as palavras meditadas a respeito das modernas ideias sociais em circulação:

> Por outro lado, as classes como as compreendo são categorias sociais das quais não se pode fazer tábua rasa. São realidades que não podem ser destruídas. Perigosíssimo é legislar nessa matéria como quem está fazendo uma construção lógica. A organização social não é uma arquitetura. Pensar numa sociedade em que as classes estejam dispostas por ordem de competência é enveredar pelo caminho da ficção.
>
> É puro romantismo. A ordem social é rebelde a esse delírio de geometrização. Classes não são cartas que se possam baralhar à vontade de qualquer aventureiro da sociologia. Nem as classes nem o seu conteúdo humano. (Lubambo, 1933, p.213)

Incrédulo, finalizava: "Pura utopia é pensar que a democratização da cultura terá o condão de nivelar as classes".[3]

---

3 Cf. também Correia & Acker (1936).

No final das contas, seduzidos pela visão afirmativa da modernidade, os teoristas não se deram conta de que as classes sociais portadoras de interesses inconciliáveis são produzidas *na* modernidade e *pela* modernidade, cuja essência é também tensão e conflito social. Inventivos, os teoristas não viam o mundo: tinham radiosas visões interiores, apenas. Daí, certamente, a inversão dos sinais de um mundo melhor: a imagem nostálgica da Idade de Ouro, velho mito a suster a tese da perfeição das origens, aparecia localizada não no passado antigo ou nos primeiros dias da Criação, mas num futuro idealizado (porém, essa inversão é fundamental, pois só existirão esperança e fé se acreditarmos que o futuro será diferente do presente e trará consigo uma época de liberdade e felicidade).

Momentaneamente, todo um estado de coisas contrário ao gênio do progresso parecia exorcizado — "Precisa ver como, na obra escolar, que é toda ela ação, o Brasil surge, mostra-se, triunfa, impera!" — concluía um observador estrangeiro encantado (e talvez ofuscado) pelo esplendente sol brasileiro (Bernárdez, 1930, p.326). E quando a Parúsia laicizada, largamente pressentida nos anos 1920, corporificou-se na revolução outubrista, desencadeando forças imprevisíveis e acontecimentos inusitados, mas interpretados como capazes de alterar o decurso das coisas, acreditou-se presenciar um novo renascente.

2
UM MODELO COGNITIVO PARA GRANDES MASSAS: PRESSUPOSTOS E SIGNIFICADOS

> *De todos esses homens ilustres que se ocupam com o problema de instrução pública, qual saberá, praticamente, o que é alfabetizar? Qual dentre eles já se achou alguma vez, em frente de uma classe numerosa desses animaizinhos que não raciocinam, não têm consciência do que fazem, não tem vontade?...*
>
> *Só as professoras de primeiro ano sabem o prodígio que fazem, ensinando esses bugresinhos estrangeirados que frequentam as escolas públicas do estado de S. Paulo, e, talvez, de outros estados.*
>
> *(Pontos de psicologia organizados segundo o programa das escolas normais por uma professora, 1928)*

Como juntar fios dispersos para dizer que o desejo de uma educação e métodos de ensino positivos ou práticos ressurge em diferentes conjunturas intelectuais e políticas da formação histórica nacional? Como juntar fios dispersos para dizer que tal desejo se tornou tropo da retórica modernizadora no clima mental instalado no Brasil, em meados do século XIX, para prosseguir com intensidade variável nas conjunturas finissecular, de *belle époque* e de pós-guerra? Por agora, basta dizer que manifestações difusas e tateantes, anteriores à "geração de 1920", as quais exprimem, de um lado, os impasses originários de um ensino fragmentado e desprovido de organização nacional e, de outro, a fé confiante no progresso da ciência, podem

144 CARLOS MONARCHA

ser encontradas nos mais variados contextos que pretendiam se apartar de épocas dadas como antigas.

Se remontássemos no tempo, à procura desses fios, verificaríamos que o maranhense José Veríssimo prefigurava uma renovação clarividente: "Não pode haver dúvida: podendo e devendo apoiar-se hoje em princípio científicos, a educação entrou também na sua fase positiva" (1975, p.65). Mas antes dele, o bacharel paraense e republicano, Antonio de Almeida Oliveira, recomendava com certa reserva o uso das "lições das coisas", que conhecera em Boston e Nova York, sob a denominação vária de *object lessons, lesson on objects, teaching objects*, para ele método adequado às faculdades intuitivas e perceptivas da criança. Em *O ensino público*, escrevia, "As lições das coisas as acostumarão a ver bem, a observar, a distinguir, a julgar, a comparar, e a raciocinar. As lições das coisas ainda não constituem a ciência, mas preparam maravilhosamente o espírito para um ensino científico" ([1873] 2003, p.139)

Entrementes, coube ao conselheiro Rui Barbosa soar em definitivo o alarme, ao traduzir e adaptar para o português *Primary object lessons for training the senses and developing the faculties of children*, de Norman Allison Calkins, sob o título *Primeiras lições de coisas*, manual de ensino fundamentado no associacionismo clássico, aprovado pelo ministro do Império, Leôncio de Carvalho, como guia de orientação para o professorado e uso nas escolas de instrução primária da Corte. Rui tivera a atenção despertada para o "manual de ensino intuitivo aplicável a todas as matérias", ao ler os comentários de Ferdinand Buisson no relatório da seção de Educação da Exposição Internacional de Filadélfia de 1876. O que dizia o conselheiro na apresentação do manual?

> O ensino pelo aspecto pela realidade, pela intuição, pelo exercício reflexivo dos sentidos, pelo cultivo complexo das faculdades de observações, está destinado a suceder triunfantemente aos processos verbalistas, ao absurdo formalismo da escola antiga. (Barbosa, [1886] 1950, p.12)

Bem certo é que, numa outra conjuntura, Manoel Ciridião Buarque imbuído de espírito prático, publicava *A educação nova* e propunha o *self-activity*: "A educação para a ação e pela ação, para a prática e pela prática, para a experiência e pela experiência, uma educação, enfim, que forma o homem para a vida e pela vida" (1912, p.132). Assim, ditava o lente de Pedagogia e Educação Cívica da Escola Normal de São Paulo. Mas, antes dele, Teixeira Brandão, médico

BRASIL ARCAICO, ESCOLA NOVA **145**

alienista lotado no Hospício Nacional e adepto da teoria da degenerescência de Morel e da prática asilar de Esquirol, além de demonstrar conhecimento das experiências de Lietz, na Alemanha, e Cecil Reddie, na Inglaterra, já prescrevera a excelência do ensino ativo: "Esse é o método moderno e racional cuja exequibilidade já está comprovada".

> Dessa arte o ensino científico corresponderá às leis psicológicas da pedagogia, procurando despertar a atenção e o interesse pela lição das coisas e pela atividade prática. O espírito do estudante se exercitará a observar, a pensar, a julgar e a comparar de uma maneira exata e lógica. (Teixeira Brandão, 1907, p.38)

E num futuro próximo, Oscar Thompson, ao reassumir a diretoria-geral da instrução pública de São Paulo, no ano da greve geral de 1917, daria a conhecer prementes anseios pessoais: "A nossa aspiração é fazer escola nova", diria ele, significando por "escola nova" a interpenetração da psicopedagogia com as questões da vida social. Pela relevância intelectual e histórica, eis quase na íntegra as projeções do professor da cadeira de Métodos e Processos de Ensino, Crítica Pedagógica e Exercício de Ensino da Escola Normal da Praça e diretor-geral da instrução.

> Escola nova, para nós, é a formação do homem, sob o ponto de vista intelectual, sentimental e volitivo; é o estudo individual de cada aluno; é, também, o ensino individual de cada um deles, muito embora em classes; é a adaptação do programa a cada tipo de educando; é a verificação das lacunas do ensino do professor pelas sabatinas e exames; é o emprego de processos especiais para a correção de deficientes mentais; é a educação física e a educação profissional, caminhando, paralelamente, com o desenvolvimento mental da criança, é a preparação para a vida prática; é a transformação do ambiente escolar num perene campo de experiência social; é a escola de intensa vida cívica, de cultivo da iniciativa individual, do estudo vocacional, da difusão dos preceitos de higiene, e, principalmente, dos sentimentos da puericultura; é, em suma, a escola brasileira, no meio brasileiro, com um só lábaro: formar brasileiros, orgulhosos de sua terra e de sua gente. (Thompson, 1917, p.7-8)

O parágrafo seguinte contém um resumo retoricamente entusiasmado:

> As últimas descobertas da nova psicopedagogia inverteram, no ensino, o papel do professor e o do aluno. O professor que falava para o aluno ouvir; que pensava pelo

aluno; que aferia todas as classes pelo mesmo nível intelectual e a julgava capaz de acompanhá-lo com o mesmo aproveitamento, há de ser substituído pelo professor que ouve o que o aluno diz; que provoca o seu raciocínio; que o considera, como unidade psíquica, sob o ponto de vista intelectual, moral e volitivo; que descobre, através dos seus trabalhos gráficos ou orais, os defeitos e a falhas do seu ensino e procura dar exercícios apropriados a cada tipo de aluno e não às classes. (ibidem)

Do largo programa de Thompson, cujo americanismo acentuara-se depois de comparecer à Exposição Universal de Saint-Louis, em 1904, para apresentar o memorial *Education in the state of São Paulo Brazil,* deduz-se que a educação não é tão-somente transmissão de conhecimento, mas pesquisa e descoberta, mais ainda, o fato educativo é essencialmente biológico e social: "Não nos prendemos mais a questões que julgamos estudadas e resolvidas, sem, contudo, descuidarmos, totalmente delas, mas procuraremos divulgar em nossos estabelecimentos de ensino o objetivo da escola nova e da pedagogia social", declara Thompson (1917, p.9), envolvido no burburinho da Liga Nacionalista de São Paulo.

Legítimo herdeiro das ideias avançadas de Thompson e frequentador do Curso de Alta Cultura Psicológica, ministrado pelo médico-pedagogista italiano Ugo Pizzoli, na Escola Normal da Praça, Pedro Deodato de Moraes reafirmaria essas ideias ao discorrer com veemência sobre o "método Montessori", no 3º Congresso Americano da Criança, realizado no âmbito da Exposição Internacional do Centenário da Independência. Partindo do suposto de que as impressões sensoriais são o liame entre educação do corpo e da alma — "Os nossos sentidos são portas e janelas pelas quais entram os diversos conhecimentos do mundo material e que vão favorecer o desenvolvimento do intelecto".

A Escola Nova, respeitando o trinômio psíquico da criança é essencialmente prática e experimental, um mundo em miniatura, a imagem da vida. Ela desenvolve energias, canaliza vontades, cria discernimentos, forma seres pensantes e coerentes. Educar não e apenas ensinar a ler, a escrever e a contar. É desenvolver e dirigir as aptidões individuais, adaptando-as às necessidades do tempo e às exigências do meio. (Moraes, 1922b, p.42-3)

No âmbito do mesmo congresso, o chileno Guilherme Martinez pronunciava a conferência "Los métodos activos como base de la escuela nueva". Como Ferrière profetizara em um de seus textos de propaganda, a boa nova espalhava-se "como um rastilho de pólvora". Qual o sentido de tudo isso? Bem, embora a época não fosse de brandura, acalentavam-se modelos de educação branda.

Schola Ludus (Comenius), um passado atual

A profusão de passagens citadas nos parágrafos anteriores remete a um amplo arco de tempo no qual se desenrolaram fatos importantes da vida nacional — a guerra contra o Paraguai, as campanhas abolicionistas, o incremento da imigração, o ocaso da monarquia, a proclamação da República, a introdução em escala do trabalho assalariado, os ascensos operários, a organização industrial manufatureira, o levante do Forte de Copacabana, a fundação do Partido Comunista do Brasil, a Semana de Arte Moderna e os demais fatos que todos bem conhecemos de ouvir e falar. Sob esse longo arco de tempo, ocorre de diversos meios e modos o choque antigo/moderno, originado pela percepção aguda de outras temporalidades em curso. Vale dizer: a busca do *novo* e do *moderno*, busca representada por fluxos descontínuos e não cumulativos, arraigara-se desde havia muito na experiência cultural do país, fato que tende a ficar esquecido quando se lê o passado com as mesmas lentes da "geração de 1920".

Consequentemente, o emaranhado de citações de sujeitos tão díspares —Veríssimo, Almeida Oliveira, Rui Barbosa, Ciridião Buarque, Teixeira Brandão, Thompson e, por fim, Deodato de Moraes — transparece uma *intelligentsia* envolvida com o internacionalismo e a reflexão inovadora. Mais ainda, a profusão de citações pretende tão-somente assinalar o óbvio: a "geração de 1920", autorrepresentada como liberta de tempos antigos ou perdidos, não estava desacompanhada nas suas expedições, havia uma tradição moderna constituída por sujeitos tocados pelas filosofias sociais materialistas, positivistas e evolucionistas ou pelas ideologias do nacionalismo, liberalismo, anarquismo, socialismo e maximalismo. Em síntese, uma tradição moderna disposta a materializar utopias societárias.

Nos anos 1920-1930, a utopia da escola societária, designadamente, recrudesce nos territórios mentais envolvidos com a instrução popular, quando eclodem ideações hipostasiadas, remissivas, entrecruzadas e revestidas com aura de seriedade, conquanto a princípio fossem dadas ora como extravagantes, ora fascinantes (ora ainda como pertencentes às quimeras do mundo). De posse de uma crítica invariante, os homens de ação envolviam-se na tarefa árdua de retirar do ser individual o ser social. E Deodato de Moraes era seguramente um daqueles que melhor expressaram a centelha a ser espalhada: "*Sinite parvulos venire ad me*, dizemos também nós evangelizadores da nova e santa cruzada" (1923a, p.35). Bem certo é que o movimento adquire corpo e força numa conjuntura político-intelectual marcada pelo estado de transe, e, claro, profusão de doutrinas, panfletos, utopias, livros, levantes armados, greves gerais, conferências, discursos, ligas e associações, envolvidos cada qual e de modos diferentes com a cintilação da liberdade e da felicidade futuras.

Quais eram as ideações que subentendiam modernidade cultural, em contraposição à forma *mentis* própria de um passado proscrito? Para efeito de demonstração, destacamos não todas, mas algumas — *"to learn by doing"*, *"manual training"*, *"self-activity"*, *"self-government"*, *"self-control"*, *"Dalton plane"*, *"platoon-system"*, *"Project method"*, *"Montessori method"*, *"méthode decrolyenne"*, *"slöjd"*, "centros de interesse", *"tests* objetivos", "educação funcional", "educação moderna", "educação progressiva", "educação nova", "nova educação", "escola alegre", "escola atraente", "escola serena", "escola ativa", "escola para a vida", "escola do trabalho", "escolas ao ar livre", "escola comunidade", "escola do trabalho", "escola moderna", "escola sob medida", "escola única", "escola nova"...

Simples querela em torno de palavras? Simples logomaquia? Experimentos de vanguardas? Interpenetração da razão iluminista com a sensibilidade romântica? Consciência do progresso científico? Luminosas promessas de renovação do mundo dos homens? Purificação epistemológica? Outorga de desígnio e finalidade, cor e visão aos impulsos cegos?

Por enquanto é possível dizer apenas que esse véu ondulante de palavras recobria os frutos dourados produzidos por um conhecimento de tipo arbóreo, a "pedagogia scientifica", uma teoria prática cujas raízes se nutrem da antropologia física, fisiologia, biologia, psicologia, higiene, estatística, sociologia e por aí vai. Do cultivo da *Arbor Scientiae*, velha figura medieval a representar a árvore do conhecimento e da vida, mas também do Bem e do Mal, resultava o eflorescer de uma ciência de ramos fortes e vistosos, designados por nomes encantatórios, misteriosos mesmo: "pedologia", "pedotecnia", "pedanálise", "antropometria pedagógica", "pedagogia experimental", "pedagogia emendativa", "psicopedologia", "pedagogia científica", "pedagogia genética", "pedagogia emendativa", "eufrenia", "ortofrenia", "psicopedagogia", "psicologia experimental".

Era a esse fundo de representações comuns sobre processos ativos e generativos que recorriam todos aqueles que enunciavam doutrinas novas, ainda que, por vezes, assim o fizessem entre hesitações e confusões. Parece ser legítimo supor, essa florada retórica expressa o empenho de superação de uma crise de representação sobre uma formação social sobressaltada ora pelas grandes desesperanças, ora pelos grandes dramas contínuos, ora, ainda, pelas realidades censitárias aterradoras denunciadoras da extensão das feridas e cicatrizes causadas pelo analfabetismo e incultura do povo. Fugazes, essas tantas ideações repercutiam umas sobre as outras, contorcendo-se como chama de fogo-fátuo, porém não tardaria a chegada de um ponto culminante e, quando chegasse, elas se tornarão bem comum indicativo de uma visão de futuro e de salvaguarda, senão garantia de sobrevivência, da escola enquanto instituição social.

Indicativas de uma outra e nova moralidade, por vezes reduzidas à descrição de costumes e regras de condutas purificados, tais ideações prevaleciam o humanismo integrador, na vertente laica e cientista, cujos atributos intrínsecos são disciplina e abnegação. Porém, antes de tudo, essas tantas ideações explicitam uma visão utilitarista em oposição, assim escreviam, às velhas fórmulas do individualismo associal incapazes de arrebatar as massas.

Desta sorte, ainda que, em tempos idos, Manoel Ciridião Buarque exortasse a *self-activity* — "a educação para a ação e pela ação, para a prática e pela prática, para a experiência e pela experiência, uma educação, enfim, que forma o homem para a vida e pela vida" —, ou que Oscar Thompson alardeasse a necessidade de "fazer Escola Nova, ou mesmo que Deodato de Moraes exortasse a "Escola Nova", parece não ter havido difusão significativa da polimorfa expressão "escola nova". Tudo levar a crer que tenha permanecido em disponibilidade, para retornar com ímpeto na virada dos anos 1920, quando, então, recoberta de afirmação e radiância, sobrelevou-se na paisagem de ideias, afigurando-se como a bíblica sarça ardente a revelar verdades abrasadoras. Então, a expressão "escola nova" transmutou-se num todo-poderoso atrativo equivalente à brandura das técnicas modernas responsável pela formação de gerações virgens de toda mácula.

A explosão em série

Se optarmos por uma cronologia de pormenores factuais, em aparência desprezíveis, para orientar a investigação que ora se faz, constataremos uma súbita explosão de escritos de caráter iniciático, nos quais a expressão "escola nova" funcionava como metáfora-chave a eletrizar as consciências. Metáfora-chave que, hoje sabemos, designou um processo tortuoso destinado a reapresentar o mundo e a reintroduzir uma *nova* experiência com o social e o saber. Coloquemo-nos, então, no encalço de pistas e provas, indícios e sinais que possam esclarecer a constituição de uma frente de ação compacta, acionada por

150 CARLOS MONARCHA

um ideal aglutinador, capaz de fundir a instância cultural às instâncias social e política. Acompanhem o longo escrutínio da metáfora-chave, cuja sorte e fortuna teremos que avaliar, logo após a decupagem a seguir.

A retomada impetuosa parece ser o opúsculo *A Escola Nova*, no qual Lourenço Filho reproduzia a resposta ao inquérito acerca do ensino paulista promovido pelo *O Estado de S. Paulo*, realizado na véspera da comemoração do centenário do ensino primário, momento no qual Miguel Couto desfraldaria a divisa: "no Brasil só há um problema nacional: a educação do povo"; e no qual Francisco Campos e Fernando de Azevedo iniciariam as memoráveis reformas em Minas Gerais e Distrito Federal. E, tão logo isso tivesse acontecido, Pedro Deodato de Moraes, que transitava da condição de instigador de ideias à de protagonista de vanguarda, apresentava na 1ª Conferência Nacional de Educação a tese "A Escola Nova". Ei-lo com olhar loquaz, certamente, ele não poderia ter escolhido melhor lugar e momento para anunciar a verdade.

> A ciência oferece-nos hoje essa chave na psicologia experimental, o ramo mais fresco e viçoso do velho tronco maldito, que se enraíza no pecado original e que tem crescido com seiva de suor, de sangue e lágrimas.
> A Escola Ativa...
> É de escola nova que precisamos. Mas de escola nova brasileira, para o povo brasileiro com ideais brasileiros e com os recursos brasileiros. De escola nova que prepare, dirija e fortaleça o nosso povo para a vida brasileira.
> Não basta ensinar a ler; é preciso ensinar e habituar o brasileiro a trabalhar. Em regra geral, a nossa tendência é para a lei do mínimo esforço. Ao comércio e à indústria preferimos o funcionalismo. Enquanto o estrangeiro que aqui chega procura progredir e mesmo enriquecer pelo trabalho ativo e constante, o brasileiro se contenta com um emprego público e a doce visão de um acesso fácil.
> Só a Escola Nova será capaz de fornecer ao Brasil homens vigorosos e sãos, inteligentes e bons, não com o cérebro recheado de teorias, de fórmulas e preceitos, mas de conhecimentos práticos, habituados a trabalhar, a bastar-se a si próprios, a vencer por si às dificuldades e a ter consciência exata do seu valor e do seu poder. (1927, p. 611)

Logo na sequência, Fernando de Azevedo, com o intuito de conferir sentido teórico-prático à reforma carioca em andamento e, claro, legitimá-la junto ao professorado e à opinião pública local, promovia em meados de 1928 o ciclo de conferências "A Escola Nova e a reforma do ensino". Nesse ciclo, Licínio Cardoso dissertava sobre "A origem e evolução da escola moderna", Everardo Backheuser sobre "Métodos ativos em educação", Jonatas Serrano sobre

"Escola normal – centro de pesquisas pedagógicas e de irradiação educativa" e Bergström Lourenço Filho sobre "Escola Nova" e "Testes mentais e sua aplicação na escola". Talvez não seja demasiado inútil transcrever uma a uma as palavras contidas na notação cúmplice de um anônimo jornalista do *Jornal do Comércio* presente na conferência de Lourenço Filho (1928).

> O orador começou fazendo notar que nenhuma expressão é mais equívoca que a de "Escola Nova". Num sentido amplo, cada época tem apresentado a sua "Escola Nova", pois a cada época tem correspondido ideias diversas e técnicas diferentes. Declarava, pois que não era nesse sentido que ia tratar do assunto, mais exclusivamente da escola nova de nosso tempo, que é, aliás, o que interessaria à reforma do Distrito Federal.
>
> Nessa variedade de sistemas em que hoje se agitam os educadores, ora variam os *fins* e, por isso mesmo, correspondentemente, os princípios da atividade em que empenham: ora variam, os princípios mesmos, dados fins idênticos, porque uns, mais capazes se aproximam de técnica mais imprecisa a que a ciência já fornece bases de aplicação; outros empiristas ensaiam o que é possível fazer com os recursos de sua própria experiência.
>
> Não nos iludamos, pois, e tenhamos sempre presente *o quê* desejamos fazer, para só depois esclarecer os meios de fazer. Não é isso o método, de que já nos falaram os gregos — "o caminho para um fim?"
>
> O Prof. Lourenço Filho termina, então, por analisar quais os "fins" da escola moderna e em que princípios ela se assenta.
>
> A escola-nova, diz, é uma escola essencialmente socializadora, para o que emprega sistemas de trabalho em comunidade. É ainda uma escola *vitalista*, contraposta à escola intelectualista de outros tempos.
>
> Esses fins e princípios é a sua opinião, figuram na reforma do Distrito Federal, desde — diz terminando — se deve esperar o tipo da "escola nova brasileira". (grifo no original)

No clima exaltado da reforma carioca, Everardo Backheuser impulsionava *A Escola Nova*, "boletim da Cruzada Pedagógica pela Escola Nova", presidida por sua esposa, professora Alcina Moreira de Souza; num futuro não muito distante, caberá a esse líder católico elaborar um raro registro da recepção das ideias em circulação.

> Ao mesmo tempo em que fazíamos a propaganda orientando-a em certa ordem de ideias, alguns adeptos da escola nova enveredavam por outros caminhos e lançavam na tela de projeção outros princípios, focalizando-os à luz de suas doutrinas filosóficas ou de suas leituras prediletas. Houve assim, ao mesmo tempo, vários derrames de "ideias novas", todas passando por ser "essência" da escola nova,

quando, em verdade, algumas nada mais seriam que novidades pedagógicas, mais ou menos revolucionárias. (Backheuser, 1936, p.12)

Cuidadoso, recordava um estrepitar de vozes denunciante da fluidez e precariedade semântica da expressão "Escola Nova":

> O aparecimento *concomitante* de tantas doutrinas e teorias sobre a escola nova importou na quase balburdia dos espíritos. O professorado ficou atordoado. Ávido de conhecimento, ansioso por saber "o que era afinal a escola nova", o magistério procurava ouvir quantos oradores apareciam com credenciais de profetas da Nova Ideia, mas saía em geral das salas de conferências, ainda mais confuso, pois que a palestra de hoje contradizia a de ontem e seria demolida pela de amanhã. E todos eram defensores da escola nova... (Ibidem - grifo no original)

Bem antes da produção desse registro, o chamamento impetuoso prosseguiu na voz de Lourenço Filho, ao dar a conhecer a trajetória sinuosa do "movimento da Escola Nova", no artigo "Escola Nova", na *Revista de São Paulo* e *Educação*. Eis os argumentos retóricos, sobre a redescoberta de uma ideia antiga.

> Em todos os tempos, têm existido pedagogos sobre a terra. E, pior, em todos os tempos têm eles pretendido salvar o mundo, reformando as gentes. Como variam sempre as condições de vida, têm variado também os meios propostos para a salvação ideada. Por isso, não há instituição mais antiga que a de educar, nem novidade mais velha que a da "escola-nova". (Lourenço Filho, 1929b, p.293)

A essa altura dos acontecimentos, Lourenço Filho acrescentara ao seu peso intelectual o exercício de secretário de redação da *Revista do Brasil* de propriedade de Monteiro Lobato, a autoria de *Juazeiro do Padre Cícero: cenas e quadros do fanatismo no nordeste*, premiado pela Academia Brasileira de Letras, o *best-seller Cartilha do Povo*, o *status* de "Delegado em São Paulo" do Bureau International d'Éducation, o convite para conferenciar no 5° Congresso da Ligue International pour l'Éducation Nouvelle, em Elsenor, a criação da "Biblioteca de Educação" da Companhia Melhoramentos e a participação ao lado do grande Franco da Rocha na fundação da efêmera Sociedade Brasileira de Psicanálise. A consolidação da sua autoridade então ia a meio-caminho, conforme bem testemunhava o diretor técnico da Educação de Recife, Aníbal Bruno.

> Em São Paulo, Lourenço Filho, educador psicólogo inicia, com ardor de um apostolado, a nova cruzada para introdução da escola moderna. Do mesmo passo, ele se lança no terreno da psicologia experimental e busca surpreender o perfil

psicológico dos escolares, pelos métodos dos testes mentais, que no Instituto de Psicologia, verdadeiro precursor do movimento no Brasil, já vem há anos estalonando e praticando, com os mais animados resultados.

Visa o diretor do ensino paulista formar classes homogêneas do ponto de vista das aptidões mentais e aproximar-se, assim, do ideal da "escola sob medida", sonhada por Claparède, onde cada aluno seria objeto de uma ação educativa, consoante o ritmo próprio da personalidade. (1931, p.11)

Acompanhemos um pouco mais a cronologia molecular que pretende esmiuçar e dar conta da explosão da metáfora-chave, a qual almeja servir de guia para reconstrução da sociedade extraviada de si, metáfora narcótica que, dentro em pouco, ganhará inusitada aura de respeito, ao desprender um excitamento luminoso.

Em continuidade às ações publicistas, em 1930, Lourenço Filho realizava no Instituto Pedagógico, uma escola particular criada em sociedade com Frota-Pessoa, Sampaio Doria e Almeida Júnior, o curso de lições "O estudo da Escola Nova". Em carta a João Hipólito de Azevedo e Sá, diretor da Escola Normal de Fortaleza, traçava um panorama radioso de idéias, informando ser o instituto uma "Faculdade de Ciências da Educação", "que aqui criamos para divulgar a *escola nova*, e a nova psicologia".

O "learning by doing", ou aprendizado ativo foi a primeira e incipiente fórmula contraposta ao intelectualismo herbartiano, ainda dominante em nossas escolas. É sabido que a reação começou a delinear-se, positivamente, nos Estados Unidos, na palavra de William James, como efeito natural de sua concepção filosófica pragmática. Pregou ele que as novas práticas educativas não devem ser senão a organização dos hábitos de conduta, tendendo mais que tudo a fins morais; John Dewey prosseguiu a obra renovadora e propôs mais decididamente a "escola-comunidade-embrionária", sob os mesmos princípios. A esse trabalho, fizeram eco, na Suécia, por convicções um pouco diversas, mas tendentes ao mesmo plano, essa estranha figura de apóstolo que é Oto Salomão; na Bélgica, Decroly; Durkheim, na França; e na Suíça, Claparède e Ferrière. E, amadurecida e completada a ideia, frutificou, enfim, esplendidamente com Wineken, Paulsen e Jorge Kirchensteiner [*sic*], Alemanha, onde aparecem as primeiras "escolas-comunidade", as "escolas do trabalho", e as "escolas-oficina" ("arbeitsschull" e "arbeitstugor") que lograram sua consagração definitiva, como ponto importante da própria constituição política do país (Constituição de Weimar art. 146 a 148).[1]

---

1   O original dessa carta encontra-se no Acervo João Hipólito, Fortaleza, Ceará. Cf. Cavalcante (2000a; 2000).

Porém, não nos deixemos levar pelas palavras: Bergström Lourenço Filho não estava só no palco fixo onde se desenrolava a atraente aventura do novo; ao contrário, havia um comércio intelectual ativo a respeito de ideias reformadoras comuns encartadas em correntes alvoroçadas.

Fernando de Azevedo marcava presença com "A Escola Nova e a reforma", texto introdutório aos programas para os jardins de infância e para as escolas primárias cariocas, e reproduzido nas revistas *Boletim de Educação Pública* e *Escola Nova*. Examinemos de perto as palavras do autor. O que diz o documento, destinado a dar consistência teórica aos "ideais de renovação pedagógica e social norteadores da reforma"? Em primeiro lugar, com recurso ao pansociologismo que lhe é próprio, o reformador sustentava a educação como instrumento de "renovação de costumes"; em segundo, numa atitude defensiva, não queria ser confundido como copista ou glosador de ideias, afirmava autonomia intelectual, e declara ter assimilado apenas a "essência das doutrinas modernas" para constituir uma reflexão autêntica, pois, recordemos, em âmbito maior, havia um debate cerrado sobre a necessidade de "nacionalização da escola ativa" e a "adaptação dos métodos estrangeiros às escolas brasileiras".

> A reforma, de fato, não se enclausurou dentro de "escolas", nem se submeteu a orientações individuais. Não copiou as ideias de Dewey; não adotou Decroly; não perfilhou Kerschensteiner; não se vazou no molde de Lunatcharsky. Cito apenas algumas das figuras dominantes de reformadores. Em qualquer deles, por maior que seja, não podia a lei procurar a sua fonte única de inspiração. (Azevedo, 1929b, p.15)

Vestindo a pele do didata, na sequência expunha um modelo cognitivo hoje bastante familiar — a ascensão suave do concreto ao abstrato com recurso a lições indutivas partindo de seres e objetos concretos para as leis gerais dos fenômenos. Assim, reafirmava o moderno cânon didático — "O ponto de partida, na escola nova, é sempre a observação: é princípio essencial" e busca haurir "conhecimentos na experiência da vida real". E recomenda programas escolares organizados em três "centros de interesses" — Natureza e Homem, Trabalho e Sociedade.

Hoje está mais claro do que antes que as recomendações para a construção dos programas escolares são francamente tributárias do belga Decroly, cujo método de ensino se assenta na observação, associação, expressão concreta e expressão abstrata; e do soviético Pinkevich, cortejado criador de um método globalizante à moda de Decroly, porém mesclado com o materialismo dialético e popularizado na época como "complexos" ou "temas sintéticos", igualmente centrados nos temas Natureza, Trabalho e Sociedade.

Quadro 1 – Programa belga – A "Escola para a vida, pela vida" de Ovídio Decroly

	MESES	NECESSIDADE	CENTROS DE INTERESSE
1° ano	Setembro	Suas necessidades	A criança
	Outubro-	Tenho fome	Os frutos
	novembro	Eu brinco	As festas e os brinquedos
	Dezembro		
		Tenho frio	As roupas
	Janeiro-fevereiro	Tenho frio	O fogo
	Março-abril		As flores (centro ocasional)
	Maio		
		Eu trabalho	A mão e o pé
	Junho		O sol. Recapitulação
	Julho		
2° ano	Setembro	Suas necessidades	A criança
	Outubro-	Tenho sede	A água
	novembro	Tenho frio	A proteção contra o frio
	Dezembro-janeiro		
		Tenho frio	O carvão e a lenha
	Fevereiro-março		As plantas (centro ocasional)
	Abril-maio		
		Eu trabalho	Meios de transporte
	Junho		O sol. Recapitulação
	Julho		

Fonte: Escobar (1930).

Quadro 2 – Programa russo: A "escola unificada de trabalho" dos soviets

	NATUREZA E HOMEM	TRABALHO	SOCIEDADE
1° ano	As estações	Os trabalhos domésticos na cidade e no campo	A casa e a escola
2° ano	O ar, a água, o solo, as plantas e os animais	O trabalho na localidade da criança	As instituições oficiais da aldeia ou da cidade
3° ano	Elementos de física e de química. A natureza da localidade. O corpo humano e sua vida	A vida econômica da região	As instituições oficiais da região. A história da pátria
4° ano	A geografia da Rússia e de outros países. A vida do corpo humano	A vida econômica da URSS e dos outros países	Organização política da URSS e dos outros países. História da vida da humanidade

Indubitavelmente, para Fernando de Azevedo "Escola Nova" era menos um repositório de métodos de ensino e técnicas educativas, e mais uma atitude diante da vida de todos os dias: "A escola nova se propõe, por uma forma de vida e de trabalho em comum, a ensinar a viver em sociedade e a trabalhar em cooperação" (1930, p.201). Prescrevia um coletivismo carregado de normas comportamentais para o dia-a-dia: asseio, ordem, disciplina, solidariedade, patrulhas sanitárias, repúblicas e cooperativas escolares, clubes de leitura, jardinagem, "cujas flores se enviam aos hospitais ou aos asilos", horticultura, em "proveito dos débeis físicos", e outras coisas. Em síntese: na visão do reformador, a escola transformada por uma convivialidade inédita era como se fosse uma instituição falansteriana.

> A escola toma a feição característica da escola-comunidade, já pela organização de cada classe nos moldes de uma comunidade em miniatura, já pela criação de comunidades escolares para fins educativos. A classe deverá organizar-se como uma pequena oficina, de vida e de trabalho em comum, onde cada aluno leve à tarefa coletiva a sua contribuição pessoal, trabalhando todos "não para o mestre, mas antes para a pequena sociedade de que fazem parte". A classe é uma colmeia social, vibrátil e laboriosa, para que todos têm o dever de trabalhar, com esse sentimento de solidariedade que resulta da responsabilidade de cada um em relação aos companheiros. (Azevedo, 1930, p.15)

Nessas projeções, o domínio escolar, com suas liberdades e franquias alicerçadas no trabalho atraente e nas relações amorosas, é uma falange movida pela ética do trabalho e amor universal. Em "A Escola Nova e a reforma" (Azevedo, 1929b), documento expressivo de um pensamento social sobressaltado pelo ideal de comunidade redimida, a prosa do autor se exaltava ao vislumbrar a comunidade escolar como pequeno mundo novo, influente no mundo velho e no caos que o circunda. No seu redemoinhar de ideias, a comunidade aparecia como ambiente social purificado: uma comunidade assemelhada ao *phalanstère* produtivista de Fourier, um local de conquista da plenitude da vida pelo amor, pelo trabalho e pela comunhão. Na visão depositária da bem-aventurança — "A Escola Nova é uma sociedade em miniatura, palpitante de vida que tem por base de seu sistema a energia espontânea da cooperação, e no centro de seu programa, tanto a formação de personalidade como a formação de sentimento social". E prosseguia, em tom de admonição: "A escola nova não só se propõe a conformar educação com a natureza da criança (base psicopedagógica), mas pretende adaptá-la as necessidades sociais de uma nova civilização" (Azevedo,

1930, p.20). Daí a ideia de que essa representação, denominada "Escola Nova", como proposição viável e duradoura, adequada à civilização moderna, de ritmo vertiginoso, maquinismo e vida geométrica. E é justo dizer, tais projeções societárias colocam em cena não só o didata inovador, mas sobretudo o reformador possuído pela ânsia do habitar unitário da cidade (*i.e.*, ansioso por implantar a comunidade redimida na sociedade dividida, mas esse motivo, comunidade e sua ideologia, o comunalismo, não é próprio das sociedades tradicionais ou do pensamento tardo-romântico?).

Tudo isso me leva a dizer o seguinte: o desejo insaciado de comunidade está na boca de todos, ou por outra, a comunidade é um símbolo de purificação associado à imagem da luz. De fato, ouçamos a projeção do inspetor escolar do Distrito Federal, Francisco Furtado Mendes Vieira, em "A escola clássica e a escola Nova". Ei-lo de corpo inteiro a convocar a todos indistintamente a aderirem ao Espírito Novo do qual brotará o progresso social.

> Há nessa orientação moderna um espírito novo, que pode ser definido pelas suas características fundamentais: 1ª, um respeito real (não meramente passivo) pela constituição física e moral da criança, constituição que passa a ser encarada quer sob um ponto de vista geral, quer quanto à personalidade individualizada de cada um dos educandos; 2ª, a preocupação essencialmente social dos fins da educação, mediante a subordinação voluntária da personalidade à sociabilidade. (Vieira, 1930, p.4)

Nesse desconcertante labirinto, Rui Ribeiro Couto e Adolphe Ferrière comunicavam, no espaço linguístico francês, as realizações brasileiras. Com efeito, o escritor Ribeiro Couto, cônsul do Brasil em Marselha, além de publicar *L'enfant l'ecole nouvelle au Brésil*, divulgava no IV Congrès International d'Éducation Familiale os feitos da reforma carioca; no ano seguinte, 1931, Ferrière estampava em *Pour l'Ére Nouvelle* o texto "L'éducation nouvelle au Brésil", à guisa de introdução aos artigos "L'École Nouvelle et la reforme. Introduction aus programmes de écoles primaires du Brésil", de Fernando de Azevedo, e "L'École active brésilienne d'Espirito Santo", de Pedro Deodato de Moraes.[2]

Há ainda mais reformadores no palco fixo no qual se desenrolava o enredo do novo e do moderno. De inspetor-geral da instrução pública, na Bahia, à condição de professor de Filosofia e História da Educação, na Escola Normal de Salvador, à condição de funcionário lotado no Ministério da Educação e Saúde Pública, na gestão Francisco Campos, a diretor-geral da instrução no

---

2   Sobre as traduções dos textos de Azevedo e Moraes cf. Carvalho (2007)

Distrito Federal, no governo de Pedro Ernesto, Anísio Teixeira projeta-se na cena nacional. Na arena de luta, lança *Porque "Escola Nova"*, originariamente palestra na Associação Baiana de Educação.

> Para a nova escola, as *matérias* é a própria vida, distribuída por "centros de interesse ou projetos". Estudo – é o esforço para resolver um problema ou executar um projeto. Ensinar – é guiar o aluno na sua atividade e dar-lhe os recursos que a experiência humana já obteve para lhe facilitar e economizar esforços. (Teixeira, 1930d, p.20-1 – grifo no original)

Assim, Anísio Teixeira dava prosseguimento à leitura entusiasta de *Méthodes Américaines d'Éducation* de Omer Buyse, feita anteriormente no cargo de diretor-geral da instrução da Bahia, naquela ocasião traduziu a primeira parte do manual de Buyse e a distribuiu entre professores. Com texto resumido *Porque "Escola Nova"*, era reeditado nas revistas *Boletim da Associação Baiana de Educação* e *Escola Nova*, publicação da diretoria-geral do ensino de São Paulo, então revolucionariamente dirigida por Lourenço Filho. De par a essa iniciativa, Anísio proferia, duas conferências, em São Paulo, sobre o tema da Escola Nova. Logo depois, alteado à condição de diretor-geral da instrução, na interventoria alvoroçada de Pedro Ernesto, publicava "As diretrizes da escola nova" no *Boletim de Educação Pública* do Distrito Federal e *Revista do Ensino* de Belo Horizonte. Esclarecia: "Hoje, não satisfaz mais, em pedagogia, o trabalho puramente empírico. Exige-se do pedagogo que sua ação seja baseada sobre a Psicologia e o conhecimento exato das leis que regem o desenvolvimento físico e mental da criança" (1932b, p.8).

Notável pelo conhecimento dos métodos e processos de ensino, Anísio Teixeira sempre trabalhando, sempre trabalhando mais, exerce profícua ação doutrinária com o firme propósito de preparar o homem brasileiro para as mudanças bruscas do mundo contemporâneo, então, segundo suas palavras, seriamente transformado pelo advento da sociedade industrial. Sobremaneira atraído por Dewey e Kilpatrick, em *Educação progressiva: uma introdução à filosofa da educação* sistematizava ideias sobre a necessária "reconstrução educacional".

> 1 – A escola deve ter por centro a criança e não os interesses e a ciência dos adultos;
>
> 2 – O programa escolar deve ser organizado em atividades, "unidades de trabalho", ou projetos, e não em matérias escolares;

3 – O ensino deve ser feito em torno da intenção de aprender da criança e não da intenção de ensinar do professor;

4 – A criança, na escola, é um ser que age com toda a sua personalidade e não uma inteligência pura, interessada em estudar matemática ou gramática;

5 – Os seus interesses e propósitos governam a escola das atividades, em função do seu desenvolvimento futuro;

6 – Essas atividades devem ser reais (semelhança com a vida prática) e reconhecidas pelas crianças como próprias. (Teixeira, 1933, p.15)

Mais ao fundo, Helder Câmara recepcionava *Educação progressiva: uma introdução à filosofa da educação* com palavras duras: "O seu livro é a repetição fiel dos mestres norte-americanos. Metade de Kilpatrick, metade de Dewey. O pedagogo brasileiro está cego pelos Estados Unidos, pelos progressos modernos"(1933, p.545).

Decididamente, Lourenço Filho, Fernando de Azevedo e Anísio Teixeira não estavam a sós no centro do moderno bailado da educação e suas ciências. Os textos de intervenção eloquentemente gizados pelos espíritos federados, em torno de princípios comuns, transparecem uma vinculação íntima e um agitado mercado de ideias, cujo elo ostensivo e determinante é a metáfora-chave "Escola Nova". Não surpreende que na atmosfera intelectual, sobressaltada pela inquietação política e social, a "Escola Nova" — o grande experimento de deus — fosse a via capaz de plasmar e conferir sentido à vida coletiva. No ruidoso amontoado de fatos da hora, a metáfora alteava-se, num momento histórico conflagrado por exaltações, infortúnios e desesperos pessoais e coletivos. Simples ajustamento de valores e finalidades sociais e civis às mutações da base material da sociedade, engendrado pela vitalidade da concorrência de mercado?

3
POLIFONIA E CATARSE, O CICLO SE FECHA

Mas, antes que as tantas ideações iluminadoras produzidas pelo verbo pro-lífero queimassem no ardor das luzes fulgentes, tornando-se cinzas funestas, Lourenço Filho retomava as lições ministradas na "Faculdade de Ciências da Educação", publicando-as em volume; surgia *Introdução ao estudo da Escola Nova*, um trabalho inteiriço destinado a estabelecer um fundo comum aceitável sobre a polêmica *o que é* "Escola Nova". Verdadeiro monitor de ideias, o livro, cujo sucesso fulminante ainda hoje é perceptível, é um dos instantes capitais da militância e formação doutrinal do autor. A um tempo manual de iniciação e compêndio enciclopédico, o livro expõe a trama percorrida pela Sciencia Nova, na busca de autoconsciência e legitimidade, e na qual deixara de ser *coisa-em-si-e-para-si*. Em apreciações constantes na quarta capa da primeira edição, Fernando de Azevedo cauciona o livro: "A clareza tirou nele a sua desforra sobre a confusão"; Anísio Teixeira, por sua vez, prodigalizava elogios:

> Lourenço Filho fez mais do que expor; coordenou, interpretou e sintetizou o que educadores do velho e do novo mundo têm pregado e realizado sobre a chamada Escola Nova, apresentando em seu livro, para servir de arcabouço à nova construção educacional brasileira, um corpo de doutrina unificado e claro.

Como se vê, ambas as opiniões enaltecem o esforço do autor, na prática do resumo e metodização enciclopédica, no sentido de conferir espírito de sistema às ideações em curso. O livro tornou-se êxito editorial, algo como um clássico instantâneo nos estudos sobre educação e psicologia, atuando na decantação e conversão em corpo de doutrina da questão *o que é* Escola Nova. Se não carrego demasiadamente na nota, no livro há um conhecimento assertivo homologado por fórmulas que interpenetram "soluções genéticas" (biopsicológicas) com "soluções teleológicas" (sociológicas).

A fortuna crítica será longa e exitosa: reedições sucessivas, com revisão e aumento do texto original, tiragens elevadas, tradução seguida de publicação, na Argentina e Espanha, recepção elogiosa de avatares como Aguayo, Claparède, Ferrière, Piéron, Walther, António Sergio. A partir da terceira edição, a resenha abonadora "Um livro brasileiro sobre a Escola Nova" de Paul Fauconnet, professor de Pedagogia na Sorbonne, publicada n'*O Estado de S. Paulo*, foi incorporada ao livro como sanção de autoridade. Com efeito, *Introdução ao estudo da Escola Nova* atravessaria os tempos e suscitaria debates e enfrentamentos e, claro, incontáveis adesões. No largo espectro de vozes ora harmônicas, ora dissonantes, mordente, pois ainda sob os ardores da conversão ao catolicismo, Tristão de Ataíde referia-se ao livro com severidade. Esse proceder não é privado de intenções, as cosmovisões em luta encontravam-se em ponto de convulsão.

> E o sr. Lourenço Filho, escudado na pedagogia burguesa de Dewey ou Kerschensteiner, a dar-se tanto trabalho para definir o que é "escola nova" ou "escola de trabalho"... Será exatamente aquilo que o pedagogo soviético afirma com aquele realismo sereno que tão bem o distingue dos nossos filósofos ou pedagogos burgueses, – se não souber repudiar, em tempo, a psicologia *naturalista* que o sr. Lourenço Filho e seus companheiros apregoam falsamente como sendo a psicologia *moderna*. (Ataíde, 1931, p.150-1 – grifo no original)[1]

Em estreita relação de sincronia com a explosão em série da metáfora-chave "Escola Nova" (e correlatos: "Educação nova", "Educação moderna", "Escola ativa", "Escola do Trabalho") Lourenço Filho tentava aplacar o disse-que-disse, ao estipular: "Escola Nova é gênero", as demais variantes "espécie" (1930b). Agora festejada e convertida em *establishment*, vinham a público os caudalosos planos de reforma do ensino, em curso nos estados de Pernambuco e Espírito Santo. José Ribeiro Escobar, professor paulista comissionado juntamente com José Scarameli, no cargo de diretor técnico da Educação na gestão de Carneiro Leão, publicava em Recife *Educação Nova*, obra sugestiva contendo diretrizes e meios de execução da reforma.

---

1 Sobre a trajetória do livro, número de edições, revisão de conteúdo e recepção crítica, cf. Monarcha (2000).

Essa estrutura espiritual, como a estrutura orgânica da criança, se desenvolve, vivendo. Deve a escola, portanto, lhe oferecer situações de vida, problemas reais, projetado em condições reais. A criança deve viver, construir com o que viveu o seu mundo interior e exprimi-lo em atividades próprias. Está aí a maior parte do programa da "Escola Nova".

A aquisição de conhecimentos será um incidente no desenvolvimento de um plano de trabalho com finalidade própria. Não mais o ensino fragmentado dos diversos ramos do saber, mas a aprendizagem em situação total, o ensino associativo pelos complexos decrolyanos ou pelos projetos de Dewey em que a atividade da criança se desenvolve em torno de centros de associação de ideias agindo em contato com a vida. (Escobar, 1930, p.53)

Então, Gilberto Freyre regia a cadeira de Sociologia da Escola Normal do Recife.

Mentor e executor da reforma capixaba, Atílio Vivacqua, secretário da Instrução, estampava *Educação brasileira: diretrizes e soluções do problema educacional no Espírito Santo*:

> O objetivo que se visa imprimir ao ensino é o da adoção da escola ativa, que Claparède denomina de funcional. A civilização avança vertiginosamente, com expansões e modalidades novas, exigindo valores humanos que a escola clássica não pode produzir.
>
> Esta deverá transformar-se para realizar a função de preparar esses valores. Para isso terá de constituir o primeiro círculo de atividade espontânea e integral das novas gerações, onde estas, dirigidas pelo professor e, sentido o ritmo vibrante da vida do seu meio e do seu tempo, se iniciem para praticá-la como participantes da comunidade social.
>
> A escola deve ser, como preconiza John Dewey, o ambiente natural em que a criança *aprenda vivendo*, em vez de ser um lugar onde se aprenda lições que tenham uma abstrata e remota referência com *alguma* coisa da vida, que ocorra no futuro. (*La escuela e y la sociedad* – trad.) (Vivacqua, 1930, p.16 - grifo no original)

Deodato de Moraes, lugar-tenente de Vivacqua nos trabalhos de reforma, por sua vez, publicava na *Revista Brasileira de Educação*, dirigida por José Augusto, o texto "Escola ativa brasileira do Espírito Santo". Com muita justiça, esses títulos e autores podem ser tomados como índices de saturação da atmosfera cultural construída por intelectuais os mais diversos.

Se relêssemos os excertos até aqui citados, veríamos que o repertório linguístico dos reformadores é monótono e monocromático; fato que explicita tanto a vigência de uma compacta rede de sociabilidade intelectual, quanto a exiguidade de ideias, valores e aspirações. Por último uma rápida palavra: editorialmente apoiados, o selo "Escola Nova" e correlatos são, na verdade, negócio promissor para o comércio livreiro, sendo alavancados com argúcia e espírito de oportunidade por autores e editores dispostos a divulgar leituras formadoras em sintonia com as ideias e ações em ascensão vertiginosa. Escutemos este depoimento sincero. Sem dúvida, o clima cultural reinante em determinados meios educacionais era fremente, senão orgulhoso; sobre esse clima, Juracy Silveira, ex-assistente da Escola de Professores do Instituto de Educação do Distrito Federal, deixou-nos palavras vívidas que, cremos, devem ser levadas em consideração, pelo muito que revelam das esperanças socialmente compartilhadas.

> Nunca se trabalhou tanto, nem com tanto desejo de acertar!
> As livrarias, para corresponder à lei da procura, expunham em suas vitrinas e balcões mais centrais as últimas novidades recebidas. Decroly, Ferrière, Claparède, Piaget, Piéron, Kerschensteiner, Kilpatrick, Dewey, Gates chegavam até os professores, no original ou em versão nacional ou espanhola.
> "Introdução à Escola Nova", "Testes ABC", de Lourenço Filho, "Escola Progressiva", "Em Marcha para a Democracia", de Anísio Teixeira; "Para Novos Fins, Novos Meios", de Fernando de Azevedo, foram os "best-sellers", do momento. Não havia professor que não os possuísse e não procurasse, em suas páginas, informações para as suas dúvidas, e sugestões e recursos técnicos para o seu trabalho. (1958, p.75-6)

Por boas razões, surgia uma floração de textos, livros, prospectos, opúsculos, manuais, no mais das vezes com jeito de catecismos sobrecarregados de lições realistas configuradas num linguageiro de mobilização — *Escola nova brasileira: esboço de um sistema*, *Escola nova brasileira: lições ativas* e *Escola nova brasileira: como realizar a transição da escola tradicional para a escola nova*, de José Scarameli; *A escola ativa*, de Heitor Pereira; *Pela escola ativa*, de Firmino Costa; *Escola moderna*, de Maria Reis Campos; *Escola Nova: doze pontos de um programa*, de João Paulino (pseudônimo), sugestiva publicação destinada ao preparatório de candidatos ao magistério público da Bahia; *Escola experimental*, de Paulo Maranhão; *Bases psicológicas da Escola Nova*, de Inês Cavalcanti; *Problema da liberdade na Escola Nova*, de Nelson Cunha de Azevedo; *A escola ativa: pela sua propaganda*, de Eliseu Viana; *As modernas diretrizes no ensino primário: escola ativa, do trabalho ou nova*, de Francisco Vianna.

O apoio comercial e editorial evoluía instantaneamente. Paulo Maranhão, destacado inspetor escolar no Distrito Federal, criava a "Coleção Pedagógica" para F. Briguiet & Cia. Editores, voltada inteiramente para edição, tradução e adaptação à "realidade brasileira" da obra de Decroly e colaboradores. O parecer de aprovação exarado por Lourenço Filho, encontra-se transcrito num dos primeiros volumes da coleção.

> Os livros já editados são ótimos, muito bem escolhidos. Felicito-o vivamente. Metido como estou em tentativa semelhante, bem sei as dificuldades de todo o gênero que se opõem a uma obra como essa. Creio que essas duas coleções [Lourenço Filho refere-se à "Biblioteca de Educação"] acabarão por exercer no professorado de todo o país um salutar movimento de renovação. E, acima de tudo, um movimento de elevação da mentalidade do mestre-escola. Congratulamo-nos, pois, meu caro amigo e trabalhemos.
>
> Nossos esforços não serão recompensados agora, mas isso nos basta. É uma pedrinha que achegamos ao Brasil do futuro... (Lourenço Filho in Kergomard & Brès, 1930, p.3)

Apareciam livros traduzidos e adaptados por Nair Pires Ferreira, Alcina Tavares Guerra, Rita Amil de Rialva, professoras primárias no Distrito Federal: *Iniciação à atividade intelectual e motora pelos jogos educativos*, de Decroly e Mlle. Monchamp; *O método Decroly*, de Amelie Hamaïde, *Como fazer observar nossos alunos*, de Mme. Goué e E. Goué; *A criança de 2 a 6 anos (notas de pedagogia prática para os Jardins de Infância)*, de M[me.] Kergomard e Mlle. Brès; *Uma experiência de escola ativa numa classe de 1º ano (prática pedagógica)*, de Nair Pires Ferreira; e *Prática dos testes mentais*, de Decroly e R. Buyse.

Na "Biblioteca de Educação", Lourenço Filho publica as obras que o colocariam à vista de todos: *Introdução ao estudo da Escola Nova* e *Testes ABC para a verificação da maturidade necessária à aprendizagem da leitura e escrita*. Na maré montante, assumia o *status* oficioso de mentor de movimento. E traduzia e prefaciava livros de autores-fundamento da Sciencia Nova: *Psicologia experimental*, de Piéron; *A escola e a psicologia experimental*, de Claparède; *Testes para a medida do desenvolvimento da inteligência*, de Binet e Simon; *Educação e sociologia*, de Durkheim. Para essa mesma coleção, Anísio Teixeira traduziu *Vida e educação*, de Dewey; e Noemi Marques Silveira, *Educação para uma civilização em mudança*, de Kilpatrick, e *A lei biogenética e a Escola Ativa*, de Ferrière.

No auge das dissensões nomeadas pela historiografia acadêmica de "embate entre intelectuais liberais e católicos", uns defendendo a educação moderna, outros o espiritualismo católico como a última âncora da sociedade (dissídio de interesses semelhado a uma reedição anacrônica da querela entre *philosophes* e *dévots*, do século XVIII francês), Tristão de Ataíde expôs divergências ao condenar o "naturalismo" e "materialismo" dos reformadores, considerados por ele como fontes dos males que afligiam a condição existencial do homem contemporâneo. Logo, o fogo da controvérsia arderia mais — "bolchevismo intelectual", diriam os opositores das "ideias novas".

> O naturalismo pedagógico data de pouco tempo entre nós, pois também fora daqui, nos países de onde continuamos a receber beatificamente todas as inovações do *Zeitgeist*, data o movimento deste século e sobretudo de depois da guerra.
> Foi em São Paulo, com o sr. Sampaio Doria, creio eu, que o movimento começou e hoje em dia vai conquistando o Brasil inteiro com a rapidez de uma mancha de óleo. Somos uma matéria plástica por excelência, nacionalidade em fusão que cede ao martelo dos forjadores mais audaciosos e pronta, portanto, para ser informada por toda essa "revolução pedagógica coperniciana", como dizem os seus adeptos que nos vêm dos grandes centros do pensamento moderno, da Alemanha, dos Estados Unidos, da Inglaterra, mais ou menos centralizados em Genebra, de onde irradia por todo o mundo com a facilidade das novidades sedutoras. (Ataíde, 1931, p.140-1)

Irado, prosseguia disparando a torto e a direito.

> Foi de S. Paulo que partiu o movimento e é lá que continua a organizar-se sob a direção de figuras intelectualmente eminentes como o sr. Lourenço Filho, o sr. Fernando de Azevedo e outros. A "Biblioteca de Educação" organizada pelo sr. Lourenço Filho já tem 11 volumes publicados e mais 3 prontos para o prelo. E o próprio chefe do movimento, que como se sabe foi diretor da instrução pública no Estado de São Paulo, acaba de dar-nos a primeira exposição sistemática das novas ideias pedagógicas, em um dos volumes de sua coleção. (ibidem)

Hoje, diríamos que a explosão em série da metáfora-chave "Escola Nova" representou um esforço para insuflar verdade nas construções doutrinárias, com o firme propósito de estabelecer um campo de significações inéditas e, claro, sancionar uma comunidade de linguagem. Contudo, convém lembrar que o cheiro de pólvora ainda enxameava o ar revolucionado pelos acontecimentos de outubro de 1930 — o auge do caos parecia ser a possibilidade de reconstrução geral: da desordem, cria-se piamente, nasceria a ordem.

No ambiente turbilhonado pela súbita liberação de energia, o estado de transe intensificava-se, apoderando-se dos mais variados espíritos; Lourenço Filho, recém-empossado na diretoria-geral da instrução, estampa o editorial "A Escola Nova", um texto com feição de manifesto ou, mais concretamente, um grito de guerra e saudação ao Espírito Novo encarnado na vida nacional, com os sons das clarinadas e tiros de fuzis da Aliança Liberal. Escutemo-lo mais uma vez, guiado pela ascese do novo.

> Para um Brasil novo, uma escola nova. Nova, antes de tudo, pela reforma de sua finalidade. A escola pública não pode continuar a ser um aparelho formal de alfabetização, ou simples máquina que prepara alunos para certificados de exames e de conclusão de curso, segundo programas elaborados em abstrato, para uma criança ideal, que não existe, programas que tem sido os mesmos, para a praia e para o sertão, para o planalto do café, e as barrancas do Paraná. Tem que ser um organismo vivo, capaz de refletir o meio, e de cooperar para a melhoria dos costumes. Tem que ser um órgão de adaptação e de coordenação. (Lourenço Filho, 1930a, p.4-5)

Com essas palavras de arrebatadora sinceridade, assomava um reformador de ensino justificado pelo reformador político, visceralmente engajado numa revolução cultural permanente. Um mês após a revolução outubrista, Anísio Teixeira escreveria para Monteiro Lobato:

> Estamos em cheio na atmosfera que devia dominar a Europa em 1848. A busca ainda de liberdades políticas e liberdades civis. Quando veremos que o problema de organização, e não o problema político é o que mais importa? Preparem-se os homens. Criem-se os técnicos. Eles organizarão. Da organização virá a riqueza. E tudo mais — política sã, liberdades etc. etc. – virá de acréscimo. (in Viana & Fraiz, 1986, p.56)

Vivenciava-se a apoteose da Revolução com suas esperanças prateadas; vivenciava-se o desejo de um ensino popular e coletivo, ao mesmo tempo livre e natural; abolidos os velhos sistemas coercivos, concretizar-se-ia uma relação de colaboração e não de intimidação; vivenciava-se uma fase inequívoca de incitação escolar e de sobreinvestimento na educabilidade das massas.

Aqui é preciso fazer uma digressão, não há como evitá-la. Tal como nos começos da República, o país dava a impressão de viver um momento de afirmação de planos voltados para a educação popular; de fato, as capitais culturais fervilham no cadinho de ações generosas e pacificadoras. Léon Walther, que por aqui esteve duas ou três vezes, como técnico do Instituto Jean-Jacques Rousseau, assim opinava. De regresso à Genebra, após barulhentas estadas em Belo Horizonte, São Paulo e Rio de Janeiro, era instado pelo repórter do *Diário da Manhã* a manifestar-se sobre a reforma capixaba.

> Levo uma impressão magnífica do Brasil. Sente-se pulsar, neste belo país, uma grandeza inédita. E o modo por que se prepara o homem para ser reflexo vivo desse grandioso meio físico, causou-me forte entusiasmo. Em Minas, onde me demorei por algum tempo, no Rio e aqui, pelo que me foi dado observar, embora, de relance, se desenvolve uma ação poderosíssima. Os métodos mais modernos de ensino estão sendo postos em prática com uma inteligência e uma capacidade admiráveis. A Escola Nova a que a ciência fornece todos os resultados das suas conquistas, nos laboratórios e no campo experimental, pode-se dizer que está vitoriosa no Brasil.
>
> A Suíça, a Bélgica, a Áustria e a Tchecoslováquia possuem organizações de ensino moderníssimas, mas a Escola Ativa propriamente dita não está oficializada. Em nenhum país europeu a Escola Ativa está sendo encarada com a orientação brasileira e nem oferece as condições de praticabilidade e de eficiência que se nota aqui. O Instituto J.-J. Rousseau como sabe, é o principal foco irradiador da educação nova, baseada na pedagogia científica, do velho mundo.
>
> — *E acha que a Escola Ativa resolve o problema da educação do homem moderno?*
>
> — Sem dúvida. Baseada, como é, na ciência e na vida, não pode deixar de realizar, integralmente, a sua radiosa finalidade. Principalmente no Brasil, em que está sendo realizada com uma tão arguta inteligência e um tão grande e contagiante patriotismo. (Walther in Vivacqua, 1930, p.94-5)

Opinião semelhante manifestara Théodore Simon, presidente da Sociedade Alfred Binet, ao término da estada no Laboratório de Psicologia Experimental da Escola de Aperfeiçoamento Pedagógico de Belo Horizonte. No artigo "O ensino primário no estado de Minas Gerais", veiculado na revista francesa *Manuel General*, não poupava elogios aos progressos nacionais: "A orientação geral, é, pois, moderníssima. O tradicionalismo não entra nestas tentativas inovadoras" (cf. Através das revistas e jornais, 1931, p.375). Por sua vez, António Figueirinhas diretor do semanário português *Educação Nacional*, em viagem de "propaganda literária" pelas capitais brasileiras, registrava no seu *Impressões sobre a instrução no Rio de Janeiro e São Paulo*: "O grito da Escola Nova, ensino analítico, método ativo, soava aos meus ouvidos por toda a parte"

(1929, p.30). Queiramos ou não, essas asserções têm uma boa dose de verdade, ainda que o sistema educacional não fosse mais ou menos centralizado, mais ou menos uniforme, mais ou menos hierarquizado, as ações reconstrutoras corriam à solta; lentamente, a educação tomava forma nacional.

As aporias da prática

Aqui é imperioso abrir outro parêntese – também não há como evitá-lo. Sem querer baralhar os fatos e, inadvertidamente, estorvar o andamento da análise, devo assinalar que algo estranho e embaraçoso estava por acontecer. Mas, claro, havia reverberações contraditórias no ar. Na cúpula intelectual, a objetivação do novo adventício fora nomeada de comum acordo de "Escola Nova", contudo, passada a exaltação, a metáfora-chave empalidecera e, baça, não mais frequentará os textos desses homens desassombrados: Anísio Teixeira, Fernando de Azevedo e Lourenço Filho, nomes que hoje sabidamente encarnam as virtudes espirituais de uma época. Em contrapartida, um coro de vozes estrepitantes estava a indicar que dificilmente a "Escola Nova" seria decantada em fórmula definitiva, conquanto todos concordassem ser a escola a causa primeira da sociedade. Forte indício da reverberação contraditória consta em "As diretrizes da escola nova" conferência de Anísio Teixeira na 4ª Conferência Nacional de Educação; mantendo-se fiel ao princípio de transformismo social e cultural, ele parecia cometer um ato de apostasia, sem, no entanto, renunciar à doutrina.

> A designação "escola nova", necessária, talvez, em início de campanha, para marcar violentamente as fronteiras dos campos adversos, ganharia em ser abandonada. Por que não "escola progressiva", como já vem sendo chamada nos Estados Unidos?
>
> E progressiva, por que? Porque se destina a ser escola de uma civilização em mudança permanente (Kilpatrick) e porque, ela mesma, como essa civilização, está trabalhada pelos instrumentos de uma ciência que ininterruptamente se refaz. Com efeito, o que chamamos de "escola nova" não é mais do que a escola transformada, como se transformam todas as instituições humanas, à medida que lhes podemos aplicar conhecimentos mais precisos dos fins e meios a que se destinam. (Teixeira, 1932b, p.1)

Com efeito, é justo dizer, nem tudo era consenso. O texto crítico-dissidente *A escola positivista, a escola ativa e a escola viva*, do obscuro Clemente Quaglio é um bom índice das dissensões. Nele, o diretor da Faculdade de Pedologia de São Paulo expressava a inexatidão de conceituações de "Escola Nova" e "Escola Ativa", em circulação em certos meios tocados pelo Espírito Novo: "Dizer-se que Minas, Pernambuco, Distrito Federal e outros Estados adotam a escola ativa não passa, infelizmente, de uma simples balela. O que se faz por lá, não vai além de simples ensaio, aliás, muito louváveis e dignos de serem imitados o mais depressa possível por todos os estados da República (1930, p.23). Mais tarde, quando os ardores ideológicos arrefeceram supondo-se o Estado Novo como organização definitiva da nação, Fernando de Azevedo em discreta nota de rodapé, no monumental *A cultura brasileira*, evocaria e julgaria um passado recente de lutas e combates:

> De fato, por "educação nova" passou-se a julgar toda a variedade de planos e de experiências em que se introduziram ideias e técnicas novas (como métodos ativos, a substituição das provas tradicionais pelos testes, a adaptação do ensino às fases de desenvolvimento e às variações individuais) ou que trouxessem, na reorganização de estrutura ou num processo de ensino, o selo da novidade.
>
> A expressão, aliás, vaga e imprecisa no seu conteúdo, podia abranger todas as formas de educação que levassem em conta as correntes pedagógicas modernas e as necessidades das crianças. (1943, p.671, nota 17)

Radiância indefinida

Não obstante os esforços de construção de um discurso rigoroso, nem tudo era consenso como vimos; para muitos, a metáfora-chave era algo como quimera teórica ou caos de ideias dubitativas. Sem dúvida, a ascensão fogosa da metáfora-chave "Escola Nova", artefato cultural jogado no campo de batalhas de ideias sobre a construção de um modelo cognitivo para educação das massas crescentes e dessemelhadas, certamente não ocorreu numa sequência harmoniosa irrefutável, graças à presença de sujeitos dotados de autoconsciência. Ainda que de modo fragmentário, afinal não vivemos aquela época, é possível localizar coros de vozes ora harmônicos, ora estrepitantes, ora caminhando juntos, ora repelindo-se. Por essa razão, é possível identificar intervenções tópicas assinaladoras ou de dissenso de ideias ou ausência de coesão doutrinária; para alguns simples imitação de ideias estrangeiras, como flamejava Sud Mennucci; para outros, simples ficção cientista, porém passível de correção,

BRASIL ARCAICO, ESCOLA NOVA **171**

como queriam os intelectuais católicos Jonatas Serrano, Tristão de Ataíde e Leonardo van Acker; ou mesmo Everardo Backheuser, presidente da Confederação Católica Brasileira de Educação, ao discursar sobre a "Escola Nova", para ele, algo turvado ainda sem rumo certo e sentido definido.

> Vemos assim que a confusão atinge os espíritos, não só pela análise lógica da expressão *escola nova*, como pelas interpretações que dão à escola nova seus mais fervorosos propagandistas. Uns a confundem ainda com *escola ativa* e outros com *escola única*, julgando que todas essas expressões se equivalem. Nestas condições, que resta fazer?
> Rejeitar a expressão escolhendo outra? Aceitar uma interpretação repelindo as demais? Rejeitar a expressão seria irmos ao revés de uma corrente de força mundial. Está vulgarizada em toda parte. É moda universal. Como fugir a ela? (Backheuser, 1936, p.21 – grifo no original)

Em síntese e sobretudo: a trajetória da Escola Nova não é uma história inteiramente afortunada. E como o tempo costuma ser o senhor da verdade, Oscar Thompson retornaria discretamente aos debates, para demonstrar-se disposto a derrotar insuportável amnésia. No clima de opiniões exaltadas e contraditórias, o ex-diretor-geral voltava para registrar a sua verdade e, assim, livrar o passado do esquecimento.

> É lícito aos pregoeiros da inovação, enveredar segundo os rumos da Escola Nova, e ninguém lhes nega esse direito. Não se perca, porém, de vista que, aqui, em São Paulo, aquilo que se convencionou chamar Escola Tradicional desapareceu logo após o advento da República. Quarenta anos depois, os escolanovistas aqui encontraram, em pleno funcionamento uma organização escolar relativamente perfeita, em contínua evolução, acompanhando *pari-passu* os progressos da ciência de educar. (Thompson, 1935, p.199)

Essa justa apreciação dos fatos faz pensar. Entretanto, se os ideadores literalmente descartaram a metáfora-chave "Escola Nova", há indicativos de recepção calorosa entre estratos de noviciados e ambientes administrativos, funcionando como protocolo intelectual. Em suma, pela exposição feita, podemos concluir que, naqueles anos de intervenções técnicas e pesquisas empíricas produtoras de uma outra economia das relações escolares e sociais, consolidou-se em definitivo a institucionalização das "ciências da educação" — um cadinho de saberes de orientação analítica e experimental.

De qualquer maneira, conduzidas por visionários, as reformas do ensino realizadas nas mais diversas instituições levaram à máxima radicalização o sentido técnico-profissional da formação de professores e especialistas, presenciava-se o fastígio das ciências da educação. Mais ainda, há um dado a ser considerado: as teorias de aprendizagem em voga não eram imunes aos apelos de um saber positivo sobre o psiquismo: a reflexologia e a reactologia dos psicofisiologistas russos Pavlov e Bechterew. De fato, a abordagem biológica acentua a conduta em detrimento da mente, por conseguinte, a aprendizagem centrada no interesse do aprendiz tende a ser experiência de condicionamento da personalidade, o que não deve causar estranhamento, pois, desde a morte da pedagogia clássica, o deslocamento da mente para o comportamento era fato visível.

Em contiguidade, firmaram-se os princípios canônicos de um modelo cognitivo para grandes massas heterogêneas e salvaguarda da escola como instituição social, a saber: (i) educação não é tão-somente transmissão de conhecimento, mas pesquisa e descoberta pessoal, demandando observação direta da realidade imediata; (ii) oposição aos métodos receptivos fundados na autoridade do professor; (iii) elevação do aprendiz ao centro do processo instrucional de natureza perceptiva; (iv) construção dos programas de ensino conforme critérios de organização psicológica, em contraposição à clássica organização lógica dos especialistas. Note-se para tanto as convicções de José Ribeiro Escobar quando da reforma pernambucana.

> A matéria de ensino para a criança não é a da organização lógica científica, último alvo. A matéria de ensino para a criança é concreta, parcial, limitada e coordenada através de suas atuais ocupações. O professor guia essas ocupações e experiências num sentido científico, tornando possível, pela criança a reconstrução do processo aquisitivo da verdade.
>
> Para a Nova Escola, as matérias são a própria vida, distribuída por centros de interesse ou projeto. Estudo – é o esforço para resolver um problema ou executar um projeto. Ensinar – é guiar o aluno na sua atividade e dar-lhe os recursos que a experiência humana já obteve para lhe facilitar e economizar esforços. (1930, p.53)

Notem-se também as convicções protocolares de Aníbal Bruno constantes nos planos de reforma apresentados ao secretário do Interior de Pernambuco.

Essa estrutura espiritual, como a estrutura orgânica da criança, se desenvolve, vivendo. Deve a escola, portanto, lhe oferecer situações de vida, problemas reais, projetados em condições reais. A criança deve viver, construir com o que viveu o seu mundo interior e exprimi-lo em atividades próprias. Está aí a maior parte do programa da "Escola Nova". A aquisição de conhecimentos será um incidente no desenvolvimento de um plano de trabalho com finalidade própria.

Não mais o ensino fragmentado dos diversos ramos do saber, mas a aprendizagem em situação total, o ensino associativo pelos complexos decrolyanos ou pelos projetos de Dewey em que a atividade da criança se desenvolve em torno de centros de associação de ideias agindo em contato com a vida. (1932, p.87)

O que parecia ser uma pletora desordenada, a longa peregrinação do Espírito Novo tantas e tantas vezes interrompida chegara ao fim. Consagravam-se os princípios e as convicções assemelhados às teses dos modernos de outras épocas, quando, em tempo idos, concluíram as buscas de um modelo cognitivo humano, em contextos de massas rumorejantes e desraigadas. E, ao contrário do que comumente se afirma, e aqui é preciso ousar – não há como fugir da discussão –, o chamado "movimento da Escola Nova" não iniciou, mas, sim, fechou um ciclo de especulações e realizações aberto com a "geração ilustrada de 1870".

Por que esse escavar de fatos em busca de registros indiciários para, em seguida, colocá-los em relação de simultaneidade e ligamento? Por que retomar esses escritos alvoroçados que falam abertamente à imaginação criadora? Para que reconstituir essa inquietação intelectual, com suas ilusões comovedoras? Por que interrogar esses torneios retóricos carregados de desígnios comuns e visões afortunadas? Como comentar e interpretar essa série de explosões da metáfora-chave que visava à libertação de todos de um tempo social opressivo e turvo, quase irreal?

Ora, de certa forma, na conjuntura intelectual e política da virada dos anos 1920, era possível pressagiar qualquer futuro concebível ou mesmo invenção de rumo futuro – lembremo-nos dos manifestos estéticos, literários e políticos. Nesse estado de transe, inúmeros sujeitos convertem-se em homens de doutrina; imersos em redes de sociabilidade, atuam no sentido de reintroduzir na cena nacional um saber flutuante, porém vivamente associado à ideia de pesquisa e inovação. Mais ainda, a caudalosa precipitação teórica vista anteriormente configura a concepção de cultura como força plasmadora de indivíduos e que dá forma inteiriça às sociedades humanas. Com efeito, o conjunto dos discursos guiado pela quase-mitológica metáfora-chave convergia inconscientemente para a apologia impenitente do novo e do moderno, para os reformadores de diversos naipes e calibres, presenciava-se o Grande Despertar e com ele um *novo e outro* sentido da vida humana; o mundo se afastava da confusão do caos, da desordem e desesperança: os dias ensombreados pareciam ter ficado para trás. De todo modo, a máquina de guerra estava montada para travar o combate final com o Brasil arcaico. Entretanto, tudo isso não é decisivo, é preciso acautelar-se, muito embora o Espírito Novo tivesse se trivializado nos meios editoriais, aparelhos escolares, instituições de formação de professores, magistério público e suas agremiações e meios administrativos e, claro, pre-ocupações públicas: a "Escola Nova" não é todas as décadas de 1920 e 1930; nelas coexistiram grupos de oposição e de posições alternativas, tocados pelo sopro vivificador do novo (e secularizado) credo em educação (*i.e.*, uma religião positiva porquanto sem sobrenatural).

Porém, como o destino de toda vanguarda é ser provisório, no transcorrer da tumultuada Era Getuliana (mais exatamente após o *putsch* da Aliança Nacional Libertadora, quando se deu a prefiguração do Estado Novo), os reformadores entraram em estado de dispersão, as afinidades foram caindo por terra, as le-aldades esmorecendo, os itinerários pessoais cada vez mais diferenciados. Em contrapartida, o magma de modelos de educação e ensino e as teorias societárias, ambos enleados na metáfora-chave "Escola Nova", configuraram o cânone da moderna tradição cultural brasileira, o ciclo fecundo se completara, por assim dizer. De qualquer maneira, tendo diante de si uma paisagem povoada por ideias frementes, Afrânio Peixoto no auge da respeitabilidade intelectual — ele reunia singularmente as atividades de romancista, ensino de medicina legal, diretor de escola normal, não sem certa dose de ironia, ruminava no manual *Noções de história da educação*:

> Escola nova: escola única, ativa, progressiva. — "Escola nova"... o nome é presumido e efêmero. O "novo" faz da idade um galardão, no momento, e, pas-sado o momento, envelhece logo, pois no momento seguinte já há o novíssimo: efêmero, portanto...
>
> Presumido, porque o novo é apenas o mais recente do antigo, do velho, como disse Bergson, do presente ... "a ponta extrema do passado". (1933, p.28)

Entrementes, brasileira, brasileiríssima, a Escola Nova não é adorno de um momento, ou tão-somente moda ou tendência, é visão de mundo, filosofia da existência.

Excurso I
Decalcar a vida nua
(breves notas sobre liberdade e felicidade)

> *A mecânica desvendou-nos o mundo: foi a estrada de ferro, o vapor, o carril elétrico, o telégrafo, o telefone, o aeroplano, a radio-telegrafia e o cinematógrafo, o gramofone e o linotipo, e as outras mil e uma invenções contemporâneas que formam hoje os verdadeiros repastos de nossa existência e que são, em última análise, toda a nossa civilização. E, mais do que isso, lucilou-nos ao espírito a possibilidade de conhecimentos novos para além do limite que o homem espera.*
>
> (Sud Mennucci,
> Alma contemporânea, 1918)

"Se me perguntarem o que é essa vida, eu lhes direi que é a liberdade e a felicidade" – assim Anísio Spinola Teixeira expôs seus anseios, no fervor do movimento que se expandia e ganhava contornos nítidos em meio aos desesperos humanos acumulados. E, quando, em outra circunstância, advogara ser necessário "trazer a vida para a escola", apenas ecoara a contumaz divisa de Dewey — "A escola não é a preparação para a vida, mas, sim, a vida".

Um dos grandes méritos da teoria de educação de Dewey foi o de restaurar o equilíbrio entre a educação tácita e não formal recebida diretamente da vida, e a educação direta e expressa das escolas, integrando a aprendizagem obtida através de um exercício específico a isso destinado (*escola*), com a aprendizagem diretamente absorvida nas experiências sociais (*vida*). (Teixeira, 1930e, p.19 – grifo no original)

176 CARLOS MONARCHA

Numa clara disposição de curar ferimentos, esse argumento revela a tomada de posição a favor de uma educação prática, de modo a evitar que escola e vida se concretizassem como esferas de ação distintas e contraditórias. Contudo, não convém carregar demais no quadro, antes de Anísio Teixeira, Antonio Carneiro Leão em *O ensino na capital do Brasil*, documento de balanço administrativo, autenticara idêntica ansiedade:

> Naquelas épocas — que foram de ontem e já são antigas — aprender a ler, escrever e contar bastaria muitas vezes. Agora porém, é urgente arrastar a escola da margem da vida para dentro da própria vida. O ensino tem que ser essencialmente experimental. É imprescindível que o aluno conheça o mundo em que vai viver amanhã, o mundo para o qual se está preparando. E outra não tem sido a minha preocupação senão voltar a escola para a realidade corrente fazê-la responder aos reclamos da existência social, da hora que atravessamos. (1926, p.44)

No clima de opinião utilitarista instalado, a divisa "A escola não é a preparação para a vida, mas, sim, a vida" era o esteio de uma educação realista por ser engastada na corrente da vida, por ajustar-se a direção para a qual costumes, hábitos e mentalidades evoluíam. Donde o empenho em colocar o aprendiz em contato direto com as exterioridades imediatas, de modo a relevar o conhecimento edificado à luz da experiência e demonstração.

Convertida em *vox populi*, a divisa fazia-se presente à saciedade nas bocas daqueles obcecados pela recomposição da energia e vontade, de sorte a avultar a coerência social e individual, e, naturalmente, apagar as feições burguesas do rosto da sociedade. Afirmavam ser necessário trocar o conhecimento abstrato dos livros pelo conhecimento concreto, sustentavam que toda verdade inata é verdade sensível, ou seja, pela acuidade indutiva conhece-se o mundo exterior. Por esses motivos, postulavam a superioridade da epistemologia empirista e do conhecimento necessário e útil.

> Professor e aluno trabalham em comum. E para entrar na vida real que o aluno deve viver, extirpa-se o artificialismo, substituindo-o pelas instituições sociais, em que são praticados deveres e obrigações de sociedade tornando assim a educação não a teoria da vida, mas a própria vida.

Predicava o reformador maranhense, Luís de Moraes Rego no opúsculo *Meu desejo de ser útil*, ao exortar os conterrâneos a estreitarem os laços entre vida e educação. Igualmente, Manoel Bernárdez, ex-ministro uruguaio, de

BRASIL ARCAICO, ESCOLA NOVA **177**

passagem pela Capital Federal, encorajava a todos a cerrarem fileiras em torno da "Escola para a Vida e pela Vida", para ele "um movimento de reação contra o que subsiste de medieval na escola atual contra seu formalismo, contra seu hábito de manter-se à margem da vida" (1930, p.304). Nuns e noutros sujeitos, Anísio Teixeira, Carneiro Leão, Moraes Rego, Manoel Bernárdez, nomes figurados ao acaso, há idênticas certezas: ao introduzir-se a vida na escola e comunicar a escola com a vida, a sociedade se revitaliza. Para esse tipo de percepção, a vida humana ultrapassa o indivíduo, o coração deveria bater no mesmo ritmo do mundo. Nesse caso, a fusão entre ser e o devir, ou seja, a incorporação a um destino universal requer a revisão do comportamento humano (*i.e.*, explica-se o organismo como receptor passivo de estímulos externos; com isso simplificava-se ousadamente o sentido da ação humana).

Estamos diante de um lugar-comum compartilhado, um instrumento de ordenação de uma retórica hegemônica centrada no brilho da ação imediata, ou mesmo, de uma doutrina corrente sobre a superioridade da teoria pragmática da inteligência e, portanto, da educação pela atividade em estreita proximidade com a potência criadora da vida. É de presumir que a pedra de toque do clima de opinião utilitarista consiste na edificação de uma cultura em estreita correspondência com evolução dos costumes e das instituições. Envolvidos na atitude lírica de celebração da vida ativa, a partir de certo momento, os teoristas acrescem à doutrina corrente a consigna de Kilpatrick — "Educação para uma civilização em mudança", divisa imperativa de fundo moral, fechada sobre si mesma, que busca comunicar a velocidade, a diversidade e a fugacidade da vida moderna (e aí reside o grão de sal da controvérsia — para esse ponto de vista, a civilização tecnológica produz, a todo o momento, antiguidades instantâneas).

Figura central na sistematização da filosofia pragmatista de educação, fazendo-a chegar às escolas, é um teórico inovador diretamente envolvido com a didática de ensino, é dele a invenção do "Project method", técnica de ensino utilizada para desencadear ações com sentido, William H. Kilpatrick foi tocado por fontes diversas — a teoria de Darwin, o neo-hegelianismo cultivado em nichos universitários estadunidenses e a filosofia de Dewey, de quem fora aluno e discípulo na Universidade de Columbia, sem contar as leituras de Fröebel, Pestalozzi, Montessori, Kerschensteiner. De modo geral, Kilpatrick afirmava a natureza essencialmente indutiva do pensamento, sua concepção de educação como ato intencional e satisfatório cinge-se à reconstrução da conduta e atitudes existentes: "Aprendemos o que vivemos e vivemos o que aprendemos" (apud Childs, 1956, p.169); vale dizer, a aprendizagem se concretiza numa situação de conexões naturais, capitaneada pelo ato intencional.

Da divisa imperativa, singular combinação de imagem vívida e metáfora, "Educação para uma civilização em mudança" — formulação sugestiva que encerra em si a epítome da vida contemporânea —, sobrevinha a percepção de cesura na sucessão do tempo empírico: "um antes" e "um depois", diferentes e inconciliáveis. E, com efeito, da leitura de *Educação para uma civilização em mudança*, depreende-se que "civilização" significa um conjunto articulado de ideias políticas, cultura material e simbólica, técnica e ciência, forças de produção, ordem social e maquinismo, vale dizer, "civilização" corresponde ao presente contemporâneo (mas inconsciente de si, a divisa imperativa aponta tão-somente para a correspondência entre a racionalidade da economia de mercado, dada como princípio de ação, e a necessária formação de mentalidades e costumes). De raro alcance persuasivo, a divisa imperativa soaria triunfante no sistema intelectual reformador mundial e nacional, operando como padrão de justificação de um quadro institucional, social e cultural funcionalmente adequado. Em conferência na Escola Normal do Distrito Federal, a alma boa de Cecília Meirelles levava-a a ecoar em termos comedidos o sentimento de que, claro, "nada é para sempre".

> Todos os dias o mundo se renova. Podemos vê-lo agora melhor do que em qualquer outro tempo. O educador tem que possuir uma flexibilidade de espírito, pronto a se transformar para melhor adquirir o poder de orientar para os tempos novos os homens novos que chegam. Esse, o compromisso de educar: adaptar o indivíduo para uma "civilização em mudança". (1932, p.72)

Sobre essa representação dinâmica da vida à volta da qual tudo gira, fez-se recair a imagem condensada da modernidade, da atividade e do progresso infinito, de sorte a ilustrar as pressentidas evoluções materiais produzidas pelos altos voos da inteligência humana. Note-se esta questão: o sistema de Kilpatrick expressa um rousseaunismo às avessas — idealiza uma educação natural e espontânea em meio social dinâmico:

> O velho tipo da educação natural deve ser agora reabilitado pela escola. Daí, a necessidade de tornar-se um lugar em que realmente se viva, pois só desse modo, poderá a criança ter o gênero de educação natural, em união íntima com a vida,

outrora ministrado pelo lar e comunidade. O que desapareceu foi um certo tipo de vida, que levou consigo a educação natural correspondente; compreendido o viver atual, e a educação que lhe convém, deve agora a escola *revitalizar-se*, transformando os seus processos. (1933, p.66 – grifo no original)

Concebidas como potentes expressões sintéticas da filosofia da vida prática ou, se se preferir, da mundanidade moderna, as divisas legendárias de Dewey e Kilpatrick ecoariam por largos territórios mentais, reiterando e justificando os argumentos dos publicistas do novo e do moderno, cujas vozes sérias e inteligentes enunciavam discursos repletos de frases feitas sobre a imagem social da educação. Na procura de horizontes de referência para a ação, Dewey e Kilpatrick (e também Decroly, com seu "Pour la vie, par la vie") sobressaíam como os teóricos mais conspícuos a respeito da comunhão necessária entre vida e educação.

Contrafeito, um partidário da representação teológica de mundo, Otoni Júnior, então, envolvido na luta das cosmovisões, relutava no artigo "A base ética da pedagogia socialista". Numa censura sentida, deplorava a retórica hegemônica, dizia Otoni Júnior, para eles, os publicistas do novo e do moderno, a escola "será uma vida real, vida de fábrica, vida de trincheira, vida do que for, mas sempre vida" (1932, p.295).

Todo esse psitacismo culmina numa anexação abusiva da escola à vida do dia-a-dia. Herbart, no *Esboço de um curso de pedagogia*, vale recordar, já havia enfrentado a questão "educação" e "vida", com fina acuidade, acentuara — "Da escola para a vida, e por sua vez, volta da vida para a escola; esta seria, sem dúvida, a melhor caminhada que se poderia seguir" (1946). E, no entanto, a ânsia de unir escola/vida/trabalho acionava a dialética desarrazoada da modernidade racionalista. É de, então, a vitória em extensão e profundidade de uma doutrina disposta a promover a interação funcional entre organismo humano e meio social e natural; consagrava-se, por essa via, um modelo formativo destinado a imprimir nas massas um jeito de ser e viver feito de experimentação e realismo por estar envolvido com os afazeres do mundo.

Naqueles entretempos rumorejantes e maravilhados pelos símbolos tangíveis da modernidade industrial – a cidade verticalizada, o ritmo rumoroso das máquinas, a sirene das fábricas e locomotivas, o atroante sapatear de bondes e trens sobre paralelas de aço, o deslizar de automóveis nas perspectivas de asfalto, os feixes de fios telegráficos e telefônicos, as caldeiras ferventes, a marcha titânica das concentrações humanas –, concretizava-se uma mudança visual e auditiva radical em certas paisagens, criando-se novos estados de consciência e de alma. "Se depressa marcha a vida, mais depressa há de marchar a escola", dizia Anísio Teixeira. E não será de todo improcedente dizer que essa linguagem exuberante estava comprometida com os dados empíricos apreendidos de forma sugestiva e sensória. Limitada às exterioridades das coisas, a linguagem de felicidade não interrogava a assustadora essência da vida moderna na qual as pessoas se encontram apartadas umas das outras e de si mesmas.

"Se me perguntarem o que é essa vida, eu lhes direi que é a liberdade e a felicidade", declarava Anísio Teixeira (1932a, p.249), ao expor seu ponto de vista no fervor do movimento de reconstrução escolar que se expandia e ganhava contornos nítidos em meios aos infortúnios e desesperos humanos acumulados, mas também em meios afortunados e acalorados por extravagantes esperanças e mensagens angélicas. Não era mais possível adiar as ações libertárias, era o tempo de purgar paixões tristes, ressentimentos e desassossegos — "Na nova civilização o que desejamos é uma vida melhor e mais ampla. A única finalidade da vida é mais vida e essa vida é liberdade e felicidade" (Escobar, 1930, p.15).

PARTE IV
À PROCURA DO INDIVÍDUO PERDIDO E SOLITÁRIO

Vergérus: — A velha sociedade, Abel, esta-
va baseada na crença extremamente romântica
da bondade inata da criatura humana. Tudo
ficou muito complicado depois que constatou
que as expectativas não coincidiam com a
realidade.

Abel: (olha para ele)

Vergérus: — O homem como um defeito de
construção. Uma perversidade da natureza.
É aqui que entram as nossas experimentações,
embora ainda em escala modesta. Nós lidamos
com as estruturações básicas e as remodelamos.
Liberamos as forças produtivas e canalizamos
as destrutivas. É a única maneira de evitar a
catástrofe final. (sorri)...

(Ingmar Bergman, O ovo da serpente)

1
Os MODERNOS FISIOGNOMONISTAS
(INVENÇÃO E DESPISTAGEM DOS *MORONS*)

O Outro como objeto de saber

"Ninguém mais será alçado até onde não permitam as suas forças, nem tão pouco esquecido em situação inferior à sua capacidade mental" (Carneiro Leão, 1926, p.35). Banal e corriqueira, a frase precedente assinala o extravagante encrespar do método dos testes mentais. Instrumento, dado como perfeito para fundamentar uma saber experimental, que, ao ideal de perfectibilidade do homem pelo cultivo das faculdades da alma, opôs o julgamento realista das possibilidades e limitações do gênero humano; por suposto, um saber desemaranhado das ilusões da Era Clássica.

Partilhando de desígnios comuns, pensadores sociais de variados matizes afiançavam o término da arbitrariedade e impressionismo, no julgamento do caráter dos frágeis seres humanos; e apresentavam-se como autoridades perspicazes no esquadrinhamento das populações concentradas em instituições e estabelecimentos necessitados de redes de controle e gerenciamento centralizados — escolas, unidades militares, fábricas e escritórios. Os agora biometricistas outorgavam para si o poder de controlar e mobilizar as energias em estado de dispersão mediante grupamento geométrico das pessoas, graças às induções inexoráveis obtidas a partir de fatos empiricamente verificáveis, conforme os cânones das ciências da observação.

Professores, engenheiros, militares, bacharéis, médicos, diletantes se autocertificavam como técnicos, cuja imagem associava-se à figura do árbitro imparcial e à de agente da racionalidade. Mais claramente, percebiam que o seu saber tinha o direito de exercer poder social pelo fato de estabelecer uma taxonomia da espécie humana. Ao entrincheirarem-se em laboratórios de

184 CARLOS MONARCHA

psicologia de escolas normais, institutos de educação ou de higiene, hospícios de alienados ou ainda em serviços técnicos de diretorias de instrução, os nomencladores contumazes serviam-se dos fundamentos epistemológicos e heurísticos do método experimental.

Saberes enumerativos

Subsistem, contudo, perguntas em aparência irrespondíveis. De onde viriam essas aspirações? Embora as práticas biométricas remontassem aos fins do século XIX — costuma-se atribuir ao criador do eugenismo e da datiloscopia, Francis Galton, primo de Darwin, as práticas inaugurais de exame da inteligência individual (*Hereditary Genius*, 1869, é o marco inaugural da eugenia); e a James Cattell, o uso pioneiro da palavra *test*, no artigo-fundador "Mental tests and measurements" — de fato, a ofensiva mundial desse domínio singular de saber ocorreria com a divulgação dos estudos analíticos de Alfred Binet, que, desde o final do século XIX, vinha traçando as grandes linhas de uma psicologia experimental alternativamente individual, judicial e pedagógica.[1]

Binet e seu seguidor assíduo, Victor Henri, publicaram em 1895 — "La psychologie individuelle" nos *L'Année Psychologique*, no qual esquematizavam o programa de realização da ciência da medida mental; diferentemente de Galton e Cattell, ambos às voltas com as medidas dos processos sensoriais simples, Binet e Henri investigavam as funções mentais mais elevadas — a inteligência, não sem antes terem praticado a craniometria, isto é, as insensatas medições frenológicas. (Gould (1991, p.8) nota que: "Tão logo a inteligência é transformada numa entidade, procedimentos padronizados da ciência virtualmente exigem que se lhe atribua uma localização e um substrato físico. Como o cérebro é a fonte da atividade mental, a inteligência deve residir lá".)

De modo geral, as ações do fundador do *Année Psychologique* eram de uma época marcada pelo triunfo dos métodos biológicos e ascensão da democracia, liberalismo e sufrágio universal (ainda que não convenha superestimar o ritmo desses fatos); e, por fim, pelo amontoamento populacional no

---

1 Em Binet (1899) há um panorama sobre os laboratórios de psicologia em funcionamento na Europa e os métodos em ação.

coração das grandes cidades, para onde convergiam desordem, inquietação e degradação, culminando, por vezes, em histerias insurrecionais, segundo atentos observadores.

Promissor discípulo de um dos arquitetos da clínica psiquiátrica, o grande Charcot, Binet, autor de obra extensa e criativa, cultivava estudos sobre assuntos extravagantes, mas em voga no fim de século europeu e francês, em particular: histeria, grafonomia, desdobramento de personalidade e magnetismo animal (hipnotismo). Discretamente Claparède notava: "Nosso jovem psicólogo aí penetra, observa e cedo começa de experimentar sobre sujeitos histéricos ou em estado de hipnose" (1932c, p.154). Na verdade, são estudos de uma época na qual os progressos das ciências do homem faziam-se acompanhar por irresistível tendência ao maravilhoso e ao insólito em nome da análise de performances ou de meios auxiliares na elaboração de psicodiagnósticos (ver *Le révélations de l'escriture d'aprés un controle scientifique* do mesmo Binet, traduzido para o espanhol como *Grafología y el control científico de las revelaciones de la escritura*, e *Le magnétisme animal*, em colaboração com Charles Féré).

Legítimo herdeiro do triunfo da clínica psiquiátrica, com seus estudos intensos sobre a conturbação da individualidade, Binet fora influenciado tanto pelo entusiasmo científico de fim de século quanto pelo ambiente sombrio do Hospício de Salpêtrière com Charcot à frente, levando-o a utilizar sua ciência, ao escrever peças teatrais sobre temas médico-patológicos centrados em casos individuais.

Com isso, envolveu-se com o movimento *Le Grand-Guignol*, teatro de extremo horror da *belle époque* e criador de pavor e pânico entre o público assistente, mediante a encenação de peças curtas, cujos enredos, excessivos e inverossímeis, centravam-se em experiências mórbido-estéticas, ao dramatizarem o feio e o repulsivo, conforme a semiologia médica. Em coautoria com André de Lorde — "O príncipe do terror", dedicado "especialista do horror, obcecado pelos múltiplos problemas e pelas situações pungentes que a loucura suscita", conforme um cronista — Binet escreveu as peças *L'Obsession*, *L'Horrible expérience*, esta representada no teatro Sarah Bernhardt e cujo *plot* versava sobre um doente delirante que se crê perseguido, *L'Homme mysterieux*, e *Une leçon à la Salpêtrière*; e individualmente escreveu *Les invisibles* — o enredo se desenrolava no "Asilo Saint-Yves", presidido pelo doutor Simonet, clara alusão ao abnegado colaborador, o médico psiquiatra

186 CARLOS MONARCHA

Théodore Simon; e, com essa arte ele granjeou certa reputação como dramaturgo (para Pierre Morel (1997, p.34): "Essas preocupações melodramáticas não deixam de lançar uma luz particular sobre a escolha de certos itens um tanto lúgubres que aparecem no teste Binet-Simon".

De par, Alfred Binet efetuava no laboratório anexo à Escola da Rua Grange-aux-Belles, Paris, exames de antropometria, craniometria, espirometria, visão e audição, e inquéritos sobre os efeitos da punição, cólera, mentira, grafologia, memória da ortografia e inteligência; quase sempre, as investigações privilegiavam crianças de famílias proletárias. Numa palavra: Binet secundado pelo laborioso Henri decidira transformar tais populações em objetos cognoscíveis, o que não é pouco ou mesmo desprovido de ambição científica. Um dos resultados dessas investigações apareceu em 1903 no *Année Psychologique*, trata-se do estudo *princeps* "L'analyse expérimentale de l'intelligence", iniciava-se a prática original de correlacionar "idade cronológica", IC, e "idade mental", IM, inventivos conceitos por ele criados. Portanto, descrevia-se a performance do sujeito em termos de idade mental.

No ano seguinte, na condição de diretor da Société Libre pour l'Étude Psychologique de l'Enfant, Alfred Binet é designado pelo Ministério da Instrução Pública da França para integrar La Commission Ministérielle pour les Anormaux, incumbida de diagnosticar os estados de desenvolvimento mental de escolares, para posterior criação de classes especiais e aplicação de programas de ensino adequados aos níveis de inteligência apurados. Em 1905, nas páginas do *Année Psychologique* aparecia a *"échelle métrique de l'intelligence"*, detalhada na monografia "Sur la necessite d'établir um diagnostic scientifique des états inféreurs de l'inteligence", e prontamente comunicada no Congresso Internacional de Psicologia, em Roma. Num golpe instantâneo, sagrava-se a figura do *"arrière"* (atrasado).

> Estamos na época em que a questão das crianças anormais começa preocupar os espíritos na França. Ao passo que na Alemanha, a Bélgica, a Suíça, possuíam há muito tempo um ensino especial para esta categoria de crianças, nada ainda tinha sido previsto para elas, na organização escolar francesa.
>
> Em 1902 a Sociedade Livre se tinha pronunciado a favor de um inquérito médico-psicológico a fazer-se nas escolas. Mas não foi senão em 1904 que o ministério da Instrução Pública designou uma comissão composta de médicos, educadores e sábios para examinar essa questão. (Claparède, 1932c, p.157)

Quanto à Société Libre pour l'Étude Psychologique de l'Enfant, fundamentalmente interessada em modelos de gestão dos indivíduos, certamente não era uma instituição desimportante. Na presidência de honra figuravam os nomes de Mme. Kergormad e Ribot; e depois, Ferdinand Buisson, um defensor da escola laica e professor de Ciências da Educação, na velha Sorbonne; e posteriormente, o próprio Binet, então diretor do laboratório de psicologia fisiológica da mesma Sorbonne. Prova de demonstração de uma audiência não negligenciável, entre os aderentes à Sociedade Livre constavam professores de escolas primárias e normais superiores, diretores e inspetores escolares. Nela atuaram as figuras grandiosas de Gabriel Tarde, Émile Durkheim, Claparède, Alphonse Bertillon, entre outras. O estudo de Patrice Pinell (1977) permite concluir que a Société Libre pour l'Étude Psychologique de l'Enfant, futura Société A. Binet et Th. Simon, dedicava-se à construção de um estatuto científico-antropológico para o mundo escolar nascente.

O modelo de mensuração individual, elaborado pelo fisiologista, centrava-se no exame das funções cognitivas superiores: julgamento, compreensão, imaginação e raciocínio: "Uma característica particularmente interessante destes testes é o fato de que, quando é necessário, eles nos permitem liberar dos entraves escolares uma bela inteligência inata" (Binet apud Gould, 1991, p.154).

A essa altura, Binet caracterizava a inteligência por quatro funções: compreender, criticar, inventar e dirigir. No testemunho de Claparède: "Binet pretendia substituir as classificações médicas, inadaptadas ao fim pedagógico que se tinha em vista, por um critério científico do atraso, único meio de fazer trabalho sério" (1932c, p.154). Em carta a Claparède, Binet desaba:

> Perguntamo-nos de que servirão os asilos-escolas para idiotas e imbecis. E aí que está a dificuldade. Não há acordo possível em matéria de definições. Pois, os médicos não querem classificar as crianças que recebem, e não se sabe do modo científico em que medida essas crianças são melhoradas. Encontro resistências de toda espécie. Esforço-me por chegar à definição precisa dos graus de degenerescência e, por outro lado, comecei um estudo sobre 100 anormais escolares. Tenho imenso que fazer. Desejaria que a distinção entre o normal e o anormal fosse conhecida, precisada, de modo a evitar erros grosseiros.
>
> Em que ponto está a questão? Toma tempo escrever: bem melhor seria conversar. (apud Claparède, 1932c, p.158)

188 CARLOS MONARCHA

A primeira versão do modelo comportava trinta tarefas cognitivas, dispostas em dificuldade crescente — avaliação, enumeração, descrição e interpretação —, a fronteira entre normalidade e anormalidade situava-se no item vinte e cinco — elaborar uma frase com as palavras *Paris, fortune, ruisseau*. De imediato, aplicaram os testes reativos em escolares, com o objetivo de avaliar capacidades cognitivas e discriminar aqueles suscetíveis de progresso em classes comuns, daqueles outros necessitados de classes especiais, os *débiles* (fracos).[2] Deixemos Binet falar:

> Nestas condições foi como elaboramos, com ajuda do nosso colaborador tão abnegado, o doutor Simon, um método de medida da inteligência ao qual demos o nome de *escala métrica*. Foi construído lentamente, com o auxílio de estudos feitos não somente nas escolas primárias e nas escolas de parvos, sobre crianças de todas as idades, desde os três anos até os dezesseis, senão também nos hospitais e hospícios sobre os idiotas, os imbecis e os débeis, e por último, em todo tipo de meios e até nos regimentos, sobre adultos letrados e iletrados. (1942, p.128 - grifo no original)

Com esse feito, Binet se notabilizava, ao vencer, a seu modo, o desafio colocado pela psicofísica do século XIX: a análise das funções superiores do espírito e consequente expressão em forma quantitativa, se é que isso é possível. Claparède (1932c) rendeu-lhe culto extremado: "Mas foi Binet que, desde 1890, se pôs a aplicar ao estudo da criança o método experimental. Foi o primeiro, que, na Europa, teve a ideia de empreender investigações nas escolas"; afirmação algo discutível, se recordarmos os experimentos de Giuseppe Sergi, autor de *Psicologia per la scuole* (Milano, Fratelli Dumolard Editori, 1895), e de toda a movimentação processada na Itália na virada do século no âmbito do marco escolar (cf. Babini, 1996). Enfim, concebida como instrumento científico indispensável a oficina do psicologista e extremamente útil à pedagogia escolar, a *"échelle métrique"* fez emergir das populações indistintas o escalonamento da infância anormal — entre o "idiota" e o "gênio" havia um *continuum* a ser desvelado e tratado. Da nebulosa de idiotas e imbecis, criação informe e precipitada, tributária da nosografia psiquiátrica, lembrar que, para a psiquiatria clássica, "idiota" e "imbecil" eram termos técnicos utilizados para designar as pessoas com idade mental inferior a três anos e entre três e sete anos, as primeiras incapazes de alcançar o domínio da

---

2 No prefácio da edição brasileira de *Testes para a medida do desenvolvimento da inteligência* Simon detalha o processo de construção do dispositivo.

palavra, as segundas, incapazes de alcançar a escrita. Nebulosa, que começara a ser desfeita com os conceitos de "demência precoce" e "demência precocíssima" formulados, respectivamente, pela nosologia de Kraeplin e Sante de Sanctis, com o fito de nomear a evolução inexorável da esquizofrenia; ambos os conceitos faziam saltar os tipos portadores de "estados inferiores de inteligência". Sucintamente, com recurso a um saber enumerativo — a escala métrica de inteligência — abalava-se o vasto campo da "idiotia", termo técnico cunhado por Esquirol.

Se tal feito rendera controvérsias entre Binet e os alienistas, pelo fato de postar a psicologia experimental no terreno dominado pela psiquiatria e da pedopsiquiatria, não restava dúvida de que ele inovara ao reunir os estados de deficiência mental numa escala. Ou por outra, redimia os tipos maculados por déficits de inteligência ao alojá-los no campo da normalidade. De fato, na percepção do fisiologista, o problema era tão-somente de variação quantitativa de uma função vital — a inteligência.

Como se vê, o conceito de idade mental nasce dos estudos sobre patologia, o que não deve surpreender, pois ela, a patologia, era a marca distintiva da ciência da época (recordemo-nos dos conceitos de normalidade e patologia sociais presentes na pansociologia de Durkheim). Visto por esse ângulo, não foi por acaso que o conhecimento científico da infância normal derivasse dos estudos da infância anormal (cf. Muel, 1975).

Em consequência da boa acolhida das ideias práticas de Binet, o Congresso francês votava em 1909 a lei que instituía sob certas condições a generalização das "classes de *perfectionnement*", fato que obrigou Binet e Simon a precisarem ainda mais o seu projeto tal como se nota em *Enfants anormaux: guide pour l'admission des enfants anormaux dans les classes de perfectionnement*, e no qual constam as célebres conceituações de *"anormaux d'asile"* e *"anormaux d'école"*. (Patrice Pinell nota que, no *Guide*, Binet alertava os políticos sobre a urgência de operar reformas sociais para evitar uma revolução violenta). Dessa sorte, ao lado do "anormal de asilo", entidade clínica construída pelo alienismo clássico e cuja existência anônima transcorria no confinamento silencioso do instrumuros asilar, construía-se a figura alternativa do "anormal de escola".

> É *idiota* toda criança que não chega a comunicar-se, pela palavra, com os seus semelhantes, isto é, que não pode exprimir verbalmente seu pensamento, nem compreender o pensamento verbalmente expresso pelos outros – uma vez que não haja perturbação da audição ou dos órgãos de fonação.

É *imbecil* toda criança que não chega a comunicar-se por escrito com seus semelhantes, isto é, que não pode transmitir seu pensamento pela escrita, nem ler a escrita ou o impresso, ou mais exatamente compreender o que lê – uma vez que nenhuma perturbação da visão ou paralisia do braço tenham obstado a aquisição dessa forma de linguagem.

É *débil* toda a criança que saiba comunicar-se com seus semelhantes pela palavra e por escrito, mas que demonstra um atraso de dois ou de três anos no decurso de seus estudos, sem que esse atraso seja devido à insuficiência de escolaridade. (Binet & Simon, 1927, p. 152 – grifo no original)

Entrava no palco da vida um ser humano de razão diminuída, porém com direito a inserção no mundo do trabalho, desde que lhe fosse ministrado ensino terapêutico, ou seja, adaptado ao seu estado mental: ler, escrever e contar, normas de conduta e comportamento, de modo a torná-lo sujeito responsável, porquanto submetido à lei moral. Com essas expectativas sociais, Binet e os que o rodeavam ressaltavam a ação civilizadora da escola ao resolver o problema das pessoas largadas ao deus-dará — os inassimiláveis ao sistema coletivo e normativo de educação. E como vimos, a criação do "anormal de inteligência" expandia a tipologia da anormalidade, até então referida apenas às crianças internadas em hospícios, casas de correção e asilos de desvalidos.

De qualquer maneira, essa saída do psiquiatra para fora de sua reserva asilar é comandada por uma demanda imperiosa que emana dos aparelhos sociais em plena expansão que são o exército e a escola. Tornando-se a escola gratuita e obrigatória, ela passa a ser povoada por uma massa de indivíduos insubmissos ou pouco preparados para a disciplina escolar. Suas manifestações de indisciplina, as inaptidões declaradas à aquisição escolar colocam, para os professores, problemas insuperáveis. Quais precisariam ser eliminados? Como reconhecer um idiota, um débil, uma criança que nunca poderá se adaptar à escola ou, ao contrário, uma outra, à qual seria suficiente um pouco de tempo e de atenção especial. Em 1890, a Diretoria do Ensino Primário, para superar a confusão dos professores, pede ajuda a Bourneville, alienista especializado no tratamento das crianças anormais na Salpêtrière e lhe solicita um sistema de observações para diagnóstico e orientação dos desadaptados escolares. (Donzelot, 1980, p.118)

Por conseguinte, encerrava-se a clivagem entre poder político e ciência, surgia uma aliança promissora entre ambos os poderes (Foucault (2008) nomeou esse fenômeno de "biopolítica": um poder disposto a gerir a vida das criaturas humanas). Ao mesmo tempo, aprofundava-se a determinação biológica da conduta, uma aventura indubitavelmente criativa, vivenciada por uma ortodoxia positivista crente nas possibilidades ilimitadas da ciência, que, por ser conhecimento objetivo, transparecia o ser humano por inteiro. Certamente, o humanismo científico de Binet e também de Henri e Simon intentava restituir o sujeito a si mesmo, ao situá-lo na tábua hierárquica de inteligência. Em poucas palavras, a onipresença dos dispositivos biométricos afiançava o acesso ao invisível: o interior da pessoa, muito embora, verdade seja dita, o dispositivo é exterioridade pura, desconhecendo-se o que seja subjetividade.

As ações utilitárias de Alfred Binet, expressivas de um repertório privilegiado de temas e imagens e referências, eram guiadas pelo credo solidarista e pela vontade de produzir verdade; credo e vontade que quando somados assemelhavam-se a um passe magnético capaz de pensar os sofrimentos mais íntimos e dolorosos. (Gould demonstrou-se simpático ao programa de "ortopedia mental" de Binet: "A aplicação de testes mentais então converte-se numa teoria do incremento das potencialidades através de uma educação adequada" (1991, p.156). Na voz grave de Binet:

> Nunca! Que palavra tão grave! Alguns pensadores recentes parecem ter respaldado moralmente estes veredictos lamentáveis ao sustentar que a inteligência de um indivíduo constitui uma quantidade fixa, que não pode ser aumentada. Devemos protestar e opor-nos a esse pessimismo brutal; devemos empenhar-nos em demonstrar que carece de qualquer fundamento. (apud Gould, 1991, p.157)

Sucintamente, esse código de saber sagrava o portador de déficit de inteligência, um tipo gerado *na* época e *pela* época da instituição, ainda recente, da escola obrigatória nas nações centrais, um fenômeno de ritmos e datas diferentes de nação para nação, França e Inglaterra, por exemplo, instauravam a obrigatoriedade em 1881-1882 e 1890. O que não é pouco, pois, no terreno ainda fresco da obrigatoriedade de ensino, entrecruzavam-se tensões originadas tanto por razões econômicas, procura social crescente, esforços de racionalização administrativa, quanto pelo combate à desordem escolar e à irresolução de rumos; quando conjugados, esses fenômenos produziam a noção ansiosa de "escola patológica" e "sociedade mórbida", isto é, de anomia social.

A década de 1840 tinha visto a popularização de estudos sociais que documentavam e dramatizavam a miséria difundida e suas causas patológicas: doença e crime. Como a má-formação e a mortalidade, a delinquência e a loucura tornaram-se altas prioridades no debate político, ainda mais desafiadoras por serem tratadas como doenças contagiosas para as quais tinha de haver uma cura. O que Roger William chama fontes médicas do desespero afetava outros além de seus heróis excepcionais. A culpa e a ansiedade que produziram tinham consequências sociais, simbolizadas pelas novas cátedras criadas para estudar a insanidade (1878) e as doenças do sistema nervoso (1882), e reafirmadas pelos dados que, a partir da década de 1880, a escola primária impunha a atenção de todos. Hordas de crianças "anormais", reveladas pelos novos exames e estatísticas, atestavam uma sociedade anormal, prestes a ser dominada pelos seus desajustados, condenada como degeneração. Nem a escalada inesperada de desgraça física, revelada pela atividade febril no domínio da educação e higiene públicas, atingia apenas os deserdados.

Era natural e fácil a confusão entre a histeria das classes mais baixas, estudada e divulgada pelo professor Charcot da Faculdade de Medicina — "la question palpitante du jour" [a questão palpitante do dia], como a chamava um jornalista contemporâneo — e neuroses mais elegantes. Uma reforçava a outra. (Weber, 1989, p.33)

Com esse quadro negativo, Eugen Weber denota a ascensão das pesquisas médicas sobre insanidade, doenças do sistema nervoso e a vida no subsolo social; portanto, o dispositivo de Binet é produto de uma conjuntura de urgência social extremada. Por agora, à guisa de conclusão parcial e provisória, vamos dizer que a fonte ideológica privilegiada desse código de saber consistia na intenção de incluir, na escola, as "crianças anormais". E de fato, por toda parte, proliferavam os modernos símiles de Jean Itard, cujo caso *princeps* é o "selvagem de Aveyron, Victor", e do tratadista Edouard Séguin, figuras pioneiras no trato da pessoa defectiva, aventura prosseguida com dedicação e sucesso nas ações de Paul Boncour, Bourneville, de Sanctis, Claparède, Montessori, Decroly, Demoor — cientistas empenhados na melhoria da vida da infância degênere, para dela retirar, por assim dizer, a luz sombria que a recobria.

Nessa clivagem, diluía-se a imprecisa fronteira entre o "normal" e o "patológico", ao trazer o "anormal de inteligência" para o campo da "normalidade". Porém, havia um estorvo na definição de normalidade, donde um grande silêncio sobre a questão, porquanto a anormalidade com sua inércia e carências estivesse sob intensos focos de luzes. De todo modo, a *"échelle métrique de l'intelligence"* legitimava, a partir de normas escolares, o conceito de "infância anormal". Donde crescente consenso sobre a regulação dos refratários, conforme predicavam os médicos Paul Boncour e J. Philippe, em *Les anomalies mentales chez les écoliers*, de 1905: "Enquanto a instrução não era obrigatória, estes revoltados ou incapazes passavam facilmente despercebidos. Mas não é mais esse o caso hoje em dia" (apud Muel, 1975, p.66).

Com o intuito de diagnosticar déficits de inteligência com a aplicação de testes reativos em populações de escolares e crianças hospitalizadas, Binet e Simon, em 1908, revisaram a escala e clarearam o conceito de "idade mental", IM, que, daí por diante, seria a *alma genitirix* da *éducation nouvelle*. Em 1911, deu-se a última revisão da escala, agora com cinquenta e quatro tarefas, abarcando crianças desde os três anos de idade à adolescência e idade adulta— sagrava-se *La mesure du développement de l'inteligence chez les jeunes enfants*, de pronto acolhida universalmente em circuitos intelectuais, científicos e administrativos como recurso heurístico objetivo. Considerada digna de confiança, a terceira versão da escala constituiu a matriz sobre a qual se processaram incontáveis revisões. De pronto, iniciava-se o ciclo ingente e obsessivo de adaptações, e por décadas a fio aprimorou-se esse instrumento reativo dotado de capacidade de prognose (cf. Tavella, 1960; Székely, 1960).

Àquela altura dos acontecimentos, sabia-se que o dispositivo era de imensa utilidade social e política. Seja como for, no final das contas, a escala métrica ilustra à perfeição a antiga e boa tese sobre a ciência como construção social.

Ainda em 1911, ano de sua morte prematura, Binet publicava *Les idées modernes sur les enfants*, no qual reunia o prodigioso acervo de investigações concretizado no quase-mitológico laboratório da Escola da Rua Grange-aux-Belle — pesquisas sobre a memória das palavras e das frases, medo, força muscular, fadiga, respiração, influência do trabalho intelectual e consumo de pão: "O que Binet desejava, com auxílio dessas pesquisas era antes de tudo descobrir testes que permitissem diagnosticar a inteligência, ou estabelecer certas famílias de espírito" (Claparède, 1932c, p.154).

Confiante e severo, talvez ferozmente severo, Alfred Binet criticava a ausência de método da pedagogia: "A antiga pedagogia é como um carro fora de moda: range, mas ainda pode ser útil [a pedagogia nova] tem o aspecto de uma máquina de precisão; mas as peças parecem não estar ligadas umas às outras e a máquina tem um defeito: não funciona" (1942, p.35). No entanto, convém, mais uma vez, nos acautelarmos quanto aos fatos até aqui narrados: a lei que instituía, sob certas condições, a generalização das "classes de *perfectionnement*" permanecera letra-morta na França, até os anos 50 do século XX.

É preciso notar que, tornado objeto de fetiche (atribui-se a Binet a invenção da palavra "fetichismo"), o emergente campo das medidas da inteligência à francesa convertera-se num dos mais enérgicos credos das ciências psicológicas, o outro se refere à análise introspectiva, voltada para os desvendamentos do "consciente inconsciente de si" (Freud), região impenetrável pelos testes reativos. Indubitavelmente, o dispositivo de Binet e Simon é um dos produtos da episteme da psiquiatria clássica e sua crença soberba no interrogatório metódico como via de exposição do que antes se escondia — a verdade de cada um. Mas a escala métrica trazia consigo sua fraqueza e força: a volubilidade.

Fascínio por números e letras

Em todo caso, ao ultrapassar o solo original, a escala métrica ganhou clara evolução, constituindo-se em alicerce de um monumento heteróclito e heterogêneo. Considerada como ponto de partida da vulgarização das medidas mentais, nos diversos quadrantes do planeta, o dispositivo conduziu Binet e Simon ao panteão dos avatares da pedologia e da pedotecnia, ramos de conhecimento nascentes e promissores conquanto, infelizmente, fizessem recuar o encanto da infância, como veremos mais adiante. Legiões de discípulos zelosos, cuja imaginação fora capturada pelas promessas do dispositivo de medida, acorreram para prosseguir no esquadrinhamento das vias indicadas pelo grande Binet e da qual tanto se falava. Partilhando da fé na medição, Cyril Burt publicava, na Inglaterra, *Mental and Scholastic tests*; na Bélgica, Decroly e Degand, *La mesure de l'intelligence chez les enfants anormaux. D'après de MM. Binet et Simon*; o mesmo Decroly em coautoria com Buyse publicava *La pratique des tests mentaux*. Na Itália, pátria da antropologia física, Sante de Sanctis, em *Educazione dei deficienti*, referia-se à "*Scala metrica della intelligenza di Binet e Simon*" com aceitação:

> *Il metodo di Binet e Simon è racomandabile e serio, ma non è ancora al caso di dare i risultati sicuri proclamati, con troppa fretta, da parecchi psicologi e educatori. Esso merito di venire corretto, adattato o integrato, come gia si è tentato di fare da Treves e Saffiotti, da Childs, da Squire, da Abelson, da Stern e da molti altri.* (1915, p.103)

Em nota, comentava: "*Nel mio laboratorio si fecero applicazioni della scala subito dopo la pubblicazione di Binet e Simon del 1908; i primi resultati ottenuti dall'allieva A. Jeronutti furono comunicati al Congresso Internazionale di Psicologia di Ginevra, 1909"* (ibidem).

Reputada a escala métrica era praticada por *experts* norte-americanos, franceses, canadenses, ingleses, australianos, neozelandeses, russos, chineses, suíços, italianos, alemães, suecos, turcos, japoneses, argentinos, mexicanos e brasileiros. Os *experts* entoavam hinos aos saberes capazes de transpassar o ordinário e avançar em direção a uma engenharia social arrojada, como aspiravam todos aqueles que deploravam a miséria, fome e dor de um mundo recém-saído da Guerra Mundial.

Eis aqui uma breve recensão de títulos e autores, pois a ela não posso renunciar, de mais a mais são índices das forças mágicas e fantasiosas mobilizadas no cenário da civilização técnica e industrial: *A revision of the Binet-Simon scale*, de Henry Goddard; *A revision of the Binet-Simon system for measuring the intelligence of children* de Kuhlmann, que introduzia na escala as categorias *dull* [lento], *moron* [estúpido] e *bright* [brilhante]; *A point scale for measuring mental ability*, de Yerkes e colaboradores; *Mental tests*, de Philip Ballard; *Intelligence tests: their significance form school and society* e *group tests of intelligence*, de Walter Dearborn; *An introduction to the theory of mental and social measurement*, de Edward Thorndike; *Scholastic aptitude test*, de Carl Brigham; e *La scala metrica dell'intelligenza di Binet e Simon, studiata nelle scuole comunale elementare di Milano*, de Zaccaria Treves e Francesco Umberto Saffiotti. (cf. Tavella, 1960; Herrstein & Boring, 1971)

Na esteira das revisões, o dispositivo, pela sua volubilidade, deu um salto de alcance com os estudos analíticos de William Stern e Lewis Terman — ainda que ambos anexassem ao dispositivo um discurso prolixo e expectativas sociais duvidosas. Com efeito, em 1912, Stern, na Alemanha, aprimorava o dispositivo, ao dividir a idade mental, IM, pela idade cronológica, IC, para expressar o valor global da inteligência. Nascia o conceito de quociente mental: "Portanto, a fórmula é a seguinte: quociente mental = idade mental ÷ idade cronológica", explicava Stern em *Methoden der Intelligenzprüfung"* (apud Tavella, 1960). Em 1916, Terman, professor na Universidade Stanford, adotava o índice de Stern e inovava ao dividir a idade mental pela idade cronológica, ambas expressas em meses, e multiplicar o resultado por 100. Sob sua iniciativa, a escala foi ampliada para noventa tarefas para abranger os "adultos superiores" — nascia a versão americana do *Intelligence Quotient* vulgarizada no acrônimo IQ. (cf. Terman, 1928). Conforme Garret: "A idade mental indica o *status* intelectual da criança, enquanto que o QI nos diz quanto a criança é mais ou menos inteligente que a criança média, cujo QI é sempre 1,00 ou 100, como é costume representá-lo" (1966, p.310).

De êxito extraordinário, no período de entreguerras, a "escala Binet-Stanford" impôs-se como instrumento favorito de intervenção técnica, sendo utilizada para medir a "força mental" dos sujeitos viventes em ambientes clínicos, psiquiátricos e escolares. Em síntese: tornara-se possível atribuir um número às pessoas; vejamos: de 0-19 "idiota"; 20-49 "imbecil"; 50-69 "débil mental"; 70-79 "fronteiriço" ou "limítrofe"; 80-89 "retardado" ou "normal deficiente"; 90-99 "baixo nível"; 100-109 "alto nível"; 110-119 "inteligente"; 120-29 "muito esperto"; 130-149 "superior" ou "muito inteligente"; 150-190 "gênio". Como se nota, os sociopatas localizam-se no extremo inferior da escala; para os demais, tratava-se de canalizá-los para profissões adequadas ao nível mental.

A aplicação em grande escala do dispositivo criado pela revisão Stanford-Binet resulta numa curva de distribuição da inteligência com os seguintes percentuais: 65% da população são classificados entre os possuidores de inteligência média ou próximos a ela; 16% situam-se um pouco acima e um pouco abaixo da inteligência média; 1 a 2% são superiores e 2 a 3% mentalmente deficientes. Mais exatamente, o grupo de oligofrênicos ou obtusos é constituído por três tipos mentais: idiotas, imbecis e débeis.

O saber enumerativo de Binet-Simon, prosperou assustadora e surpreendentemente nos Estados Unidos graças a Henry Goddard, "ardente cruzado eugenista que se tornou o mais importante guerreiro do movimento contra a deficiência mental" (Black, 2003, p.148). A razão insensata de Goddard, ex-discípulo de Stanley Hall, levava-o a conceber o dispositivo como instrumento poderoso, capaz de abarcar o corpo social por inteiro, e, assim, purificá-lo. Professor e diretor de pesquisa na Vineland Training School of Feeble-minded, Nova Jersey, uma escola para meninos e meninas débeis mentais, ardente defensor da esterilização dos oligofrênicos e preocupado com as diferenças culturais e educacionais, Goddard traduziu e modificou o dispositivo, popularizando-o de maneira rápida e incisiva, o ano era 1908. De modo pouco sutil, substituiu o termo *débile* (fraco) — na escala de Binet, *débile* localizava-se logo abaixo do nível normal — por *moron* (do grego υορομ, "estúpido", "idiota"), para designar o "débil mental", o "mentecapto", o "tarado" e o "degenerado", e propor a segregação e a não procriação. No hábito de pensamento de Goddard havia uma relação estreita entre inteligência e moralidade.

BRASIL ARCAICO, ESCOLA NOVA **197**

> Para Goddard, todos os que tinham uma idade mental entre oito e doze anos eram débeis mentais, *morons*, e todos deviam receber mais ou menos o mesmo tratamento: era preciso interná-los ou mantê-los sob vigilância rigorosa, satisfazer as necessidades ditadas pelas suas limitações e, assim, mantê-los contentes, e, principalmente, evitar que se reproduzissem. (Gould, 1991, p.164)

Edwin Black: "A versão de Goddard para o teste de Binet e o novo termo *moron* proliferaram nos círculos eugenistas educacionais, de custódia do Estado, psicológicos, e outros círculos científicos como uma forma válida — mesmo que ainda em desenvolvimento — de teste de inteligência" (2003, p.240). Num curto espaço de tempo o termo lograra obter alta frequência nos meios eugenistas e administrativos, após ter sido validado pelos assistentes de Goddard postados em Ellis Island, Nova York, habitual porta de entrada de imigrantes nos Estados Unidos, a fim de identificar deficientes mentais. Os resultados deixaram os assistentes desconcertados: 40% dos imigrantes testados foram classificados como *morons*. Enxergando nos professores primários aliados decisivos, Goddard — "o mais importante guerreiro contra a deficiência mental", como quer Black — publicou *The Binet tests and the inexperienced teacher*.

Após distorcer a escala, Goddard interiorizou-a na cruzada eugenista e nas estratégias de combate ao caos demográfico norte-americano, sobremodo acentuado pelas correntes imigratórias provenientes das regiões da Europa oriental, mediterrânea e balcânica, e das regiões do Levante, etnias consideradas "geneticamente desfavorecidas e defeituosas". Espécie de diáspora moderna, essas correntes intensificaram a presença das massas crescentes e dessemelhantes na vida pública daquele país. Em seguida, o governo norte-americano baixaria em 1924 o American Imigration Restriction, diminuindo drasticamente as cotas de imigração: "O teste mental, sob diferentes nomes e em diferentes escalas, rapidamente emergiu como um acessório da ciência social, frequentemente relacionado com a investigação eugenista, e com os esforços de esterilização coercitiva" (Black, 2003, p.152).

Há mais. Sobre os ombros de Goddard pesa outro pecado, a saber: o caso da família Kallikak — *The Kallikak Family: a study in the heredity of feeble-mindedness* (1913), um estrondoso estudo de linhagem. Segundo o psicologista, a família descendia de uma estirpe constituída por um ramo geneticamente inferior, e outro saudável e de religião *quaker*, no ramo ilegítimo da família havia indivíduos fracassados e indigentes, no outro, pessoas honestas e bem-sucedidas.

A estirpe começara com Martim Kallikak, nome fantasioso, formado pelas palavras gregas, *kallos* (belo) e *kakos* (mau). Para provar a tese hereditarista, Goddard atribuía ao patriarca da família, Martim, vivente à época da Guerra de Secessão, um casamento com uma mulher de bem e uma união ilícita com uma oligofrênica. Daí duas linhagens diferentes — Goddard afirma ter analisado cinco gerações da família. Dentre a prole bastarda havia um número expressivo de indivíduos sexualmente imorais, epiléticos, alcoólatras, criminosos, proprietários de casas suspeitas, além de muitas mortes na primeira infância; dentre, os descendentes da prole legítima, predominava a normalidade mental e moral e muitos possuíam inteligência superior. Décadas depois, os arranjos fraudulentos do estudo de linhagem viriam à tona (cf. Black, 2003). Mas enquanto isso não acontecesse —"Durante várias décadas, a família Kallikak de Goddard desempenhou a função de mito fundamental para o movimento eugênico" (Gould, 1991, p.173).

No *establishment* intelectual e científico norte-americano de corte eugenista, o método de testes ganhou dimensão inusitada e inquietante, tornando-se objeto de culto fetichizado. Integrado como parte fundamental dos esforços de guerra e parte acessória das ações sociais e filantrópicas, o método atingiu um grau de difusão e institucionalização inimaginável, graças às ações de pesquisadores inventivos, apoiados por filantropos e auxiliados por agências, como a Carnegie Institution e a Rockefeller Foundation (cf. Black, 2003).

> Os psicólogos americanos falsearam a intenção de Binet e inventaram a teoria do QI hereditário. Reificaram os resultados de Binet, achando que estavam medindo uma entidade chamada inteligência. Acharam que a inteligência era em grande parte herdada, e elaboraram uma série de argumentos enganosos em que confundiam diferenças culturais com propriedades inatas. Estavam persuadidos de que o resultado obtido nos testes de QI indicava a posição inevitável que cada pessoa e cada grupo deviam ocupar na vida. Também supuseram que as diferenças entre as médias dos diferentes grupos eram em grande parte um produto da hereditariedade, em que pese a evidente e profunda variação na qualidade de vida. (Gould, 1991, p.210)

Os principais psicologistas, alguns solidamente engajados na empresa eugenista — Bobbit, Yerkes, Goddard, Terman, Thorndike e Brighan —, acionados duplamente pela vontade de apropriação do desconhecido e indiferenciado, além do sentimento de missão social, impregnaram-se das práticas biométricas fundamentalmente interessadas em regras de classificação e distribuição de indivíduos, com o fito de assegurar a ordem da Cidade, positivamente, a principal vocação do método. Surpreso ao constatar o uso infrene e irrefletido de testes reativos, o grande Claparède, um intelectual cientista não de todo imune aos apelos da ciência eugenista, posicionava-se, na edição revisada e aumentada do seu *Psicologia da criança e pedagogia experimental*:

> Em consequência do trabalho de Goddard, houve na América uma verdadeira monomania pelos *tests* Binet-Simon e por todos os testes em geral. Eles têm sido utilizados com vantagem para o recrutamento dos soldados. Tem-se até querido servir deles como único meio para diagnosticar se um indivíduo é ou não é um valor social. Wallin protestou contra este abuso dos *tests*. (1956, p.518)

Clarividente, Maria Montessori também levantava objeções de peso em uma das edições de *O método da pedagogia científica aplicado à educação infantil nas Casas dos Meninos*:

> Com efeito, nos Estados Unidos, a psicologia experimental, aplicada ao estudo das crianças com os testes de Binet e seus derivados, ou com reativos sensoriais dimanantes dos primeiros ensaios dos alemães Fechner e Wundt, deu por resultado não a reforma educativa, mas sim a reforma das provas de exame.
>
> No lugar do exame final ou exame oficial da cultura do aluno, se propõe o exame sobre seu valor humano, sobre suas atitudes psíquicas, reunidas por meio de testes mentais. Esta substituição é o resultado lógico da aplicação de reativos instantâneos e provocados. (1924, p.vi)

Apesar das tantas restrições, o corpo científico sagrava uma tipologia áspera de estropiados mentais. De outro modo, o *establishment* intelectual encontrava-se afetado por uma poderosa demanda psi, visando à constituição do sujeito psicológico, passível de conhecimento e suscetível de adestramento. Confundia-se pesquisa social com pesquisa clínica (fenômeno repetido intensamente no Brasil). Dessa sorte, o afã de localizar os "destroços humanos", assim diziam os eugenistas, tornou-se parte essencial de uma extensa empresa de purificação biológica e social, articulada à perspectiva de diminuição de custos de ações sociais públicas, isso tudo com o auxílio dos testes reativos. Por agora, as palavras de Patrice Pinell:

[o] [...] "tesouro dos métodos exatos", que Binet trouxera aos "homens de ação", havia escapado de suas mãos para tornar-se um instrumento ideológico de legitimação de diferenças sociais e instrumento de seleção dos "fracos de espírito".

Em compensação, a EMI iria encontrar nos Estados Unidos um conjunto de condições ideológico-culturais e sociais favorecendo sua importação. Por um lado, a existência de um grupo profissional que se havia se construído em parte em torno da prática dos "testes mentais", por outro, a adesão de uma parte importante dos meios dominantes às ideias do eugenismo, iam assegurar o sucesso desse teste, cuja performance se revelaria muito superior aos da escola de Cattell. Configurada em função do quociente intelectual, a EMI iria permitir aos homens de ação norte-americanos selecionarem os candidatos à imigração e identificarem os "morons" que, em certos Estados, iriam ser esterilizados para preservar a evolução rumo ao progresso humano. (1995, p.35)

Análise sociológica e semiologia psiquiátrica perigosamente se interpenetravam, por consequência choveram classificações derivadas de explorações psicológicas. Novamente Gould: "Os testes de inteligência, no século XX, têm a mesma função que a craniometria desempenhou no século XIX, ao pressupor que a inteligência (ou, pelo menos, uma parte dominante dela) é uma coisa única, inata, hereditária e mensurável" (1991, p.9-10). Anos depois, o Bureau Internationale d'Education, após coletar dados em 42 países, oficializaria suas diretrizes sobre a questão do "anormal de inteligência" ao editar em 1936 *L'organization de l'enseignment spécial*.

A experiência da guerra

O método de testes, uma razão segura de si, ganhou singularidade, exterioridade e transcendência em relação à realidade original, quando os Estados Unidos entraram na Primeira Guerra Mundial; de fato, o exército norte-americano formado por um contingente de 190 mil homens, em 1917, saltou para 3.665.000 em 1918. Nessa passagem, a cena foi inteiramente dominada pelos *"army psychologists"*, figuras estratégicas na convalidação do esforço de guerra movido pela urgência bélica de coordenação mecânica de ações: instantaneamente, 1.750.000 soldados foram submetidos a exames de inteligência.

Nessa oportunidade, ocorreu um verdadeiro progresso, com a criação dos testes de exame coletivo, os chamados *groups tests*, mais exatamente, os *"Army mental tests"* em duas versões: *"Army Alpha"*, para os que sabiam ler e escrever, podendo ser aplicado em grupos de até 500 homens, os quais, individualmente, respondiam a 212 perguntas, num tempo médio de 50 minutos, isso tudo sem utilizar a escrita, mas apenas sublinhando, tachando e pontilhando, e os resultados eram aferidos com grades de correção denominadas *stencils*; e *"Army Beta"*, teste pictórico para analfabetos e imigrantes, aplicado em grupos de 75 a 300 homens, num tempo médio de 50 minutos: as instruções eram dadas por meio de gestos e demonstrações (pantomimas). Sem dúvida, houve mudanças significativas, se lembrarmos que a aplicação dos testes individuais de Binet-Simon demandava três quartos de hora.

É elucidativo saber que, após a análise dos resultados, as fichas de dados individuais eram identificadas por uma letra-símbolo, indicando maior ou menor capacidade para aprender, pensar rapidamente e com exatidão, manter esforço mental, compreender e seguir instruções. A letra A indicava "inteligência muito superior", B "inteligência superior", C+ "inteligência média elevada", C "inteligência média", C- "inteligência média baixa", D "inteligência inferior", D- "inteligência muito inferior", E "anormais".

Parte dos indivíduos localizados nas escalas D e E era nomeada de *moron*. Ao conferir a cada soldado um índice de inteligência, os *experts* classificavam conforme a capacidade mental, selecionando os superdotados para os postos de iniciativa e responsabilidade. Em resumo: idealizados pelas duplas Yoakum/Yerkes e Goddard/Terman, os *Army mental tests* objetivavam separar os "ininteligentes" dos "inteligentes", a fim de organizar o melhor exército possível. Paradoxalmente, os examinadores verificaram que os resultados eram pouco influenciados pelo grau de escolaridade. Pesaroso, o major Yerkes, em *Psychological examining in the United States Army* (1921), concluía que a média de idade dos soldados dos regimentos era de treze anos. (cf. Tavella, 1960)

Finda a guerra, o transe vesânico dos *groups tests* direcionou-se inteiramente para o mundo escolar, com o intuito de determinar o curso ulterior da vida dos alunos. E, de fato, a comissão especial integrada por Yerkes, Haggert, Terman, Thorndike e Whipple, sob os auspícios do National Council of Research, adaptou os *Army Tests* às necessidades escolares, cujos resultados foram analisados por *experts*, em estatística do Teachers College da Universidade de Columbia. Iniciava-se, então, a etapa de elaboração dos "testes nacionais", produtores de verdades pedológicas indiscutíveis: o "National intelligence test" de Haggerty, Terman, Thorndike, Wipple e Yerkes, sob os auspícios da General Education Board National Research Council; os "Ballard tests",

"Northumberland mental test" de Thurstone, "Simplex Group intelligence scale", "Group intelligence scale" e "Detroit Kindergarten tests".

Graças à atuação pertinaz de cientistas eloquentes e influentes, os testes reativos individuais ou coletivos delimitavam um campo cientificamente estabelecido. Ou por outra, "números" e "letras" referendavam o olho atento e discriminador do observador armado de conclusões preestabelecidas ou *a priori*. Mais ainda, o método de testes transformara-se numa doutrina prática e de governo, a serviço de ações sociais, pouco confessáveis; sinteticamente: a condição humana desaparecia, em primeiro plano assomava a subjetividade maculada. Isso tudo numa conjuntura demográfica explosiva: por exemplo, as matrículas nas escolas públicas americanas, no período de 1870 a 1915, aumentaram de sete para vinte e três milhões de alunos. De par, prosperava a indústria milionária do comércio de testes.

> Na década de 1920, até 4 milhões de testes de inteligência eram vendidos anualmente, a maioria para escolas públicas. Em 1923, foram vendidas mais de meio milhão de cópias do *Stanford-Binet* de Terman. Nos Estados Unidos, o sistema educacional público foi reorganizado com base no conceito do quociente de inteligência e os resultados de QI passaram a ser o critério mais importante para definir a colocação do aluno, bem como para determinar o seu desenvolvimento. (Schultz & Schultz, 2005, p.201)

Em mantra, os modernos fisiognomonistas, dotados de poder social análogo ao dos médicos, repetiam a mesma arenga — a substituição do caprichoso juízo impressionista do professor pelo juízo objetivo da ciência. E, no afã de credenciar o novo conhecimento, concorde-se ou não, nele há alguma coisa de enregelante, adotavam a terminologia própria da medicina e engenharia (afirmava-se que o método dos testes, por sua objetividade e exatidão, era instrumento análogo aos termômetros então disponibilizados apenas ao corpo médico).

A adesão irrestrita a um modelo utilitarista de ciência flexível à produção de conhecimento de finalidade práticas, seja para o incremento das forças produtivas, seja para o jogo das decisões políticas, resultava no aparecimento de um corpo tecnocrático dotado de saber e linguagem comum, verdade seja dita, é a fascinação pelos números que os une, a alardear a utilidade pública da ciência aplicada na solução dos problemas da vida na Cidade.

2
PANÓPLIA DE ROSTOS
(SOB O EFEITO DE UM SABER FEROZMENTE SÉRIO)

Para apreciar o estado atual do jovem Selvagem do Aveyron, seria necessário lembrar seu estado passado. Esse rapaz, para ser julgado sadiamente, só deve ser comparado a si mesmo. Aproximado a um adolescente da mesma idade, não é mais que um ser desgracioso, rebotalho da natureza, como o foi da sociedade. Mas, se nos atemos aos dois termos de comparação oferecidos pelo estado passado e o estado presente do jovem Victor, ficamos surpreendidos com o espaço imenso que os separa; e podemos indagar se Victor não difere mais do Selvagem do Aveyron, em sua chegada a Paris, do que difere dos outros indivíduos de sua idade e de sua espécie.

(Jean Itard, Relatório feito a sua excelência o Ministro do Interior sobre os novos desenvolvimentos e o estado atual do Selvagem do Aveyron, 1806)

Narrativas de viagem, três

No início dos anos 1920, em viagem aos Estados Unidos para conhecer o sistema acadêmico-científico na companhia do inspetor-escolar Buyse, Decroly, um avatar da pedotecnia, certificava:

O método de Binet, ainda que não seja perfeito, está desde agora estabelecido cientificamente, e suas aplicações a todas as formas da organização da atividade mental são numerosas e se encontram próximas. Esta foi a obra magistral do frustrado Binet, cuja repercussão foi tal que o doutor Goddard, o notável especialista americano, pôde compará-la à teoria da evolução de Darwin, e à das leis da hibridação de Mendel. (1929, p.222)

E prosseguia diante do espetáculo proporcionado pelos avanços dos testes reativos no imediato pós-guerra: "Assim, não é nada assombroso que os psicólogos americanos tenham tido tanto êxito na organização de três milhões e meio de soldados, foram depois da guerra assaltados por numerosas demandas que emanavam dos meios de ensino e que pediam ver aplicar o método dos testes ao estudo dos escolares" (ibidem, p.223). Fortemente tomados pelas impressões de viagem, nas páginas seguintes do relatório, Decroly e Buyse vislumbram a época seguinte:

> A verdadeira concepção de uma pedagogia bio-psico-social implica dois fins: 1°, educação fundamental baseada nos centros de interesses das crianças alimentadas pela ação de um meio apropriado; 2°, intensificação (taylorização) das matérias técnicas em busca de um rendimento suficiente. Em uma palavra, a pedagogia nova aceita a herança da clássica, mas em benefício de inventário. Quer ganhar tempo mediante o estudo preciso das condições do trabalho escolar de instrução e trata de melhorar seus resultados graças a um método sério de exame e de "controle". O tempo ganho se consagrará à "vitalização" da escola, à educação verdadeira mediante o emprego dos métodos ativos (ensino experimental e expressão livre do pensamento pessoal dos alunos). A fórmula atual, e os Estados Unidos assim o indicam parecem ser, pois: *Taylorizar* a instrução para valorizar a educação. (Decroly, 1929, p.277 – grifo no original)

Logo depois, Decroly e Buyse dariam a público *Aplications americaines de la psychologie a l'organisation humaine et a l'education*, elogio sincero aos testes de performance. A essa época com a colaboração de muitos, filantropos especialmente, o médico belga iniciava uma obra de proteção aos órfãos da guerra.

Voltemos ao Brasil. Em 1929, Isaías Alves regressava ao nosso país após obter o título de Master of Arts and Instructor in Psychology pelo Teachers College da Columbia University. Na chegada, concede longo depoimento ao *Correio Paulistano*. Transcrita sob o título "Tests mentais e pedagógicos", na revista *Educação*, a matéria detalhava o "movimento de testes nos Estados Unidos" e suas aplicações utilitárias. O depoimento cujo sentido manifesto indica volúpia iniciava-se de modo chamativo:

> Domina o pensamento pedagógico da época o problema dos tests mentais e escolares, com os quais a América do Norte tem organizado uma imensa biblioteca, enchendo as revistas dos mais interessantes resultados e transformando os

BRASIL ARCAICO, ESCOLA NOVA 205

métodos e processos de graduação escolar. Já é demais conhecido o movimento estonteante das múltiplas estandardizações que tem firmado nas bases estatísticas mais sólidas o nível mental do povo americano.

Os maiores psicólogos do país se entregaram ao mister da verificação da escala de Binet, auxiliados pelos mais eficientes elementos dos governos e das Universidades. Assim Goddard, Taylor, Moore, Kuhlman, Terman e Childs fizeram trabalhos que se tornaram elementos de verificação mútua e ainda mais confirmaram pela elevada correlação que os cálculos demonstravam, a segurança da escola que o sábio francês Alfred Binet organizou com a colaboração de T. Simon. (Alves, 1929, p.335)

Demonstrando-se conhecedor do cenário científico norte-americano, Isaías Alves afirmava otimismo ilimitado ao sentenciar: "o valor dos tests mentais transpôs os umbrais das escolas e tende a tornar-se o elemento de organização política da grande República". Acompanhemos mais de perto a citação, cujo conteúdo é, por assim dizer, socialmente inquietante.

Realmente, o professor Munro da Universidade de Harvard propõe que o direito de voto seja limitado no país como já o é em Nova York aos cidadãos que tenham a idade mental mínima de 10 anos. Ora sabemos que a idade mental de 10 anos corresponde no adulto ao quociente intelectual de 62 e que o quociente médio do povo adulto americano é calculado em 81.

Daí advém que os *tests* de inteligência serão um elemento de equilíbrio no sistema de sufrágio universal, de tão perigosos efeitos quando ficar entregue à multidão inconsciente. É o que se observa já no Estado de Nova York onde em 1928, os *tests* eliminaram 8.347 candidatos a eleitor, sendo incluído nas listas eleitorais 66.461. Ora, se vemos que os tests estão influindo na solução do problema do sufrágio eleitoral, não há mais mister justificá-lo no da organização escolar. (ibidem, p.336)[1]

Essas elucubrações de certo modo, prolongavam o anseio de Henry Goddard, a saber: "Como pensar em igualdade social se a capacidade mental apresenta uma variação tão ampla". Mas há mais. No trecho final da entrevista, Isaías Alves declinava esforços pessoais voltados para a estandardização da "fórmula Binet no Brasil"; imodesto, afirmava ter examinado em quatro anos "cerca de 3.000 meninos" baianos, com o "test individual de Binet e o coletivo de Ballard", concluindo pela superioridade do primeiro. Na busca desinteressada da verdade, além da classificação dos alunos, sugeria a graduação dos estudos conforme o QI.

---

1 Para uma exposição mais alargada das impressões de viagem, cf. Alves (1933).

206 CARLOS MONARCHA

No início dos anos 1930, retornava ao Brasil a missão de professores integrada por Noemi Silveira, Laura Lacombe, Consuelo Pinheiro, Maria Reis Campos, Julieta Arruda, Eunice Caldas, Carolina Rangel, Couto e Silva, Oton Lemardos e Décio Lyra. A missão permanecera cinco semanas nos Estados Unidos, a convite da Carnegie Endowment. Guiada por Isaac Kendel, do Teachers College, e Lawrence Duggan, do Institute of International Education, os professores percorreram Nova York, Nova Jersey, Maryland, Pensilvânia, Massachusetts e o distrito de Columbia, e visitaram as universidades de Columbia e Harvard onde conheceram os trabalhos realizados nos laboratórios de psicologia.

Em entrevista ao jornal *O Estado de S. Paulo*, Noemi Marques da Silveira relatava as impressões de viagem, por sinal cheia de atrativos; descrevia os contatos com o doutor Dearborn, da Universidade de Harvard, a visita à loja de departamentos Macy's, em Nova York, onde conhecera o serviço de recrutamento de funcionários, e declinava realizações e cifras: boa parte das escolas públicas distribuíam os alunos pela idade mental, e os "anormais de físico ou da mente" — os "destroços humanos" — eram alocados em classes especiais. Em Boston, por exemplo, dizia haver 150 mil crianças classificadas e distribuídas com recurso de testes, enquanto, na Filadélfia, havia 550 classes para anormais de físico e da mente (Silveira, 1930a, p. 155).

Se concedermos estatuto de veracidade às narrativas de viagem de Ovide Decroly, Isaías Alves e Noemi Silveira, *experts* dotados de nervos ultrassensíveis para a realidade social caótica, concluiríamos que a *"école sur mesure"* de Claparède concretizava-se privilegiadamente na América do Norte. Hoje, mas somente hoje, podemos saber que o otimismo desses cientistas-viajantes contrastava admiravelmente com o crítico e extenso relatório de Nina M. Sorochenko, sobre o movimento pedológico e sua ciência, na Rússia soviética.

> O decreto de 1931 sobre o trabalho pedológico nas creches e jardins soviéticos não aboliu a educação politécnica ou método de projeto. Eles continuaram como dantes, mas foram suplementados por uma bateria de testes e de técnicas pedológicas. A idade pré-escolar, diziam eles, "é o momento mais crucial para o estabelecimento da personalidade social em seus fundamentos". Esta é a principal tarefa do pedologista soviético. Conferências pedológicas foram realizadas: professoras e pediatras fizeram um curso especial a fim de se preparem para a administração dos novos testes. Obras teóricas sobre pedologia foram publicadas, estudadas e discutidas.

BRASIL ARCAICO, ESCOLA NOVA **207**

Dissidentemente, Sorochenko julgava:

Os testes das crianças de idade pré-escolar eram exaustivos: fatos sobre a ocupação e o ambiente dos pais e avós da criança eram pesquisados. A pobre mãe era interrogada para dizer se o seu pai e o avô bebiam habitualmente, ou se a sua tia, que mudara três vezes, era, apesar disso, normal. Algumas vezes, crianças perfeitamente sadias e normais, em parte em razão dos próprios defeitos dos testes e por outro lado em razão da falta de habilidade e experiência do examinador, eram classificadas como "crianças-problemas" e sujeitas a especial observação e supervisão, sendo anotado tudo que elas diziam ou faziam.

E se começassem então a espernear, gritar, bater os pés ou beliscar as outras crianças, o pedologista — em vez de distraí-las com algumas coisas interessantes ou deixá-las simplesmente no canto — aplicavam-lhes novos testes e finalmente as transferia para instituições especiais ou grupos de "criança-problema". (1959, p.14-15)[2]

No cenário científico da nova e desconhecida república soviética, o lamarckismo biológico de Trofim Lysenko, enfaticamente apoiado por Lunatcharsky, era um saber vitorioso, já o mendelismo, como fundamento do pensamento eugenista, era banido. As hipóteses otimistas de Lamarck — as características adquiridas são biologicamente herdadas, sendo possível eliminar os traços indesejáveis, daí ser possível melhorar o indivíduo e sua hereditariedade pela construção de ambiente apropriado — eram oficializadas por serem adequadas ao pensamento socialista. Esse otimismo alimentava, por assim dizer, o movimento pedológico imbuído do afã de construção do homem novo soviético (cf. Veer & Valsiner, 1996; Trombetta, 2002; Stepan, 2005).

Na trilha de "dois servidores da humanidade"

Cabe agora perguntar: quanto do anseio obsessivo de estandardizar o produto humano tornou-se terrificante realidade entre nós, fosse em nome da solução do magno problema da felicidade e liberdade, fosse em nome de uma sociedade de indivíduos livremente solidários numa sociedade amorosa e, portanto, não traumática? Quanto o frenesi das medições, com sua força e

---

2 Sobre o movimento pedológico e psicanalítico na Rússia soviética cf. Schimidt (1934).

a eloquência características, concretizou-se, no Brasil, como fundamento de ações sociais, filantrópicas, científicas e administrativas? Quanto desse sonho imaginativo, sonhado à clara luz do meio-dia da ciência pedológica, com suas verdades indiscutíveis e ricas em implicações sociais, foi séria e ferozmente bem-querido entre nós?

A trama é densa, qual fio puxar? Para narrar essa aventura protagonizada por biometricistas de calibres vários às voltas com métodos de ensaios, e também irmanados na fé, caridade e esperança de um mundo diferente, devemos recorrer a uma acumulação de detalhes para situar o comércio íntimo que colocara para si as questões concernentes às técnicas de direção de consciência e expansão do controle do comportamento. Se fizéssemos uma tomada panorâmica, veríamos homens e mulheres de ciência com ubíquos aventais brancos fluindo laboriosamente de experiência em experiência. Vou tentar, então, trazê-los para grandes primeiros planos e conhecer as ações alimentadas por ações afortunadas e bem-intencionadas (piamente explicava-se a autoridade da ciência e a engenhosidade da técnica como entes protetores da sociedade ameaçada pela decomposição).

Essa erupção magmática ocorre numa malha de sociabilidade e de interações, não isentas de tensões e intrigas entre os sujeitos responsáveis por evolver as práticas biométricas e propor uma educação condizente com as habilidades inatas, modo como se pensava resolver o dilema igualdade jurídica e diferença biológica. De saída, é preciso dizer que o ambiente científico se encontrava sensibilizado pela compreensão equívoca de que pesquisa social é, em antes de tudo, pesquisa clínica, o que nos permite dizer que a figura de Alfred Binet e suas experiências eram conhecidas e replicadas entre nós, desde a virada do século. Sem dúvida, as ideações do fisiologista a respeito da construção de fisionomias mentais e "famílias de espírito" prosperavam sobejamente quer em ambientes hospitalares, quer em ambientes asilares, quer ainda em ambientes acadêmicos, escolares, higienistas, eugenistas e na literatura douta. Assim, vamos a uma nova decupagem, obviamente sem ter a pretensão de esgotar um assunto por si só bastante extenso e nuançado, mas revelador de verdades impostas por um tipo de conhecimento fundamentalmente interessado na medida como base do equilíbrio social.

No início do século, instalava-se no Pedagogium, instituição criada por Benjamim Constant, à frente do efêmero Ministério da Instrução Pública, Correios e Telégrafos, um bem aparelhado laboratório de psicologia experimental, provavelmente o primeiro do país, comprado pela prefeitura da Capital Federal por recomendação de Medeiros de Albuquerque, diretor da instrução. Claparède registrou a iniciativa: "O sr. Medeiros e Albuquerque criou no Pedagogium do Rio de Janeiro, em 1897, um laboratório de psicologia experimental, e depois uma cátedra de antropologia pedagógica. Foi vivamente combatido, censuram-no por essas 'inovações fantasistas e de sua criação nada subsistiu'" (1956, p.76).

Com o fechamento do Pedagogium, transferiu-se a aparelhagem para a Escola Normal, colocando-a sob a liderança de Manoel Bomfim. As investigações sobre medidas psicológicas e fisiológicas concentradas no laboratório, referiam-se à fadiga muscular e ao tempo de percepção, cujos resultados encontram-se na revista *Educação e Pediatria*. O laboratório foi finamente idealizado por Alfred Binet, ou melhor, o "consciencioso Binet", como queria Bomfim em *Pensar e dizer: estudo do símbolo no pensamento e na linguagem*, livro no qual expôs honestas reservas a respeito das "condições artificiais de laboratório", muito embora continuasse a conceder crédito ao experimentalismo como método heurístico de valor.

> O sucesso das pesquisas de Weber, Fechner, Wundt, Binet ... foram exaustivamente apregoados; batalhões de medidores de limiar de consciência e tomadores de tempo de reação, com a insensata pretensão de contar, assim grosseiramente, as atividades psíquicas, reduzindo-as a médias e curvas, organizadas a compasso de Weber e cronoscópio de Hipp.
>
> A dinâmica do pensamento humano não poderia conter-se na estreiteza do laboratório; deforma-se, anula-se. Mesmo as simples associações de ideias: melhor as conhecemos na análise de uma obra qualquer, naturalmente pensada e escrita, do que nas milhares de pesquisas que, para esse fim se fizeram. Tomem o albatroz, ou mesmo o tico-tico, atem-no, já encerrado numa gaiola, e, agora, tentem estudar-lhe a dinâmica do voo! Pois foi mil vezes mais insensata a pretensão de conhecer o conjunto do espírito, pelo que se obtém nas simples pesquisas a lápis e aparelhos. (Bomfim, 1921, p.23)

Quando da estada em Paris, Bomfim lembremo-nos, estudara com Binet na Sorbonne e lá redigira parcialmente o clássico *A América Latina: males de origem*.

Lidador, Henrique Roxo foi o primeiro a orientar estudos empíricos com testes Binet-Simon no Hospício Nacional; Roxo orientou os estudos pioneiros do médico-pediatra Fernandes Figueira, que aplicava, como parte da rotina clínica, a *"échelle métrique de l'intelligence"* em crianças internas no Hospício Nacional.

Basílio de Magalhães em *Tratamento e educação das crianças anormais de inteligência*, repercutiu os estudos de Binet e Simon conquanto defendesse ajustes terminológicos, a substituição dos termos "anormais de hospício" (*sic*) e "anormais de escola" por "anormais completos" e "anormais incompletos", os primeiros com irrecuperáveis lesões orgânicas, os segundos com "desenvolvimento mental parado".

Convicções semelhantes tinha Ulisses Pernambucano na monografia *Classificação das crianças anormais: a parada do desenvolvimento intelectual e suas formas; instabilidade e a astenia mental*, tese anunciadora de uma psiquiatria social avançada e derivada da biologia, psicologia e antropologia, e aparatada com novidades como pedagogia moderna, testes psicológicos e técnicas de investigação social. Com essa monografia, Pernambucano participara do concurso de provimento da cadeira de Psicologia e Pedologia da Escola Normal de Recife (embora vencedor do certame, fora preterido na escolha).

Subjacente a isso tudo, Clemente Quaglio, professor primário de origem italiana, adepto das medições frenológicas, à frente do Gabinete de Antropologia, Pedagogia e Psicologia Experimental da Escola Normal da Praça, aplicava o dispositivo de Binet-Simon em escolares paulistas. Com certeza, é a primeira aplicação em escala, no país, cujos resultados constam no pioneiro *A solução do problema pedagógico social da educação da infância anormal de inteligência no Brasil*, de Quaglio. Os resultados apurados por esse professor primário eram preocupantes.

> Nos 105 alunos (49 meninos e 56 meninas) examinados individualmente de acordo com a escala métrica de inteligência BINET-SIMON encontramos 19 escolares anormais de inteligência, e nos 44 do Jardim da Infância (23 meninos e 21 meninas) encontramos somente um anormal. Em 149 crianças, pois, encontramos vinte anormais de inteligência, isto é, 13%. (1913, p.34)

Num exercício de generalização indevida, Clemente Quaglio utilizava como referência as estatísticas apuradas na Bélgica, ou seja, de 12% a 18% de anormais escolares em cada mostra testada. Descuidadamente, apurava números infundados:

> Sendo 21.883 o número de alunos matriculados nas escolas públicas da cidade de S. Paulo, teríamos, portanto, 2.884 crianças anormais de inteligência somente na Capital.

Em todo o Estado, pois, o número dos alunos anormais de inteligência seria de 12.058.

Estas doze mil e cinquenta e oito crianças anormais de inteligência, pois não se podem adaptar bem a escola comum: perturbam a disciplina e o regular funcionamento das classes. Não aproveitam nada, e o que é pior, não deixam que os normais aproveitem como deveriam aproveitar. (ibidem)

Um outro momento capital de intensificação da demanda psi capitaneada pela escala métrica remete à Liga Brasileira de Higiene Mental (LBHM), fundada pelo médico-psiquiatra Gustavo Riedel (cf. Stepan, 2005), após retorno vitorioso da França onde ganhara o Grande Prêmio da Exposição Internacional de Higiene de Estrasburgo. Nos anos iniciais da LBHM, sobressaíram os nomes de Henrique Roxo, Plínio Olinto, Maurício de Medeiros, Afrânio Peixoto e Faustino Esposel. Os mentores da Liga inspiravam-se no exemplo de vida de Clifford Beers, o grande cruzado da higiene mental, autor do popularíssimo *A mind that found itself* [*Espírito que se achou a si mesmo*, na tradução de Manuel Bandeira].

A LBHM desdobrara-se em congêneres regionais, as ligas paulista, rio-grandense e pernambucana, lideradas por Pacheco e Silva, Raimundo Vianna e Ulisses Pernambucano. Para Jurandir Freire Costa, Riedel idealizara a Liga para aperfeiçoar a assistência aos enfermos asilares, com o tempo "os psiquiatras começam a elaborar projetos que ultrapassam as aspirações iniciais da instituição visando à prevenção, à eugenia é à educação dos indivíduos":

> Sobretudo a partir de 1926, os psiquiatras começam a anunciar suas novas concepções de prevenção. Eles pretendiam tornar a prevenção psiquiátrica similar à prevenção em Medicina orgânica. A ação terapêutica deveria exercer-se no período pré-patogênico, antes do aparecimento dos sinais clínicos. Esta concepção levava-os a dedicar um maior interesse à saúde mental. Daquele momento em diante, o alvo de cuidado dos psiquiatras passou a ser o indivíduo normal e o doente. O que interessava era a prevenção e não a cura. (Costa, 1989, p.78)

De fato, um editorial de 1929 era particularmente incisivo quanto às ações prioritárias da LBHM e dos *Arquivos Brasileiros de Higiene Mental*:

> Os *Arquivos*, como órgão oficial da Liga Brasileira de Higiene Mental, têm uma grande e nobre missão a realizar: órgão de doutrina e de combate, eles se propõem a abrir, em nosso meio, a senda por onde possam enveredar, crescer e frutificar

212 CARLOS MONARCHA

os ideais de higiene mental e eugenia, que consubstanciam o programa daquela instituição. (Editorial, 1929, p.3)

A incapacidade da ortodoxia médica no trato satisfatório das disfunções da mente e a incurabilidade de certas doenças mentais, certamente, despertaram os estudos sobre as causas das psicopatias e os meios de evitá-las. Daí a providência da higiene da alma e da sociedade. Assim, as campanhas barulhentas, direcionadas para detecção das causas dos comportamentos antissociais e amorais, foram cruciais na difusão e aplicação da escala métrica, quer distribuindo-se a *Revision Binet-Terman*, folheto em português, acompanhado de instruções, quer publicando-se nos *Arquivos Brasileiros de Higiene Mental* artigos sobre a utilidade da escala Binet-Simon. Num dos artigos, o eminente Carlos Penafiel, catedrático de Fisiologia da Faculdade de Medicina de Porto Alegre e militante da Liga, relevava o seguinte aspecto:

> Já se pretende que também a taylorização do trabalho intelectual nas escolas seguirá a mesma lei, emprestando-se a esse termo a significação de um sistema orgânico de economia do trabalho intelectual, mais produtivo a curto e a longo prazo, mais vantajoso para o desenvolvimento individual de cada aluno, pondo-se em valor suas aptidões pessoais e, portanto, preparando-o para uma maior utilidade pessoal. (1925, p.11)

Num outro âmbito de atuação, porém compartilhando da mesma precipitação de ideias, Deodato de Moraes, em artigo na *Revista Nacional*, "A educação da infância pelo método Montessori", reclamava a atenção dos leitores com argumentos de propaganda:

> A psicopedagogia de Binet é particularmente concreta e vivida; os seus métodos de observação e experiência têm como campo a própria escola. Dando uma feição prática ao seu trabalho, Binet analisa sucessivamente as três grandes questões em que se divide a Pedagogia: os *programas*, os *métodos de ensino*, e *aptidões das crianças*. (1922b, p.43 - grifo no original)[3]

Sem pretender expor uma síntese convincente, mas sem abdicar do rigor lógico, esses exemplos, escolhidos quase ao acaso, testemunham a difusão

---

3 Deodato de Moraes, ainda na condição de instigador e publicista, publicou vários artigos na *Revista Nacional*, os quais constituem um bom índice para verificar a recepção das ideias montessorianas no Brasil. Cf. Moraes (1922 a e b, 1923 a, b e c).

BRASIL ARCAICO, ESCOLA NOVA **213**

vitoriosa da escala métrica e o alerta ruidoso de combate aos fatores psico-patogênicos geradores de escolares psiquicamente desajustados por timidez, mitomania, mentira, furto, rebeldia, medo mórbido e assim por diante. Em nada desprezíveis, esses exemplos demonstrativos ilustram a existência de uma poderosa demanda psi guiada pelo frenesi das medições, instalada no *Zeitgeist*, graças à força das ações de um corpo de cientistas cujo afã de medicamentar o espaço social magnetizara a cena política, administrativa e intelectual.

Outro momento da intensificação da demanda psi relaciona-se com as con-turbadas circunstâncias da virada dos anos 1920; como dissemos anteriormente, o auge do caos parecia ser a possibilidade de reordenação geral da vida, da de-sordem nasceria a ordem. De fato, a demanda se intensificou com a presença de cientistas-viajantes europeus. Alfred Fessard e esposa, ele professor na Sorbon-ne, incentivador do uso da escala e fundador do Laboratório de Psicologia da LBHM, ministrou um curso de repercussão razoável sobre "psicologia aplicada à orientação e à seleção profissionais"; Théodore Simon em Belo Horizonte atuou no Laboratório de Psicologia da Escola de Aperfeiçoamento Pedagógico, por ele idealizado e montado; Henri Piéron, sucessor de Binet na chefia do Laboratório de Psicologia Fisiológica da Sorbonne e na direção do *Année Psychologique*, retornava ao Brasil para proferir cursos de conferências e orientar trabalhos experimentais em instituições científicas cariocas e paulistas; Waclaw Radecki instalava-se no Rio de Janeiro; Léon Walther, diretor da seção de tecnopsicolo-gia do Instituto Jean-Jacques Rousseau, fazia-se presente em Belo Horizonte, Capital Federal e São Paulo, nessas capitais profere concorridas conferências; e, por fim, o grande Claparède excursionava por Belo Horizonte e Capital Federal; e, Adolphe Ferrière, estacionava nas margens da Baía de Guanabara.

É no rolar dessas águas caudalosas e obscuras que o Dr. Massilon Sabóia, inspetor-médico escolar no Rio de Janeiro, respeitável membro da Sociedade Brasileira de Pediatria, ao discorrer sobre higiene mental e pediatria, corrobora-va a seguinte tese: a "deficiência mental é hereditária ou adquirida". Massilon Sabóia sentia-se à vontade para utilizar o termo cunhado por Goddard, *moron*, para nomear os "simplórios e patetas", cuja idade mental situava-se entre 7 e 12 anos: "São na maioria dos casos aproveitáveis. São estáveis e fracassam quando entregues a si próprios. Os melhores resultados serão obtidos quando interna-dos em institutos onde recebem educação apropriada" (1931, p.249). (Não há como deixar de relembrar Gould: "Os taxonomistas frequentemente confun-dem a invenção de um nome com a solução de um problema" (1991, p.162).

Utilizada para calibrar e classificar as capacidades das populações escolares e agrupá-las em classes homogêneas, a escala métrica de inteligência inventada por Binet-Simon foi objeto de revisões, visando à adaptação às crianças das diferentes regiões brasileiras. Nessa empresa prolífica e ainda pouco conhecida, destacaram-se Isaías Alves que adotava como referência a revisão inglesa de Cyril Burt; já Ulisses Pernambucano e C. A. Baker preferiam a revisão norte-americana de Terman; e Bergström Lourenço Filho optava pela "fórmula primitiva francesa", além de ter-se incumbido de traduzir e prefaciar o clássico de Binet e Simon. Em diversas situações, Lourenço Filho anunciou a conclusão da "revisão paulista da Escala Binet-Simon", após ter examinado dez mil alunos de três a dezesseis anos de idade.

No fim temos o seguinte quadro: ora, vivendo numa atmosfera de vanguardas envolvidas na transgressão do tempo presente, tempo social de características patológicas, o corpo de cientistas dotados de nervos ultrassensíveis para a realidade social caótica, vale repetir, demonstrava-se severo contraditor do ensino próprio de épocas anteriores à escola de massas. Em certo sentido, quer conscientemente, quer não, produziam uma representação naturalizada e cientificista dos aglomerados humanos habitantes do subsolo social, cujas culturas heterogêneas eram percebidas como diferentes ou mesmo inferiores, quando não ameaçadoras. É o que é dado a perceber na análise crua de Pedro Pernambuco Filho ao enfrentar a problemática dos "anormais infantis" no Distrito Federal. O inquisitório por ele agitado é complicado. Senão vejamos. Na conferência "O problema da educação dos anormais. Perigo dos venenos lentos", Pernambuco Filho projetava a imagem de cura da enfermidade do corpo doente.

A escola será, pois, um excelente reativo para revelar as desordens físicas dos alunos mentalmente tarados.

Geralmente, os retardados escolares são subdivididos em vários grupos, seja sob o ponto de vista intelectual, seja sob o ponto de vista do desequilíbrio psíquico. Deixando de lado os anormais pedagógicos, assim chamados porque têm apenas insuficiência de instrução, por motivos vários, e os falsos atrasados, como são chamados os que, por defeito de visão e de audição, aprendem mal, temos nos verdadeiros atrasados os seguintes grupos: os subnormais, os débeis, os instáveis, os histéricos, os epilépticos, os astênicos e os imaginativos. Esta última classe, dos imaginativos, assim considerada outrora, merece, pelas modernas teorias psiquiátricas, uma referência à parte. (1928, p.18)

BRASIL ARCAICO, ESCOLA NOVA 215

Não obstante os argumentos de estilo científico, Pernambuco Filho, médico do Serviço de Inspeção Médica Escolar do Distrito Federal, suas palavras expõem preconceitos sociais. Anos mais tarde, no contexto estadonovista, em prolixa conferência na Associação Brasileira de Educação — a pedopsiquiatria e as clínicas de psiquiatria infantil já eram notórios dados de realidade —, ele continuaria a arregimentar argumentos para renovar uma cruzada pessoal, que na verdade era coletiva.

> Conforme Decroly, são anormais todas as crianças que por uma razão qualquer se encontram em estado de inferioridade e não se podem adaptar ao meio social onde são destinadas a viver. Baseado neste conceito ele considera, 1°, os anormais por *déficit* físico; 2°, os anormais por *déficit* sensorial; 3°, os anormais por *déficit* intelectual; 4°, os anormais por *déficit* das faculdades efetivas; 5°, os anormais convulsivos; 6°, os deformados pelo meio. Nos estudos que ora fazemos nos importam apenas as crianças que entram mais especialmente nos 3° e 4° grupos de Decroly porque, segundo seja, o organismo de uma criança, se suas taras não são nervosas, esta criança não e mentalmente inútil. (Pernambuco Filho, 1938, p.35)

Na cena local, isto é, brasileira, defrontamo-nos, portanto, com sujeitos de formação intelectual humanista, solidamente encarnados na pele de modernos fisiognomonistas ao encenarem inadvertidamente ou não o papel de naturalistas da paisagem humana. Donde a representação taxionômica de um espaço real e profundo — o espaço corpóreo, com firme propósito de identificar as variações individuais de inteligência, temperamentos e capacidades (*i.e.*, o ver e o dizer já não bastavam mais, não bastava um saber e uma verdade fundados na percepção imediata).

Inserto nessa extasiada e fantasiosa atmosfera mental sumamente entretida com novas figuras do saber, Oswaldo N. de Souza Guimarães, médico em exercício no Laboratório de Psicologia da Colônia de Psicopatas de Engenho de Dentro, confiava: "A medicina, a pedagogia, a justiça, a organização do trabalho e outros ramos da vida prática e social reclamam, cada vez mais, o auxílio da psicologia experimental" (1929, p.387). Por conseguinte, a ciência das diferenças humanas acenava para um mundo mais feliz e mais estável. Certezas compartilhadas por Eliseu Vianna professor na Escola Normal de Natal, Rio Grande do Norte, em *A escola ativa: pela sua propaganda*, intervenção na reunião da Federação Nacional das Sociedades de Educação:

E assim, terão o seu carinho educativo todo especializado esses indivíduos que se separam da média, para constituírem uma anomalia patológica, no conceito de Binet e Simon, os dois cientistas que melhormente aperfeiçoaram os *tests* para as mensurações das faculdades da inteligência e cuja escala métrica que tem o nome dos dois servidores da humanidade, vem, ainda hoje, servir do perfeito aparelho para seleção dos anormais e atrasados destinados aos tipos de escolas adequadas a cada qual. (1930, p.74)

Sob esses influxos, no meio paulista, Franco da Rocha e seu sucessor Antonio Carlos Pacheco e Silva, na direção do Hospício do Juqueri, construíram pavilhões em anexo ao hospício, destinando-os à educação dos menores anormais. Criava-se a "Escola de Menores Anormais Pacheco e Silva", dotada de um Pavilhão-Asilo reservado aos casos ineducáveis e um Pavilhão-Escola dedicado aos casos suscetíveis de melhoria à custa de tratamento médico-pedagógico (Pacheco e Silva, 1952).

A essa altura dos fatos, o método de testes com o *imprimatur* Binet-Simon ocupava com estardalhaço e brilho as cenas científica, filantrópica e social. De qualquer maneira, pelos menos no momento, posso, assim, concluir que o intento de constituir o Outro como objeto de um conhecimento realista, tornou-se o esteio de *novas* e *outras* formas de governabilidade, com consequente saturação de intervenção de instituições sociais. Nesse caso, sob o impacto dos métodos de recolha de dados de confiança, convertia-se a pessoa em documento pedotécnico. Ver o belo exemplo de método detalhado de escrutínio e recolha de dados de caracterização em "A seleção dos superdotados" de Decroly, publicado no *Boletim de Eugenia*, em 1929, e reproduzido em *Educação*, órgão da Diretoria Geral do Ensino de São Paulo, em 1932.

Sem sombra de dúvida, desse dinamismo profético resultava em uma paradoxal mistura de saberes de base fisiológica e estatística com certas fantasias liberalistas, levando os científicos a concluírem que o problema concernente à vida social era estritamente de ordem clínica e cultural, podendo ser resolvido por um saber científico livre da corrupção social e política. Logo logo o desejo liberalista de igualdade de oportunidades cederia aos imperativos da organização funcional, aí então, os esquadrinhadores e nomencladores muito teriam a doutrinar sobre a imagem quantitativa da pessoa humana.

3
A ARTE DA MEDIDA E EQUIDADE SOCIAL:
ESCOLA DE MASSAS, CADINHO E FILTRO

Na maré montante das reformas do ensino primário e normal, modalidades de ensino defrontadas diuturnamente com a miséria e os desencantos da vida. A extravagante e turva onda de medidas objetivas de inteligência e aptidão encrespou-se, para, em seguida, chocar-se na zona de arrebentação das diretorias de instrução pública, originando inusitados ensaios de organização de populações escolares confusas e desordenadas e, sobremaneira, desprovidas de vontade e valores, segundo diagnósticos usuais. No mar de acontecimentos, agitado pelos respingos das vagas revolucionárias, ocorria a evolução crescente da matrícula escolar, ainda que insatisfatória, acompanhada de aumento dos gastos públicos, reforçando a necessidade de aumentar a eficiência e o rendimento da "machina escholar".

O caso de São Paulo é dos mais ilustrativos; entre 1907 e 1930, a matrícula geral, evoluiu de 61.512 para 356.292 alunos, por seu lado, o número de classes saltou de 1.828 para 8.129 unidades, conforme a estatística de 1930, levada a efeito por Lourenço Filho (cf. Estatística escolar de 1930). No quadro geral da nação, a evolução crescente da matrícula se repetia.

Em face do fenômeno, implantaram-se laboratórios experimentais nas escolas normais para a execução de pesquisas de natureza sensório-motora, nas quais a fadiga intelectual (surmenage) era um dos estudos privilegiados. Quando os laboratórios foram deixados para trás como força decisiva na organização e sobrevivência da escola como instituição social, implantaram-se os serviços técnicos de psicologia aplicada, higiene mental, ortofrenia, orientação profissional, antropometria e estatística, e clínicas de orientação infantil. Serviços estes idealizados com a finalidade ainda não muito clara de reforçar centros de poder e autoridade dos administradores até então perplexos diante dos fatos caóticos

218 CARLOS MONARCHA

.Tabela 2 – Evolução de unidades escolares e matrícula escolar

Estados	ESCOLAS			ALUNOS		
	Em 1932	Em 1941	Aumento %	Em 1932	Em 1941	Aumento %
Distrito Federal	737	1.004	36	158.141	198.710	26
Alagoas	477	677	42	21.039	46.717	117
Amazonas	450	673	50	17.045	34.248	101
Bahia	1.716	1.849	8	95.056	158.150	66
Ceará	876	1.654	89	56.439	96.906	72
Espírito Santo	725	873	20	40.645	64.253	58
Goiás	3.380	469	23	21.201	33.982	60
Maranhão	941	1.115	18	29.327	64.204	119
Mato Grosso	238	336	41	16.407	28.223	72
Minas Gerais	3.553	4.942	39	326.274	449.924	38
Pará	675	1.104	64	52.014	94.777	82
Paraíba	472	983	108	31.642	67.819	114
Paraná	1.103	1.802	63	61.179	114.982	88
Pernambuco	1.689	2.406	42	100.206	138.698	38
Piauí	156	471	202	14.237	38.602	171
R. G. do Norte	1.466	1.875	28	116.152	182.216	57
Rio de Janeiro	329	660	101	19.369	43.122	123
R. G. do Sul	4.515	5.346	18	255.073	370.848	45
Santa Catarina	1.501	2.363	57	77.242	137.203	78
São Paulo	3.750	7.038	88	445.513	711.439	60
Sergipe	380	655	72	21.029	34.301	63
Território do Acre	84	113	35	3.850	4.893	27
BRASIL	26.213	38.408	47%	1.979.080	3.113.127	57%

Fonte: Paz (1947).

Faça-se, então, a decupagem desse cenário preocupante, conquanto marcado pela fé e aquiescência de homens e mulheres de visão hierática. Ao se manipularem instrumentos de medida, alguns de plasticidade quase infinita, fabricava-se um modelo artificial de tecnologia branda, perfeito e eficaz, de intervenção na pessoa e sua conduta — o ímpeto de velar pela infância fermentava a ambição de uma educação diferenciada, conquanto sem segregação. Sucintamente: tinha-se em mente a intervenção profilática pública, donde a busca de seres racionais diminutos transmutados em documentos vivos para extração de dados caracteriológicos. De imediato é possível localizar o prorromper de práticas criativas e heterodoxas de racionalização em instituições de prestígio, cujos agentes irmanavam-se nas induções inexoráveis obtidas a partir de fatos.

A pessoa como documento pedotécnico

Expandidos num arquipélago de laboratórios e trivializados nos meios intelectuais e administrativos, os estudos das medidas objetivas viraram clichê na linguagem científica, servindo de panaceia para enfrentar o Outro no dia-a-dia. Os progressos de conteúdo e de método, os problemas formulados, a observação direta e a experimentação sistemática, produzidos por uma rede institucional difusa, porém autônoma, acumularam fatos capazes de modificar as construções sobre a infância e o ser do adulto (mergulhado em triste solidão, por estar apartado dos projetos nacionais). Daí em diante o culto da experiência, da verdade, seria a norma aceita e validada. Ainda que sob a aparência de desconexão, os múltiplos registros a seguir apresentados são anéis de uma mesma cadeia.

Na *belle époque* paulista, a extensa aventura experimental dos métodos de ensaio se inicia com um anônimo professor primário de origem italiana, em exercício em Amparo, no interior paulista. Criador, em 1909, do primeiro gabinete de psicologia no Estado, Clemente Quaglio é alçado, por Oscar Thompson, ao posto de encarregado do recém-criado Gabinete de Antropologia, Pedagogia e Psicologia Experimental, anexo à Escola Normal da Praça, onde desenvolve estudos analíticos sobre a infância. A partir dos anos 1910, Quaglio destacava-se pelos numerosos estudos experimentais. (*"Au Brésil la pédologie est peu representée; à S.Paulo, Quaglio, auteur d'un Compendio de Pedologia (1911) travaille á son developpement"*, assinalava Claparède em uma das primeiras edições de *Psychologie de l'enfant et pédagogie experimentale* (1924).

Creditamos a Clemente Quaglio a indicação do médico-psicologista e pedagogista italiano Ugo Pizzoli para atuar no Gabinete da Normal da Praça. Catedrático de Psicologia Pedagógica e Ciências Afins, na Universidade de Modena, e diretor da Escola Normal Masculina, protegido do ministro da Instrução, Giusepe Sergi, Pizzoli fundara em Milão um gabinete experimental. Sob sua influência espiritual, diversas cidades italianas implantaram laboratórios quase sempre em relação direta com escolas primárias; sua reputação aumentou com a publicação de *Pedagogia Scientifica* (1910), obra de título idêntico ao de Montessori, editada no ano anterior. Salvaguardado por Thompson, o "apostolo della pedagogia scientifica", ministrou um curso livre e popular de antropologia e psicologia pedagógica, para professores, e outro de alta cultura pedagógica, para diretores de grupos e inspetores escolares.

No documento raro intitulado "Relatório sobre o curso de Cultura Pedagógica professado perante os professores de pedagogia, inspetores escolares e diretores de grupos pelo Professor Dr. Ugo Pizzoli", constam as ideias professadas em quarenta e seis lições com o escopo de construir uma noção clara da "personalidade normal e anormal da criança" (Pizzoli, note-se, partilhava da certeza da conjunção de estigmas de degeneração e deficiência moral). Sua técnica englobava exames anamnéstico, físico, antropológico, fisiológico e psicológico. No entanto, a orientação experimental não prosperaria como se esperava, talvez pelo simples fato de exigir experimentos em ambiente de rigoroso controle laboratorial; na tradição experimental italiana, lembremo-nos, as provas de reatividade mental tendem a ser individual — os sujeitos não são avaliados em relação a uma abstração chamada "média", assim, o padrão de estudos não é necessariamente de base estatística. Numa palavra: a ciência de Pizzoli não era facilmente replicável no universo molecular da escola, mesmo assim, suas técnicas experimentais cativaram intelectuais de pelagem diversa, como o adepto do "socialismo evolutivo", Antonio Piccarolo; ou mesmo a defensora de ideias ácratas, Maria Lacerda de Moura.

> De sorte que a rotina, a religião apertou o cérebro feminino no círculo de ferro dos dogmas e do pecado, enfaixou a razão da mulher, conservou infantil o seu cérebro e, agora que o problema da educação vai sendo encarado seriamente pelos Binet, Claparède, Fauré, Montessori, Pizzoli, por antropologistas e psiquiatras, higienistas e sociólogos: agora que essas investigações científicas nos indicam novo rumo, positivo, racional fugindo dos contos de fadas, das tradições com que os povos primitivos embalam a imaginação ardente das crianças pequenas e grandes; agora nos aparece o cinematógrafo inventando outros contos de fadas ainda mais perigosos porque podem ser experimentados na tela da vida. (apud Leite, 1986, p.92)

No jogo de forças e busca de prestígio e, naturalmente, poder social, Bergström Lourenço Filho, ao assumir a cadeira de Pedagogia e Psicologia da Escola Normal da Praça, revolveu o canteiro de obras deixado por Quaglio e Pizzoli. Assistido por colaboradores, Noemi Marques Silveira, Branca Caldeira, Odalivia Toledo e João Batista Damasco Penna, ocupou o gabinete com a preocupação, entre outras, de padronizar a mensuração da maturidade psicológica denominada "testes ABC" para aplicação em crianças analfabetas de seis e oito anos, e cujos estudos provinham dos tempos de magistério nas escolas normais de Piracicaba, interior paulista, e Pedro II, em Fortaleza.

BRASIL ARCAICO, ESCOLA NOVA **221**

De tentativa em tentativa, a psicologia experimental logrou obter meios práticos para as investigações necessárias à classificação dos indivíduos, hoje possível sem longo ou penoso trabalho, por meios objetivos relativamente simples. Esses meios sãos os *testes psicológicos*, pequenas provas, sob condições bem definidas, e cujos valores significativos só são fixados depois de investigações bioestatísticas.

Por eles não só se chega a organização racional de classes homogêneas, ao ensino seletivo e diferenciado (ou "sob medida", como lhe chamou Claparède), mas ainda à classificação científica dos *anormais de inteligência*, à organização de classes ou escolas para os *supernormais*, à orientação e seleção profissional, à discriminação dos temperamentos e aptidões especiais. (Lourenço Filho, 1930b, p.19 – grifo no original)

Exames coletivos submetidos de base estatística, os "testes ABC" comportam oito provas para avaliação da coordenação visivo-motora, memória imediata, memória motora, memória auditiva, memória lógica, prolação, coordenação motora, atenção e fatigabilidade. Amparado no princípio de observação sensível, os testes pretendem detectar níveis de "maturidade psicológica" para extração de rendimento individual, estipulado em "mínimo", "ótimo" e "máximo". Lourenço Filho, classificava os resultados em quatro grupos — dezessete pontos ou mais: a aprendizagem se realizaria em um semestre letivo, sem dificuldade ou cansaço; de doze a dezesseis pontos: a aprendizagem ocorreria em um ano; de oito a onze pontos: o sujeito aprenderia a ler e a escrever com dificuldade, exigindo ensino especial; de zero a sete pontos: o sujeito é retardado, o ensino comum lhe seria improdutivo. Para a professora primária Iracema de Castro Amarante: "Esse critério é o único, como se vê, que permite o desenvolvimento duma classe segundo seu ritmo; o único que nos poderá proporcionar a 'escola sob medida' tão sonhada por Claparède" (1931, p.394).

Quando à frente da Diretoria de Ensino, 1930-31, Lourenço Filho implanta o Serviço de Psicologia Aplicada estruturado em quatro seções: medidas mentais, medida do trabalho escolar, orientação profissional e estatística, e cuja chefia coube a Noemi Marques Silveira. A esse serviço técnico designou a organização das classes seletivas de 1° ano com recurso aos "testes ABC", bem como a aferição dos testes Binet-Simon e Dearborn (cf. Silveira, 1930b, 1932). Dentre as práticas biométricas para observar, medir e prever desempenhos, os "testes ABC" sobrepujaram as demais, não só pela eficiência de propósitos, além de ser bom negócio editorial, comprava-se o material de aplicação em separado ou

222 CARLOS MONARCHA

juntamente com o livro, como também pela proeminência intelectual e ocupação de cargos do idealizador nos negócios públicos.

No contexto pós-outubro de 1930, em meio à gritante instabilidade administrativa, causada pela sucessão de interventores militares nas unidades da Federação, a aplicação em escala dos "testes ABC" ocorreu em São Paulo, Belo Horizonte e Distrito Federal. Difundindo-se pelos países ibero-americanos, esse dispositivo seria aplicado inclusive em casos de suspeita de subnormalidade, falta de concentração e tratamento corretivo.

> De fato, o que o teste, antes de tudo, pretende é substituir a apreciação subjetiva, variável de mestre a mestre e, neste, de momento a momento, por uma avaliação objetiva, constante e inequívoca. O teste pretende ser, realmente, uma medida. (Lourenço Filho, 1931, p.255)

Em meados dos anos 1920, à frente da inspetoria-geral da instrução pública da Bahia, Anísio Teixeira promoveu o "Curso de medidas da inteligência e dos resultados escolares: testes". Ministrado por Isaías Alves, naquele momento, diretamente envolvido com a orientação de professores primários, no ensino de técnicas de aplicação de testes reativos ao mesmo tempo realizava estudos com o Teste de Ballard e adaptação da escala Binet-Simon, revisão Cyril Burt.

No Distrito Federal, na administração de Antonio Carneiro Leão, a organização das classes homogêneas ganhou alento com a distribuição dos alunos conforme resultados dos exames constantes em fichas médicas, fichas pedagógicas, testes psicológicos e de escolaridade; alento intensificado com a criação de locais para a educação de crianças débeis (frágeis de saúde) ou anormais de inteligência. O ambiente seria superaquecido pelas conferências de Piéron, o curso de testes reativos ministrado por Maurício de Medeiros e Manoel Bomfim para inspetores escolares, e também pela aplicação em escala de testes de inteligência, pelo inspetor escolar Paulo Maranhão, no 7º distrito escolar. Essas práticas seriam retomadas e expandidas nas gestões de Fernando de Azevedo e Anísio Teixeira.

De entremeio, Waclaw Radecki assumia o Laboratório de Psicologia da Colônia de Psicopatas de Engenho de Dentro. Seu currículo acadêmico e profissional ainda hoje impressiona, talvez por evocar a figura medieval do clérigo vagante: ex-chefe do laboratório de psicologia e ex-diretor da Faculdade de Psicologia da Universidade Livre de Varsóvia, ex-diretor do laboratório de psicologia na clínica psiquiátrica da Universidade Jagiellona, Cracóvia, ex-professor livre-docente da Universidade de Genebra, onde estudou sob a orientação de Flournoy e Claparède, ex-psicologista no Hospício de N. S. da Luz, em Curitiba, e ex-livre-docente da Faculdade de Direito do Paraná, e psicologista em exercício na Fundação Gafrée-Guinle e na Liga Brasileira de Higiene Mental.

A fim de institucionalizar a psicologia objetiva e legitimar o conhecimento produzido no Laboratório de Psicologia da Colônia de Psicopatas de Engenho de Dentro, ministrou cursos e proferiu conferências nas faculdades de Medicina do Rio de Janeiro e São Paulo, na LBHM, na Academia Brasileira de Ciência, na Sociedade de Psiquiatria, Neurologia e Medicina, na Sociedade de Medicina e Cirurgia de São Paulo, na Associação Brasileira de Educação e na Sociedade de Educação de São Paulo.

Determinado a reunir força e prestígio necessários à organização de uma escola de psicologia fosse para convertê-la em saber diretor de saberes afins, criminologia, psiquiatria e pedagogia, fosse para demonstrar os ganhos de objetividade na diagnose psiquiátrica, psicoterapia, foro criminal, organização penitenciária, orientação profissional e educacional, Radecki destacava-se no momento em que o "desejo de introduzir a Psicotécnica preocupava muitos patriotas e dirigentes de organizações sociais", conforme atestava em "Contribuição à psicologia das representações", conferência proferida na Sociedade de Educação de São Paulo (1923, p.224).

Ladeado pela esposa, Halina Hadecka, cercou-se de diligentes assistentes, como Lucilia Tavares, professora primária e autora de "Seleção e escalonagem das classes infantis pela psicometria e pela fisiometria", estudo experimental ambicioso debatido na 1ª Conferência Nacional de Educação. Em parecer meticuloso, Lourenço Filho ressaltava a originalidade do estudo voltado à criação de um "padrão fisiométrico da criança e a organização de uma adaptação de baterias de testes mentais, para largo ensaio no País", ou seja, uma medida de validade nacional para as crianças brasileiras.

Dentre as atividades do laboratório de psicologia, além da psicoterapia, constavam exames em escolares, aptidão profissional, seleção psicossomática de candidatos a aviação militar, análise de indivíduos propensos a doenças neuropsíquicas, investigação forense de criminosos, presos ou testemunhos. Boa parte das atividades do laboratório encontra-se em publicações hoje de difícil acesso — *Resumo do curso de psicologia* e nos alentados volumes *Trabalhos de psicologia* (cf. Centofanti, 1982; Penna, 1992). Porém, antes de prosseguir, é preciso dizer que, no largo coro de vozes a exaltar as virtudes teologais da mensuração humana, Radecki destoou ao formular previdentes cláusulas de reserva a respeito da "onda de aplicação" de testes e da "febril pressa do imediatismo". Acompanhemos esse polaco esguio e circunspeto cuja longa barba assíria a todos impressionava e contribuía para luzir a aura de mistério e respeito que o rodeava; acompanhemos sua intervenção no 4º Congresso Brasileiro de Higiene Mental. Sua lucidez incontida, pasma e, é evidente, incita a transcrever suas palavras, uma a uma.

> Na relação da sociedade com a ciência, surgem sempre os momentos em que aquela começa a exigir desta possibilidade de aplicá-la nos problemas práticos da vida.
> Quanto menos a sociedade é capaz de entender o objetivo das pesquisas científicas de determinado domínio, tanto mais exige provas de utilidade. Não podendo entender — quer ver resultados, porém, na avaliação desses resultados, na formulação das exigências o "profanum vulgus" não sabe olhar longe; criando exigências sociais ele grita: "Panem et circenses" – já.
> A palavra "prático" como exigência dirigida à ciência degenerou em bruto imediatismo. (Radecki, 1929, p.375)

Loquaz, prosseguia no tom dos antigos ironistas:

> Os curandeiros passaram por sábios; os psicotécnicos como cientistas. Porém, o leal curandeiro aprofundou o conhecimento das ciências do tratamento: tornou-se médico. O curandeiro psicotécnico não deve também descuidar de preencher as lacunas no conhecimento dos métodos empregados, se quer merecer o nome que até agora muitas vezes lhe é emprestado graciosamente. (ibidem)

Na fase do Governo Provisório, mediante edição contínua de decretos-lei, assistiu-se à reorganização da esfera educacional. Francisco Campos, ministro da Educação e Saúde, recrutava Lourenço Filho para chefiar o gabinete e atuar nos planos de criação da Faculdade de Educação, Ciências e Letras, e Anísio Teixeira, para assessorar assuntos do ensino secundário. Enquanto o ministro executava as primeiras reformas, Pedro Ernesto, médico de Getúlio assumiu o posto de interventor do Distrito Federal. Vinculado ao Clube 3 de Outubro, abrigo dos setores radicais do "tenentismo", ele marcava o governo com realizações nas áreas da saúde, educação e legislação social. Para dirigir a instrução, Pedro Ernesto chama Anísio Teixeira, um defensor do ensino fundamentado na criatividade científica; Anísio, por sua vez, traz Lourenço Filho

BRASIL ARCAICO, ESCOLA NOVA **225**

para os trabalhos de transformação da Escola Normal em Instituto de Educação (cf. Nunes, 2000; Lopes, 2006). Em meio à excitação geral, Anísio Teixeira implanta o Serviço de Testes e Medidas Escolares, cuja direção entrega a Isaías Alves. A flama se abrasa com as ações da Liga Brasileira de Higiene Mental, sob seu patrocínio um grupo de professoras, dirigidas por Ernani Lopes, são aplicados testes nas escolas pública (Editorial, 1932, p.4).

Por iniciativa da diretoria-geral, aplicaram-se os "testes ABC" em escolares e Testes Alfa adaptados por J. P. Fontenelle na seleção de candidatos ao Instituto de Educação. E tão logo isso tenha acontecido, ampliaram-se os serviços técnicos centralizados do Departamento de Educação com a implantação do Instituto de Pesquisas Educacionais dirigido por Gustavo de Sá Lessa. Comportando seções especializadas em estatística educacional, medidas e programas, ortofrenia e higiene mental. A Clínica de Ortofrenia e Higiene Mental do Instituto de Pesquisas Educacionais era chefiada por Artur Ramos, cabendo-lhe como instituição normativa aplicar os testes de leitura de Waterbury e de aritmética de Monroe, May-MacCall e Otis.

Já o Instituto de Psicologia, idealizado como órgão de coordenação, estudos e pesquisas de psicologia geral e aplicada nas áreas de medicina, direito e educação, destinava-se também à formação de psicologistas, conforme projeto de Radecki.

> Inaugurou-se, na primeira quinzena de maior p.p., no Rio de Janeiro, o Instituto de Psicologia, ampliação do Laboratório que já existia no Engenho de Dentro, sob a direção do Professor Radecki. O Instituto de Psicologia está destinado a ser um dos ramos da nossa futura Faculdade de Educação, Ciências e Letras, organização universitária que tanta falta vem fazendo à cultura pedagógica do país.
> Instituição oficial, o novel Instituto conta ainda com o auxílio valioso da benemérita Fundação Gafrée-Guinle, cujo diretor, Dr. Gilberto Moura Costa, patrocinou a compra de toda a aparelhagem necessária, no valor de 400:000$000. (Instituto de Psicologia, 1932, p.181-2)

Ao presidir a sessão de inauguração, Lourenço Filho ressaltou o papel da psicologia "na hora presente, em que se desenvolve um esforço em prol da organização racional do trabalho humano, labor de que uma das bases está no conhecimento científico da conduta psicológica". Em seguida discursaram Radecki, Edgard Sanches e Afrânio Peixoto "que tratou das escalas psicológicas e de seu papel na formação da mentalidade popular, especialmente no Brasil".

226 CARLOS MONARCHA

O Instituto de Psicologia, um dos primeiros criados no Brasil, o outro foi o de Recife, dirigido por Ulisses Pernambucano, contava com seções de finalidades diversificadas, a saber: "Sala James" mobiliada com aparelhos elétricos para avaliar reações de sensibilidade, memória e adaptação visual; "Sala Wundt" reservada à psicologia aplicada à medicina; "Sala Stern" destinada à psicologia diferencial e à orientação profissional; "Sala Afrânio Peixoto" destinada à psicologia aplicada ao direito, mais exatamente exame psicológico dos acusados, réus, testemunhas e detentos para fornecer bases para a descoberta de crimes, avaliação de depoimentos, determinação do grau de responsabilidade e capacidade, estudo das condições de regeneração e readaptação dos criminosos; e "Sala Manoel Bomfim", para exames psicológicos e classificação, correção de escolares, bem como adaptação e elaboração de testes aplicáveis aos meios brasileiros (Instituto de Psicologia, 1932, p.181-2). Em meio às disputas encarniçadas na interventoria de Pedro Ernesto, Tristão de Ataíde cujo ardor religioso o levava a ver comunistas e protocomunistas a torto e a direito, investiu contra o instituto e a figura central de Radecki e sua ciência.

> Sabendo-se que o homem moderno, pelo menos o homem médio, o "français moyen", segundo a fórmula já hoje célebre de todos os países, acredita na "ciência", com a mesma docilidade com que algumas tribos semiprimitivas veneram o seu "totem", — é fácil ver que soma formidável de poder colocou o governo nas mãos desse grupo de psicologistas mais ou menos profissionais que se lançam, sob a chefia de um técnico estrangeiro, a formar a "escola brasileira de psicologia". (1932, p.402)

E verberava grave equívoco: "Todos os pedagogos burgueses e reformistas, porém, que hoje vemos contaminados pela pedagogia naturalista, se ainda não são francamente comunistas, são precursores e preparadores da pedagogia de Lunatcharsky" (ibidem, p.403). Numa cadência pesada de palavras, Tristão de Ataíde colocava Anísio Teixeira, Fernando de Azevedo, Celina Padilha, Edgar Süssekind de Mendonça e Cecília Meirelles sob suspeição. Mais tarde, Isaías Alves encarnaria esse espírito mau ao repetir a mesma acusação contra Bergström Lourenço Filho; de fato, presenciava-se uma danosa epidemia de dedos acusatórios.

De curta existência, a corporação médica via com desconfiança as teorias de Radecki, e intelectuais católicos refutavam a "psicologia sem alma", em meados de 1932, um decreto de Getúlio fechou as portas do Instituto de Psicologia,

BRASIL ARCAICO, ESCOLA NOVA **227**

transferindo-se a aparelhagem para o Serviço de Assistência a Psicopatas. Desfeitas as expectativas, o casal Radecki deixa o Brasil, radicando-se no Uruguai (cf. Centofanti, 1982).

Enquanto essa cena se desenrolava no Distrito Federal, em Recife Ulisses Pernambucano de Mello Sobrinho, médico neurologista e precursor de avançada e desafiadora psiquiatria social e fundador da Liga de Higiene Mental de Pernambuco, destacava-se nos trabalhos de medidas objetivas. Ulisses, após passagem pela cátedra de Lógica, Psicologia e História da Filosofia do Ginásio Pernambucano, assumiu, entre 1923 e 1927, a direção da Escola Normal de Recife e inaugurou a Escola de Excepcionais como parte da organização do curso de aplicação do magistério, e entrega a direção à Anita Paes Barreto. (cf. Medeiros, 1992)

Erudito e carismático, Ulisses despertava entre professores e alunos o interesse pelos estudos experimentais; datam desses anos: "O teste A de Rossolimo em crianças normais e anormais", de Maria das Neves Nogueira, e "Estudo psicotécnico de alguns testes de aptidões", de Ulisses Pernambucano e Anita Paes Barreto, publicados em *O ensino normal em Pernambuco* e *Jornal de Medicina de Pernambuco*.

Em 1925, na governo promissor de Sérgio Loreto, Ulisses Pernambucano dirigiu o Instituto de Psicologia — seguramente o primeiro da espécie no país — anexo ao Departamento de Saúde e Assistência do Estado. Nas palavras de Anita Paes Barreto, cabia ao instituto "proceder as pesquisas tendentes ao perfeito conhecimento da mentalidade do nosso povo e que permitisse por fim realizar a seleção intelectual dos escolares" (Barreto & Campos, 1935, p.138). De início Ulisses e seguidores empreenderam a revisão do dispositivo Binet-Simon-Terman e experimentação de testes coletivos para cálculo rápido da IM e QI. Em obediência ao Regulamento do Ensino Normal, os candidatos ao exame de seleção para matrículas na Escola Normal e nos estabelecimentos equiparados, de idade cronológica inferior a treze anos, teriam as inscrições deferidas mediante atestado fornecido pelo Instituto de Psicologia assegurando a idade mental mínima exigida.

Até então o único meio de que dispunham os pais para fazer prosseguir os estudos sem interrupção às crianças cuja precocidade intelectual as levava a terminar o curso primário antes da idade regulamentar, era o da certidão falsa. Além de injusto era um recurso muito mais fácil de obter que uma certidão de idade mental cientificamente adquirida, envolvendo por esse motivo não somente os precoces, mais quaisquer outros que para satisfazer caprichos particulares os mais diversos deveriam se matricular numa dada época. (Barreto & Campos, 1935, p.137)

Na antevéspera da revolução outubrista, o Instituto de Psicologia era renomeado como Instituto de Seleção e Orientação Profissional e remanejado para a Secretaria da Justiça e Negócios da Instrução. São dessa fase os estudos: "Aplicação do exame Alfa nos universitários de Pernambuco", de Aníbal Bruno, e "O desenho como meio de pesquisas", de Silvio Rabelo.

Nessa conjuntura de ativismo científico, efetuou-se a padronagem de vários testes coletivos de inteligência: "Ensaios de aplicação das 100 questões de Ballard", de Pernambucano e Barreto, experiência realizada em três mil crianças; padronagem pernambucana do "Teste ilustrado de Ballard", de Maria da Graça; "O teste Alfa", de Maria Leopoldina de Oliveira, aplicado em alunos dos ginásios e cursos superiores de Recife; e "Teste de vocabulário e inteligência do dr. Simon", de Quitéria Cordeiro; "Quociente de Inteligência em escolares de Recife", de Pernambucano e Maria Leopoldina de Oliveira; e o pioneiro "O vocabulário das crianças primárias de Recife", de Anita Paes Barreto e Ulisses Pernambucano, visando à adequação da linguagem dos manuais didáticos ao universo vocabular do alunado (quando à frente do INEP Lourenço Filho replicaria o ensaio).

Em 1931, o Instituto de Seleção e Orientação Profissional envolveu-se com a aferição da idade mental de candidatos ao exame de seleção de ingresso nos cursos da escola normal e dos estabelecimentos equiparados. Novamente a explicação provém de Anita Paes Barreto e Alda Campos:

> Desta vez o referido regulamento substituía sem restrição, a certidão da idade cronológica pelo atestado de I. M. mínima de 13 anos. Foram então submetidos a exame 591 candidatos, desde a idade real de 11 anos até adultos, tendo sido aplicados dois testes coletivos de inteligência: o das 100 questões de Ballard e o Columbian do mesmo autor já estandardizados entre nós.
>
> Esta medida de grande alcance pedagógico afastava da matrícula não somente as falsas precocidades como principalmente aqueles que não possuíam uma capacidade intelectual indispensável para arcar com a responsabilidade do curso normal. (1935, p.139)

Na sequência apareciam: "Estudo da padronagem do Teste Columbian" e "Ensaios de aplicação de testes pedagógicos", ambos de Paes Barreto e Anita

BRASIL ARCAICO, ESCOLA NOVA **229**

Pereira da Costa. A sabor dos ventos fortes a voga se encrespou, sob o comando dos peritos-funcionários os testes mais variados foram aplicados nos candidatos ao curso primário e comercial e às escolas confessionais, mais exatamente no Colégio São José e no Batalhão de Caçadores, aqui com fito de verificar o nível de inteligência dos candidatos a Escola de Enfermeiros.

No caos criador da revolução outubrista, por decreto do interventor federal o Instituto de Seleção e Orientação Profissional retomou a denominação primitiva — Instituto de Psicologia — e foi subordinado à Secretaria da Justiça e Negócios Interiores e realocado nos domínios da medicina mental — o Serviço de Assistência a Psicopatas. Conforme decreto de 1931, a Assistência a Psicopatas compreendia: serviços para doentes mentais não alienados: a) ambulatório; b) hospital aberto; serviços para doentes mentais alienados: a) hospital para doenças agudas; b) colônia para doentes crônicos; Manicômio Judiciário e Serviço de Higiene Mental: a) serviço de prevenção das doenças mentais; b) instituto de psicologia. Quanto ao Instituto de Psicologia, o decreto estipulava:

> Nele se farão todas as pesquisas psicológicas para o diagnóstico das doenças mentais, para o conhecimento da mentalidade de nossa gente, diagnóstico de aptidões para a orientação profissional, além das que lhe foram solicitadas pelas autoridades do ensino. (Pernambucano, 1932, p.35)

O instituto abria-se a psicologia patológica para atender às demandas do Hospital de Alienados e Manicômio Judiciário, e quando requisitado diagnosticar a IM e o QI de doentes e criminosos com recurso da escala Binet-Simon ou do "método Rossolimo". Nessa fase surgiram os estudos: "O perfil psicológico dos criminosos", de Rui do Rego Barros, e "Contribuição ao estudo do estado mental dos médiuns", de Pedro Cavalcanti. Então, os médiuns, para atuarem em centros espíritas, dependiam das licenças expedidas pelo Instituto de Psicologia com supervisão do Serviço de Higiene Mental. Muito embora desligado do Departamento de Educação, o instituto investigava acuradamente o meio escolar — "para servir de base à formação de novos padrões de inteligência impossíveis de estabelecer entre os indivíduos anormais" (Barreto & Campos, 1935, p.138). Na sequência, em bloco, evidenciando esforço de finalização de trabalhos, apareciam: "Contribuição pernambucana da escala Binet-Simon-Terman – testes nas idades de 3 a 4 anos", de Cirene Coutinho; "Revisão da escala Binet-Simon-Terman nas idades de 6 a 7 anos", de Alda

Campos; "Revisão da escala Binet-Simon-Terman. Teste de vocabulário aplicado a crianças de 8 a 11 anos", de Alda Campos e Anita Pereira da Costa; "Revisão da Escala Pernambucana de 5 a 8 anos"; de Barreto e Alda Campos; "Revisão pernambucana da Escala Binet-Simon-Terman – 9 a 10 anos"; de Anita Paes Barreto.

Seguidos de testes aplicados em escolas profissionais de Recife: "A inteligência espacial e o teste de Puzzle", de Beatriz Cavalcanti; "O teste de découpage de Claparède e Walther", de Stela Novais; "A bola e o campo em crianças de 12 a 13 anos", de Pernambucano e Alda Campos; e "Descoberta de crianças anormais no meio escolar", de Pedro Cavalcanti e Helena Campos. Observações e experimentações com o labirinto de Porteus e teste Beta foram realizadas juntos aos escolares e detentos da Penitenciária de Recife; os testes de Rorschach e de atenção de Piéron foram aplicados em indivíduos normais e esquizofrênicos.

Toda essa franca atividade experimental foi divulgada nos *Arquivos da Assistência a Psicopatas de Pernambuco* e *Arquivos Brasileiros de Higiene Mental*. Numa breve palavra, as ações heterodoxas de Ulisses Pernambucano, a saber: associação da observação psiquiátrica com a higiene mental, quando à frente do Hospital da Tamarineira, a organização juntamente com Gilberto Freyre do inusitado Congresso Afro-Brasileiro, o exame de pais-de-santo e a transferência à vigilância das seitas afro-brasileiras do aparato policial para o domínio do Serviço de Higiene Mental valeram-lhe desafetos. Acusado de ser comunista, é preso e arrestado quando do *putsch* da Aliança Libertadora Nacional, e juntamente com líderes comunistas, Gregório Bezerra, por exemplo, amargou cadeia por quarenta dias. Mais adiante, na interventoria de Agamenon Magalhães, Pernambucano foi impedido de exercer a medicina e o magistério, e aposentado a bem do serviço público (em reconhecimento, Gilberto Freyre, seu primo, dedicou-lhe *Casa grande & senzala*). As ações de Ulisses e seguidores são inequivocamente um manancial revelador do talento e da versatilidade de um saber solidamente engajado na decifração do Brasil e do nordeste em particular.

Na capital mineira, no âmbito da reforma capitaneada por Francisco Campos, secretário dos Negócios do Interior e da Justiça, secundado por Mario Casasanta, inspetor-geral da instrução, o também recém-criado Laboratório de Psicologia da Escola de Aperfeiçoamento Pedagógico recepciona cientistas-viajantes de renome: Simon, Claparède, Walther e Antipoff.

São Petersburgo, Paris, Berlim, Genebra, estágios no laboratório de psicologia da Universidade de Paris, com participação nos ensaios de padronização do dispositivo Binet-Simon, envolvimento na reeducação de crianças na Rússia revolucionária, passagem pelo laboratório de psicologia experimental de São Petersburgo, professora na Maison des Petits do Instituto Jean-Jacques Rousseau, assistente de Claparède na Universidade de Genebra: eis sumariamente o itinerário geográfico e intelectual (e sentimental) de Hèléne Antipoff.

Ao assumir a chefia do laboratório e o magistério de Psicologia na Escola de Aperfeiçoamento, Antipoff empreendeu ambicioso programa de pesquisas objetivas: estudos analíticos sobre desenvolvimento mental, organização de classes escolares, trabalho e vocação, teste Prime, ergografia, orientação e seleção profissional, inteligência, meio social e escolaridade, além de estabelecer intercâmbio com Ulisses Pernambucano. Registros desse hábil programa de pesquisa, quase apaixonante, constam nas monografias: *Ideais e interesses das crianças de Belo Horizonte e algumas sugestões pedagógicas, Desenvolvimento mental das crianças de Belo Horizonte, Organização das classes nos Grupos Escolares de Belo Horizonte e o controle dos test*; em coautoria com Maria Luisa de Almeida Cunha, *Test Prime*, e Naitres Resende, *Ortopedia mental nas classes especiais*, entre tantos.

Contrariando a ideia de uma ordem geral e invariável, ou mesmo natural, as populações escolares mineiras foram submetidas às tecnologias de diversificação e reagrupamento mediante verificação do nível mental, estabelecido ora pelo número de pontos alcançados em determinado teste, ora pelo QI. Para os meus argumentos, certamente a demonstração do refinamento do quadro classificatório, o artigo "Das classes homogêneas", de Hèléne Antipoff, veiculado na *Revista do Ensino*, é imprescindível. Acompanhem as palavras da psicologista russa, palavras que, como veremos, sintonizavam-se com as aspirações da virada dos anos 1920, circunstância conturbada por tensões sociais, políticas e militares, e ao mesmo tempo acalmada, se não redimida, pela fé piedosa nas luzes da ciência e da técnica. A passagem afervorada é longa, porém informa o estado de transe a acometer o corpo científico no seu intento de inscrever a diferença nas leis da objetividade.

A tentativa de grupar as crianças em classes homogêneas, e que acaba de ser realizada nos primeiros anos dos Grupos Escolares de Belo Horizonte, nada mais faz que obedecer a um princípio fecundo, encontrado na ordem do dia nos estabelecimentos industriais. Esse princípio é o de dar organização racional do trabalho, posto em evidência por W. F. Taylor, desde o fim do último século.

No trabalho de Mr. Léon Walther "Tecnopsicologia do trabalho industrial", editado pela Comp. de Melhoramentos de S. Paulo, obra muito sugestiva e que especialmente recomendamos aos diretores dos estabelecimentos pedagógicos, lemos as seguintes linhas, do próprio Taylor: "A organização científica não comporta necessariamente grande invenção, nem descoberta de novos fatos extraordinários; consiste numa determinada combinação de elementos... Essa combinação que constitui a organização científica pode resumir-se da seguinte forma: ciência ao invés de empirismo; harmonia ao invés de discórdia; cooperação ao invés de individualismo; rendimento máximo ao invés de produção reduzida; formação de cada homem de modo a obter o máximo de rendimento e de prosperidade". (Antipoff, 1931b, p.50)

Confiante nos resultados derivados da aplicação das provas de reatividade mental apregoava energicamente:

> O grupamento dos alunos em classes homogêneas, segundo seu desenvolvimento mental, é, neste sentido, uma das combinações de organização racional do trabalho pedagógico.
>
> Se a esse grupamento de crianças acrescentarmos ainda a preocupação da escolha de professores adequados a cada tipo de classe, poderemos esperar que o fato de haver colocado o "right man on the right place" assegurará ainda mais o êxito de tal organização. (ibidem, p.55)

Subjacente à cena, Sud Mennucci, naquele momento dedicado à crítica literária e às reflexões sobre a revolução psicológica provocada pela Era Mecânica, ao resenhar o popularíssimo *Minha vida e minha obra* de Henry Ford, via em Walther um êmulo à altura do gênio de Ford:

> Eis um livro [*Minha vida e minha obra*] que pode considerar-se um livro afortunado, pois chega exatamente no momento propício. Apanha a atmosfera de simpatia que, em volta dos problemas industriais, vem suscitando há quase um mês, com seus ciclos de conferências, um ilustre professor da Universidade de Genebra, o cientista russo dr. Léon Walther.
>
> O dr. Léon Walther está pondo em evidência, forte de sua experiência própria, pois que não é apenas um sábio de gabinete, mas um pesquisador da técnica, os múltiplos e complicados problemas psicológicos que se relacionam com a organização científica do trabalho em todos os seus aspectos.(1927, p.38)

BRASIL ARCAICO, ESCOLA NOVA 233

Nesse labirinto enovelado e povoado de formuladores de instrumentos operativos destinados a fornecerem imagens quantitativas da pessoa humana, sobressaiam as figuras de Atílio Vivacqua e Pedro Deodato de Moraes. Em Vitória, no auge dos debates e das ações originadas pela reforma encabeçada por Vivacqua, Deodato de Moraes, na condição de técnico contratado pelo governo capixaba, organiza e ministra, em meados de 1928, quatro programas de formação para um público bem selecionado, constituído de inspetores-escolares, diretores de educandários, professores e professorandos designados pelo Secretário da Instrução.

Além de implantar o Gabinete de Antropologia e Psicologia Experimental anexo à Escola Normal Pedro II, a fim de preparar professores para o "regime radical da pedagogia dinâmica", como bem dizia Vivacqua, a aposta decisiva residia na adaptação dos programas de ensino à natureza fisiológica e psíquica do escolar, almejado escopo da autonomeada "Escola Ativa brasileira do Estado do Espírito Santo", reforma de curta existência mas digna de fama e atenção nos meios locais e nacional.

O Curso Superior de Cultura Pedagógica seguia de perto a experiência de Ugo Pizzoli, como se sabe Deodato de Moraes frequentara tal evento. Ao final extenuante dos trabalhos de formação de quadros para a necessária sustentação da reforma, foram apresentadas trinta e cinco teses perante bancas examinadoras organizadas em auditórios lotados, e cujos títulos convém ressaltar: "Velhos e novos sistemas educativos – a Escola Ativa do século XVI ao século XX", de Placidino Castro; "Precursores da Escola Ativa – o papel da educação sanitária na Escola Ativa", de Rita Tosi Quintaes; "Interesse e esforço na educação, seus efeitos", de Maria Luisa Neto; "A Escola Ativa educa para a vida", de Osvaldo Cordeiro Marchiori; "A escola vivificadora, cooperação da família na obra educativa, Círculo de Pais", de Célia Pacheco Gonçalves; "Educação na Escola Nova", de Silvio Rocio; "A metapsicologia como base dos exames técnicos da Escola Ativa brasileira", de Juraci Machado; "A educação dos sentimentos na Escola Ativa", de Maria Amália Coutinho; "Carteira Biográfica Escolar na Escola Ativa", de Custódia Gomes Souza.

Sob os auspícios do governo, Deodato de Moraes publicou as aulas do primeiro eixo temático do curso superior no livro extenso *Pedagogia científica* e anunciou outros títulos em preparação: *Didática*, *Pedagogia social*, *Pedagogia social e escola ativa*, *A escola ativa brasileira de Vitória* e *A escola rural ativa no Brasil*. Fato não concretizado, quando a revolução outubrista eclodiu, Atílio

Vivacqua, embora transitasse com desenvoltura entre oligarcas e comunistas, posicionou-se contrariamente à Aliança Liberal e foi destituído.

***

Assentado sobre valores práticos e conceitos operacionais, esses modelos de apreciação dos fatores, das atitudes e funções psicológicas apontados valiam-se de enunciados de perfeita neutralidade, objetividade e universalidade, e ao mesmo tempo davam suporte às tomadas de decisão no campo social. Tudo isso advinha de sujeitos dispostos a empunhar o estandarte da ciência e, evidentemente, propensos a levar em conta o máximo de distinções individuais.

> Portanto, a verdadeira educação hodierna é aquela que está presa aos ideais da humanidade, às questões sociais, às exigências psicoexperimentais do homem.
>
> Daí o dizermos que a escola ativa é uma conquista também do socialismo vitorioso.
>
> Se este tem duas tendências, como o afirmam os seus criadores — a evolução e a revolução — a escola do trabalho apresenta-se para evitar a violência da inclinação revolucionária do socialismo. (Vianna, 1930, p.58)

Eram essas as energias utópicas a alimentar a ficção humanizante dominante no *Zeitgeist* intelectual, eram essas as visões imaginativas subjacentes à rósea aurora da ciência com seus pontos cegos.

4
O CORPO COMO AGLOMERADO DE SIGNOS

De superficial, o olhar se torna profundo ao devassar o volume — o corpo empírico. O antes oculto é chamado a manifestar-se sob o rigor das técnicas de individuação: corpo e psique tornam-se objetos epistemológicos. Numa emaranhada sincronia, um redemoinho de fatos e feitos adiantava-se, fenômeno a demonstrar a existência de uma rede de sociabilidade intelectual a concentrar forças. As medidas objetivas disseminaram-se, pelo simples fato de dispensar os pesados e custosos gabinetes e laboratórios, muito embora, como vimos, exaustivamente, neles se tivessem originado; de fato, o toque de finados dos laboratórios já havia soado (é espantoso, o grande abalo sísmico estremece o país de ponta a ponta, o transe é geral, contudo a comunidade de científicos, irmanada na pesquisa da verdade, via-se acima das tensões conflituosas).

Em estreita relação com os ensaios de organização em escolas superpopulosas, conquanto tidas como terra de missão, supunha-se que a escola é um teatro cujo desfecho professores e alunos desconheciam, os modernos fisiognomonistas, guiados pela razão prática, encresparam fortemente a voga das avaliações objetivas de inteligência e aptidões, para culminarem na apoteose da medida como instrumento de harmonia e justiça. As figuras emergentes associavam suas imagens pessoais à do perito em eficiência organizacional, capacidade produtiva e bem-estar.

À primeira vista, o que mais ressalta são disposições intelectuais relativas à quantificação, classificação e graduação, disposições geradoras de uma comunhão quanto à utilidade de dispositivos dotados de fidedignidade e eficácia, no trato de agregados moleculares indiferenciados. Nascia uma prestigiosa corrente de saberes de virtudes prometeicas ao eleger o corpo humano como objeto epistemológico. Donde: a construção científica da infância com recurso de saberes de teor observante e experimental. Decerto, corporificadoras do espírito de geometria, as práticas biométricas, de uma parte, institucionalizam os testes de rendimento escolar (ou pedagógicos) em matérias como linguagem, aritmética, estudos sociais e ciências naturais; de outra parte, intentam dar conta da heterogeneidade dos contingentes, identificando a variedade de tipos mentais revelados pela escola: os "avançados", os "atrasados pedagógicos", os "retardados físicos médios", os "indisciplinados natos", os "débeis orgânicos". A resposta à situação tida por desastrosa consistiu na organização de conjuntos coesos e uniformes: as classes homogêneas para a processuação de um ensino diferencial com métodos de ensino conforme o espírito do tempo.

> Mais um esforço e havemos de conseguir a organização não só das classes homogêneas – sonho dourado da pedagogia – mas também de classes especiais de retardados, já em experiência, de bem dotados de inteligência e até de recuperação, para os momentaneamente atrasados, por moléstia, ou por outro impedimento qualquer. (Carneiro Leão, 1926, p.123)

Para esse culto devoto, o desafio consistia na decifração do enigma presente nas paisagens humanas formadas de fisionomias desconhecidas — fenômeno próprio de paisagens étnico-culturais diversificadas. A citação seguinte expressa a percepção sensível de um observador atento: Sud Mennucci; em *A escola paulista: debate com o Renato Jardim*, o reformador montava um catálogo eclético de tipos humanos.

> Uma classe paulista é a mais acabada salada que se pode imaginar. Não há apenas as diversidades comuns de níveis mentais. Há também diferenciações raciais. É comezinho encontrar, um conjunto interessantíssimo, italianos, húngaros, alemães, portugueses, poloneses, espanhóis, japoneses, romenos da Bessarábia, letões e russos. E, dentro de cada uma dessas nacionalidades, as mil características regionais, em que se extremam os povos de uma terra como a europeia, caldeada em séculos de incursões e de invasões.
>
> E com classes assim heterogêneas e heteróclitas, lutando contra todas as desvantagens advindas de um departamento público em que a economia sempre foi a regra para as suas consignações orçamentárias, que os professores de São Paulo conseguiram o milagre de tornar as suas lições atraentes e procuradas, queridas e amadas. (1930, p.24)

BRASIL ARCAICO, ESCOLA NOVA **237**

Dispostos em constelação, um sem-número de sujeitos proferiam conferências e ministravam cursos na Liga Brasileira de Higiene Mental, Associação Brasileira de Educação, Sociedade Brasileira de Psicanálise; materiais impressos enxameavam o ar como se quisessem deliberadamente pôr fim ao quadro desolador e às certezas da tradição.

Vinha a público uma seriação intensa de artigos sobre o assunto, fosse em revistas pedagógicas oficiais, fosse na *Revista do Idort*; ou mesmo em teses médicas, como *Da correlação entre testes de desenvolvimento mental e testes psicomotores*, de Antonio Cunha; e claro, vinham à tona manuais de aplicação, cuja profusão de títulos e tiragens significativas indica a presença de uma mercadoria rentável para o comércio livreiro e presença de um público disposto a consumi-la. Ora, o inventário de manuais de aplicação, visto a seguir, é algo mais do que simples curiosidade ou exercício de erudição; acima de tudo, é sintoma da certeza que acometia os peritos-funcionários dispostos a transpor muros e operar nos meios sociais e reorganizá-los com critérios de ordem de grandeza.

O ponto de partida dos manuais de aplicação é *Tests: introdução ao estudo dos meios científicos de julgar a inteligência e a aplicação dos alunos*, do respeitável Medeiros e Albuquerque, escritor polígrafo, cultor da medicina, ocultismo e magnetismo animal, como bem demonstra seu *O hipnotismo*, prefaciado por Miguel Couto e Juliano Moreira, livro de repercussão conquanto encerrasse a fase áurea do magnetismo como método psicoterápico. *Tests*, cuja fatura baseia-se em extensa e atualizada bibliografia norte-americana, é a primeira publicação brasileira do gênero substituindo dois manuais portugueses de relativa aceitação: *Escala de pontos dos níveis mentais das crianças portuguesas*, de Luisa Sérgio e António Sérgio (Porto: Renascença Portuguesa, 1919) – ele, outrora, presidente da Amical de Professores e Alunos do Instituto Jean-Jacques Rousseau e diretor da seção portuguesa da Ligue International pour l'Éducation Nouvelle.

> Por outro lado, em português, que eu saiba, há apenas uma brochura de 58 páginas, por Luisa e António Sérgio — *Escala de pontos dos níveis mentais das crianças portuguesas*. Embora tenha como um dos seus autores, um espírito de admirável cultura, esse folheto me parece mais próprio para atrapalhar do que para guiar quem dele se servir.
>
> Tudo isso me tinha dado a ideia de tentar um livro sobre o assunto. Estava em escrevê-lo vagarosamente, de tempos a tempos, no intervalo de outros trabalhos, quando a iniciativa do Dr. Carneiro Leão, a que acima me referi, tornou urgente

que se publicasse alguma coisa acerca da questão. Ele mesmo me incitou a isso. (Medeiros e Albuquerque, 1924, p.9)

Nas páginas finais do livro Medeiros e Albuquerque arremetia sem cerimônia:

Os autores, que são, aliás, educadores de alto mérito, tratam exclusivamente dos *tests* intelectuais. Preferiram, porém, uma escala de pontos "no gênero da que foi esboçada na América por Yerkes, Bridge e Rosa Hardwick". Nada, entretanto, está tão minuciosamente exposto como fora para desejar. Demais, as experiências feitas para adaptação foram apenas efetuadas com um punhadinho de crianças "mendigas de Lisboa e raparigas da Felgueira Nova e da Felgueira Velha, das Paçarias e de Macieira da Lixa (Douro)". O número delas, 57, foi tão pequeno que as medidas apresentadas nem para a classe a que pertencem são válidas. (ibidem, p.173)

No cenário nacional, encerrava-se também a plácida hegemonia de *Lições de pedologia e pedagogia experimental*, de Faria de Vasconcelos (Lisboa, Aillaud & Bertrand, 1909), intelectual português destacado pela criação de uma "escola nova" na Bélgica, e muito elogiada por Ferrière no prefácio de *Une école nouvelle en Belgique*, do próprio Vasconcelos.

Numa espécie de ingurgitamento, apareceria uma sucessão de autores e títulos a testemunhar a explosão de forças poderosas: C. A. Baker, *O movimento dos testes: estudo dos testes em geral e guia para realização do test Binet-Simon-Terman*; Paulo Maranhão, *Testes: testes mentais, testes de escolaridade, programa de testes e Testes pedagógicos*; Isaías Alves, *Test individual de inteligência: fórmula de Binet-Simon-Burt adaptada para o Brasil, Testes de inteligência nas escolas* e *Os testes e a reorganização escolar*.

O ingurgitamento prossegue com *Infância retardatária: ensaios de ortofrenia*, do professor da escola de débeis do Hospício do Juqueri, São Paulo, Norberto de Souza Pinto, cujo prefácio coube a Lourenço Filho e Sud Mennucci; Manoel Bomfim e colaboradores, *O método dos testes: com aplicações à linguagem no ensino primário*; Ulisses Pernambucano e Anita Paes Barreto, *Ensaio de aplicação do test das 100 questões de Ballard*; José Scarameli, *Testes*; Halina Radecka, *Exame psicológico da criança*; Lourenço Filho, *Testes ABC*; Alba Cañizares Nascimento, *Alunos-problemas nas aplicações dos testes ABC*; Inês Arcoverde de Albuquerque Cavalcanti, *Testes: bases psicológicas da Escola Nova*; Eulália Alves Siqueira, *Adaptação brasileira do teste de Dearborn, Adaptação da escala Army Alpha* e *Adaptação brasileira dos testes Kuhlmann-Anderson*; Pedro Deodato de Moraes, *Considerações sobre os resultados experimentais da Escala Binet-Simon e seleção dos deficientes*. Para a discussão que ora se faz, não há nada mais instrutivo, senão ouvir os autores de *Tests: como medir a inteligência dos escolares*, a professora Celsina de Faria e o médico-escolar Bueno de Andrada Rocha.

Muito haveria que dizer sobre as vantagens, no ponto de vista social, em que se conhecerem e classificarem as mentalidades infantis. Limito-me, portanto, a apenas lembrar que esta classificação constitui o fundamento de toda a organização de ensino que pretenda o nome de científica, bem assim como de todas as obras de assistência e proteção a menores com finalidades profiláticas quanto ao crime e à loucura.

Toda a eficiência do ensino deriva, pois, da organização de classes homogêneas, sem o que não será satisfeita uma das necessidades mais essenciais deste ensino que é forçosamente de preparar o maior número de alunos no menor prazo, para beneficiar a totalidade da população infantil que cumpre educar. (1931, p.10)

No parágrafo seguinte, apelavam para convincentes argumentos profissionais: as leis de ensino subordinavam a promoção na carreira do magistério ao número de alunos aprovados.

Ora, com classe heterogênea em que se contam crianças de vários níveis e tipos mentais fatalmente serão, senão perdidos, ao menos mal recompensados os esforços das mais dedicadas professoras, em vez de uma só classe terão tantas quantas as diversidades de inteligência dos seus alunos. (ibidem p.11-2)

A esse repertório aparentemente inesgotável, acrescessem-se as traduções de *A escola e a psicologia experimental*, de Claparède, *Psicologia experimental*, de Piéron, e *Testes para medida do desenvolvimento da inteligência*, de Binet e Simon e *Prática dos testes mentais: técnica da psicologia experimental aplicada à educação, para uso do professor do ensino primário*, de Decroly e Buyse. Mais ao fundo numa tela imensa, um nunca-acabar de obras de mesma feição: *Problemas de educação moderna: ensaios pedagógicos* e *Educação dos supernormais: como formar as elites nas democracias*, de Leoni Kassef; *Ensaio de biotipologia educacional*, de Everardo Backheuser; *O problema da educação dos bem dotados*, de Estevão Pinto, *Pedologia: esboço de uma história natural da criança*, de Alberto Pimentel Filho; *O crescimento mental: exposição analítica de psicopedagogia para uso de alunos das escolas normais e dos professores do curso primário*, do provecto João Toledo; *Psicologia da infância*, de Silvio Rabelo; e o sugestivo *Psicognomia: leitura metódica e prática do caráter e das aptidões para educadores e dirigentes*, de Paulo Bouts.

240 CARLOS MONARCHA

Sumamente interessados na racionalização da máquina escolar, os editores da *Revista do Idort*, por sua vez, publicavam artigos de professores de diferentes regiões do país: "Estudo psicotécnico do teste Dearborn", de Anita Paes Barreto e Celina Pessoa; "Teste individual de inteligência", de Isaías Alves; "Racionalização no preparo dos livros didáticos", de Leontina Silva Busch; "O problema da especialização no ensino primário visto através de um inquérito escolar", de Reinaldo Kuntz Busch; "Tese de psicologia educacional", de Carmen Corrêa; "Da homogeneização das classes escolares", de Armando dos Santos; "A medida objetiva do trabalho escolar. Test de identificação", de Eulália Alves Siqueira; e "Educação dos anormais escolares", de Norberto Souza Pinto.

São desse momento enlevado, todos promulgavam crenças científicas, as publicações de impacto nos territórios mentais sensibilizados pela precipitação da cultura de eficiência: *Notas sobre psicotécnica*, de Robert Mange; *Psicologia e psicotécnica* (publicação do Laboratório de Psicologia Experimental da Escola Normal da Praça); *Psicologia experimental*, de Piéron; *Tecnopsicologia do trabalho industrial*, de Walther, em cujo prefácio, Lourenço Filho confirma profissão de fé: "A fisiologia e a psicologia foram chamadas a cooperar na organização das fábricas para maior eficiência econômica e melhoria das condições do trabalho do operário"; e, por fim, os números temáticos da revista *Escola Nova*, "Introdução ao estudo dos testes" e "O problema da orientação profissional".

Certamente, uma das publicações que melhor traduzem expectativas concernentes à cultura de eficiência nos meios educacionais refere-se a *Fayolismo na administração das escolas públicas* de José Querino Ribeiro (1938). Enfim, a opinião culta encontrava-se exposta às tentações racionalizadoras, as quais no fundo nada mais eram senão fantasias criadoras de prazer e sensação de pisar solo firme.

Revestida de métodos clínicos, anamnese, testes, observação direta, interpretação, estimativas estatísticas, a ciência pedológica ambicionava preparar a grande obra de redenção social. O magma desse legendário mítico consistia no ensino democrático e na seleção por mérito, aliás, diga-se de passagem, expectativas presentes no capítulo "Da educação e da cultura", da Constituição de 1934, cujo artigo 150 estipulava a seguinte norma jurídica: a "Limitação da matrícula à capacidade didática do estabelecimento e seleção por meio de provas de inteligência e aproveitamento, ou por processos objetivos apropriados à finalidade do curso". Por agora é suficiente dizer que, ao introduzir a orientação psicológica, fisiológica, biológica e estatística no marco escolar, procurava-se eliminar o anonimato das populações dadas por perdidas e à deriva.

Desconforto e reação

Haveria resistências à antropologia naturalista em curso ascendente? Haveria sujeitos contrafeitos quanto ao sobrepoderes da ciência triunfante? Ou à potente construção científica da infância e do homem adulto? Ou mesmo entrechoques entre aqueles dispostos a desfazerem contrafações ecumênicas? Ou das elucubrações alucinatórias de uma razão ofuscada pelo brilho intenso? Numa palavra, haveria resistência quanto à colonização da pessoa de direito pelo discurso da ciência?

George Dumas, discípulo de Bergson e Ribot, e, sensível a análise introspectiva, assíduo frequentador dos círculos intelectuais paulistas e cariocas — Medeiros de Albuquerque e Manoel Bomfim, com ele estudaram na Sorbonne — manifestava restrições circunspetas, dubitativo escrevia:

> Os "tests", os famosos "tests" dos quais se usa e abusa, têm uma certa aparência de objetividade, porém, apenas atingem as faculdades abstratas da memória, da inteligência, da imaginação artificialmente postas em atividade, e não podem atingi-las nem em seu conteúdo, nem em seu jogo espontâneo. São ainda processos superficiais, em que a psicologia do adulto é implicitamente considerada como critério e a norma.
>
> Quem ousaria ufanar-se de conhecer uma alma de criança depois de haver feito uma criança passar por todas as provas de um laboratório. (1928, p.97)

No campo dos antagonismos entre cientistas e espiritualistas, havia contestações mais agudas, como estas constantes em *Escola Nova: uma palavra serena em um debate apaixonado*, de Jonatas Serrano, cujo sal podemos provar, ao lhe dar a palavra:

> Outros erros da chamada Escola Nova que teremos ocasião de analisar mais adiante: o pragmatismo exagerado, parecendo não raro esquecer o papel da inteligência e da razão; a cega confiança em mensurações que muitas vezes não significam

242 CARLOS MONARCHA

aquilo que se lhes atribui; e o unilateralismo anticientífico e contrário à observação imparcial dos fatos, pelo qual se pretende em nome da pedagogia renovada proscrever ou afastar da escola todo e qualquer ensino de caráter religioso. (1932, p.27)

Todavia, as palavras mais enérgicas, digamos assim, viriam de um *expert* formado nos pressupostos da antropologia cultural e psicanálise. Ao contrário dos demais, Artur Ramos privilegiava os fatores socioculturais na caracterização da "criança problema": "Concluir sumariamente por um 'atraso' ou uma 'anormalidade' simplesmente porque o *test* A ou o *test* B concluiu assim — é desconhecer os aspectos totais da personalidade humana". Assertivo, avançava enérgico na defesa de um ponto de vista não menos atual.

Multiplicaram-se essas escalas e *tests*, cada investigador desejando construir a sua. E a coisa foi pior, quando, saindo dos estudos quantitativos da inteligência, se quiseram construir *tests* psicopedagógicos de toda a natureza e até escalas de personalidade e de caráter. Não caberia neste livro o exame e a crítica desta extrema atividade "testologizante", que tem atravancado a pedagogia de nossos dias. (1939, p.xv-xvi)

Contrário ao critério puramente psicotécnico, Artur Ramos admitia a aplicação da escala Binet-Simon-Terman apenas no "diagnóstico da oligofrenia, em geral, nos seus vários graus – da debilidade mental, da imbecilidade e da idiotia". Como se vê a tela de debates é razoavelmente complicada, a chuva de críticas adquire maior complexidade se além do anteriormente narrado evocarmos o relato de Nina M. Sorochenko, sobre o movimento pedológico e sua ciência, quando partícipe do Laboratório do Asilo de Menores de Moscovia.

Seja o que for, seja como for, é preciso abstrair os momentos belos e exaltantes da felicidade positivista em proveito da franqueza para dizermos que da Capital Federal às estepes russas, ainda que não soubessem, ainda que não se conhecessem, Artur Ramos e Nina M. Sorochenko (e tantos outros ainda desconhecidos e nem imaginados) solidarizavam-se numa mesma desilusão: a desrazão subjacente ao iluminismo científico às voltas com a junção da descrição da pessoa ao número dizível.

Para o corpo de científicos, a escola estandardizada e engastada na corrente da vida prática, é isso que denominamos de felicidade positivista, se afigurava como antessala da sociedade pacificada e não repressiva, como certificava Anísio Teixeira, ao gizar: "A classificação e a promoção dos alunos em grupos homogêneos, o tratamento individual do aluno, a organização dos graus escolares de conformidade com a qualidade das classes, tudo isso abre novas perspectivas para uma escola eficiente e justa" (1930c, p.ix). E ao partilharem da visão tecnológica, visão indicativa de um novo ritmo de civilização — o regime industrial moderno, e da ânsia de uma outra economia das relações escolares, os sujeitos da razão racionalista reforçavam a consciência da necessidade de uma direção científica de modo a lograr equilíbrio e segurança social.

Tendo por meta a substituição dos métodos mais antigos pessoais de julgamento por métodos impessoais, a ofensiva nacional das práticas biométricas com suas ideias modernas sobre a infância e o homem comum consolidava um saber nutrido pela aderência à realidade empírica e, por vezes, à perigosa fantasia cientista e liberalista, com o intuito de acelerar o desfecho da demorada seleção natural sujeita ao capricho do acaso e do tempo, como desejava Estevão Pinto em *O problema da educação dos bem dotados*: "Como a seleção natural é lenta, temos de recorrer aos meios artificiais: esterilização, segregação, eugenia" (1933, p.13).

"Será preciso, entretanto, repetir que o movimento de medição de inteligência e dos resultados da educação é um movimento tão seguro e tão certo, quanto o de qualquer outra investida da ciência para medir fenômenos físicos, ou químicos, ou fisiológicos?" Confiante Anísio Teixeira prosseguia: "Pelos testes, é, no fim de contas, a ciência que entra na escola" (1930c, p.vii). E, ao mesmo tempo em que se afirmava a fecundidade da arte da medida exata, e ajuizamento da pessoa em prol dos benefícios gerais de um regime societário, os *experts* percebiam que o seu saber tinha direito a exercer poder social.

À vontade, o êxito e o prestígio eram enormes, os fisiognomonistas, ao mobilizarem intolerâncias concernentes a um tempo detestado, valiam-se da medida para estabelecer as bases da equidade social e, ao assim procederem, incluíam, inadvertidamente, os problemas políticos e sociais gerais no campo da explicação biopsíquica e da análise clínica. Entretanto, tal procedimento abstrai a situação de classe, ao colocar em seu lugar as noções de mérito e competência individual. Por conseguinte, parcelas irradiantes de professores traziam para si o problema da desigualdade, explicando-o por meio da medida, caução da verdade e instrumento não arbitrário, sobretudo símbolo da exatidão e da justeza.

Num ato de fé permanente, em meio a uma formação social sobressaltada, ora pelo pânico social e desesperos contínuos, ora por esperanças utópicas, os intelectuais-cientistas irmanavam-se na pesquisa da verdade. Ao abstraírem as relações sociais injustas e desiguais (e que constituem os fundamentos das sociedades modernas), e ao prodigalizarem cuidados e zelos caridosos, em face de um humanismo cientificista, os fisiognomonistas interrogavam as expressões de seres sem face à procura de indícios de uma maior ou menor inteligência, tal como se faz quando se quer encontrar sinais cicatriciais de feridas passadas.

Excurso II
Acalmar o tumulto do trabalho

Aprofundemos um pouco mais a trajetória nervosa relacionada com a cultura da eficiência. Que vemos? Seletiva e localizada, irrompia aqui e ali a percepção aguda de seres vivos constituídos em populações densas e turbilhonadas — seja no comércio, escritórios, escolas e fábricas, seja em redes ferroviárias e serviço público. Escutemos vozes sintonizadas numa linguagem e desígnio comuns, e, claro, dotada de forte significação doutrinal e aspiração política. Para os circuitos afervorados pelo desejo de ação, a psicotécnica com seus estudos investigativos sobre resistência à fadiga, habilidade motriz, capacidade de atenção, reação aos estímulos acústicos e visuais, habilidade dos movimentos voluntários, funções psicomotoras, psicossensoriais e intelectuais, era decisiva na reconstrução do mundo social. Elevado a primeiro plano da cena e decisivamente integrado nas lutas do *front* interno, esse saber positivo acentuava a vontade de individualizar, classificar e agrupar seres vivos conforme aptidões dadas por naturais com a finalidade de criar e manter uma força de trabalho estável, dotada de eficiência muscular e nervosa. Num futuro próximo, caberia a Clemente Quaglio, figura marginal no sistema científico e intelectual, criticar acidamente essa episteme positiva em *Civilisation et machinisme: la débâcle de la psycotecnique* (1937).

Em São Paulo, as práticas biotécnicas desenvolvem-se em vórtice numa rede de agências credenciadas — Liceu de Artes e Ofícios, Instituto de Higiene, Escola Normal da Praça, Diretoria Geral de Ensino, Liga de Higiene Mental de São Paulo, Sociedade de Biologia e Sociedade de Educação. Essa ascensão deu-se após as greves de 1917-1920, quando se entremeou o propósito de racionalização com a atividade repressiva e a intervenção estatal no mercado de força de trabalho com recurso à legislação previdenciária e social; ascensão intensificada pelo fato de que esse mesmo mercado relativamente estável nos tipos de ofícios era abalado pelas inovações tecnológicas e especializações da atividade laboral. É quando os estudos analíticos de Lourenço Filho e Robert Mange arremataram a progressão envolvente da cultura da eficiência.

Engenheiro suíço radicado no Brasil, Mange replicava teóricos como Taylor, Jules Amar e Henri Fayol, e experiências de psicotécnicos alemães, além de introduzir a psicometria na seleção e qualificação de trabalhadores num ramo de atividades com características de produção industrial e aparelho de Estado: as companhias ferroviárias. Suas ações são múltiplas e criativas: estudos sobre as séries metódicas dos ofícios na Escola Profissional Mecânica do Liceu de Artes e Ofícios; participação na criação do Idort; organização do Serviço de Seleção, Orientação e Formação de Aprendizes da Estrada de Ferro Sorocabana; criação do Centro Ferroviário de Ensino e Seleção Profissional; e na redação do Código de Educação de 1933 com Fernando de Azevedo à frente do Departamento de Ensino. (cf. Cunha (1983).

Mange defendia o taylorismo como estratégia de combate à desorganização das empresas com a utilização adequada de matérias-primas, energia motriz e mão-de-obra. Afiançava que a redução de custos e o aumento da produtividade elevariam os salários: o lucro egoísta cederia ao bem-estar comum. (Brecht (2002, p.4): "O engenheiro que promove a racionalização e portanto aumenta o empobrecimento físico do proletariado causa pelo menos o mesmo estrago".) Ora, a época é de desqualificação do trabalho pela máquina; fixar o operário junto ao aparelho de produção e submetê-lo ao ritmo da esteira de produção são os alvos dos psicometristas.

> Pagamos preços elevados a indivíduos mal preparados e pouco aptos ao ofício que desempenham, eternamente descontentes de suas funções e, portanto, poucos estáveis, que não assumem responsabilidade de ofício, por ser ele transitório ou ocasional, e, mais, facilmente acessíveis a tendências sociais desorganizadoras. (Mange, 1926, p.3)

Possuído pela razão reta, Mange não hesitava: "O operário formado é uma roda dentada que se adapta a qualquer sistema de engrenagens de formação idêntica" (1925, p.12). Simples tráfico de fraseologia? A metáfora mecânica não é casual. Nessa visão delirante, o corpo humano aparecia assujeitado à força monótona das máquinas. Para formar um ser humano de tipo novo, os sujeitos da razão analítica e calculadora desentranhavam dos corpos em exame os elementos para a formulação de juízos severos sobre ajustamento, capacidade de ação e destinação social.

> Se selecionamos matérias-primas na indústria, sementes e plantas na agricultura, espécimes animais na pecuária, sempre para obter progresso evolutivo eficiente, não é de estranhar que o material humano — que também não se presta de igual modo para determinado fim - tenha de ser selecionado. Aliás, o homem não escapa às leis genéticas e biológicas e, como tal é que *a psicologia aplicada lhe segue os passos*. (1926, p.7 - grifo no original)

Exultante consigo mesmo, Lourenço Filho em *Introdução ao estudo da Escola Nova*, entoava em coro:

> Ao em vez do enigma que, dantes, parecia ser a criança, diversamente resolvido pelo critério de cada mestre ou de cada pai, por avaliação inteiramente subjetiva, começa-se a avaliar nela, de modo muito mais preciso e impessoal, níveis de desenvolvimento, qualidades e aptidões especiais. A nova maneira de propor a questão se resume simplesmente nisto: estudemos a matéria-prima, antes do ajustamento das máquinas que a devem trabalhar. (1930b, p.3-4)

Essas efusões íntimas de um e de outro, e tantos e tantos outros, evidenciam a demanda psi em progresso: "O homem não trabalha, senão muito raramente, como um motor físico na agitada e constante vida das fábricas: trabalha e operará cada vez mais como um aparelho psicofisiológico" (Penafiel, 1925, p.11). No quadro mental iluminado por luzes monocromáticas, a demanda psi estabelecia como objetivo teórico a predição e controle dos fatos do comportamento para lograr velocidade e simultaneidade de ação.

Com o apoio da Associação Comercial de São Paulo e do Centro das Indústrias do Estado de São Paulo, fundava-se, em 1931, o Instituto de Organização Racional do Trabalho, instituição de utilidade pública criada para propagandear métodos eficientes de trabalho e estandardizar as atividades humanas. Idealizado em 1929, sob a denominação Instituto Paulista de Eficiência, o Idort, um dos sinais do entusiasmo crescente pela cultura da eficiência no segmento patronal, inspirava-se nas instituições norte-americanas às voltas com a aquisição de poder político com o fito de exercê-lo sob critérios de eficiência industrial: Efficiency Society e New Machine — anos depois, Antonio Carlos Pacheco e Silva diria que o Idort favorecia a "cooperação íntima das classes e camadas sociais, a transformação dos adversários irredutíveis que então se digladiavam em colaboradores de um mesmo ideal: o bem-comum" (1980, p.57).

O ponto alto do instituto consiste no contrato celebrado com o interventor para reorganizar a burocracia de Estado e realizar campanhas contra o desperdício e difusão dos testes psicotécnicos. Logo, os cursos de formação de diretores de grupos escolares incluiriam a temática "organização racional do trabalho", e a legislação específica instituiria um gabinete de psicotécnica para desenvolver e aplicar testes de seleção e orientação profissional no alunado (Bárbara Weinstein (2000, p.96) propõe a tese desafiadora: "Todo o movimento da Escola Nova no Brasil tinha uma grande dívida com ideias e indivíduos ligados ao Idort, mas sua influência era sentida principalmente no campo da educação profissional").

PARTE V
O DISCURSO DO INCONSCIENTE

Não sei se você adivinhou a ligação secreta entre Análise leiga e a Ilusão. Na primeira, quero proteger a análise dos médicos, na segunda, dos sacerdotes. Quero entregá-la a uma categoria que ainda não existe, uma categoria de cura de almas seculares, que não necessitam ser médicos e não podem ser sacerdotes.

(Trecho de carta de Freud a Pfister, in Freud & Meng)

A prática da psicanálise tem analogias palpáveis com a confissão (da religião católica), o que nos faz crer que toda a psicologia de Freud era conhecida dos grandes doutores da Igreja.

(Franco da Rocha, "A psicologia de Freud")

1
Os insuperáveis nomencladores

Na cena aberta por Freud

Controvérsias à parte, ao se falar de psicanálise freudiana, o protocolo habitual recomenda iniciar-se pelo relato de um sonho — pois, por ser desejo irreprimível de ação, nenhum sonho é inocente, dizem. Acompanhemos, então, o sonho sonhado pelo jovem Amâncio, personagem central de *Casa de pensão*, de Aluízio Azevedo.

> Chegou, finalmente, a véspera do amaldiçoado exame.
>
> Que ansiedade! Que dia de angústias para o pobre Amâncio! E que noite, a sua! — Não descansou um segundo: apenas, já quase ao amanhecer, conseguiu passar pelo sono; antes, porém, não dormisse, tais eram os pesadelos e bárbaros sonhos que o perseguiam.
>
> Via-se entalado num enorme rosário de vértebras que se enroscava por ele, como uma cobra de ossos; grandes tíbias dançavam-lhe em derredor, atirando-lhe pancadas nas pernas; as fórmulas mais difíceis da química e da física individualizavam-se para o torturar com a sua presença; os examinadores surgiam-lhe terríveis, ríspidos, armados de palmatória, e todos com aquela feia catadura do seu ex-professor de português no Maranhão. (1940, p.59)

Oportunamente, mais à frente, ao discorrer sobre a primeira Sociedade Brasileira de Psicanálise, iremos deparar com o simbolismo extraído desse sonho pela mente operosa de Durval Marcondes, então, às voltas com as análises sobre o conteúdo onírico e os complexos do personagem Amâncio.

Coetâneo à onipresença da pedotecnia, pedologia, pedopsiquiatria e ortofrenia (neologismo criado por Félix Voisin, em 1834), saberes gerativos e incitadores, desenrolava-se como fio de Ariadne uma técnica original para mapear a psique infantil — a pedanálise, denominação pela qual Deodato de Moraes, Durval Marcondes e Artur Ramos se referiam a um saber situado em plano intelectual superior: a psicanálise aplicada à educação ou a psicanálise de crianças. Para eles, um instrumento afortunado capaz de erigir regras de ação destinadas a desafogar a realidade patogênica, ali onde se concentrara mais visivelmente: a escola pública, instituição social à beira de erodir pela repressão e censura generalizadas. Em tom percuciente e tenaz, prorrompia uma campanha difusa, conquanto eficiente, destinada a quebrar o silêncio de consternação e o arbítrio do despotismo, ambos provenientes da rigidez própria de uma ordem escolar indiferente ao abandono e sofrimento. É quando a dissecação metapsicológica impôs-se como alternativa, pelo menos para certos meios intelectuais. De antemão, é preciso alertar, (i) reduzida a simples teoria sobre o desenvolvimento da infância, a psicanálise era recepcionada como psicologia evolutiva esclarecedora dos "estádios" e das "fases" psicobiológicos; (ii) partindo da concepção da criança como "adulto em potência" e da psicanálise como arma de prevenção das afecções neuróticas, essa psicologia contrariava a condição humana: as afecções neuróticas não podem ser evitadas, mas curadas, ou seja, quer queira, quer não o sofrimento é da natureza humana.

Rejeição ao "discurso do inconsciente"

Como dar conta desse quadro complexo? O melhor a fazer é começar pelo grão de sal da controvérsia: a recusa da psicanálise na voz de um censor soberbo e desenvolto. O ponto de partida para uma escavação necessariamente vagarosa é *Psicanálise e educação*, cujo subtítulo prende a atenção: "Resumo comentado da doutrina de Freud e crítica da sua aplicabilidade à educação", de Renato Jardim, um intelectual de expressão, que em passado recente exercera a direção da Escola Normal da Praça, a diretoria da instrução do Distrito Federal e a presidência da Sociedade de Educação de São Paulo.

Ao promover a recusa pessoal à consistência epistemológica da psicanálise, para ele algo duvidoso, Renato Jardim invocava argumentos de psicologistas e fisiologistas do naipe de Claparède, Decroly, Dewey e Pavlov, e dos clássicos da sociologia, como Spencer e Durkheim, para declarar partido pela psicologia objetiva e suas variantes — "psicologia genética", "condutismo" e "psicologia vitalista". Exorbitante no julgamento e na impropriedade dos argumentos restritivos, o autor propunha-se desfazer enganos.

Condenada pelos psicanalistas, a psicologia anterior ao calendário freudiano, inspiradora que era da pedagogia, esta, a pedagogia, dizem, agora é "outra". Dizem-no psicanalistas, pregam-no por vezes com a autoridade que lhes advém da condição de homens de ciência e em nome da ciência qual, porém essa nova pedagogia, não o apontam; essa pedagogia, não a esboçam sequer; não podem esboçar dentro de sua doutrina. (Jardim, 1933, p.165)

Comprazendo-se em proclamar discernimento, encerrava a argumentação restritiva com frase de efeito dubitativo: "Tenhamos a coragem de dizer: não se elabora uma pedagogia psicanalista. A educação não tem nada a esperar da Psicanálise". Simples desdém pela teoria científica da mente? Dedicado "Ao respeitável interesse da infância e da adolescência do meu país", *Psicanálise e educação* de Renato Jardim configura um rebarbativo manifesto antipsicanalítico, ao qualificar a metapsicologia como "inclinada ao maravilhoso em toda a sua doutrina". No entanto, suas críticas não eram de todo improcedentes e imerecidas. Não sem razão, acertava, ao julgar — "É de assustar essa caçada em larga escala aos 'complexos' das crianças e dos adolescentes". Com certeza, as interpretações excessivas e intempestivas corriam à solta e só Deus sabe as consequências da caçada cruenta e obsessiva aos complexos da infância. Fosse como fosse, os interditos do autor serviam para moderar as expedições de explorações, quase sempre arriscadas e impetuosas, empreendidas por viajantes-cientistas num continente recém-descoberto — o "consciente inconsciente de si", tendo como bússola os escritos extraordinários de Sigmund Freud.

Naqueles anos, vigorava em certos nichos do sistema intelectual a irreparável acusação de "pansexualismo" oposta ao "gênio do mal" de Freud e à psicanálise nascente. Afinal de contas — dizia-se —, não fora ele quem colocara o impulso sexual no âmago da pessoa? Não fora ele o propositor do enregelante discurso do inconsciente? De uma parte, contrários à ideia de processos psíquicos inconscientes, os cultores da psicologia objetiva temiam ser confundidos com o analista mergulhado na interpretação desorada de sonhos indiscretos e pulsões primitivas; de outra, os médicos psiquiatras consideravam a psicanálise um conhecimento de grau inferior, particularmente condenável pelas incursões audaciosas e moralmente inconvenientes, pelo uso de um vocabulário indiscreto e revelações indecorosas. Nas tendências médicas prevaleciam as explicações orgânicas para doenças como psicose, esquizofrenia e histeria, ou seja, as ocorrências mentais tinham sede física.

A oposição às ideias de Freud se instalou mais abertamente quando o proeminente Franco da Rocha, professor de Neuropsiquiatria na Faculdade de Medicina de São Paulo, publicou, em 1920, *A doutrina pansexualista de Freud*, interpretação plástica das hipóteses analíticas ainda em fase de elaboração. Quando da reedição do livro, o ano era 1930, Durval Marcondes convenceu o "mestre do Juqueri" a retirar o qualificativo "pansexualista" do título. O que não significa dizer que o autor abjurasse convicções íntimas, pelo contrário, pouco antes, em outro texto, dissera: "Dada a enorme influência do instinto sexual em toda a atividade psíquica é possível seja essa a verdade, isto é, a opinião dos pansexualistas, embora repugne ao espírito, em geral" (Rocha, 1928, p.12). Seja o que for, não deixa de surpreender a filiação do egrégio psiquiatra, ou melhor, do "Pinel paulista", apelativo utilizado pelos discípulos, ao saber "além dos fenômenos" configurado pela ciência de Freud, um saber apto a transportar tanto quanto possível o observador analista para os escaninhos e desvãos da mente inconsciente. De fato, Franco da Rocha, segundo Briquet (1944, p.17), socorreu-se "da teoria psicanalítica para explicar aspectos da psiquiatria, clínica, que não pôde esclarecer pelos ensinamentos clássicos".

Anteriormente, na cena europeia, em *Psychanalyse au service des educateurs*, Oskar Pfister, pensador pioneiro e original, ao erigir a agudeza analítica como meio de ver e conceber a criança, com o fito de livrá-la de fardos dolorosos, identificara os argumentos contrários à aplicação da psicanálise na educação: a negação do valor científico do método analítico, a objeção à mácula introjetada pela teoria da sexualidade infantil e o perigo representado pelo desnudamento do material recalcado. Em síntese: os argumentos contrários revelavam o temor da destruição da inocência natural da infância e consequente ruína de seu futuro: "Eu assinalo mais uma vez o perigo que uma pedagogia concebida em ideias psicanalíticas poderia fazer correr a inocência das crianças", verberava o grande Stern (apud Ramos, 1934, p.18).

Armado com erudição científica e impressionante conhecimento do movimento psicanalítico internacional, diga-se desde já, a posse da significação do inconsciente fascinava Artur Ramos e, tal como Pfister, rebatia as objeções com frase cortante: "Os adversários da psicanálise é que fazem de uma matéria científica um assunto *escabroso*, pelos seus julgamentos de valor" (1934, p.23

– grifo no original). Em todo caso, a psicanálise, a "libertação dos sofredores", originariamente uma relação contratual e intimista entre analista e cliente, expandia-se em cenáculos e meios públicos variados. O terreno era algo inóspito para a metapsicologia, mesmo assim ela viria a prosperar. Tornadas lemes no mar de tormentas, cintilavam as formulações freudianas acerca dos estágios psicossexuais; o mercado editorial, por exemplo, beneficiava-se com a literatura de ficção de enredos psicológicos, jornais e revistas mantinham colunas sobre psicanálise e sexologia, as estações de rádio transmitiam palestras educativas:

> Periódicos especializados e novas instituições iriam ser criados especialmente para tratar do tema, que parece ter se tornado tão popular a ponto de fazer com que, no Carnaval de 1935, o tradicional clube carnavalesco Fenianos levasse às ruas um carro alegórico chamado "A educação sexual". (Carrara & Russo, 2002, p.273)

Convertidos em saberes mundanos e cosmopolitas, a psicanálise e a sexologia, com suas estonteantes perspectivas, eram assuntos de interesse no plano da cultura popular, de sorte que o jargão explicativo da topografia da mente — *id, ego, superego* — já permeava a linguagem comum e literária.

Instalava-se uma preocupação um tanto maníaca de transpor não só os turbilhões íntimos para a grade da teoria analítica, como também analisar os fatos políticos à luz da metapsicologia. Disseminadas, as hipóteses freudianas, por meio do jargão "Freud explica" e especialmente a estrutura topológica da psique humana, realimentavam as propriedades do saber médico-psiquiátrico clássico e dos mais variados ensaios morais e sociológicos.

Próxima do homem da rua e distante dos círculos esotéricos, a metapsicologia, com suas verdades inelutáveis formuladas por sujeitos qualificados, funcionava como fagócito a englobar e a digerir parcelas do *Zeitgeist* intelectual. Com efeito, prende a atenção como os achados da "estranha teoria", tão contrária ao saber psiquiátrico, ajustaram-se às teses da degenerescência e da eugenia largamente aceitas por estrelas da medicina mental do porte de Juliano Moreira, Júlio Pires Porto-Carrero e Franco da Rocha, médicos formados na tradição da psiquiatria acadêmica alemã, representada por Kretschmer e Kraepelin. O primeiro formulara os conceitos conhecidos como "síndrome de Kretschmer" e "paranoia sensitiva de Kretschmer", e criara três tipos constitucionais básicos: astênico ou leptossômico (magro, pequeno, fraco); atlético (musculoso, ossos grandes), pícnico (gordo, atarracado); o segundo, Kraepelin, conceituara a psicose maníaco-depressiva e a demência precoce (esquizofrenia). Julgava-se assim apreender o caráter essencial dos tipos. Para Robert Castel: "É forçoso reconhecer que a psicanálise trouxe para o dispositivo psiquiátrico o operador necessário para tornar mais fluidas as modalidades de intervenção terapêutica, e com isto abrindo-lhe o caminho de penetração para todos os interstícios do tecido social" (1978a, p.4). Ao adentrar na paisagem científica a "psicanálise dos psiquiatras", transformou certos médicos em ávidos perscrutadores da alma humana.

> Nos casos em que psicanálise, cuja finalidade, conforme os discípulos de Freud, é "dissociar inibições interiores para determinar a personalidade autônoma, consciente do seu dever e com satisfação dos seus instintos sexuais", tem podido desvendar a razão de ser de tais atos, tem ficado patente, quase sempre, a ação nociva que o meio escolar exerceu na formação psíquica do aluno. É necessário, pois, que o aluno, a fim de descobrir os motivos de suas ações e do seu procedimento, para então, mostrando-lhe a razão de suas atitudes, corrigir os seus impulsos e encaminhar seus desejos numa direção compatível com a exigência da sociedade. (Pernambuco Filho, 1928, p.372)

Um céu de ideias no Leito de Procusto

Aqui é conveniente iniciarmos com a intrigante reflexão daquele que primeiramente em solo brasileiro se autodesignou "psicanalista" — Júlio Pires Porto-Carrero; presunção à parte, por agora é interessante saber que fora analista, ainda que por um breve período, de Ulisses Pernambucano. Positivista por temperamento e convicção, eugenista e higienista por opção, no auge da confiança em si mesmo, deblaterava:

> Há gestos e atitudes que a criança descobre e interpreta, ainda que à custa das mais absurdas fantasias. O carinho materno ou paterno deve coibir-se, por muito que isso custe aos pais. Trazer a mãe o filho crescido ao colo ou fazer o pai que a filhinha lhe cavalgue os joelhos é cultivar o complexo de Édipo, com desastrosas consequências possíveis. (Porto-Carrero, 1929a, p.38)

Caso ouvisse tal afirmação excessiva, Freud certamente a enquadraria como "análise selvagem", categoria por ele cunhada para referir-se aos incômodos e danosos diagnósticos realizados às pressas e imprudentemente. Conquanto menos espetaculares que os sucessos logrados pelos métodos de mensuração e classificação, os esforços de viabilização da pedanálise como instrumento intercessor nas relações inconscientemente confusas entre aluno-professor não foram em nada desprezíveis. De fato, as construções especulativas de difusão da psicanálise como técnica semiótica, processo terapêutico e teoria psicológica mobilizaram os sujeitos interessados em torná-la o pão de cada dia da educação popular. O principal argumento discursivo afirmava ser a pedanálise, com seu intento de formação da pessoa adulta madura e saudável, o recurso capaz de restituir e salvaguardar os direitos da infância. Colocava-se em marcha uma máquina idêntica àquelas movidas pelos princípios descritivo/classificatório e diferenciador/anexador, sobretudo nomenclador. Chamado a caucionar rituais de inovação, o psicanalismo encontrava-se na ordem do dia. Novamente a reflexão teórica é de Castel "O psicanalismo é o efeito-psicanálise imediato produzido por esta abstração. É a implicação sociopolítica direta do desconhecimento do sociopolítico, desconhecimento que não é um simples 'esquecimento', mas, como sustentamos um *processo de invalidação*" (1978a, p.147 - grifo no original).

Alargamento do espectro imaginativo, como elos causais de um largo programa de aclimatação da metapsicologia, no campo psiquiátrico, apontamos a instalação de gabinetes de psicanálise junto ao Hospital Nacional dos Alienados e à Liga Brasileira de Higiene Mental (LBHM), respectivamente por iniciativa de Juliano Moreira e Ernani Lopes. Quanto ao gabinete da LBHM, Porto-Carrero era perempto, pois nele clinicava, julgando que tal organismo não podia "cingir-se aos trabalhos de consultórios" — "Mais tarde ou mais cedo, ter-se-á de alargar o seu domínio, estamos certos". O programa preventivo por ele organizado ilustra à perfeição o ponto de vista predominante. A síntese de reflexões exposta a seguir capta e condensa a atmosfera científica cujo sal pode ser provado, ao lhe darmos a palavra.

a) – psicanálise nas escolas: será necessário ensinar a psicanálise às professoras primárias. A educação sexual, que nem sempre pode ser feita no lar, pode ser feita com proveito na escola; e as mestras, no seu mister de educadoras, poderão lucrar com o conhecimento dos preceitos de OSKAR PFISTER.

b) – psicanálise dos menores contraventores e criminosos: a assistência psicanalítica, junto ao Juízo dos Menores, seria sobremodo útil para a correção desses pequenos infelizes que beiram pelas malhas do Código Penal ou nela já foram colhidos.

c) – educação pela psicanálise: o jornal e a radiofonia são veículos excelentes para a educação sexual da massa pela psicanálise. Pela psicanálise da vida diária se conhecem os homens e cada um pode conhecer melhor a si próprio.

d) – psicanálise dos toxicômanos, dos pervertidos sexuais, dos suicidas frustos, dos neuróticos, em geral: uma pesquisa nos noticiários dos jornais poderia dar azo a serem encaminhados aos consultórios da Liga esses numerosos infelizes. A campanha contra os tóxicos tem na psicanálise um das melhores armas.

e) – aproveitamento do laboratório de psicologia experimental da Liga: para a sua aplicação à psicanálise e para encaminhar ao consultório os casos convenientes. Apenas instalado, agora, aquele laboratório, muito é de esperar do seu auxílio ao nosso serviço, em tempo oportuno, para medida dos tempos de reação e para a qualificação das reações emotivas, por exemplo.

Seja-nos lícito ter esperança na realização desse programa. (Porto-Carrero, 1929a, p.23)

De todo modo, os defensores da aplicação da psicanálise e suas promessas em postos avançados, quer dizer além-clínica, não colocavam questões, mas tão-somente respostas comprovadoras da marcha irreprimível de um sistema de ideias libertárias. Por essa ocasião, a LBHM implantou a seção denominada "Psicologia Aplicada e Psicanálise"; após reformular o estatuto regimental, opta por privilegiar ações profiláticas, recorrendo, para tanto, a campanhas animadas por palestras radiofônicas, palestras em escolas e edição de textos doutrinários, nos *Arquivos Brasileiros de Higiene Mental*. Na clarificação dos objetivos da medicina mental, Porto-Carrero, compenetrado articulador da psicanálise com a eugenia, atuou intensa e destacadamente. Colocava-se em funcionamento um dispositivo geral de despistagem e intervenção precoce. Donde a eleição da metapsicologia como instrumento de construção de um organismo societário sadio, por ser feito de pessoas livres da miséria neurótica e do fardo do sofrimento. "Uma frase que ganhou logo direitos de cidade, por que exprime a verdade, é a que diz ser a criança a criança o pai do homem" (Pacheco e Silva, 1952, p.13). Para o ponto de vista médico-psiquiatra, o adulto neurótico é a ex-criança acometida por traumas e frustrações.

O sentimento comum era de exaltação quanto à orientação especulativa da estrutura metapsicológica erigida por Freud. Conferências, entrevistas em jornais, palestras radiofônicas, livros e artigos eram os meios utilizados na difusão mundana do "método de Freud". Por exemplo, em "A psicanálise na Liga Brasileira de Higiene Mental", comunicação no Congresso Médico de

BRASIL ARCAICO, ESCOLA NOVA **259**

Porto Alegre, Porto-Carrero enunciava um panegírico sobre a solidez teórica e eficácia do freudismo. O que dizia? — "Uma pergunta pode cair dos lábios do leitor: tem cabimento a psicanálise, método terapêutico, numa campanha de higiene mental?" – E sustentava com clareza e segurança a via correta para a emancipação saudável:

> É fácil a resposta. A psicanálise, no pesquisar os complexos recalcados que fazem os pequenos neuróticos, os impulsionados para o tóxico, os tímidos, os "peculiares" de caráter, etc – varre, por assim dizer, as fronteiras da loucura. Se atentarmos ainda em que a Liga pode influir, pela psicanálise, na educação das escolas primárias, na dos patronatos de menores, na dos pequenos contraventores entregues hoje a um tribunal especial, veremos que já será bem larga a esfera de ação em que poderemos agir. E poderá ser julgado infrutífero o estudo que venha a fazer o gabinete de psicanálise sobre a psicologia de certos movimentos coletivos, políticos ou religiosos, tão inerentes à nossa época? (Porto-Carrero, 1929a, p.58)

Naqueles anos, nos quais se demonstrava a premência de formar professores psicanaliticamente orientados, Porto-Carrero deu a conhecer diversos estudos sobre a infância: "O caráter do escolar, segundo a psicanálise", "Instrução e educação sexuais", "Programa para o ensino doméstico de educação e instrução sexuais", "Bases da educação moral do brasileiro", "Educação e psicanálise", "A arte de perverter: aplicação psicanalítica à formação moral da criança" e "Leitura para crianças: ensaio sob o ponto de vista psicanalítico". Nessas conferências, uma mesma esperança: "Dos nossos esforços reunidos, possa derivar um Brasil melhor — eis o nosso ideal; não é tudo: que o Brasil futuro, maior pela instrução, celebre os nossos esforços — eis o que nos impõe, tirânico, o inconsciente" (Porto-Carrero, 1929a, p. 62). Com isso, ele assumia a posição de chefe de movimento, e Pedro Deodato de Moraes, inspetor escolar no Distrito Federal, a de assistente de confiança.

A introdução oficial da criança no *setting* analítico ocorre na 1ª Conferência Nacional de Educação, dezembro de 1927, evento no qual, além de Porto-Carrero e Deodato de Moraes, compareceram Belisário Penna, Raul Bittencourt, Lourenço Filho, Celina Padilha, Lisimaco da Costa e Lindolfo Xavier. Porto-Carrero apresentou "O caráter do escolar, segundo a psicanálise", tese de repercussão sobre a modulação da fachada da personalidade com fundamento em Freud, Ferenczi, Jung, Jones, Kretschmer, Minkowska e Pfister. Tomando partido por uma escola não repressiva, nos moldes de Maria Montessori, afirmava que a psicologia de Claparède, Binet e Rasmussen já estudara a caracterologia humana: "Modernamente, porém, a psicanálise de Sigmund Freud abriu novos horizontes para os estudos dessas pequeninas almas a quem se tem erradamente buscado meter no sapato chinês de métodos uniformemente absurdos (Porto-Carrero, 1929a, p.41).

Em seguida, à maravilha dizendo-se ter estudado condutas infantis estranhas e desorientadas, anunciava uma série de figuras estatuárias: "crianças quietas" (tímidos, impassíveis, sonsos); "crianças travessas" (naturalmente travessas, perversas, agitadas); "crianças rebeldes" (reclamantes, teimosas); "distraídos"; "mentirosos"; e "medrosos". Extensa e minuciosa, a série encerrava-se com argumentos de exortação e altos voos de imaginação.

> 1ª) É necessários interessar o professor no estudo da psicanálise. Lidar com espíritos infantis, sem lhes conhecer o mecanismo é perigoso e improfícuo. A psicologia clássica não basta para esclarecer o mestre.
>
> 2ª) Dada a profunda influência da sexualidade na formação e operação da psique infantil, não é justo que a educação se furte ao lado sexual da vida e repila, simplesmente, como imorais, as manifestações e os conhecimentos sexuais. Urge fazer a educação sexual.
>
> 3ª) A sexualidade já se vem formando antes do período escolar. É necessário que os pais conheçam a teoria de Freud de maneira que possam evitar os pequeninos tanto quanto possível, esses conflitos emotivos que vão constituir os complexos, fontes dos desvios do caráter e origem das neuroses. É necessário vulgarizar a psicanálise.
>
> 4ª) Do que está exposto acima se verifica, que a diversidade de caracteres merece educação também diversa. Resumindo os caracteres, segundo o conceito tópico da localização da libido: narcísica, oral, analerótica, genital, que se tenha em vista o método psicanalítico na educação desses quatro tipos, manejando-os diversamente. (ibidem, p.65)

Escrutínio nosográfico ao gosto da época, "O caráter do escolar, segundo a psicanálise", arregimentaria adeptos ortodoxos e conheceria trajetória longa e benfazeja. Entrementes, sem se dar conta, Porto-Carrero, com tal escrutínio, contrariava as conclusões do experimentalismo de Binet, certamente, o marco inicial do largo processo de pilhagem da infância; para Binet e Victor Henri, em "La psychologie individuelle": "Um estudo científico do caráter, podemos estar certos, deve terminar por uma classificação de caracteres, e não começar por ela". Por sua vez, Deodato de Moraes apresentava a tese "A psicoanálise na educação".

A sublimação é, pois, o processo pelo qual a energia mental é desviada de certos interesses primitivos, associais e indesejáveis, de impulsões sexuais interditas, para ser concentrada sobre interesses não sexuais e socialmente aceitáveis e satisfatórios.

Se bem que a sublimação seja um processo inconsciente, isto é, se efetue sem que o sinta o indivíduo, não deixa de ser verdade que ela pode receber influências do ambiente, isto é, sofrer, em parte, a ação estimulante da educação. (1927, p.41)

Nessa súmula de ideias de Deodato de Moraes, reside um paradoxo: por ser inconsciente, a sublimação, bem maior da psicanálise, não pode ser promovida pela palavra e pelo desejo de outrem, por ser fenômeno íntimo e pessoal.

Ao avaliar as performances dos congressistas, Renato Jardim qualificava Deodato de Moraes como o "mais veemente, patético por vezes, nas discussões apaixonadas pela psicanálise" (1928, p.86). Trocando em miúdos, a pedanálise, termo que sucumbiu no tempo, era recepcionada não apenas como efusão libertária, mas também como formulário douto de prevenção de nevroses, psiconevroses e neuropatias. Para os círculos seduzidos pela atitude positiva em relação ao homem, à natureza e aos métodos de investigação, somente o escrutínio analítico com sua luz peculiar barraria os efeitos danosos à psique na continuidade infância-idade adulta; ou, por outra, as preocupações com a pessoa adulta tornavam-na ponto central e incitador de reflexões de escrupulosa exatidão, pelo menos em aparência.

No encalço da infância

E, se assim for, um outro acontecimento dessa fase de missionarismo psicanalítico, o melhor seria dizer de assimilação ingurgitada, refere-se *A psicanálise na educação*, de autoria de Deodato de Moraes com prefácio de Porto-Carrero.

A psicanálise vem resolver os fundamentos da pedagogia: alguma pedra há de ficar de pé, tal essa lápide angular que empiricamente lhe ergueu Mme. Montessori. Mas Freud vem explicar Montessori e fazer mais do que ela: mostrar que o psiquismo merece ser estudado, antes de educado, e que não é possível submeter a todos à mesma craveira, ou construir homens em série, como faz Henry Ford aos seus automóveis.

No Brasil, o prof. Deodato de Moraes escreve o primeiro livro de pedanálise fruto de indefesso esforço que acompanhei de perto. (Porto-Carrero in Moraes, 1927, p.vii)

Pioneiro no assunto, *A psicanálise na educação* é essencialmente manancial didático e obra de revisão bibliográfica. Nele o autor se ilumina ao defender com fogo a verdade; na esteira da ortodoxia freudiana, detinha-se a desfazer a confusão entre sexual e genital, cerne da querela sobre o "pansexualismo de Freud".

Assim como se confunde, em geral, o "consciente" com o "psíquico" e nós nos apressamos em alargar a noção de "psíquico" e de mostrar a existência de um psíquico que não é consciente, a mesma identidade se apresenta ao se querer limitar o "sexual" à "procriação" ao "genital" e somos obrigados a demonstrar a existência de um "sexual" que não é "genital", que nada mesmo tem que ver com a procriação. (Moraes, 1927, p.18)

O apego apaixonado às ideias do "mestre de Viena" levava Pedro Deodato de Moraes a querer infiltrar a psicanálise no marco específico da educação escolar: "A psicanálise, abrindo mais este vastíssimo campo de pesquisas psiquiátricas, mostra novo rumo às observações científicas e faz crer que a ideia pessimista da bancarrota da educação ainda está longe de uma verdade" (ibidem p.133).

Um ano depois, 1928, outro elo se faria presente, numa colaboração memorável: ambos, Porto-Carrero e Deodato de Moraes, sujeitos detentores de profundas verdades, porém ainda não de todo reconhecidas, ministravam na Associação Brasileira de Educação o "Curso de psicanálise aplicada à educação". Na conferência de abertura — "Psicanálise, a sua história e o seu conceito" —, além de acenar para a "iminência do fracasso da psiquiatria moderna" e elogiar os "mentalistas modernos", Porto-Carrero endereçava uma profecia pessoal cuja intenção não era outra senão despertar o professorado do sono dogmático para envolvê-lo numa comunhão moral, senão miraculosa.

A psicanálise pode ser desconhecida de todos os profissionais; mas ignorarem-na o médico e o mestre – é verdadeiro pecado.

Vereis como a psicanálise vos abrirá os olhos, para compreenderdes as excelências e os defeitos de vossa pedagogia. Vereis o quanto é mau educar recalcando e o quanto é ótima a sublimação, quando não é possível a destruição, e a condenação dos complexos. (1929a, p.23)

BRASIL ARCAICO, ESCOLA NOVA 263

Tomando partido de uma educação sem repressão, isto é, branda, manifestava simpatia por Maria Montessori, não sem antes advertir: "O método educativo não é de todo novo. É uma das normas da escola Montessori: mas a psicanálise vem dar base científica ao que fora adquirido empiricamente pela pedagogia" (ibidem, p.128).

Se, para ambos, Porto-Carrero e Moraes, a educação clássica era causadora de fenômenos patogênicos, a repressão das pulsões por ela desencadeada era fator de neurose; nada impediria sua reforma, de modo a torná-la apta a redirecionar os investimentos psíquicos. Com temário amplo e inovador, abordado num ciclo de vinte e uma conferências, o curso ministrado na ABE era uma incursão sistemática na floresta representada pelo trabalho oculto do inconsciente e da sexualidade. Sigamos, então, os rastros dos desbravadores. O curso abordava o seguinte temário: 1. Apresentação da Psicanálise. A figura de Sigmund Freud. Rápido esboço da nova ciência. História da Psicanálise. Os dissidentes. A Psicanálise no Brasil. Psicanálise e Pedagogia; 2. Psicologia do inconsciente. O aparelho de Freud; 3. A censura. Fixação, regressão, recalcamento; 4. O princípio do prazer e o princípio do real. O compromisso; 5. Sexualidade infantil. Sua evolução normal; 6. Sexualidade infantil. Perversão; 7. Teoria dos símbolos; 8. Simbologia clássica e simbologia nacional; 9. Lapsos, erros e esquecimento. Aplicações a pedanálise; 10. Teoria dos sonhos. Condenação, discisão, deslocamento, dramatização, elaboração secundária; 11. Análise dos sonhos. Aplicações pedagógicas; 12. Sublimação em geral. Seus fatores e sua utilidade; 13. A linguagem e a psicanálise. O gracejo. A gíria e a anedota; 14. Noções sobre a teoria das neuroses. Aplicações pedagógicas; 15. Educação sexual e psicanálise; 16. Psicanálise e psicotécnica; 17. O Totem e o Tabu. Mitos, lendas e contos de fada. Sua interpretação e seu valor pedagógico; 18. Pormenores sobre alguns complexos. A castração. O trauma do nascimento; 19. O complexo de Édipo. A confissão e a punição; 20. A formação do caráter. A vocação. Ortopedia psicanalítica; 21. As últimas concepções de Freud. Metapsicologia. Como se vê, era uma ousada semeadura de ideias psicanalíticas, em solo nem todo fértil.

Na conferência de encerramento — "O ponto de vista metapsicológico" — , ditada a uma plateia cosmopolita e aquiescente, Porto-Carrero entre sentimentos irritadiços e provocadores, é difícil saber, sentenciava: "Certo é, porém, que não interessou a muitos educadores o nosso trabalho, ou porque o dispensasse a cultura superior que possuem, ou porque os inibissem os preconceitos vulgarmente ligados à teoria sexual, ou porque não lhes interessem o progresso da educação, nem a sorte dos pequenos brasileiros" (1929a, p.87).

O curso de conferências, cujos propósitos de difusão mundana da metapsicologia são facilmente observáveis, foi bem-sucedido, a afluência de diletantes foi significativa; mesmo assim, a ABE recusa a implantação de uma Seção de Psicanálise na entidade. Ora, seja o que for o ocorrido, difundiram-se, para bem e para o mal, os cânones da pesquisa especulativa esclarecedora da dinâmica, da topografia e da economia dos processos psicológicos.

Nesse ambiente sensibilizado pelas possibilidades atribuídas a um modelo de educação branda, soou um toque de reunir, com a criação em São Paulo da Sociedade Brasileira de Psicanálise, idealizada por um dos fundadores como "foco de propaganda das ideias de Freud". (cf. Oliveira, 2005) A solenidade teve lugar no Liceu Nacional Rio Branco; compareciam como fundadores Lourenço Filho, Antonio de Sampaio Doria, Antonio de Almeida Júnior, Savério Cristófaro, Franco da Rocha, Raul Briquet e Durval Marcondes; e como sócios-fundadores Candido Mota Filho, Getúlio de Paula Santos, Roldão Lopes de Barros, Menotti Del Picchia, Flamínio Fávero, Marcondes Vieira, James Ferraz Alvim, José Lopes Ferraz, Solano Pereira, Cezar Martinez, Tomé Alvarenga, Fausto Guerner.

Por proposta de Durval Marcondes, secretário-geral, decidiu-se comunicar "ao Prof. S. Freud a notícia da fundação da Sociedade"; já Almeida Júnior lembrava a necessidade de propagandear "as ideias de Freud, ficando incumbido por sugestão de Franco da Rocha, de despertar o interesse da Sociedade de Educação" (Noticiário, 1928, p.110). Do resumo da conferência proferida na sessão inaugural, pelo presidente da SBP, Franco da Rocha, "A psicologia de Freud", destacamos esta passagem:

> Acha o ilustre psiquiatra que a aplicação terapêutica da psicanálise apresenta ainda entre nós inúmeras dificuldades de ordem prática, porque suas vantagens ainda não foram bem apreendidas pela opinião pública, para a qual os fatos psicanalíticos de natureza sexual não podem ser expostos abertamente. Esse preconceito prejudica inteiramente o trabalho clínico, principalmente quando se trata de pacientes de sexo feminino. Entende, porém, que já é tempo de se fazer uma propaganda mais intensa dos princípios psicanalíticos nas suas múltiplas aplicações, devendo-se procurar interessar, sobretudo a classe dos professores. (1928, p.9)

Nas reuniões seguintes da SBP, Franco da Rocha comunicaria "Os mitos e lendas na loucura" e Durval Marcondes "Um 'Sonho de exame' – considerações sobre a 'Casa de Pensão' de Aluízio Azevedo". Para Marcondes, era um momento excepcional, uma vez que, anos antes, quando da realização do concurso público para a cadeira de Literatura do Ginásio do Estado, a tese por ele apresentada, "O simbolismo estético na literatura. Ensaio de orientação para a crítica literária baseada nos conhecimentos fornecidos pela psicanálise", fora recusada. Agora convertido em robusto rastreador de pistas psicanalíticas, retomava a temática.

> Nesse sonho, é evidente a intervenção do elemento infantil e, mais especificamente, do complexo paterno, pois o examinador, ou o juiz, aparece identificado à imagem do pai. Além disso, o sonho tem lugar dentro das condições descritas pelo psiquiatra de Viena, isto é, quando o indivíduo sentia aproximar-se uma situação difícil, que ele agravara sensivelmente por sua própria fraqueza: se não se tivesse metido numa aventura amorosa, estaria provavelmente mais preparado para vencer nos exames. (Marcondes, 1928, p.92)

Para ele, o sonho-pesadelo do personagem Amâncio simbolizava a angústia infantil de castração originada pelo complexo de Édipo. Quanto a Lourenço Filho, desde há muito, interessado em modelos cognitivos e no condutismo e menos nos desvãos obscuros e conflituosos da psique, coube-lhe a exposição resumida de "O caráter do escolar segundo a psicanálise", de Porto-Carrero, cujo texto original foi publicado no único número da *Revista Brasileira de Psicanálise*.

Em contiguidade, fundava-se a Sociedade de Psicanálise do Rio de Janeiro. Irmanados na boa causa, faziam-se presentes, na sessão inaugural realizada no gabinete de psicanálise do Hospital Nacional de Psicopatas, Juliano Moreira, Murilo de Campos, Carneiro Airosa, Deodato de Moraes, Porto-Carrero. Osório César e Durval Marcondes compareciam, na condição de representantes de São Paulo. Por aclamação, elegeu-se Franco da Rocha, presidente-geral, e Juliano Moreira, presidente do núcleo carioca.

Em 1929, a International Psychoanalytical Association reconhecia provisoriamente a SBP. A essa altura, um conjunto significativo de ações parecia legitimar a psicanálise em certos meios — Durval Marcondes, juntamente com J. Barbosa Correia, distinguia-se ao fazer a primeira tradução de Freud para o português, sob o título *Cinco lições de psicanálise* (Nacional, 1931); e ao propor, numa série de conferências na Sociedade de Educação de São Paulo, sobre a psicanálise como *a* ciência da educação, ousadia que, certamente, levou Renato Jardim, aderente de primeira hora da psicanálise (lembremo-nos de que ele integrava a comissão de redação da *Revista Brasileira de Psicanálise*, em 1928), a escrever *Psicanálise e educação* e expor as reservas pessoais.

De existência efêmera, a seção paulista tornou-se local de encontro de diletantes curiosos na compreensão do comando da mente pela dinâmica astuciosa e oculta do inconsciente (cf. Bicudo, 1948; Oliveira, 2005). No entanto, uma vez lançada a semente psicanalítica, Durval Marcondes prosseguiu na tarefa de cultivá-la, num terreno algo inóspito: o corpo médico-psiquiátrico, inclusive na sua ramificação universitária, era adverso às hipóteses freudianas; por conseguinte, Marcondes teve sua intervenção inicialmente circunstanciada no Serviço de Higiene e Educação Sanitária, órgão da Secretaria de Educação e Saúde Pública, e na Liga Paulista de Higiene Mental (cf. Sagawa, 2002).

Anos depois, o vácuo deixado pelo encerramento da SBP foi ocupado pela Sociedade de Psicologia de São Paulo, fundada por Joaquim Basílio Penino, Noemi Silveira Rudolfer, Durval Marcondes, Candido Mota Filho, Raul Briquet e Roberto Mange; no Rio de Janeiro, sob a liderança de Januário Bittencourt, fundava-se a Sociedade de Psicologia Individual. Paralelamente, assistia-se ao advento da psicanálise de clientela, mais intimista e, portanto, afastada das questões de ordem social.

"Ortopedia psicanalítica", enquanto defectologia

Não cabe aqui expor as fidelidades e devoções ou afastamentos e dissensões entre cariocas, paulistas e gaúchos, territórios intelectuais densamente habitados pelas promessas analíticas, mas tão-somente assinalar a difusão do "discurso do inconsciente", no qual, infelizmente, como norma regular, apreendia-se a criança pelo ângulo exclusivo da causalidade negativa, como ocorre na conferência "A psicologia de Freud", de Franco da Rocha, cuja autoria poderia ser atribuída a um pedagogo clássico animado por ações de recalque das pulsões ímpias e afãs civilizadores, era frequente, então, traçar paralelos imaginários entre o primitivo infuso e a criança. Descabelado, o paralelismo biológico entre vida individual e evolução da espécie, não raro, servia para fundamentar o que era normal é o que não é.

BRASIL ARCAICO, ESCOLA NOVA **267**

A criança é uma criatura toda feita de instintos, criatura primitiva toda feita de desejos de vingança e crueldade. Na evolução ontogenética a educação age fortemente contra todas as tendências antissociais; criam-se então os poderes psíquicos inibidores da sexualidade – o pudor, o vexame, a repugnância, a aversão, representações éticas e religiosas – poderes esses que recalcam as tendências e desejos eróticos para o esquecimento, de onde não possa lembrar ao indivíduo essas satisfações repugnantes. (Rocha, 1928, p.19)

Levava-se ao extremo a concepção de infante "perverso polimorfo". Se, para muitos, a pedanálise era uma ambição e ponto de vista, para outros, constituía o núcleo de vitalidade de um programa de ação centrado na sublimação da energia libidinal e na formação saudável do superego infantil, donde a reivindicação insistente de um lugar ao sol para a pedanálise, no feixe das ciências da educação.

É sob esse ângulo de apreciação que retomamos a decidida atuação de Deodato de Moraes, na reforma do ensino capixaba. Dentre as diversas reformas impulsionadas pelo sopro do Espírito Novo, coube a esse reformador tentar difundir verdades metapsicológicas e antropológicas entre o magistério e as autoridades administrativas e políticas. Isso num contexto nacional de generalizada reivindicação de instrução coletiva, ofertada e controlada pelo poder estatal (em oposição a uma duvidosa educação natural, propiciada na esfera doméstica e afetiva). Para Deodato, um velho sonho estava por realizar-se: chegara a hora de fazer desabrochar por inteiro o cientista que habitava seu íntimo, desde os tempos do magistério na cadeira de Pedagogia e Psicologia Experimental na Escola Normal de Casa Branca, interior paulista. Em cerimônia concorrida e prestigiada pelo presidente do Espírito Santo, Aristeu Borges de Aguiar, e pelo secretário de Educação, Atílio Vivacqua, instalava-se no Grupo Escolar "Gomes Cardim", em Vitória, o Curso Superior de Cultura Pedagógica para professores, diretores e inspetores escolares; e uma Escola de Ensaio, para aplicação dos métodos da escola ativa. Isso, sem contar a implantação do Gabinete de Antropologia e Psicologia Experimental anexo à Escola Normal Pedro II.

Conforme lei estadual baixada em 1929, o Curso Superior de Cultura Pedagógica estruturava-se em quatro eixos temáticos: 1. Pedagogia científica, 2. Didática, 3. Escola Ativa, e 4. Questões técnicas e sociais. Destacadamente, o programa "Pedagogia científica", quase um dicionário de iniciação de análise da experiência infantil, colocava em feixe uma multiplicidade de saberes antes em estado de dispersão, com o fito de nomear coisas e fenômenos antes desconhecidos. Extenso e não destituído de ambições, o programa "Pedagogia Científica", considerava a psicanálise como arma preventiva das afecções neuróticas e outras doenças mentais. Detalhado e rigoroso, o programa elaborado por Deodato de Moraes abordava corpo e mente da criança como objetos epistemológicos: 1. Noções gerais sobre Pedagogia – árvore pedagógica; 2. Exame anamnésico, anamnese da família e do educando, carteira biográfica escolar, notas gerais, dados anamnésticos da família, exame clínico do aluno; 3. Exame somático (morfológico, antropológico, fisiológico), crescimento físico, estatura, peso, dentes, ampliação torácica, capacidade pulmonar, pressão arterial, força muscular, exames técnicos; 4. Exame fisiopsicológico, sistema nervoso, reflexo, ato involuntário, zonas sensoriais e centros de associações, mecanismo da inteligência, exames práticos da refletividade e da motilidade, linguagem e seus defeitos; 5. Exame fisiopsicológico, sensação, acuidade sensorial, intensidade e leis da sensação, processos de reação, fadiga, exames técnicos; 6. Exame psicológico, psicologia clássica e psicologia experimental, psicotécnica, psicanálise, aparelhos psicotécnicos; 7. Psicologia do inconsciente; 8. Princípios do prazer e do real, instintos de vida e instintos de morte, as forças instintivas e o meio ambiente, compromisso; 9. A censura, fixação, regressão, recalcamento; 10. Cadeias associativas, associações provocadas e livres, estudos práticos; 11. Afetividade, desejos, emoção, caráter; 12. Sublimação, vocação, orientação profissional, estudos práticos; 13. Tests, estudo geral e especial, psicografia, exames técnicos; 14. Psicotécnica e psicanálise; 15. Higiene escolar e pedagogia, higiene infantil, fiscalização sanitária dos escolares, inspeção médica e dentária, visitadoras escolares; 16. Educação física, jogos e pátios de recreio, a escola alegre; e 17. Escolas ao ar livre, colônias de férias, escolas para tardos. Como é de se notar, Deodato de Moraes articulava em extensão e profundidade um compromisso claro entre o somático e o psíquico. Sob os auspícios do governo capixaba, ele publicaria o programa de lições no volumoso *Pedagogia científica*.

Não menos ambicioso, o programa "Escola Ativa" retomava questões concernentes ao paralelismo psicofisiológico: tendências instintivas e latentes, finalidades e reações biológicas, lei biogenética à luz da psicanálise, teoria da seleção orgânica, atividade infantil, impulsos e emoções, ação da inteligência, interesse e esforço, inconvenientes da educação pelo esforço, interesse direto e indireto, classificação de alunos.

Atento, o respeitável Artur Ramos acrescentaria outro elo no largo processo de aclimatação da perspectiva analítica no marco escolar, ao publicar *Educação e psicanálise*. Basicamente, o conteúdo do livro informava comportamentos e atitudes frequentes entre escolares; notadamente, no capítulo "A escola nova e a psicanálise", batia-se pela compreensão da sexualidade infantil, ao explicar as manifestações pré-genitais da libido, narcisismo, complexo de Édipo e o papel da sublimação.

> A sua intromissão na pedagogia é perfeitamente válida, tanto nos *fins* como nos *meios* da educação. Se esta visa uma ordenação das relações humanas, a psicanálise contribui a desvendar as imperfeições originárias, destacando e demonstrando, de outro lado, as tendências à ordenação que existem também em estado inconsciente no homem. Fornece ainda um método de estudo, que favorece a resolução de certas situações pedagógicas "difíceis" e insolúveis sem o seu auxílio. É isto que Schneider chama o "campo de validez da psicanálise na pedagogia". (Ramos, 1934, p.5-6 – grifo no original)

E sustentava o seguinte argumento:

> Donde se conclui que a psicanálise não pode ter a pretensão de construir uma nova pedagogia. É o que sublinha o pastor Pfister em seu livro sobre "A psicanálise ao serviço dos educadores", quando compara o seu papel ao do oculista que afasta dos olhos do doente a membrana que o impede de ver: "o médico não dá a luz, mas ajuda a obtê-la". A psicanálise não é mais do que um instrumento de trabalho. "O educador analista, continua Pfister, afasta do campo estéril da alma a água estagnada que não tinha escoadouro, cava fossas profundas, procura assim na umidade nociva canais que lhe permitirão ser úteis". (ibidem)

Apesar de ostentar tonalidade douta, o livro de Artur Ramos traduzia, em linguagem acessível, a teoria de Freud sobre a sexualidade infantil, a psicologia individual de Adler, a psicogênese de Piaget, a pedanálise de Ana Freud, Melanie Klein, Marie Bonaparte, Sophie Morgenstern, Schneider e Pfister. Diferentemente de outros, a inteligência crítica de Artur Ramos levava-o a reafirmar a validez da abordagem psicanalítica ao censurar as ondas altas próprias da voga dos testes reativos.

> A grande ajuda da psicanálise a pedagogia está na investigação da vida psíquica profunda, do inconsciente dinâmico ela esclarece os moveis recônditos de todas

essas situações inconscientes difíceis, que veem sendo o desespero de todas as psicologias e onde os *tests* fracassam redondamente. O que muitas vezes se julga um atraso mental, um apoucamento da inteligência revelou-se como sendo inibições escolares, em consequência de conflitos. (ibidem, p.16)

Para Júlio Pires Porto-Carrero, Franco da Rocha, Deodato de Moraes, Durval Marcondes, Artur Ramos, intelectuais-cientistas tão díspares entre si, mas irmanados numa mesma causa e fé, chegara a hora de transitar da prédica e conversão para o uso habitual da psicanálise no marco escolar; nas suas visões pessoais, a pedanálise era duplamente importante, como doutrina explicativa e mensagem de mobilização em torno das promessas da psicanálise na educação.

***

Como explicar tais esforços de aceitação da psicanálise nos meios escolares? A chave para essa questão está, certamente, na hipótese de sublimação, ou seja, no direcionamento da energia libidinal para levar à consecução de atos aceitos e valorizados socialmente (*i.e.*, uma pulsão é dita sublimada, quando derivada para um ato não sexual, muito embora a energia da pulsão continue a ser libidinal). Dito de maneira inteiramente diferente, para os ouvidos atentos, a hipótese de sublimação soava como dispositivo de educabilidade a serviço de fins espiritualmente elevados. Novamente, a palavra é dada a Castel (1978a, p.21): "A sublimação é a aplicação da energia dinâmica, desviada do objetivo sexual, em benefício da cultura moral e intelectual do indivíduo".

Isso não é tudo visto que há um subtexto a ser lido sem meias-palavras: o fracasso da escolarização coletiva, fonte de inquietante mal-estar, forçava o deslocamento da psicanálise na direção dessa urgência social. Cogitada nas avenidas abertas pela higiene mental, recepcionava-se a metapsicologia pelo avesso, fazendo-se dela provir técnicas de preparo e retificação da conduta (em duas palavras: estava ausente aquilo que faz da psicanálise psicanálise: a "cura da alma pela palavra" e a "escuta analítica").

Polifônica, a "linguagem psi" (Donzelot, 1980) responsável pela construção científica da subjetividade da infância escolarizada efetuava uma intervenção social libertária, herdeira do iluminismo científico (*i.e.*, a emancipação das normas e convenções arbitrárias) e da imaginação romântica (*i.e.*, a emancipação pelo reencontro da natureza, instintos humanos e energias vitais). Tudo está de acordo com a época, pois, se a escola é a causa primeira da sociedade, a criança, embora privada de todo e qualquer poder, inclusive da fala, deve contar mais do que adulto. De outra forma, pretendia-se emendar a formação pela via reta da ciência, ainda que isso significasse incrustar a subjetividade da pessoa num férreo esquema teórico semelhado ao Leito de Procusto.

2
A PESSOA E SEU DUPLO PSICOLÓGICO-ÉTICO-MORAL, A CLÍNICA ENTRA EM CENA

Na França, a gente do campo denomina as crianças que manifestam atraso mental de "enfants du bon Dieu". Outrora, eram elas denominadas "chrétiens" — cristãos. Da corruptela dessa palavra surgiu a expressão "crétin" — cretino, que subsiste até hoje.
(Pacheco e Silva, Conferências sobre psiquiatria infantil)

Jurisdição da clínica: em pauta a defectologia

Recepcionada pelos operadores sociais como método clínico e nosológico e saber científico suscetível de responder às questões sociais, a "psicanálise dos psiquiatras", de imediato, como visto, prosperou no movimento volátil e enxadrezado da higiene e medicina mental; e depois, anos 1930, em instituições de aconselhamento e cuidados análogas às *"child guidances clinics"*, *"child garden clinic"* e *"habit clinics"* implantadas em conexão direta com as escolas norte-americanas. Esses tipos de clínicas tiveram seu prelúdio com Hans Zulliger, na cosmopolita Suíça dos anos 1920. Nome ligado ao advento da pedanálise e, portanto, adverso às práticas punitivas, Zulliger, professor público, transpôs a situação clínica para o marco escolar com a finalidade de analisar desvios de conduta, conforme narra em *Les enfants difficiles*, obra traduzida para o espanhol sob o título de *Los niños difíciles*.

Já nos Estados Unidos, sob o lema de ação *"to keep normal"*, as psicoclínicas disseminaram-se rapidamente e serviam-se de profissionais investidos de aparente mandato social — os *"social works"* e os *"visiting teachers"* (*i.e.*, de encarniçados caçadores das patologias da vida de todos os dias). Para a perspectiva clínica e principalmente para a pedopsiquiatria — domínio de conhecimento constituído na intersecção da psiquiatria de adultos com a pediatria e psicopedagogia —, o importante não era a doença em si, mas os desajustamentos verificados dentro dos parâmetros da normalidade.

> O nascimento da psiquiatria infantil não está ligado à descoberta de um objeto próprio, de uma patologia mental especificamente infantil. Surge sim, como consequência das novas ambições da psiquiatria geral, da necessidade de encontrar um pedestal, um alvo onde possa se enraizar, sob a forma de uma pré-síntese, todas as anomalias e patologias do adulto, de designar um possível objeto de intervenção para uma prática que não pretende mais limitar-se a gerir os reclusos mas sim presidir a inclusão social. (Donzelot, 1980, p.120-1)

No terreno fértil da ideologia da sanidade mental com os pressupostos de interação sadia do organismo com o meio ambiente, a clínica infantil difundiu-se em uma das mais significativas instituições sociais — o sistema escolar público. Com o intento elevado de restituir os direitos usurpados da infância, uma panóplia de práticas clínicas disseminou-se no movimento de higiene mental brasileiro. Escutem este bramido em voz de tempestade, o excerto a seguir, que, dentre cem outros, traduz anseios generalizados:

> Há 150 anos Pinel desalgemou o alienados fazendo-os passar da esfera da criminalidade para a da medicina, mas só agora começa a se verificar esse movimento quanto aos *maus alunos*. Trata-se de substituir o conceito de alunos intencionalmente rebeldes, antissociais, *pequenos criminosos* pelo de escolares *neuróticos*, doentes, que em vez de serem reprimidos em seus propósitos, precisam ser *curados* de seus males. (Bittencourt, 1941, p.629 – grifo no original)

É bem verdade que o alienista francês libertou os pacientes dos grilhões medievais. Entretanto: "O ato fundador de Pinel não é retirar as correntes dos alienados, mas sim o ordenamento do espaço hospitalar" (Castel, 1978b, p.56). Para Pinel, as populações asilares deveriam ser grupadas em subdivisões conforme as síndromes detectadas. Portanto, a fala teatral e combativa de Raul Bittencourt em defesa da ideologia da sanidade mental deve ser escutada com cautela.

Revestidas de *élan* humanitário, as clínicas de finalidades médicas e reeducativas vicejantes propagavam modelos de intervenção nos casos denominados de "criança problema" (Artur Ramos) ou "instável escolar" (Durval Marcondes), tipos psíquicos portadores de desconcertantes desarmonias (por paradoxo, a rede psi estendia-se e legitimava-se com recurso aos clássicos conceitos sociológicos de "adaptação e desadaptação" social). Num quadro de amplificação dos poderes da ciência, a atenção dos peritos se fixava na despistagem dos estados de fragilidade psíquica — entre o normal e o patológico havia uma gama de condutas portadoras de esquisitices e imperfeições, diagnosticadas como problemas clínicos. Daí, enfim, não se perseguirem mais os tipos clássicos criados pela psiquiatria asilar, o louco furioso, o catatônico, o demente, alvos de repressão consecutiva após detecção de patologia mental.

A hipótese heurística de trabalho das clínicas, instituições pressentidas como coextensão da razão, rendia-se à concepção autorizada da pessoa como ente trinitário (*i.e.*, a surrada "unidade biopsicossocial", pedra de toque da definição do conceito de indivíduo, construída com recurso da psicologia comportamentalista e da sociologia funcionalista). Tal distribuição de investimentos de cura pretendia sanar os desarranjos conflituosos de entes sem direção de consciência. Assim, os peritos-funcionários intervinham na conjuntura com recurso à psicoterapia institucional para formar o Eu normal, quer dizer, adequadamente socializado e autenticamente individualizado. Daí o ímpeto de transportar os progressos da ciência para a escola e o lar, propiciando correta formação mental aos alunos, professores e pais. Daí, ainda, o ímpeto de majorar os efeitos da ciência, popularizando-a por meio de palestras radiofônicas e em círculos de pais, criação de conselhos de higiene mental e exibição de fitas. De outro modo, a competência psicológica e a medicina mental se difundiam como técnicas de cuidados e saber de reparação; mas há aqui severa e respeitosa questão ética: o escrutínio médico-sociológico operado nas clínicas escolares não oferecia proteção à privacidade e confidencialidade dos sujeitos, de sorte que tal escrutínio tendia a funcionar como estigma; e outra questão, não menos severa e respeitosa, de ordem epistemológica: a clínica de pedopsiquiatria lança mão de conceitos próprios da clínica de adultos, desconhecendo o que seja infância. Por fim, uma conjectura — os centros de observação e tratamento da infância esquivavam-se de ostentar as denominações de centros psiquiátricos ou médicos, para não causarem impressões deprimentes e pejorativas – mas isso foi em vão.

A "idade de ouro" das psicoclínicas

No céu de ideias iluminado pela concepção de saúde mental tida como extensão da prática médica tradicional, os mais belos exemplos de organização do dispositivo preventivo e corretivo referem-se à Clínica de Eufrenia, ao Serviço de Ortofrenia e Higiene Mental e à Seção de Higiene Mental Escolar, aparelhada com Clínica de Orientação Infantil. Diferentemente das instituições asilares, tais instituições conectavam-se com as "constelações totais de vida e experiência": os ambientes familiar, escolar e social, envolvendo-os em laços sentimentais e intelectuais.

> É hoje um ponto dominante da Escola Nova, a colaboração estreita entre a escola e o lar. A escola já não mais considerada como desempenhando simples atividade de *instrução*, desinteressada do aspecto *educativo* em geral da criança. Hoje é ela um centro de grande atividade social, centro de coordenação e de disciplina, onde se aprendem, não só as matérias instrutivas, mas as disciplinas de vida. (Ramos, 1934, p.388-90 – grifo no original)

No dispositivo clínico, o problema não é de fins, mas de técnicas de apreensão da pessoa como interioridade psicológica e exterioridade social (recordemos a definição oitocentista de indivíduo como unidade biopsicossocial fonte da analítica biossocial do comportamento); ademais, o dispositivo clínico seria os olhos para ver e os ouvidos das autoridades públicas envolvidas com processos de coletivização; entre outros motivos, este era, certamente, um dos mais importantes.

Implantada em 1932, no Distrito Federal, pela LBHM, a Clínica de Eufrenia resultava da readaptação do gabinete de psicanálise da Liga. Dotada de função terapêutica e profilática, a clínica era idealizada por Mirandolino Caldas como "Serviço não apenas com finalidades corretivas ou do reajustamento psíquico, mas também com objetivos construtivos, isto é, de aperfeiçoamento do psiquismo, através de uma atuação médico-pedagógica direta no período inicial do desenvolvimento mental infantil" (1932b, p. 65). Para atingir as finalidades, contava com visitadoras sociais responsáveis pela anamnese da criança e caracterização do ambiente familiar.

No campo teórico, Mirandolino Caldas definia a "eufrenia médico-pedagógica" como ciência da "boa cerebração", ciência esta constituída de técnicas especializadas: "eufrenopedia" (exame do psiquismo), "ortofrenopedia" (exame do desenvolvimento patológico), "eufrenia genealógica" (estudo das linhagens psiquiátricas e psicológicas). Enfim, para novos fenômenos, conforme o tempo, nova linguagem capaz de fixar a fluidez das psicopatologias. Salienta Nancy Stepan (2005): "Para significar o aprimoramento mental da raça, os psiquiatras cunharam um novo termo "eufrenia".

Ostensivamente prolixa, mas não desprovida de eficiência, a terminologia de Mirandolino Caldas remetia por caminhos tortos a um ponto comum, a saber: a pedopsiquiatria, ciência que pretendia dominar não só os grandes quadros mentais, demência precocíssima, paralisia geral infantil, oligofrenias, mas também as pequenas síndromes mentais, crianças emotivas, instáveis, inadaptáveis, com desvios de conduta e afetividade.

Com natureza de experimentação, implantava-se no Distrito Federal, em 1934, o Serviço de Ortofrenia e Higiene Mental vinculado ao Instituto de Pesquisas do Departamento de Educação, na gestão de Anísio Teixeira. Essa iniciativa original, conduzida com mestria por Artur Ramos, consistia na instalação de clínicas de higiene mental em dez escolas, e uma clínica de hábitos junto ao Serviço de Pré-Escolares; passada a fase inicial, planejava-se implantar clínicas em todas as unidades escolares cariocas.

A fé algo agnóstica de Artur Ramos nos sobrepoderes da higiene mental, fé alicerçada em erudição científica abrangente, levava-o à derivação entusiástica. Pensando em termos ideais, dizia: "Instalaram-se as Clínicas de Higiene Mental nas escolas, não para que a escola se libertasse desses escolares, à primeira dificuldade encontrada, mas para recebê-los, compreendê-los e ajustá-los" (Ramos, 1939, p.383).

Com técnicas especializadas para escrutar vidas emocionalmente retorcidas, as equipes flexíveis e polivalentes do Serviço de Ortofrenia e Higiene Mental acumularam, em cinco anos, uma casuística exuberante: cerca de dois mil estudos de casos. A essa época de surto de interesse renovado pela infância, o Serviço de Ortofrenia expandia o campo de intervenção com estudos de caso sobre adolescentes no regime de internato, inquéritos sobre orientação profissional, papel do cinema na psique infantil, função de desenhos e jogos na higiene mental, distúrbios de linguagem e aptidões especiais.

Artur Ramos planejava dar a conhecer a íntegra da casuística na série "Higiene mental na educação", composta de cinco títulos: *A criança problema: a higiene mental na escola primária, A criança pré-escolar: a higiene mental na escola pré-primária, A higiene mental do adolescente, A higiene mental dos distúrbios da linguagem* e *A assistência médico-pedagógica aos anormais escolares*. Porém, apenas o primeiro título veio a público de fato.

Em *A criança problema*, livro surpreendente pela flagrante exposição do quadro de miséria física e moral das crianças cariocas, livro que se lê sempre com olhar renovado, se não emocionado (comovem as cores ternas da dedicatória do autor — "Luisa: Estas são as histórias que eu lhe prometi contar um dia. Histórias reais daquelas mesmas crianças, incompreendidas e infelizes, que você conheceu nos seus tempos de menina da Escola Deodoro"). Nas páginas do livro, um coração palpita ao retornar um mundo obscuro composto de tipos, cenas, ocasiões e, claro, dramas individuais e coletivos tão característicos de romances realistas memoráveis. (Mesmo assim, é preciso recordar Foucault: "E direi que é pela infância que a psiquiatria veio a se apropriar do adulto, e da totalidade do adulto. A infância foi o princípio da generalização da psiquiatria; a infância foi, na psiquiatria como em outros domínios, a armadilha de pegar adultos" (2001, p.387).

Heterodoxo, sempre assaltado por uma ponta de prudência, Artur Ramos contestava o conceito de "criança anormal" e, não sem coragem, declarava: "Como o homem primitivo cuja 'selvageria' foi uma criação dos civilizados, também na criança, o conceito de 'anormal' foi, antes de tudo, o ponto de vista adulto, a consequência de um enorme sadismo inconsciente de pai e educadores" (1939 p. xv). E com uma objeção de peso desfazia certezas:

> A nossa experiência no exame dos escolares "difíceis" mostrou que havia necessidade de inverter os dados clássicos da criança chamada "anormal". Essa denominação – imprópria em todos os sentidos – englobava o grosso das crianças que por várias razões não podiam desempenhar os seus deveres de escolaridade, em paralelo com os outros companheiros, os "normais". A grande maioria, porém podemos dizer os 90% das crianças tidas como "anormais", verificamos na realidade serem crianças difíceis, "problema", vítimas de uma série de circunstâncias adversas. (ibidem)

As sindicâncias vívidas cujos resultados eram poucos ou nada confortadores efetuadas pela equipe clínica registravam em pormenor os desarranjos comportamentais e distúrbios dos escolares. Os casos eram construídos pelos técnicos do Serviço de Ortofrenia e Higiene Mental mediante coleta de dados sobre ambiente familiar, história obstétrica materna, formação de hábitos, fachada temperamental e caracteriológica, funções psicológicas, súmula do exame psicométrico e antropométrico, exame médico. Donde uma recorrência na casuística acumulada pela clínica — pequenos personagens, grandes histórias.

H. P. L., menino de 12 anos, cor branca. O pai, português, vendedor ambulante, boa a saúde. A mãe portuguesa, não goza de boa saúde; bate às vezes no menino. 2 irmãs, de 13 e 10 anos. Moram em casa alugada, de regulares condições, sem acomodação para a criança. O menino trabalha em casa: varre a casa, limpa os móveis. Não há informações sobre a história obstétrica materna e o desenvolvimento pregresso da criança. Deita-se às 21 horas, levanta-se às 6.30; dorme no mesmo quarto com duas irmãs; tem muito medo da escuridão e do isolamento. Brinca em casa e na Escola. Mente muito; esconde os objetos dos colegas, pelo prazer de vê-los procurar. É irônico, agressivo, turbulento; provoca os colegas, mas quando eles reagem, acovarda-se e foge. Pesa 30 k 700 e tem 1 m 40 de altura. Do seu registro de observações:

1935 – Gosta muito de cinema, que frequenta com o pai. Prefere fitas de luta, de série e de "cow-boy".

Setembro de 1935 – Distribuiu em classe prospectos de propaganda da Aliança Nacional Libertadora, partido político que instalou uma sede numa sala do prédio onde moram. Seu pai aborreceu-se muito com o fato, pois pertence à Ação Integralista, partido político rival do primeiro. Um tio é chefe da Aliança; o pai deu, apesar disso, parte à polícia, que varejou a sede, queimando todos os papéis lá existentes. O menino ouvira e assistira a várias sessões do partido, pelo buraco da fechadura. Em casa, há discussões tremendas de política; o menino transporta para a Escola estas discussões, dizendo-se "integralista", mas distribuindo, apesar disso, prospectos da "Aliança" entre os colegas.

Outubro – Disse em classe que desejava que a Escola fosse incendiada pelos comunistas, reduzindo a cinza tudo o que nela houvesse e matando as professoras, sendo vontade sua que a primeira que sofresse as consequências fosse sua professora fundamental, D. Vive dizendo que vai publicar em vários jornais notícias desfavoráveis da Escola, como falta d'água, etc.

Observação 128 (Escola "Estados Unidos — DF", ficha n. 319 do S.O.H.M.) (Ramos, 1939, p.289)

Nas expedições de reconhecimento, os técnicos do Serviço de Ortofrenia e Higiene Mental valiam-se de um feixe iluminador formado por técnicas diversas, o "método de observação 'poligonal'" — observação incidental e sistemática, descrições qualitativas, narrativas biográficas, questionários, histórias de casos e medidas objetivas. Reticente quanto à eficácia da análise direta e ortodoxa de Anna Freud, Artur Ramos declarava partido pela análise indireta de Melanie Klein, realizada com o auxílio de jogos, seguida de interpretação simbólica. De qualquer maneira, da visão condoída dos técnicos surgia uma tipologia estropiada baseada em copioso repertório de condutas estranhas: "criança quieta", "criança mimada", "criança escorraçada", "filho único", "criança turbulenta"; e de síndromes preocupantes: "tiques e manias", "fugas escolares", "problemas sexuais", "medo e angústia", "timidez". A bem dizer, excluídos os aspectos organicistas, a higiene mental praticada pelo Serviço de Ortofrenia é uma psicologia social enquadrada pela antropologia, psiquiatria e sociologia, abrandada pelas hipóteses psicanalíticas.

Os reveses viriam com a ofensiva político-militar após o *putsch* da Aliança Nacional Libertadora: Anísio Teixeira era exonerado do cargo de Secretário de Educação do Distrito Federal, na sequência, ocorreria a prisão de Pedro Ernesto. No prefácio de *A criança problema*, Artur Ramos citou estas palavras de Anísio — "Com o seu livro você tornou duradouro e indestrutível o minuto efêmero de boa vontade que as circunstâncias nos deram a ambos no Distrito Federal. A seção de ortofrenia e higiene mental era uma mudança de plano. Era um ensaio de educação moral científica. Era uma tentativa de controle da conduta humana" (Teixeira in Ramos, 1939, p.8).

Quanto a Durval Marcondes, é impossível aqui recensear a totalidade de temas e repertoriar o conjunto de argumentos persuasivos desse incansável médico em prol da prática analítica, no marco escolar paulista. Por agora, contentamo-nos em expor certos aspectos da aventura extensa vivenciada pela Clínica de Orientação Infantil do Serviço de Higiene Mental, sobejamente conhecida pelo acrônimo COI. Em São Paulo, desde 1928, graças aos esforços de Durval Marcondes, Joy Arruda e outros colaboradores, à frente da seção de Higiene Mental Escolar se praticava a assistência à infância desajustada nas escolas, nos moldes das clínicas de orientação norte-americanas e inglesas (cf. Sagawa, 2002).

Implantada em 1938, na interventoria de Ademar de Barros, a Clínica de Orientação Infantil conheceu uma fortuna histórica muito maior e muito mais duradoura, quando comparada às congêneres cariocas. A vibrante ideologia cívico-nacionalista do Estado Novo favorecia esse tipo de iniciativa, palavras como "eugenia", "eufrenia" e "disgenia" se faziam presentes na determinação de rumos a seguir. Ressalta Nancy Stepan (2005, p.178): "Pode-se ver um lento deslocamento da eugenia de volta à puericultura e preocupações com a saúde infantil na década de 40". Com efeito, em entrevista ao *Diário de S. Paulo* e posteriormente reproduzida na *Revista de Educação*, Figueira de Mello, médico e diretor do Serviço de Saúde Escolar, órgão responsável pelo Serviço de Higiene Mental, congratulava-se:

> Assim as escolas bandeirantes, não são apenas um centro de aprendizado onde se ensina a ler e a escrever; são, sobretudo, verdadeiros laboratórios de nacionalização e de socialização. As crianças escolares, ao mesmo passo que recebem a necessária instrução, para o espírito, abrem os olhos à realidade da vida. Os professores e os médicos se encarregam de perscrutar a sua alma, fazendo vir à tona da sua personalidade, todas as energias que na sua ausência de estímulos naturais, permaneceriam embotadas. (1939, p.202)

Embora de formação médico-psiquiátrica, as patologias graves não ocupavam o foco de cogitações de Durval Marcondes, seu real interesse residia na aplicação da psicanálise no meio social como prevenção de distúrbios e desadaptação de condutas. Em "Aspectos do aproveitamento prático da psicanálise", comunicação no 1º Congresso Paulista de Psicologia, Neurologia, Psiquiatria, Endocrinologia, Identificação, Medicina Legal e Criminologia expôs a seguinte tese: "Não obstante ser nascida das necessidades clínicas e ter seu uso principal na psicoterapia, a psicanálise é, antes de tudo, um sistema psicológico de ordem geral, cujas leis não se limitam ao setor das manifestações mórbidas e cuja utilidade se estende a todos os recantos da psicologia" (1938a, p.184).E após explanar sobre a topografia do aparelho psíquico segundo Freud, Marcondes centrava-se na necessidade da formação de psicanalistas, na verdade dizia "técnicos" em obediência às normas ditadas pela International Psichoanalytical Association.

Seguro da cintilação de sua ciência, outro perito, Darcy M. Uchoa, no mesmo congresso, acrescentava em "Psicanálise e higiene mental":

> Porém não tem sido valorizado como é mister todo um outro vastíssimo campo onde conflitos psíquicos na mais precoce idade, agitam a psique infantil nos primeiros graus do seu desenvolvimento, tantos pontos fracos de fixação de sua "libido" (Freud), de seu "interesse" (Claparède), de sua "aimance" (Pichon). (1938, p.140)

A essa altura, Helena Antipoff com palavras intimoratas marcava presença no 1º Congresso Paulista de Psicologia, Neurologia, Psiquiatria, Endocrinologia, Identificação, Medicina Legal e Criminologia ao criticar a "bacanália" de testes, sem, contudo, abandonar a credibilidade dos métodos de despistagem. Em "Nota provisória sobre o estudo da conduta de adaptação nas crianças", tecia críticas ainda que um tanto tardiamente:

> A contribuição de Binet no campo da psicologia é certamente enorme: a sua escala de inteligência, a descoberta do critério para a apreciação do desenvolvimento intelectual (idade mental) são, sem dúvida, achados de primeira ordem. Mas, não teria parado o seu gênio nestes limites se tivesse podido prosseguir a sua obra. Espírito de fineza (e não geométrico), psicólogo entre psicólogos pela sua sensibilidade às manifestações mentais, teria ele oposto, por novas descobertas, um freio à mecanização dos "tests" mentais e à *bacanália* dos números e de estatísticas, no estudo da personalidade humana. (1938, p.208 - grifo no original)

Quanto a Durval Marcondes, ele amparava-se, a favor da psicologia, numa chave tecnocrática. Com efeito, em "Contribuição para o estudo do problema dos repetentes na escola primária - condições físicas, psíquicas e sociais", (1941a) exibia cifras desalentadoras de promoção: São Paulo, 59,98%, Distrito Federal, 56,11%, Rio Grande do Sul, 52,04%, Minas Gerais, 44,01%, Bahia, 34,01% e Pernambuco, 22,32%. Isso o levava a justificar mais intensamente a utilidade prática da Clínica de Orientação Infantil como instituição a serviço da rentabilidade. De qualquer modo, aqui não é possível ceder ao amor à concisão, é preciso aprofundar a compreensão do COI como via de acesso ao grão fino da individualidade desadaptada. Para Durval Marcondes:

> O fundamento da atividade da clínica de orientação infantil é o estudo "múltiplo" do caso-problema, o qual é abordado através de quatro tipos de profissionais, o médico psiquiatra, o médico internista, a psicologista e a visitadora psiquiátrica. Ao exame médico geral e especializado, bem como à investigação psicológica de laboratório, combina-se, pois na clínica, o estudo da história pessoal e social da criança, estudo esse a cargo da visitadora psiquiátrica, uma das peças fundamentais da organização e como que seu prolongamento no seio da comunidade. (1941b, p.251) [1]

---

1 Sobre o funcionamento do COI, cf. Marcondes (1946) escrito em colaboração com os técnicos da clínica: Armando de Arruda Sampaio, Diná Mascarenhas do Amaral, Joí Arruda, Lígia Alcântara do Amaral, Margarida Lisboa Vieira Cunha, Maria José de Morais Barros, Maria de Lourdes Vederese, Maria Rita Garcez Lobo, Mário Vélez, Oraíde de Toledo Piza e Virginia Leone Bicudo.

No intento de identificar as causas dos índices de reprovação, o Serviço de Higiene Mental promoveu um inquérito numa população de 541 de alunos e alunas repetentes em sete grupos escolares, em áreas urbanas e suburbanas da capital. Com base em interrogatórios metódicos, levantavam-se estes percentuais: 65,6% dos escolares apresentavam "problemas de personalidade de conduta"; 20,7%, "mau gênio"; 16,6%, "conduta perturbadora"; 15,5%, "instabilidade"; 15,3%, "timidez"; 13%, "mentira"; 10,1%, "enurese"; 10%, "fobias"; 7,9%, "onicofagia"; 7,5%, "distúrbios da palavra"; 6,3%, "apatia"; 4%, "fantasia excessiva"; 3,5%, "fugas"; 3,3% ,"chupar dedo"; 2%, "furto"; 2%,"maus hábitos sexuais"; 1,6%, "tics".

Exaustiva, a sindicância de Durval Marcondes concluía o óbvio: as condições culturais e materiais determinavam o percurso escolar (inadvertidamente, o belo ofício de curar caía por terra, ainda que justificasse a existência da clínica e seus métodos). De mais a mais, essas racionalizações resultantes de observações próximas e meticulosas tendiam a justificar e absorver o fracasso na escolarização.

Dentre as técnicas de investigação utilizadas pelo COI, constava a escala métrica de inteligência de Binet-Simon, na tradução de Lourenço Filho, a essa altura um dispositivo questionado, se não desacreditado. Conquanto reconhecesse — "A escala de testes revelou-se, de modo geral, um tanto difícil para nossas crianças", Marcondes apurava 6,8% de deficientes mentais no grosso da população escolar, cifra por ele considerada exagerada, levando-o a retificá-la para 2% a 3%: "Reafirma-se, desse modo, a necessidade da homogeneização das classes comuns e da difusão do ensino especial para deficientes mentais" (1941b, p.268). No caso paulista, desde o Código de Educação de 1933, baixado na gestão Fernando de Azevedo: na alínea C, artigo 241 do referido código, havia se estabelecido o impedimento de matrícula de crianças que, por grave defeito físico ou psíquico, não pudessem ser educadas nas escolas comuns.

No teatro da clínica

O arquivo da Clínica de Orientação Infantil é dado por perdido, pelos menos por agora; da casuística acumulada pouco se conhece, donde a necessidade incontornável de citar os poucos estudos de caso sobre a fragilidade corpóreo-psíquica, até aqui localizados. A seguir, apresentamos estudos construídos com o auxílio da prática pericial visando à intervenção terapêutica. Deixemo-nos conduzir pelo médico Mário Vélez (1941, p.57-9) e adentremos na cena teatral da clínica à Charcot, cujo escopo maior é comunicar imperativamente o visto, o ouvido e o descrito, em suma descrever sintomas e síndromes. Vamos, então, à exposição serial de perturbadores casos *princeps* analisados em linguagem de dramaturgia e consequente psiquiatrização do discurso sobre a pessoa em tenra idade e sua conduta dada por estranha. Nessas súmulas de estudos de caso, o sujeito parece ter atingido o platô de suas funções e capacidades.

Obs. 1 (Jardim da Infância da Escola Normal Modelo)
J. 7 anos, sexo masc. Tem uma irmã de 12 anos. Pais nervosos e intolerantes para com os filhos. O paciente teve difteria aos 3 anos e convulsão. É inquieto, instável, desobediente, indisciplinado. QI = 116 (inteligência superior). Brinca só em casa. Gosta de bola, bicicleta, automóveis, motores. Sabe manejar o automóvel, é incapaz de guiá-lo. É mimado e o ambiente afetivo é de ansiedade. Trata-se, pois, de um instável de inteligência superior que teve difteria e convulsão.

Obs. 2 (G. E. Rodrigues Alves)
T. 9 anos, sexo fem. Tem 9 irmãos. Há na família 2 casos de convulsão. Sofre de ataques epiléticos. Tem tonturas. É muito instável, rebelde, impulsiva. Expressa espontaneamente ódio à mãe, declarando desejar a sua morte. Tem namorada. Gosta de brinquedos masculinos. Furta, é mitômana, enganadora, mentirosa. Fuma, faz trejeitos, rói unhas QI =71. Só sabe somar e diminuir. Trata-se de uma instável epileptoide, com crises de epilepsia, e apresentando uma situação edipiana claramente expressa.

Obs. 3 (G. E. Vila Monumento)
M. 8 anos, sexo fem. Tem 3 irmãos. Pai doentio, mãe sadia. Desprezam a paciente. Esta teve enurese noturna. É desatenta, inquieta, provocadora, destruidora, indecorosa, uma instável erótica, apresentando um atraso do primeiro desenvolvimento motor.

Obs. 4 (Jardim da Infância da Escola Normal Modelo)
G. 6 anos, sexo masc. Pais nervosos e irritáveis. O paciente sofre de enurese noturna. É agitado, turbulento, destruidor, agressivo, exibicionista, mitômano. QI = 110 (inteligência acima de superior). Teve atraso da marcha, na palavra e no vestir-se só. Brinca só em casa. Seus brinquedos são locomotivas, automóveis, aviões. O menino sofre influências afetivo-educativas. Trata-se de um instável psicomotor com elevado quociente intelectual e apresentando um atraso do desenvolvimento no plano afetivo-motor.

Obs. 5 (G. E. Rocca Dordal)

D. 11 anos, sexo masc. Pais nervosos e irascíveis. O paciente é agressivo, vingativo, briguento, irrequieto, indisciplinado. Mentiroso, masturbador, tem namorada. O sono é agitado. QI = 76. Repete pela quarta vez o 1° ano. O menino sofre incoerências da orientação afetivo-educativa. Trata-se de um instável com impulsos eróticos.

Obs. 6 (G. E. Rodrigues Alves)

M. 9 anos, sexo masc. Tem 2 irmãos menores. Pais sadios. O paciente teve atrepsia e fez tratamento antirrábico. Tem criptorquidismo. É irrequieto, agressivo, esperto. É mentiroso, furta, masturba-se, é exibicionista. QI = 44 (imbecilidade). Funções mentais falhas. Apresenta defeito de prolação. Brinca só e não vai a diversões. Trata-se de um instável deficiente mental com retardamento do desenvolvimento geral.

Obs. 7 (G. E. Santo Antonio do Pari)

A. 9 anos, sexo masc. Os pais são portadores de lues. A mãe é nervosa. O paciente é ativo, de grande excitabilidade motora, alegre, sintônico. É turbulento, agressivo, rixento, destruidor de brinquedos. É contrariante, generoso e emotivo. Gosta de bola e quer ser jogador de futebol. QI = 117 (inteligência superior). O menino sofre incoerências de ação afetivo-educativa. Trata-se de um instável emotivo com inteligência superior, tem aspirações de cunho excito-motor e é ao mesmo tempo mimado e rejeitado. É portador de tara heredoluética.

Obs. 8 (G. E. Amadeu Amaral)

E. 10 anos, sexo fem. Teve distrofia e congestão. É irritável, loquaz, desobediente, briguenta, agressiva, destruidora. É teimosa e desrespeitosa. Foge de casa. QI = 86. Seus erros de conduta constituem reações afetivo-instintivas decorrentes da opressão que sofre no lar. Trata-se de uma instável perversa e de conduta afetivo-reativa devido à coerção do ambiente.

Obs. 9 (G.E. Campos Sales)

J. 11 anos, sexo masc. É órfão. O pai era alcoólatra. O paciente teve atrepsia, enurese noturna. Tem criptorquidismo, daltonismo para o vermelho. Sofre de gagueira. Começou a falar aos 3 anos. É instável, exaltado, revoltado. É sensível e afetuoso. QI = 71. Tem mau aproveitamento escolar. Brinca com outros meninos. Gosta de jogos e bolinhas. Trata-se de um instável que apresenta um atraso do desenvolvimento geral, gênito-sensório-motor.

Obs. 10 (G. E. Pereira Barreto)

M. 10 anos, sexo masc. Tem 2 irmãos matriculados nesse Serviço. Pai doentio, mãe nervosa. Há casos de psicose na família. O paciente teve retardamento da palavra e da marcha. É indisciplinado, briguento, irascível. Foge da escola. QI = 76. É malcomportado e sem aproveitamento. Trata-se de um instável com atraso do desenvolvimento motor e acusando um desajuste ambietal-instintivo.

Obs. 11 (G. E. Amadeu Amaral)

M. 9 anos, sexo fem. Pai alcoólatra. Mãe geniosa. Há casos de psicose. A paciente teve convulsão e febre intermitente. Teve atraso no andar e falar. É agressiva, colérica, violenta, destruidora. É irrequieta, rebelde, desrespeitosa, maliciosa, mentirosa. Rói unhas. QI = 70. Tem tendências para a escrita em espelho. Brinca com irmãos e outras crianças. Trata-se de uma instável perversa, que acusa um desenvolvimento motor retardado, e uma dissinergia manual para a escrita.

Obs. 12 (J. da Infância da Escola Normal Modelo)

H. 6 anos, sexo masc. Tem um irmão. Pai sadio, mãe nervosa. O paciente sofre de enurese noturna. Tem criptorquidismo. É canhoto. É malcriado, desobediente, instável. É mentiroso, fantasista, mitômano. É exibicionista, ciumento, invejoso. Tem atividade sexual. QI = 104. É habilidoso. Trata-se de um instável apresentando desenvolvimento gênito-motor perturbado. Além disso, tem impulsos eróticos, apresenta reações ambivalentes.

Obs. 13 (G. E. Armando Bayeux)

M. 10 anos, sexo masc. Pai alcoólatra. O paciente sofre de enurese. É irrequieto, desobediente, mentiroso, mitômano. Furta, fuma, foge. É masturbador. Apresenta o tic de piscar. QI = 80. Repete o primeiro ano. É um instável psicomotor apresentando um erotismo larvado como fonte pueril do prazer e necessidade de expansão.

Obs. 14 (G. E. Alfredo Bresser)

L. 8 anos, sexo fem. Nasceu débil física. Teve atraso no falar. É irritável, negativa emotiva. Furta e tem curiosidade sexual. QI = 80. É um caso de instabilidade emotiva com retardamento motor e fenômenos de oposição passiva (acinte e desobediência).

Obs. 15 (Escola Primária Modelo)

A. 10 anos, sexo masc. É sonâmbulo. Tem 2 irmãos. Pais orgulhosos e severos. Há lues materna. O paciente nasceu de parto prematuro e a fórceps. Teve septicemia com endocardite. Tem um sopro sistólico. É sonâmbulo. É peralta, perturbador, destruidor, imoral, escandaloso. Furta. É sugestionável. QI = 118 (inteligência superior). Imaginação fértil. Trata-se de um instável sugestionável, de inteligência superior, cuja gestação e nascimento foram cercados de pesadas circunstâncias.

Sôfrega e balbuciante, essa sindicância sobre quadros mentais observados em escolares expunha resultados pouco ou nada confortadores; ademais agia, e isso é notório, de modo maníaco e compulsivo, ao repetir as mesmas categorias de síndromes, às vezes assustadoras — desobediente, destruidor, escandaloso, escandaloso, erótico, imoral, indisciplinado, inquieto, instável, inteligência inferior ou superior, peralta, perturbador, sugestionável. Era com essa moeda miúda e gasta que a "criança dura de cabeça" teria o Eu normalizado. Na visão dos peritos, com sua linguagem primariamente descritiva, subjazia uma inquietação, os sujeitos analisados pareciam gostar das transgressões cometidas; donde, por assim dizer, a existência de uma forte crispação puritana diante de entes pálidos, cujas condutas irregulares eram apreciadas desde o ponto de vista psicológico-ético-moral. Revestido de rígidos e sérios enunciados de verdade, o cientismo presente nos estudos de caso atestava a soberania indiscutível da clínica, no tocante à readaptação, à reinserção e às ações corretivas, com a consequente eliminação das manifestações mórbidas. Para tanto, recorria-se às teorizações ecléticas que iam do lamarckismo ao mendelismo, do "plasma germinativo de Weismann" ao hereditarismo.

Faça-se, no entanto, alguma justiça: coube à Seção de Higiene Mental, na figura de Joí Arruda, um dos medalhões da ciência médico-psiquiátrica, efetuar um dos primeiros estudos sobre a saúde mental dos professores públicos conforme normas da semiologia psiquiátrica. Em "Sobre os distúrbios mentais entre os professores públicos", estudo veiculado na *Revista de Neurologia e Psiquiatria de São Paulo*, em 1941, o médico-psiquiatra expôs os diagnósticos obtidos pelos exames efetuados em 144 professores — 110 mulheres e 34 homens. O quadro diagnóstico era povoado por afecções de grandezas várias: psicose maníaco-depressiva, psicoses parafrênicas, paranoia, paralisia geral progressiva, psicoses de involução; transtornos psíquicos sem psicoses (arteriosclerose cerebral, neuro-lues, epilepsia), personalidades psicopáticas, síndrome de rebaixamento mental, déficit mental por lesão neurológica, disendocrinias; e psiconeuroses. Afirmativo, concluía: "A profissão não parece ser a causa direta dos distúrbios mentais".

Nota à margem

Agora é preciso ampliar o alcance no trato da questão. Nessa altura dos acontecimentos nacionais — era o ápice do Estado Novo —, o projeto de organização da juventude brasileira em moldes paramilitares, idealizado por Francisco Campos, ministro da Justiça, era retomado por Gustavo Capanema, ministro da Educação e Saúde Pública. Surgia a Juventude Brasileira, movimento de mobilização cívico-nacionalista, fato propiciador do Primeiro Congresso Nacional de Saúde Escolar, sediado em São Paulo, no ano de 1941.

> No momento em que se inicia em todo o Brasil a sã e patriótica política da Juventude Brasileira, lançada pelo Grande Presidente Getúlio Vargas e abraçada calorosamente pelo Sr. Interventor Federal de São Paulo, Dr. Ademar de Barros, estou certo que Sua Excelência o Interventor dará ao Serviço de Saúde Escolar e a esse grande *desideratum* que é a formação da Juventude sadia do Brasil a continuidade do seu apoio. (Figueira de Mello, 1941, p.102)

Nesse evento auspiciado pela máquina getulista, talvez o evento científico-educacional mais significativo do Estado Novo, entre os quase dois mil congressistas faziam-se presentes Gustavo Capanema e dezenas de interventores federais, secretários de Educação, personalidades do mundo da ciência médica e da educação, inclusive representantes de países vizinhos. De proporções inusitadas, o evento redespertou o discurso oficial sobre a formação da saúde física e o aperfeiçoamento moral da juventude e consequente "soerguimento da raça". Entretanto, ainda que nas comunicações pululassem pensamento original e excentricidade criativa, no afã de fabricar antídotos aos chamados "venenos sociais", os anais registravam estatísticas constrangedoras sobre o estado de depauperação da vitalidade geral das populações juvenis dos Estados, Distrito Federal e territórios. Durval Marcondes participou ativamente no congresso relatando a tese "A higiene mental nos escolares". Na concorrida e prestigiada solenidade de abertura de classes para "débeis mentais" no Grupo Escolar "Godofredo Furtado", evento realizado no âmbito do congresso, ele renovava a profissão de fé nas técnicas de normalização de sujeitos enredados em neuroses:

> O ideal, dominante no decurso do século passado, de dar-se ao psicopata um tratamento adequado, alargou-se ao correr desse século, no sentido de se estenderam os recursos da ciência aos que ainda não se acham sob o domínio da moléstia. E foi pensando assim que se organizou a higiene mental em nossas escolas, partindo do princípio básico de que a infância é o momento estratégico na luta contra as psicopatias. (1938b, p.170)

Apanhado na agitada onda verde-amarela de um congresso científico onde tudo era biologia, onde tudo era consciência biológica, o congressista Bastos de Ávila comunicava a tese "O índice de cefalização na homogeneização das classes" e ressuscitava as teses científicas de estrelas da antropologia francesa do século XIX, Léonce Manouvrier e Dubois, célebres antropologistas dedicados aos estudos sobre anatomia cerebral e formato de crânio e o mais (cf. Gould, 1991). É com particular atenção que devemos ler as cogitações propositivas do médico-chefe do Serviço de Antropometria do Centro de Pesquisas Educacionais do Distrito Federal, pois elas atualizavam antigas especulações da craniologia clássica a favor da rentabilidade escolar.

> Admite-se pacificamente que a homogeneização racional das classes não deixa de interessar muito de perto ao problema dos repetentes nas escolas primárias.
> O Serviço de Antropometria do Centro de Pesquisas Educacionais, de há algum tempo a essa parte, vem realizando uma série de indagações em torno dessa questão, tomando como ponto de partida os dados objetivos fornecidos pelas medidas diretas da cabeça e consequentemente do encéfalo.
> Deve-se a Manouvrier em 1885 a hipótese sugestiva de poder-se considerar a massa encefálica como constituída por duas quantidades i e m, esta em correspondência com a inervação somática e aquela com o exercício da inteligência. Assim sendo, uma vez conhecidos o peso encefálico e o peso somático de dois ou mais indivíduos de inteligência aproximada e pertencentes a mesma espécie, não seria difícil o cálculo de i e de m, para cada um deles. (Bastos de Ávila, 1941, p.190)

Naqueles anos turbulentos, singularizados pela expansão do ambiente secular e universalista, os engajamentos intelectuais excêntricos e pouco defensáveis eram mais do que frequentes e, por vezes, velavam preconceitos inconfessos e interesses particulares.

Ficção humanizante

O que provam todas essas dissecações abrumadoras? O látego da clínica e suas técnicas de normalização? A existência de uma teia densa de saberes irmanados no estudo da natureza polimorfa da "criança-problema" e dos "instáveis escolares"? Como interpretar tal panóplia de conhecimentos sobre estados considerados infrapatológicos e parapatológicos, estados quase sempre examinados em moldes científicos predeterminados? Como se orientar nesse emaranhado de cogitações luxuriantes e processos sobre a germinação de anomalias, na evolução psicossomática da pessoa?

Sem incorrer em reducionismos do até agora visto em pormenor, é vontade de saber movida pela vontade de poder que conjuga discurso organicista, práticas de prevenção e técnicas psicoterápicas. De outro modo, as clínicas, com seu afã insidioso de intervenção no social, moviam-se pela pulsão do retorno ao equilíbrio e ao Eu normal. Bem seja, a dissecação psicológica e a dizibilidade das irregularidades da pessoa conforme as normas da semiologia médico-psiquiátrica e psicanalítica validavam a caracterologia individual considerada refratária às técnicas pedagógicas e a educação coletiva. ("Não é possível submeter a todos à mesma craveira, ou construir homens em série, como faz Henry Ford aos seus automóveis", dizia Porto-Carrero em *Ensaios de psicanálise*; "O conceito do aluno *médio* desapareceu", dizia Artur Ramos em *A criança problema*). No fundo, no fundo, trocava-se uma tirania por outra: severamente criticada, a abstração "aluno médio" dava lugar a outras abstrações cientificamente construídas em tempo de escola obrigatória.

Especioso, esse imaginário cientista da vida e do corpo era produzido por influentes nomencladores às voltas com ensaios de individualização de condutas incriminadas. Tais maquinações, frequentemente desconcertantes, sacramentadas pela ciência e protegidas pela clínica, comprovam pelo avesso a tese clássica de Philippe Ariès (1980), a saber: a emergência de cuidados extremosos e atenção constante para com a criança em escolarização. Por agora, escutemos essas vozes embaladas pela eloquência veemente e senso científico, nas quais não há inquietação espiritual, mas tão-somente certezas: "É indubitável, que para todos estes conhecimentos contribuiu decisivamente a ação dos médicos. Foram eles que clamaram e mostraram os erros dos processos educativos que não eram estribados em estudos de psicologia da infância e na compreensão de evolução das funções psicossomáticas da criança" (Pernambucano Filho, 1928, p.11).

Ou, então, Norberto Souza Pinto, professor da Escola Normal "Carlos Gomes", Campinas, São Paulo, e reputado ortofrenista do Instituto "Sud Mennucci" para a infância nervosa e retardatária na comunicação "As crianças anormais, através da psicopedagogia": "A infância, principalmente na idade escolar, que é a fase da evolução sofre o agravamento de taras hereditárias e adquire defeitos, atitudes e imperfeições corporais, que muito importa combater, atenuar e prevenir" (1938, p.113).

Como visto exaustivamente, os cuidados prodigalizados apreendiam a criança pelo ângulo da causalidade negativa: impulsos, instintos, recalques, complexos, renúncias, derivações, fixações, desvios, fenômenos que conspiravam abertamente contra o aparecimento da pessoa madura e racional. Ora, se bem entendido, é cabível concluir (i) reduzida à condição de objeto do Outro, não se ouve a criança falar na primeira pessoa, sua figura pálida torna-se mais empalidecida; (ii) as clínicas caucionam a tendência de avaliar performances sociais presentes e futuros em termos de desempenho escolar. Essas eram as exuberantes linhas de força das psicoclínicas, capacitadas com técnicas de enfretamentos das questões de ordem geral apreendidas como índices de mal-estar, inquietação e angústia, em síntese: de desadaptação. Distantes da coisa real, seu vocabulário científico e linguagem justificadora triunfaram. Precocidade diagnóstica e esperança de cura caminhavam juntas. Sem cessar, analisava-se a fragilidade da condição humana com fórmulas feitas a machado.

Epílogo
Por um bravo novo mundo

> — *Cidadãos, já imaginaram o futuro? As ruas das cidades inundadas de luz, galhos verdes sobre as soleiras, as nações irmãs, os homens justos, os idosos abençoando as crianças, o passado amando o presente, os pensadores livres, os crentes em igualdade, o céu como religião, Deus, o padre direto; a consciência humana transformada em altar; nada mais de ódios; fraternidade entre a oficina e a escola; como penalidade e como recompensa, a notoriedade; para todos o trabalho, para todos o direito, sobre todos a paz, nada mais de sangue derramado, nada mais de guerras, as mães felizes!*
> *(Vitor Hugo, Os miseráveis)*

I/Um painel de assimetrias

... pedologia, pedotecnia, psicotécnica, pedanálise, pedopsiquiatria, eufrenia, ortofrenia... pouco a pouco engrossava-se o êxodo do feixe de saberes sobre as pessoas comuns e sua mentalidade. Agora, todos os fios estão atados. No oceano de acontecimentos, as vagas tombavam estrepitosas sobre o horizonte nacional; nos círculos do sistema intelectual, os ânimos eram exuberantes pela confiança inabalável em conhecimentos previdentes. Contudo, no campo da vida pública, nada estava solucionado: alguns interpretavam os atos discordes como falência de autoridade ou, nos termos da psicanálise nascente, da "revolta do filho contra o pai".

Mas se a ordem das coisas não nos fornece a realização desses três anseios infantis — liberdade, igualdade, fraternidade, a culpa é do pai, do chefe, do Governo. E a horda revive em cada um; é preciso matar o pai, destronar o Chefe: A revolta!

Que resultará daí? Reviverá o pai morto, nas suas cabeças de hidra, até que nova revolução as decepe? Vencerá a turba dos filhos que ainda não temem o totem. Desagregar-se-ão os grupos heterogêneos, as frentes únicas mal congregadas e, entre lutas políticas intestinas, aguardarão o advento do herói?

Era nesses termos que Porto-Carrero, em *Psicanálise de uma civilização* (p.48-9), psicoanalisava os fatos nacionais, designadamente a Revolução de Outubro de 1930 e a Revolução Paulista de 1932. Mas não importa. É preciso avançar na revivência de uma esquecida linguagem da ciência, não sem antes invocar essa voz de escuta proverbial a repetir o brocardo da modernidade, brocardo (reificado) expressivo da vontade abrasadora de edificar um conhecimento fiel à verdade e à diversidade humana: "Tudo pode vir a ser medido, desde que nada existe no mundo que não o seja em certa quantidade, sejam as aquisições da inteligência ou os mais sutis movimentos morais e espirituais e sociais da humanidade, dizia Edward Thorndike" (Teixeira, 1934c, p.95).

Carregado de imagens feito faíscas, o espírito de geometria decididamente propenso a levar em conta o máximo de distinções encarnava-se na razão reta. Vingava a volúpia classificatória; vingava o gosto enumerativo e nomenclador; vingava o gosto pela harmonia conciliatória. Colossais, as correntes subterrâneas sobrelevaram-se em ondas, carregando no turbilhão revolto o brocardo de Thorndike, expressão conspícua da fúria de expansão e de posse — "Tudo pode ser medido". No final das contas, entendendo-se por racionalidade um conceito referido tanto à eficiência e rendimento, quanto às normas e regras, os êmulos entusiastas subvertiam os meios concernentes à vida coletiva, as concentrações de material humano constituíam os laboratórios naturais de investigação do anônimo habitante do subsolo social. Donde o entrejogo de desvelar e ocultar, cujo ponto comum é a educação das massas e o tumulto do trabalho (desde sempre, problemas constitutivos das raízes da questão nacional).

Extensa e difusa, conquanto autônoma, a rede de biometricistas impunha as práticas biotécnicas, enlaçando aqueles atraídos pelo chamado do *novo* e do *moderno*: "Se imaginarmos um corte transversal na sociedade moderna, perceberemos como os homens libertos das antigas divisões de classes hereditárias, se estendem, entretanto, em uma longa escala de ocupações, que vai das mais rudimentares às mais complexas". É isso que ponderava Anísio Teixeira

(1934c, p.109) e, com recurso a F. E. Barr, Tausig, Charles Booth, fabricantes de fantasiosas e imaginativas escalas de distribuição humana pelas profissões conforme QI, antevia amanhãs atraentes.

> A primeira observação respeito da distribuição humana por todas essas ocupações, é a de que cada uma exige um grau diverso de inteligência. Na presente sociedade industrial, a divisão do trabalho organizou a escala de tal modo, que o homem pode ser ai distribuído na razão de sua inteligência, desde o aquinhoado com o mais escasso raio de luz intelectual, até as mais complexas cerebrações. (ibidem)

De óbvio sentido panóptico, essas premeditações metafísicas, tão frequentes na época, provinham de sujeitos solares dotados de imaginação sugestiva, ainda que disciplinada; e com elas sancionavam argumentos a favor de uma tábua social conforme a escala humana. A bem dizer, serenamente, atribuía-se à linguagem do trabalho a virtualidade de regular o "corpo social" e sua continuidade territorial — sob os auspícios de engenhosa previdência, cada qual, trabalhando por si e para todos, concretizaria um desígnio único.

Defrontada com a realidade sensível fragmentada e conflitante, e nela com indivíduos solitários e perdidos, a cogitação teórica confundia o percebido com o imaginado, recriando-se o real ao gosto de crenças e fantasias. Numa palavra: a realidade era a suficiência daquilo que o ponto de vista afirmava ser. Imaginativo, esse modo de ver, pensar e dizer desde há muito estava no ar à disposição daqueles decididos a impedir o desdobramento do presente num futuro em nada benquisto. Grande objetivista, Pernambuco Filho era um desses decanos da taxonomia humana.

> Vários têm sido os autores que se têm preocupado com a questão das profissões em relação à capacidade mental do indivíduo.
>
> Entre outros deve-se citar Simon, Piarkowsky, que tentou uma classificação dos ofícios conforme o nível intelectual; Lippman, que procurou verificar a capacidade mental em certas profissões, etc. Ultimamente Rabinovitch e Debray, no estudo sobre a adaptação social das crianças atrasadas em França, chegaram a seguinte conclusão: o rendimento social resulta, em grande parte, do ofício adotado, eis porque nós procuramos indagar quais eram as profissões mais vezes exercidas pelos anormais.
>
> Sobre 238 atrasados colocados, encontramos: Rapazes: – 55 operários agrícolas, 36 ajustadores, serralheiros, ferreiros, etc. (metal), 11 marceneiros, carpinteiros, etc (madeira). Moças: – 29 domésticas, 28 costureiras de roupas brancas, 6 lavadeiras, 7 fabricantes de caixas de papelão. Rapazes e moças, 66 indivíduos exer-

cendo ofícios diversos — cabeleireiro – sapateiro – fabricantes de escovas — etc., floristas — bordadeiras, operárias para fazer franjas — mergulhadores, etc. São misteres simples, parecendo convir bem às crianças cuja mentalidade é inferior à normal. (1928, p.12)

Em nome de uma moral social, a voz de escuta jogava destinos a bel-prazer. Certamente, tal modo de enfrentar as fricções com vistas a uma síntese social profunda provinha das elucubrações de corifeus como Binet, Goddard, Burt, Decroly, Terman, Claparède, Stern, Münsterberg e Walther, para os quais o *status quo* era coextensão da natureza biológica da pessoa. Numa única palavra: a caça taxonômica (*i.e.,* a distribuição das aptidões conforme a curva de Gauss — "distribuição gaussiana", diríamos) louvava a combinação estrutural das diferenças e, com ela, a fraternidade do trabalho.

II/Em Poltava e Kharkov, Ucrânia, as comunas zumbem

Na tempestade dos anos 1920-1930 soviéticos — observador da cena revolucionária, John Dewey condensou tal tempestade na fórmula incondicional "*A new world in the making*" —, o autor de *Pedagogitcheskaia poema* sobrelevou-se nos círculos do Narkompros. Sua práxis é dinâmica e construtiva, na base o materialismo histórico e as leis da dialética, Marx, Engels e Lenin, depois ideações estranhas entre si, porém concatenadas por propósitos comuns: Pestalozzi, Owen, Kerchensteiner, Dewey, Kroupskaia, Blonski, Chatski, Tolstoi, Pavlov, Stakhanov, na cimeira, métodos de autogestão e afã coletivista. Notório materialista da frente prática, Anton Semiónovitch Makarenko inclinava-se por uma ciência da educação integrada no coletivo da produção social; daí a recusa à ciência pedológica, com sua fé na sociologia e biologia, e, por conseguinte, nas concepções de meio e hereditariedade. Censurava o respeito passivo à natureza da criança; para ele, o pedocentrismo subestimava o papel do mestre e da coletividade. Sob esses aspectos, reagia aos pedologistas empenhados no estabelecimento das fases do desenvolvimento humano a partir de observações dadas por inconcludentes e implausíveis (cf. Filonov, 1994; Kumarin, 1975). Com efeito, por volta de 1936, o Comitê Central do Partido Comunista condenou a ciência pedológica na resolução "Sobre as deformações pedológicas no sistema dos Comissários do Povo da Instrução Pública".

Tudo isso e muito mais consta em *Bandeiras nas torres*, crônica da Comuna Dzerjinski cuja leitura proporciona grande prazer, nela há muita vida cênica e sonoridades da vida real; nessa novela, Makarenko demoniza as práticas do laboratório de gabinete de pedologia anexo ao Gabinete de Menores; sua veia satírica elege como alvos: o impecável mobiliário branco do gabinete, as provas de aptidão para o trabalho, as técnicas como a "Ordem de interrogatório" e o "Labirinto de Porteus", e a figura do chefe do laboratório, cuja descrição está longe de ser agradável.

> Tinha o homem uma juba revolta que saía desde baixo da testa, quase ao lado das sobrancelhas. Os globos de seus olhos, muito grandes e congestionados com minúsculas veias vermelhas, quase escapavam das órbitas. Parecia como se o homem de bata branca levasse nas costas um fardo superior as suas forças. (s.d., p.35)

A condução da Colônia Gorki, em Poltava, e da Comuna Dzerjinski, em Kharkov, organizadas como destacamentos de produção, acentuou sua moral social segundo a ótica do Partido Comunista, levando-o a defender a formação da personalidade coletivista, ou melhor, do instinto coletivista — é dele a frase declaratória: "Meu mundo são os outros". E com essa convicção enfrentou o desafio de ajustar as hordas de *besprizornie* (literalmente crianças desvalidas), legítimos produtos da guerra civil, as quais sobreviviam à custa de esmolas e criminalidade; hordas em frangalhos e famintas de humanidade. De passagem pelo país dos sovietes, Dewey nomeou os *besprizornie* de *"wild children"*; outro viajante, Walter Benjamin, foi mais além:

> No panorama das ruas de todos os bairros proletários as crianças são importantes. Aí são mais numerosas que nos demais, se deslocam mais convictas de seu destino e são mais ocupadas. Em todos os bairros de Moscou formigam crianças. Entre elas já existe uma hierarquia comunista. Os *konzolteses*, como os mais velhos ficam no topo. Têm seus clubes em todas as cidades e são a verdadeira descendência instruída do Partido. Os menores tornam-se — com seis anos — "pioneiros". Também se reúnem em clubes e usam orgulhosamente a gravata vermelha com o "emblema "Oktiabr" ("Os de Outubro") por fim, ou ainda "lobos — são chamados esses pequenos bebês a partir do momento em que são capazes de indicar o retrato de Lenin. Mas ainda encontramos os decaídos e tristes *besprizornie* sem nome. Durante o dia são vistos, o mais das vezes, sozinhos; cada qual segue sua própria trilha de guerra. À noite, porém, juntam-se em bandos defronte de fachadas muitos luminosas de cinemas, e conta-se aos forasteiros que não é bom encontrar tais bandos ao retornar para casa por cami-

nhos ermos. Para entender esses seres completamente embrutecidos, desconfiados, amargurados, ao educador só resta ir para a rua em pessoa. (1982, p.161)

Sobre a "miséria infantil ainda não domada", Benjamin ponderava: "Na organização de bandos de tais crianças, a política não é tendência, mas objeto de ocupação tão óbvio, material didático tão evidente, como grande magazine ou casa de bonecas para a criança burguesa".

A respeito da formação do homem soviético, habitante de "uma comunidade feliz em uma sociedade feliz", Makarenko escrevia:

> Os traços comuns e individuais da personalidade formam nós extremamente complexos nos diferentes seres vivos, e, por isso, a tarefa de planejar a personalidade se transforma num assunto extraordinariamente difícil que requer muita precaução.
>
> O aspecto mais perigoso continuará sendo ainda por muito tempo o do medo à diversidade humana, a falta de habilidade para construir um todo equilibrado partindo de elementos díspares. Por isso, modelar todos com o mesmo padrão, enquadrar o ser humano num arquétipo estereotipado, educar uma estreita série de tipos humanos parece um assunto mais fácil do que a educação planejada com uma visão diferenciada. Com relação a isto, este mesmo erro foi cometido pelos espartanos e os jesuítas.
>
> A solução desse problema seria impossível se o resolvêssemos de modo silogístico: para pessoas diversas, diversos métodos. Era mais ou menos assim que pensavam os pedólogos quando criavam instituições para "crianças difíceis" separadas das instituições para crianças normais. (1982, p.142)

No comando da Comuna Dzerjinski — homenagem a Felix Edmund Dzerjinski, dirigente da Tcheca — o autor de *Poema pedagógico* perfila-se junto ao Exército Vermelho e à Tcheca. Auxiliado por engenheiros, desenhistas e operários, os comuneiros fabricam objetos mecânicos de precisão, seguindo as normas stakhanovistas: cópias da furadeira Black & Decker e da câmera Leika — a câmera FED, como seria conhecida mundialmente. Num informe parcimonioso, relembraria com orgulho: "E surgiu na comuna, brilhante e bonita, a fábrica de máquinas fotográficas FED, cercada de flores, asfaltos, repuxos. E um dia desses os comunardos colocaram sobre a mesa do comissário do povo a FED número dez mil, elegante e impecável aparelhinho" (Makarenko, 1986, p.264). Do momento álgido de debates discordes sobre o negativo sociológico do meio revolucionário — as hordas incontáveis de *besprizornie* — emergiram as novelas *Bandeiras nas torres, A marcha dos anos 30 e FD 1* e o mítico "O caminho da vida" (Putyovka v Zhizn), dirigido por Nikolai Ekk e roteirizado pelo próprio Makarenko, filme esse inaugurador do cinema sonoro soviético. Desde então, o nome de Anton Semiónovitch Makarenko encontra-se associado à história da fotografia e do cinema.

III/Bar-sur-Loup, Alpes Marítimos, decifrar a vida, recriar o mundo

Os anos 1920 foram excepcionais nas páginas da vida do colaborador das revistas *Clarté*, dirigida por Henri Barbusse, *L'école émancipée*, órgão da Federação de Ensino, futuro redator de *Éducateur Prolétarien* e autor de *Ensaio de uma psicologia sensível*, no qual formulou os conceitos de "personalidade atuante" e "perfil vital".

O nascimento de Baloulett, de nome Madeleine, fruto da união com Élise Lagier-Bruno, alimentava a felicidade misturada com angústia de Célestin Freinet, um camponês-professor de saúde abalada pelos ferimentos na guerra de 1914 (em algum lugar, comentaria: "Eu era apenas um 'ferido glorioso', com lesão nos pulmões, uma pessoa enfraquecida, ofegante, incapaz de falar na aula mais do que uns escassos minutos".)

No magistério primário em Bar-Sur-Loup , povoado de mil habitantes e meio vincadamente rural e de fala *langue d'oc,* Freinet depara com a miséria da escola proletária e seu cortejo de escuridão. A crônica emocionada é de Élise Freinet.

> Na sua grande maioria a turma é constituída pela média anônima e estável das crianças que estão a meio da inteligência e da preguiça mental. Rostos parados ou instáveis, cabelos desordenados, roupas variadas que não dão uma com as outras, e acima dessa turbulência de vestuário e de palavras, espíritos, ora esquivos, ora curiosos, sempre à procura de questões e de brigas. Resta a parte mais desanimadora: os deficientes mentais e os anormais. São uns cinco ou seis e todos os dias põem problemas insolúveis à turma. (1969, p.20)

Premido por um presente recuado no tempo, precipita-se para frente, cada ideia, cada dia, uma clareação: lê Marx e Lenin, estuda Claparède, Bovet e Cousinet, exalta-se com *Escola ativa* e *Prática da escola ativa*, de Ferrière; depois, nas

300 CARLOS MONARCHA

palavras de Élise, "decide-se a tragar à purga" os tratados de Spencer, William James, Wundt, Ribot, "lê e relê, tomando notas, Rabelais, Montaigne, Rousseau, que lhe provocam uma espécie de vertigem". Freinet ardia, tinha pressa, e reunia forças para procurar sopros de ar puro: participa com restrições dos congressos de Montreux e Nice, adere à Liga Internacional para a Educação Nova, decidido por um futuro proletário diferente, ingressa no Partido Comunista Francês, esperançoso, funda a Cooperativa de Ensino Laico. Mesmo fadigado, entregava-se à vida — a força vinha da penúria e vontade de transformar. Todos esses lances e remoinhos são recontados por Élise Freinet, em *Nascimento de uma pedagogia popular*:

> Se é verdade que se apercebe das carências do meio escolar de Bar-Sur-Loup, também não esquece os riscos que correm as experiências de Genebra, feitas, tal como o são, num plano um tanto intelectual, de vanguarda, em clima de laboratório, com o perigo permanente de se alhearem do ambiente social. (p.38)

Há também a grande jornada de descoberta. Instado pelo Sindicato Pan-Russo de Trabalhadores do Ensino, ele parte com a delegação sindical integrada por uns poucos franceses e alemães, um luxemburguês, um belga, um italiano e um português. Visita Leningrado, Moscou, Saratov e Stalingrado. No Kremlin, Kroupskaia recepciona a delegação alvoroçada pelo fato "Rússia soviética"; num clima de camaradagem, trocam experiências e comem maçãs verdes. Ao retornar, publica *Un mois chez les enfants russes*. Muito mais tarde, Freinet (1975, p.23) relembraria: "Uma viagem à Rússia em 1925 colocou-me no centro de uma fermentação, um pouco alucinante, de experiências e de realizações".

No seu modo de pensar, duas convicções: a criança é antes de tudo um ser ativo mais do que receptivo, a classe é uma comunidade cooperativa. Assim, demonstrava-se avesso às técnicas de laboratório e simpático ao tateado experimental; os métodos naturais de ensino por ele elaborados são de aparente simplicidade, mas, em essência, de enorme complexidade: a imprensa escolar, a correspondência e a cooperativa escolar, o texto livre, o fichário escolar, o Livro da Vida, o estudo do meio à Decroly, a leitura inseparável da escrita — para ele, a sala de aula é a oficina de Gutenberg (todo esse pão pedagógico pode ser visto nas cenas confiantes de *L'École buissonière*; nesse filme de curso febril, realizado em 1949, assiste-se à derrota dos métodos de ensino contranaturais e sua ciência fria).

BRASIL ARCAICO, ESCOLA NOVA 301

Por essas razões e mais outras, o autor de *A educação do trabalho* partilha da euforia de uma escola para o povo, feita à base de pulsões libertárias, na qual a criança é decididamente o penhor do amanhã: do crisol de experiências cooperativas, potente catalisador da paz e progresso, sairia às vastas perspectivas abertas ao devir dos homens. Nesse livro fundamental, em que o andamento se dá por um diálogo filosófico entre dois personagens, Long, professor em escola rural, e Mathieu, camponês pastor de ovelhas, Freinet enfrenta um dos temas centrais da *éducation nouvelle*: a utilidade social do trabalho e suas consequências.

> Essa ideia de educação pelo trabalho tampouco significa que, na escola nova que acho necessária para a sociedade atual, nos contentemos em jardinar, em cuidar dos animais e das plantas, em parafusar, em trabalhar em alvenaria e fundição. Esta é a concepção depreciativa do trabalho que destina a alguns a tarefa árida do esforço muscular e da habilidade manual, como a máquina a que se solicita somente assegurarem, como um mínimo de cuidado, os gestos socialmente indispensáveis, e reserva a outros as tarefas nobres em que o pensamento continua preponderante. (1998, p.316-7)

E, quando o céu da França (e do mundo) voltou a ser livre, a segunda guerra acabara, Célestin Freinet que vivenciara experiências definitivas — a militância a favor da República espanhola sitiada pelas tropas de Franco, o envolvimento com a Frente Popular, o encarceramento nas prisões da polícia de Vichy, a atuação na Resistência Francesa, o acolhimento de crianças espanholas e alemãs refugiadas na França, e as desilusões com o PCF —, reivindicaria um lugar à esquerda no movimento da *éducation nouvelle*.

> A originalidade das minhas concepções pedagógicas em Bar-sur-Loup não se fundamentava simplesmente no fato de atribuir à criança um papel ativo na classe, de a tornar o elemento ativo na aquisição das técnicas escolares. Outros educadores tinham dito isto antes de mim e os novos métodos divulgados na Inglaterra e em Genebra haviam na verdade, antes de mim, afirmado esta necessidade da Escola Ativa cujo valor fora demonstrado magistralmente por Adolphe Ferrière. Ao partir, só, à procura de um método integrado na vida, conseguira muito naturalmente descobrir a Escola Ativa. Não uma Escola Ativa mais ou menos mística, onde o papel da criança *atuante* tinha a aparência de dogma e podia justificar todas as ideologias, incluindo as mais reacionárias. (Freinet, 1975, p.50 - grifo no original)

Premonitório, num texto de juventude, escrevera: "O futuro me dará razão". E assim foi.

IV/Um solo vulcânico

São Paulo, Fortaleza, Salvador, Recife, Curitiba, Belo Horizonte, Capital Federal, São Luís, Aracaju, Vitória, Porto Alegre, as capitais culturais brasileiras, entravam em sintonia fina no tocante ao moderno e à sua cultura. Em toda parte, intelectuais-cientistas, com sua forma discursiva peculiar e força notória, faziam do novo e do moderno o seu megafone, e clamavam não ser mais possível e desejável conduzir as forças sociais consoante às sinuosas e arrastadas doutrinas políticas.

O sismógrafo registrava o abalo e vibrações de ideias. Exaltava-se o controle da natureza, a busca da exatidão e cálculo, e, é evidente, a condição de perfeita sociabilidade. E, ao cantarem melodicamente o término das fricções — a vida aparentava ser bela e compressível —, as mensagens angélicas anunciavam um padrão existencial confiável e seguro: no lugar da fragmentação multiplicada, ter-se-ia a ordem geométrica consubstanciada numa forma superlativa de organização: a república tecnológica. Em suma: conheciam-se os tempos vindouros antes de virem, contavam-se os sucessos futuros antes de sucederem, descreviam-se feitos heroicos antes de acontecerem. Para essa efervescência onírica, na qual, positivamente, os sonhos voavam à frente dos fatos, as coortes técnicas substituiriam o governo dos homens pela administração das coisas e, assim, alcançariam um estado de plenitude e abundância material. Mas convém lembrar: senha do efluir do tempo — a aparição das ciências da observação preocupadas em medir, separar e hierarquizar, a fim de interpretar o corpo e alma da pessoa humana, era uma possibilidade concretizada *pela* política e *na* política. Convulsivas, tais premeditações delatam a pressão da base material sobre a esfera da cultura, contudo não devem ser reduzidas à condição de meros epifenômenos ou efeitos mecânicos das relações sociais de produção.

V/Estado de ânimo, dias de comoções

Atraídos pela trindade moderna, energia, trabalho e progresso, encantados por imagens imaginadas, os fisiognomonistas auguravam destinos individuais e coletivos, trocavam a seleção natural pela seleção científica (ou artificial), ato comprobatório da chegada de um mundo pós-burguês assentado no mérito, talento e competência. Donde a erótica demanda psi, rigorosa e respeitável, a anexar a arte de explorar diferenças. "As tendências especialmente da eficiência, encarnam a escola como a produção dos modernos industriais, que deve ser rápida, precisa, com perdas mínimas de energia e pessoal" — dizia Lourenço Filho, em "A 'Escola Nova'" (1929a, p.29) —, "É o espírito americano da eficiência e do 'standard'. É o taylorismo na escola". Por seu lado, fiel ao tom geral, Firmino Costa em *Pela Escola ativa*, corroborava à exaustão o argumento vital de um estilo cognitivo comum: "O produto da oficina tem diversos nomes, conforme o material empregado: o produto da escola chama-se educação, tanto vale dizer, preparo para a vida. Na oficina, o trabalho; na escola, o ensino: são expressões correspondentes" (p.20). Presumia-se que desse modo desapareceria o sujeito humano internamente fraturado por experiências traumáticas e insensatas acompanhadas de sentimento de culpa, pois, para o princípio da não contradição, toda e qualquer refutação era uma maneira de ignorância.

Esse não era o ponto de vista de Giuseppe Lombardo-Radice, em *Riforma della scuola elementare: vita nuova della scuola del popolo*. Num curto enunciado pasmoso, censurava pretensões impenitentes: "A escola popular não pode sonhar em preparar a costureira ou a modista, mas a mulher, isto é, a alma humana. Estamos na escola, lugar de cultura, de elevação de espírito e não na antessala da fábrica ou do laboratório" (p.35). Esse rasgo de lucidez não lucilou como era de se esperar, ao contrário, comumente atribuía-se a crise social à existência de um fosso entre educação popular e o dédalo de atividades produtivas, fenômeno de alto custo psicológico para a pessoa e econômico para a sociedade, segundo aqueles sujeitos às voltas com a combinatória de existências individuais.

Alinhada à ótica do *Guidance Movement*, cujo objetivo era promover a livre circulação de pessoas analogamente à circulação de mercadorias, Noemi Marques da Silveira pensava curar os males juvenis e evitar os abismos da vida adulta (no seu argumento condenatório dirigido aos incapazes de encontrar razões para a existência, observa-se o gosto por uma estrutura acerada engendrada por um ato de vontade capaz de acionar técnicas de domínio).

> O mal social mais grave é o decorrente da inaptidão profissional, motivada por falta de capacidade intelectual ou afetiva. A multidão dos que falham nada mais é que a falange numerosa dos que se decidiram erradamente por um ramo de atividade. Com o espírito propício à eclosão das ideias anarquistas, de ódio, de luta de classes veem, esses indivíduos perturbar o equilíbrio social. (1928, p.28)

Despropositados enquanto resposta apaziguadora, esses fios de pensamentos humanos e escatológicos evocavam perigos e medos irreais provocados por uma suposta separação entre a instrução e o dédalo de atividades produtivas. Para as atitudes escapistas às voltas com a sublimação das paixões (*i.e.*, as carências impostas pela vida em comum) e a constituição de hierarquias de valores inatos (*i.e.*, a distribuição gaussiana de valores para a constituição de um todo inconsútil), as metamorfoses da psique eram prementes. Numa palavra, como força corretiva exterior à vontade da pessoa, os arroubos realistas atuavam como predestinadores das massas proletárias recém-surgidas.

VI/O mundo e seus possíveis

No pano de fundo, a proverbial organização mecânica das fábricas, fenômeno universalmente associado aos sucessos materiais de Henry Ford. Com efeito, recepcionava-se o fordismo, peculiar fusão de ética e técnica, individualismo e puritanismo, como via de reconstrução das paisagens ruinosas povoadas de seres humanos à deriva, por estarem desprovidos de centro afetivo e moral.

Licínio Cardoso, no hoje deslembrado "Ford: o operário que venceu o capital", concluía pela superioridade do corpo transindividual próprio do "regime das máquinas". Monteiro Lobato externava apego, em *How Henry Ford is regarded in Brazil*, ao contrapor o "idealismo orgânico" de Ford ao "idealismo utópico" de Rousseau e Marx. E retomava a figura unitária do fordismo como motivo da prosa de ficção; em *Mr. Slang e o Brasil: colóquios com o inglês da Tijuca*, defrontava a modernidade fordista com o Brasil arcaico: "Depois que Henry Ford demonstrou como se aproveitam até cegos e aleijados, ninguém tem o direito de alegar o não presta. Tudo presta" (1927, p.35). Em *América*, romance de louvor à evolução industrial, escrevia: "O gênio de Henry Ford não passa da individualização da América" (1932, p.5). De entremeio, apareciam as traduções de *My life and work* e *Today and tomorrow*, de Ford, livros lidos e relidos como breviários futuristas. No ar, a tensão premonitória ampliava o sério rumor coletivo; ao som de acordes harmoniosos e estrondosos, o raiar do circuito fordiano assinalava a abertura do inevitável espetáculo do maquinismo. (Maiakovski, em *Minha descoberta da América*: "Fui com grande exaltação a uma fábrica da Ford. Seu livro, publicado em Leningrado em 1923, já possui tiragem de 45 mil;

o fordismo é a palavra mais popular dos coordenadores do trabalho; falam sobre a empresa de Ford quase como algo que pode passar para o socialismo sem qualquer alteração"). Fiado em profecias, o visionarismo assinalava a desadaptação do Brasil à hora do mundo: pelas lentes prometeicas da ciência fordista, aprendia-se a ver o Brasil e o mundo, mais que o próprio Ford e suas ideias de eficiência.

VII/Rio Tapajós, Pará, vagas lembranças

1927. No baixo Amazonas, surge uma Nova Atlântida. Henry Ford decidira acabar com o monopólio inglês no mercado de borracha, mantido graças ao pleno domínio da extração de látex, nas colônias britânicas na Ásia. A insígnia ilustrativa "Companhia Ford Industrial do Brasil" pairava acima do fausto telúrico borrado de humo e umidade. Sguiglia, no romance *Fordlândia*, colocou na boca de Ford estas palavras: "Sob o impacto de nossa vontade e de nosso trabalho, disse ele, o Amazonas transformar-se-á no primeiro capítulo da história de uma nova civilização" (1997, p.22).

No território da empresa, em quadras simétricas a enxadrezar enorme clareira, brotava um milhão de seringueiras. No centro de dois milhões, quatrocentos e setenta mil acres, como que saída das páginas de um relato fantástico de viajantes, uma cidade de feição industrial, equipada com muitos luxos. No enclave *"city Ford"*, havia geração de eletricidade, água encanada, fábrica de gelo, calçadas, hidrantes, ruas asfaltadas, cinema, a Vila Americana com bangalôs para funcionários graduados, as tendas coletivas e as vilas operárias, escola com professores recrutados em Belém, hospital, escritórios, oficinas, armazéns, postos de coleta de látex, frigoríficos para estocagem de alimentos. Embarcados em Detroit, o material de construção e os equipamentos aportavam em Santarém, nos porões dos navios Lake Farger e Lake Ormoc.

> Em Dearborn, no lago Michigan, a atividade é febril. Aprestam-se navios para a conquista da Amazônia. Eles vão levar uma cidade desarmada, mas pronta, como se tratasse de automóveis saídos das linhas de montagem da Ford Motor Company: casas hospitais, *cafeterias, drugstores*, cimento, areão para as canchas de tênis, aparelhos sanitários, *bulldozers*, serraria, uma cidade completa por armar. (Vianna Moog, 1981, p.18)

No centro do país, numa paisagem assemelhada a um hipotético capítulo inacabado do Gênesis — nas praias de areias brancas do Tapajós, entre os rios Cupari e Tapacurá, reproduzia-se artificialmente um propalado modo de viver à frente do tempo presente.

Na planície encharcada, algo fora do comum, uma saudação potente a escrutar o tempo — a sirene estrepitosa, "o apito da caixa d'água", soava quatro vezes ao dia, cadenciando o ir-e-vir de funcionários. No meio da floresta tropical um relógio de ponto objeto de tantas revoltas. Revogava-se a variedade vegetal indisciplinada, a floresta recuava e com ela seu rumor, a terra tremia, o solo tremia, o avanço sincopado dos *bulldozers* espantava figuras e formas — onças, uirapurus, sucuris, macacos, araras — e drenava as águas rasas: igarapés, lagos, paranás. Babel contemporânea encravada na selva e na embriaguez do calor, o lugar contava com um exército instável e esfalfado de 2.200 a 2.500 habitantes falantes de diversas línguas: índios munducuru, nordestinos, negros antilhanos, norte-americanos, ingleses, escoceses, australianos, suíços, austríacos. O fordismo com seu ciclo prometeico era um fato real vivo e benquisto.

Eis por que, e isso é notório, no Brasil, entre políticos, industriais e intelectuais, a imagem devocional de Henry Ford era um pivô de simpatia. (Janeiro de 1946, corre pelo mundo a notícia: "Ford se retira da Amazônia. *Ford withdraws from Brazil*" (Vianna Moog, 1981, p.23). Final desolador para uma história empolgante, a indisciplina da floresta, o "mal das folhas", fungo devastador de pretensões apolíneas, e a invenção da borracha sintética derrotavam o mecânico afortunado. Hoje, Fordlândia é lembrança esquecida.)

VIII/Tomar o desejo por realidade

Fonte e origem da corrente a ressaltar a ideia de sujeito orientado psicologicamente (*i.e.*, o Eu moderno e autodirigido, logo Ego exemplar em contraponto ao sujeito tradicional e heterodirigido de conduta individual equivocada), o agrupamento de boas vontades simbolizava entre sonhos e traumas o impulso de colocar ordem num mundo desprovido de sanidade mental, virtude e felicidade. Diante da incerteza e insegurança da vida, o ímpeto de harmonizar o regime democrático constituído de sujeitos de direitos com os postulados da racionalização e consequente introdução de sistemas avançados de conhecer e produzir. Na vidência de homeostase, o homem deixaria de gastar corpo e espírito, memória e inteligência, para ressurgir senhor do seu próprio milagre.

Eram essas as predições sintéticas do pensamento comum advogadas, entre outros, por Lindolfo Xavier. Na tese "Necessidades da pedagogia moderna", pronunciada na 1ª Conferência Nacional de Educação, ele expedia um convite à grandeza: "Toda pedagogia moderna será fordiana: irá buscar nos livros de Ford os processos da vitória, com o máximo de humanidade, no mais intenso sistema de economia, com a generalização das especializações. Para o fordismo não há aleijados, não há inúteis; todos cooperam para a obra geral" (1927, p.58).

É notável como os grandes e importantes nomes do sistema intelectual e científico transitavam de forma leve e apressada das teorias livrescas para juízos imediatos e ações ordenadoras da vida. Para eles, da fonte comum, misto de coletivo exemplar e síntese profunda, uma maneira abrupta de dizer coisas complexas, saltaria uma outra imagem do homem e humanidade.

IX/Figurações da Nova Era

No fundo, as fervorosas petições de princípios evocam por outros caminhos a distopia de Aldous Huxley, *Admirável mundo novo*, aparecida em 1932, precedida pela epígrafe sonora:

> Ó, maravilha!
> Que adoráveis criaturas aqui estão!
> Como é belo o gênero humano
> Ó admirável mundo novo
> Que possui gente assim! (Shakespeare, *A tempestade*, ato V)[1]

Huxley desfiava um enredo noturno concernente a uma forma societária futura, dotada de lógica e transparência. Situada no ano 632 d.F. (depois de Ford) e presidida pelos lemas Comunidade, Identidade e Estabilidade, tal forma societária abrigava condições de vida racionalizadas e opressivas, no limite imóvel e insuportável, por não admitir liberdade de ação e tampouco de pensamento e consciência. Encontrava-se organizada não por classes com

---

1 *"O, wonder!*
How many goodly creatures are there here!
How beauteous mankind is!
O brave new world
That has such people in't."

suas tradicionais distinções econômicas e sociais, mas por indivíduos distribuídos na tábua hierárquica de acordo com o QI. No cume, os Alfas e Betas, dedicados às atividades intelectuais; no intermédio os Gamas e Deltas, e na base os Ípsilons, executores de trabalhos mecânicos.

Bem mais tarde, Huxley acrescentaria um prefácio a sua obra-prima e expandiria as reflexões sobre o "amor à servidão" e o "problema da felicidade". No prefácio, concluía judiciosamente: "O tema do *Admirável mundo novo* não é o progresso da ciência como tal; é o progresso da ciência na medida em que atinge os indivíduos humanos".

X/Santa Mônica, Califórnia

No exílio estadunidense, Bertolt Brecht anota no seu diário.

13.8.42
Na casa de Adorno. Horkheimer, Pollock, Adorno, Marcuse, Eisler, Stern, Reichenbach e Steuermann discutem o livro de Huxley, *Admirável mundo novo*. Huxley, incomodado com certos fenômenos modernos, estabelece um certo rebaixamento das necessidades culturais. Quanto mais *ice-boxes*, menos Huxley. (2002, p.137)

XI/Cálculo de felicidade

É bem verdade — e é justo crer assim — que, em última análise, a comunidade de intelectuais-cientistas encontrava-se em contiguidade com a antiga linhagem de cismadores, iniciada com a poesia e os mistérios dos astrólogos, e desdobrada com quiromantes, magos, grafonomistas e fisiognomonistas. Séria e asperamente, essa linhagem prosseguiria com os frenologistas, eugenistas, pedologistas, psicometristas e pedanalistas empenhados em decifrar e nomear a diversidade de caracteres humanos. Numa palavra, por paradoxo, a exacerbação da civilização técnica provoca um redemoinhar espectral de forças mágicas e maravilhosas, nomeado de ciência moderna.

No crepúsculo noturno de uma época, a República Velha, e nas primeiras auroras de outra, quando se transitou do estado de revolução para o estatismo, quando as ideologias mecânico-organicistas tornaram-se fontes para pensar e praticar o Brasil novo, sujeitos de pelagens diversas figuravam uma ordem societária não traumática, por estar alicerçada nas promessas da ciência e técnica — livres de todas as peias e servidões, homens e mulheres seriam enleados pela técnica, disciplina e abnegação.

Entre 1910 e 1930, décadas irremediavelmente polêmicas na vida nacional (e mundial), reformadores de toda a sorte demonstravam-se ansiosos por aplicar os progressos científicos aos afazeres do mundo e à vida de todo dia e, assim, conferir solidez as frágeis inervações do corpo coletivo, acometido por sérias afecções, e reparar antigos sacrifícios e injustiças. Exuberante e convidativa, a linguagem de liberdade e felicidade social encenava um auto-de-fé numa formação ora sobressaltada pelo medo e desesperos contínuos, ora atraída pela vidência de um futuro habitável, um mundo moral e amoroso, inteiramente liberto da opressão política e da pobreza econômica, enfim.

REFERÊNCIAS BIBLIOGRÁFICAS

Fontes documentais

ALBANO, I. Jeca-Tatu e Mané Chique-Chique. *Revista Nacional*, São Paulo, p.416-9, 1920.

ALCÂNTARA, L. A apatia e o retraimento dos escolares como problema de higiene mental. *Revista de Neurologia e Psiquiatria de São Paulo*, v.7, n.6, p.299-302, nov./dez. 1941.

ALVES, I. Tests mentais e pedagógicos. *Educação*, São Paulo, v.9, n.2, p.335-40, nov. 1929.

_____. *Os testes e a reorganização escolar*. Prefácio Anísio Spinola Teixeira. Bahia: A Nova Gráfica, 1930.

_____. *Da educação nos Estados Unidos*: relatório de uma viagem de estudo. Rio de Janeiro: Imprensa Nacional, 1933.

_____. *Educação e brasilidade*: ideias forças do Estado Novo. Rio de Janeiro: José Olympio, 1939.

AMARANTE, I. de C. A escola renovada e a organização das classes. *Escola Nova*, São Paulo, n.3/4, p.392-4, mar./abr. 1931.

AMOR, C. S. El Congreso de Locarno. Impresiones personales de una congresista. *Revista de Pedagogía*, Madrid, ano 6, n. 69, p.483-8, sep. 1927.

ANAIS DE EUGENIA. Edição da *Revista do Brasil*, São Paulo: Tipografia Olegário Ribeiro, Lobato & Cia. Ltda., 1919.

ANTIPOFF, H. Das classes homogêneas. *Revista do Ensino*, Belo Horizonte, ano 4, n.53/54/55, p.53-5, jan./mar.1931a.

_____. A homogeneização das classes escolares: os critérios da seleção e as vantagens que dela decorrer. *Revista do Ensino*, Belo Horizonte, v. 6, n. 62/63/64, p. 27-55, out./dez. 1931b.

_____. A pedagogia nas classes especiais. *Revista do Ensino*, Belo Horizonte, v. 6, n. 56, p. 24-52, abr./jun. 1931c.

_____; REZENDE, N. Educação das crianças retardadas. Ortopedia mental. *Revista do Ensino*, Belo Horizonte, v.7, n. 93, p. 21-29, ago. 1933.

_____; CUNHA, M. L. de A. Teste Prime. *Revista do Ensino*, Belo Horizonte, v. 6, n. 59/60/61, p. 4-55, jul./set. 1932.

_____. Nota provisória sobre o estudo da conduta de adaptação nas crianças. In: 1º CONGRESSO PAULISTA DE PSICOLOGIA, NEUROLOGIA, PSIQUIATRIA, ENDOCRINOLOGIA, IDENTIFICAÇÃO, MEDICINA LEGAL E CRIMINOLOGIA. São Paulo, 24 a 30 de julho de 1938. *Atas...* São Paulo: Imprensa Metodista, p.207-48, 1938.

_____. Edouard Claparède – homem e educador. *Arquivos do Instituto de Educação*, Distrito Federal, v.2, n.4, dez. 1945.

A RECONSTRUÇÃO EDUCACIONAL NO BRASIL: ao povo e ao governo. *Educação*, São Paulo, v.6, n.1/2/3, p.3-31, jan./fev./mar. 1932.

ARRUDA, J. Sobre os distúrbios mentais entre os professores públicos. *Revista de Neurologia e Psiquiatria de São Paulo*, São Paulo, v.7, n.6, p.277-82, nov./dez. 1941.

ATAÍDE, T. de [Alceu de Amoroso Lima]. *Estudos*. 2.ed. Rio de Janeiro: Edição de "A Ordem", 1929. (Série 1).

_____. *Debates pedagógicos*. Rio de Janeiro: Schmidt Editor, 1931.

_____. O Instituto Oficial de Psicologia. *A Ordem*, Rio de Janeiro, n.28, jun. 1932.

_____. *Humanismo pedagógico*: estudos de filosofia de educação. Rio de Janeiro: Stella Editora, 1943. (Coleção Presença, 11).

_____. *Primeiros Estudos*: contribuição à história do modernismo literário. I: O pré-modernismo de 1919 a 1920. Rio de Janeiro: Agir, 1948.

ATRAVÉS DE REVISTAS E JORNAIS. *Escola Nova*. São Paulo. v. 2, n.3-4, p. 375-402, mar./abr. 1931. (Iniciação ao estudo dos testes).

AZEVEDO, A. *Casa de Pensão*. 9.ed. Rio de Janeiro: F. Briguiet & Cia. – Editores, 1940.

AZEVEDO, F. de. A instrução pública no Distrito Federal. Projeto de Reforma do Ensino Primário e Técnico-Profissional apresentado e justificado, no dia 22 de outubro, pelo sr. Dr. Fernando de Azevedo, Diretor Geral da Instrução Pública, perante as comissões Reunidas de Instrução, Orçamento e Justiça do Conselho Municipal. Rio de Janeiro: Mendonça & C., 1927.

_____. *A reforma do ensino no Distrito Federal*: discursos e entrevistas. São Paulo: Melhoramentos, 1929a.

————. A escola nova e a reforma. In: PREFEITURA DO DISTRITO FEDERAL. *Programas para os jardins de infância e para as escolas primárias*. Rio de Janeiro: Oficinas Gráficas do Jornal do Brasil, 1929b.

————. Programas das escolas do Distrito Federal. *Escola Nova*, São Paulo, v.1, n.2/3, p.196-237, 1930.

————. *A reconstrução educacional no Brasil – ao povo e ao governo*. Manifesto dos pioneiros da educação nova. São Paulo: Nacional, 1932.

————. O Estado e a educação. *Revista de Educação*, São Paulo, v.1, n.1, p.3-24, mar. 1933.

————. *A educação e seus problemas*. São Paulo: Nacional, 1937a. (Atualidades pedagógicas).

————. A educação rural. In: ————. *A educação e seus problemas*. São Paulo: Melhoramentos, 1957. v.1. (Obras Completas, 8).

————. *A educação pública em São Paulo — problemas e discussões*: inquérito para o Estado de S. Paulo em 1926. São Paulo: Nacional, 1937b. (Brasiliana).

————. *A cultura brasileira*: introdução ao estudo da cultura no Brasil. Rio de Janeiro: Serviço Gráfico do Instituto Brasileiro de Geografia e Estatística, 1943. (Série Nacional do Recenseamento Geral do Brasil).

BACKHEUSER, E. *Técnica da pedagogia moderna*: teoria e prática da Escola Nova. 2.ed. Rio de Janeiro: Civilização Brasileira, 1936.

BAIN, A. *Ciência da educação*. Trad. Adolfo Portella. Lisboa: Livraria Clássica Editora de A. M. Teixeira, 1905.

BARBOSA, R. *Lições de coisas* [1886]. Rio de Janeiro: Ministério da Educação e Saúde, 1950, v.13, t.1. (Obras Completas de Rui Barbosa).

————. *A questão social e política no Brasil*. Rio de Janeiro: Organizações Simões, 1958.

BARNÉS, D. *Paidología*: parte general. Madrid: Ediciones de la Lectura, 1932. (Ciencia y Educación).

BARRETO, A. P.; CAMPOS, A. Um decênio de atividades no Instituto de Psicologia. *Arquivos da Assistência a Psicopatas de Pernambuco*, Recife, v. 5, n.1/2, p.136-44, 1935.

BARROS, R. S. M. de (Org.). *Obras filosóficas de Pereira Barreto*. São Paulo: Grijalbo, 1967. v.1.

BASTOS DE ÁVILA. O índice de cefalização na homogeneização das classes. In: PRIMEIRO CONGRESSO NACIONAL DE SAÚDE ESCOLAR. São Paulo, 21-27 de abril de 1941. *Anais...* São Paulo, 1941.

BELLO, J. M. O sertão. *Revista do Brasil*, São Paulo, ano 3, v.9, p.124-6, set. 1918.

BERNÁRDEZ, M. Problemas do nosso tempo. A nova política de educação no Brasil. *Boletim de Educação Pública*, Distrito Federal, ano 1, n.3, jul./set. 1930.

BICUDO, V. Contribuição para a história do desenvolvimento da psicanálise em São Paulo. *Arquivos de Neuropsiquiatria*, São Paulo, n. 1, v. 6, p.69-72, 1948.

BINET, A. *Introducción à la psicología experimental*. Madrid: Librería de Victoriano Suárez; Librería de Fernando Fe, 1899.

_____. *Les idées modernes sur les enfants*. Paris: Flammarion, 1911.

_____. *Las ideas modernas acerca de los niños*. Buenos Aires: Albatros, 1942.

_____. *Grafología y ciencia*. Trad. Bas A. Sosa. Buenos Aires: Paidos, 1954.

_____.; FÉRÉ, C. *Le magnétisme animal*. Paris: Félix Alcan, 1887. (Bibliothèque Scientifique Internationale, 57).

_____.; SIMON, T. *Les enfants anormaux*: guide pour l'admission des enfants anormaux dans les classes de perfectionnement. 5.ed. revue et complétèe. Paris: Armand Colin, 1927.

_____. *Testes para a medida do desenvolvimento da inteligência*. Prefácio e tradução de Lourenço Filho. São Paulo: Melhoramentos, 1929. (Biblioteca de Educação, 10).

BITTENCOURT, R. Psiquiatria infantil e saúde escolar. In: PRIMEIRO CONGRESSO NACIONAL DE SAÚDE ESCOLAR. São Paulo, 21-27 de abril de 1941. *Anais...* São Paulo, 1941. p.629-33.

BOMFIM, M. *A América Latina*: males de origem. O parasitarismo social e evolução. Rio de Janeiro, Paris: Garnier, 1905.

_____. *Pensar e dizer*: estudo do símbolo no pensamento e na linguagem. Rio de Janeiro: Electros, 1921.

_____. Crítica da escola ativa. *A Academia*, Rio de Janeiro, n.6, ano 4, p.44-50, 1930.

BOVET, P. *La obra del Instituto J.-J. Rousseau*: veinte años de vida – 1912-1932. Madrid: Espasa-Calpe, 1934. (Colección de actualidades pedagógicas, publicada bajo los auspicios del Instituto J.-J. Rousseau y de la Sociedad Belga de Pedotecnia).

BOYD, W.; MACKENZIE, M. (Reds.) *Hacia una nueva educación*. Traducción Luiz Gutiérrez del Arroyo. Madrid: Espasa-Calpe, 1931.

BRIQUET, R. Franco da Rocha e a psicanálise no Brasil. In: *Palestras e conferências*. São Paulo: Atlas, 1944.

BRUNO, A. *A educação nova*. Recife: Imprensa Oficial, 1931. (Conferência pronunciada em 20 de Junho de 1931, no Teatro Santa Isabel).

_____. Um programa de política educacional. Exposição apresentada ao Exmo. Sr. Secretário do Interior de Pernambuco, pelo Dr. Aníbal Bruno, Diretor Técnico de Educação. *Boletim de Educação*, Pernambuco, ano 4, n.5-6, 1932.

BUARQUE, M. C. *A educação nova*. São Paulo: Pocai-Weiss, 1912.

BUCCI, S. *Educazione dell'infanzia e pedagogia scientifica*: da Fröebel a Montessori. Roma: Bulzoni Editore, 1990.

CALDAS, M. A eufrenia, ciência da boa cerebração. *Arquivos Brasileiros de Higiene Mental*, Rio de Janeiro, ano 5, n. 2, p.29-40, out./dez. 1932a.

———. Clínica de Eufrenia – Os trabalhos do primeiro trimestre. *Arquivos Brasileiros de Higiene Mental*, Rio de Janeiro, ano 5, n.2, p.65-9, out./dez. 1932b.

CÂMARA, H. Educação progressiva. *A Ordem*, Rio de Janeiro, p.543-9, 1933.

CARDOSO, V. L. (Org.). *À margem da história da República*. Rio de Janeiro: Anuário do Brasil, 1924.

———. *Afirmações e comentários*. Rio de Janeiro: Anuário do Brasil, 1925.

———. Arquitetura norte-americana. In: ———. *Filosofa da arte* (Síntese positiva e notas à margem). 2.ed. Rio de Janeiro: José Olympio, 1935.

———. Ford: o operário que venceu o capital. In: ———. *Afirmações e comentários*. Rio de Janeiro: Anuário do Brasil, 1925.

CARNEIRO LEÃO, A. *Os deveres das novas gerações brasileiras*. Rio de Janeiro: Sociedade Editora de Propaganda dos Países Americanos, 1923.

———. *O ensino na capital do Brasil*. Rio de Janeiro: Tipografia do Jornal do Comércio, 1926.

CLAPARÈDE, E. *L'orientation professionnelle*: ses problèmes et ses méthodes. Genève: Bureau International du Travail, out. 1922. (Etudes et Documents. Série J, 1).

———. *Psychologie de l'enfant et pédagogie expérimentale*: introduction, historique problèmes, méthodes développement mental. 10.ed. Genève: Kundig, 1924 .

———. Prefácio. In: WALTHER, L. *Tecnopsicologia do trabalho industrial*. Trad. Lourenço Filho. São Paulo: Melhoramentos de São Paulo, 1929.

———. *Comment diagnostiquer les aptitudes chez les écolier*. Paris: Ernest Flammarion, 1929.

———. *La escuela a la medida*. Madrid: Ediciones de La Lectura, 1932a. (Asociación Española J.-J. Rousseau).

———. *La educación funcional*. Madrid, Barcelona: Espasa-Calpe, 1932b. (Colección actualidades pedagógicas, Publicado bajo los auspicios del Instituto J-J. Rousseau y la Sociedad Belga de Pedotecnia).

———. Alfred Binet (1857-1911). *Educação*, São Paulo, v.10, p.152-6, out./nov. 1932c.

———. *A educação funcional*. Trad. J. B. Damasco Pena. São Paulo: Nacional, 1933. (Atualidades Pedagógicas).

316 CARLOS MONARCHA

_____. Autobiografia. In: _____. *A escola sob medida*. Rio de Janeiro: Fundo de Cultura, 1959.

_____. *Psicologia da criança e pedagogia experimental*. 2.ed. revista. Rio de Janeiro: Ed. do Brasil, 1956. (Coleção Didática do Brasil, 18).

COELHO, H. *O direito e o proletariado*. São Paulo: Tipografia do Diário Oficial, 1906.

CORREIA, A. Filosofia da Escola Nova. *A Ordem*, Rio de Janeiro, p. 203-15, 1931.

CORREIA, A.; ACKER, L. van. *O Sr. Fernando de Azevedo, a sua sociologite aguda e do mais que aconteceu*. São Paulo: Centro D. Vital, 1936.

CORREIA, A.; ACKER, L. van; LIMA, A. A. *Pedagogia da Escola Nova*. São Paulo: Centro D. Vital, 1931.

COSTA, F. *Pela Escola Ativa*. São Paulo: Melhoramentos, 1932.

COUTO, M. *No Brasil só há um problema nacional*: a educação do povo. Rio de Janeiro: Tipografia do Jornal do Comércio, de Rodrigues & C., 1927.

DECROLY, O. *Problemas de psicología y de pedagogía*. Madrid: Francisco Beltrán Librería Española y Extranjera, 1929. (Actualidades Pedagógicas).

_____. A seleção dos superdotados. *Educação*, São Paulo, v.9, n. 8-9, p.171-209, ago./set. 1932.

DEL PICCHIA, M. *A crise da democracia*. São Paulo: s.e., 1931.

DEWEY, J. *School and society*. 2.ed. Chicago: University of Chicago Press, 1915.

_____. *Ecole et l´enfant*. Paris: Delachaux & Niestlé, 1922. (Collection d'Actualites Pedagogiques).

_____. *Escuela y la sociedad*. Trad. C. Barnes. 3.ed. Madrid: Francisco Beltran, 1929.

_____. *Impressions of soviet Russia and the revolutionary world*: Mexico, Chine, Turkey. New York: New Republic, 1932.

_____. *La escuela y el niño*. Madrid: Espasa-Calpes, 1934. (Ciencia y Educación).

_____. *Democracia e educação*: breve tratado de filosofia de educação. Trad. Godofredo Rangel, Anísio Teixeira. São Paulo: Nacional, 1936. (Atualidades Pedagógicas, 21).

_____. *Las escuelas de mañana*. Traducción Lorenzo Luzuriaga. Buenos Aires: Editorial Losada, 1950. (Biblioteca del Maestro).

_____. *Experiencia y educación*. 9.ed. Buenos Aires: Editorial Losada, 1967. (Biblioteca del Maestro).

_____. Meu credo pedagógico. In: *Dewey*. São Paulo: Abril Cultural, 1980. (Os Pensadores).

DUMAS, G. O preconceito normalo-cêntrico em psicologia. *Educação*, São Paulo, v.3, n.2, p.97-100, maio 1928.

BRASIL ARCAICO, ESCOLA NOVA **317**

DURKHEIM, É. *Educação e sociologia*. Trad. Lourenço Filho. São Paulo: Melhoramentos, 1929. (Biblioteca de Educação, 5).

_____. *A educação moral*. Trad. Raquel Weiss. Petrópolis: Vozes, 2008. (Coleção Sociologia).

EDITORIAL. *Arquivos Brasileiros de Higiene Mental*, Rio de Janeiro, v.2, n.1, p.3, 1929.

ESCOBAR, J. R. *Educação Nova*. Recife: Imprensa Oficial, 1930. (Publicação da Diretoria Técnica da Educação do Estado de Pernambuco).

ESPOSEL, F. Do valor da orientação profissional em higiene mental. *Arquivos Brasileiros de Higiene Mental*, Rio de Janeiro, v. 2, n.2, p.109-11, 1929.

ESTATÍSTICA ESCOLAR DE 1930. Introdução de Lourenço Filho. São Paulo: s.n., 1931. (Diretoria Geral do Ensino do Estado de São Paulo – Seção de Estatística e Arquivo, n.1).

FARIA DE VASCONCELOS, A. de S. *Lições de pedologia e pedagogia experi-mental*. Lisboa: Antiga Casa Bertrand, José Bastos & C. Editores, 1925. (Biblioteca de Filosofia Científica).

FAUCONNET, P. O Congresso Pedagógico de Elsenor. *Educação*, São Paulo, v.10, n.3, ano 3, p.332-3, mar. 1930.

FERENCZI, S. *Psicanálise*. Trad. Álvaro Cabral. São Paulo: Martins Fontes, 1991. (Obras Completas, 1).

FERRIÈRE, A. *L'autonomie des écoliers*: l'art de former des citoyens pour la nation et pour l'humanité. Neuchâtel y Paris: Delachaux & Niestlé, 1928.

_____. Editorial. *Pour l'Ère Nouvelle*, Paris, 1924.

_____. *Transformemos a escola*. Apelo aos pais e às autoridades. Prefácio de António Sérgio. Trad. Álvaro Viana de Lemos e João Ferreira da Costa. Paris: Livraria Francesa e Estrangeira Truchy-Le Roy, 1928. (Biblioteca do Educador).

_____. A técnica da escola ativa. *Educação*, São Paulo, v.6, n.1/2/3, p.181-8, jan./ fev./mar. 1932.

_____. *A escola activa*. Porto: Educação Nacional, 1934.

FIGUEIRA DE MELLO, F. F. de. Verdadeiro laboratório da obra de nacionalização e socialização da criança. *Revista de Educação*, São Paulo, v.27, p.202, set./dez. 1939.

_____. Organização e orientação dos serviços de saúde escolar. In: 1º CONGRESSO NACIONAL DE SAÚDE ESCOLAR. São Paulo, 21-27 de abril de 1941. p.72-103.

FIGUEIRA, F.; RADECKI, W. Pesquisas experimentais sobre a fadiga dos menores trabalhadores nas fábricas (nota prévia). *Arquivos Brasileiros de Higiene Mental*, Rio de Janeiro, v. 1, n. 2, p. 181-4, 1925.

FIGUEIRINHAS, A. *Impressões sobre a instrução no Rio de Janeiro e São Paulo*. Porto: Casa Editora de A. Figueirinhas, 1929.

FONSECA, E. G. *A Escola Nova no Rio, São Paulo e Minas*. Recife: Imprensa Oficial, 1931. (Palestra realizada no Grupo Escolar João Barbalho).

FORD, H. *Hoje e amanhã*. Trad. José B. Monteiro Lobato. São Paulo: Nacional, 1927.

_____. *Minha vida e minha obra*. Trad. Silveira Bueno. São Paulo: Gráfico-Editora Monteiro Lobato, 1925.

FOURIER, C. O novo mundo industrial e societário. In: BABEUF, G.; SAINT-SIMON, H.; BLANQUI, A.; FOURIER, C. *O socialismo pré-marxista*. Trad. Olinto Beckerman. 2.ed. São Paulo: Global, 1986. (Coleção Bases, 31).

_____. *A infância emancipada*: textos sobre educação. Prefácio e organização René Schérer. Trad. Luís Leitão. Lisboa: Antígona, 2007.

FREINET, C. *As técnicas Freinet da Escola Moderna*. Trad. Silva Letra. 4.ed. Lisboa: Editorial Estampa, 1975.

_____. *A educação do trabalho*. Trad. Maria Ermantina Galvão G. Pereira. São Paulo: Martins Fontes, 1998. (Psicologia e Pedagogia).

GUIMARÃES, O. N. S. O laboratório de psicologia. In: RADECKI, W. *Trabalhos de psicologia*. Extraído dos Anais da Colônia de Psicopatas. Rio de Janeiro: s. n., 1929.

HERBART, J. F. *Pedagogía general derivada del fin de la educación*. 2.ed. Traducción Lorenzo Luzuriaga, Prologo Ortega y Gasset. Madrid: Ediciones de la Lectura, 1926. (Ciencia y Educación, Clásicos).

_____. *Ciencia y arte*. Teoría y práctica. In: LUZURIAGA, L. (Org.). *Antología de Herbart*. Buenos Aires: Editorial Losada, 1946.

HUGO, V. *Os miseráveis*. Trad. Regina Célia de Oliveira. São Paulo: Martin Claret, 2007. 2v.

HUXLEY, A. *Admirável mundo novo*. Trad. Felisberto Albuquerque. São Paulo: Abril Cultural, 1982.

INSTITUTO DE ORGANIZAÇÃO RACIONAL DO TRABALHO. Entrevista de Robert Mange ao Diário Nacional. *Escola Nova*, São Paulo, v.3, n.1-2, p.127, maio/jun. 1931.

INSTITUTO DE PSICOLOGIA. *Educação*, São Paulo, v.11, p.181-2, dez. 1932.

INTERNACIONAL DOS TRABALHADORES DE ENSINO. In: *A Educação na República dos Soviets*. Trad. de Violeta Sandra. São Paulo: Nacional, 1935.

_____. (Paris) *Educação na República dos soviets*: programas oficiais. Prefácio de Helena Krouspskaia. São Paulo: Nacional, 1935. (Série Atualidades Pedagógicas).

BRASIL ARCAICO, ESCOLA NOVA **319**

ITARD, J. *Relatório feito a sua excelência o Ministro do Interior sobre os novos desenvolvimentos e o estado atual do* Selvagem do Aveyron, 1807. In: BANKS-LEITE, L.; GALVÃO, I. (Orgs.). *A educação de um selvagem*: as experiências pedagógicas de Jean Itard. 2.ed. São Paulo: Cortez, 2000.

JARDIM, R. *Psicanálise e educação*: resumo comentado da doutrina de Freud e crítica da sua aplicabilidade à educação. São Paulo: Melhoramentos, 1933.

_____. Opinião do Dr. Renato Jardim. *Educação*, Órgão da Diretoria Geral da Instrução Pública e da Sociedade de Educação de São Paulo, v.2, p.86-88, jan./mar., 1928.

JESUALDO [José Aldo Sosa]. *Diecisiete educadores de América*: los constructores, los reformadores. Montevideo: Ediciones Pueblos Unidos, 1945.

KANT, I. *Ideia de uma história universal de um ponto de vista cosmopolita*. Org. Ricardo R. Terra. Trad. Rodrigo Naves e Ricardo Terra. São Paulo: Brasiliense, 1986. (Elogio da Filosofia).

KASEFF, L. *Problemas de educação moderna*: ensaios pedagógicos. Rio de Janeiro: Edição do Autor, 1933.

KERSCHENSTEINER, G. *Concepto de la escuela del trabajo*. Barcelona: Ediciones de La Lectura, 1928.

KERGOMARD; BRÈS. *Guia prático de pedagogia experimental*. Trad. Alcina Tavares Guerra. Rio de Janeiro: F. Briguiet & Cia. Editores, 1930. (Coleção Pedagógica).

KILPATRICK, W. H. *Educação para uma civilização em mudança*. Trad. Noemi Silveira. São Paulo: Melhoramentos, 1933. (Biblioteca de Educação).

_____. *La función social, cultural y docente de la escuela*. Trad. Lorenzo Luzuriaga. Buenos Aires: Losada, 1940.

LA NUEVA EDUCACIÓN EN LOS ESTADOS UNIDOS. *Revista de Pedagogía*, Madrid, ano 4, n.42, p.267-8, jun. 1925.

LE BON, G. *Psicologia das multidões*. Trad. Mariana Sérvulo. São Paulo: Martins Fontes, 2008. (Tópicos).

LESSA, G. de S. *Orientação da escola ativa nos Estados Unidos*. Belo Horizonte: Imprensa Oficial de Minas Gerais, 1929.

LIGA INTERNACIONAL de Educação Nova. *Revista de Pedagogía*, Madrid, ano 7, n.74, feb. 1928.

LOMBARDO-RADICE, G. *Riforma della scuola elementare*: vita nuova della scuola del popolo. Palermo: Remo Sandrom, 1925.

LOURENÇO FILHO, M. B. *Juazeiro do Padre Cícero*: cenas e quadros de fanatismo no nordeste. São Paulo: Melhoramentos, 1926. (Obra premiada pela Academia Brasileira de Letras).

_____. A Escola Nova: resposta ao inquérito acerca do ensino paulista, promovido pelo *O Estado de S. Paulo*. São Paulo: s.e., 1927.

_____. A Escola Nova: conferência ontem realizada pelo professor Lourenço Filho. *Jornal do Comércio*, Rio de Janeiro, 6 maio 1928.

_____. A "Escola Nova". *Revista de São Paulo*, São Paulo, n.1, 1929a.

_____. A "Escola Nova". *Educação*, São Paulo, v.7, n.3, p. 293-301, jun. 1929b.

_____. Prefácio. In: WALTHER, L. *Tecnopsicologia do trabalho industrial*. São Paulo: Melhoramentos, 1929c.

_____. Escola Nova. *Escola Nova*, São Paulo, v.1, n.1, p.3-7, out. 1930a.

_____. *Introdução ao estudo da Escola Nova*. São Paulo: Melhoramentos, 1930b. (Biblioteca de Educação).

_____. Os testes. *Escola Nova*, São Paulo, v.2, n.3-4, p.253-9, mar./abr. 1931.

_____. *Testes ABC para verificação da maturidade necessária à aprendizagem da leitura e escrita*. São Paulo: Melhoramentos, 1933. (Biblioteca de Educação).

_____. Como surgiu o Idort. *Revista do Idort*, São Paulo, v.15, n.175, 1946.

_____. Lourenço Filho, discurso pronunciado pelo professor Lourenço Filho, na sessão comemorativa do 25° aniversário da Associação Brasileira de Educação, *Educação*, Rio de Janeiro, n.27, 1950, p.19-22.

_____. Vicente Licínio Cardoso e os estudos sociais. *Educação e Ciências Sociais*, Rio de Janeiro, n. 63-66, p.29-38, 1°/4° trim. 1959.

LUBAMBO, M. Em que consiste a Escola Única? *A Ordem*, Rio de Janeiro, ano 13, n.37-38, p.212-25, mar./abr. 1933.

LUZURIAGA, L. *Las escuelas nuevas*. Madrid: Publicaciones del Museo Pedagógico Nacional, 1922.

_____. *Concepto y desarrollo de la nueva educación*. 2.ed. rev. Madrid: Publicaciones de la Revista de Pedagogía, 1932.

MAGALHÃES, B. de. *Tratamento e educação das crianças anormais de inteligência*. Rio de Janeiro: Jornal do Comércio de Rodrigues & C., 1918.

MAIAKOVSKI, V. *Minha descoberta da América*. Trad. Graziela Schneider. São Paulo: Martins Fontes, 2007.

MAKARENKO, A. S. *Banderas en las torres*. Moscú: Editorial Progreso, 1970.

_____. *Problemas de la educación soviética*. Traducción J. Rodríguez. Moscú: Editorial Progreso, 1982.

_____. *Poema pedagógico*. Trad. Tatiana Belinky. São Paulo: Brasiliense, 1986. v.3.

_____. *The road to life* (An epic of education). Second impression. Translates from the russian by Tatiana Litvinov. Moscow: Foreign Languages Publishing House, s. d.

MANGE, R. *Escolas profissionais mecânicas*. São Paulo: Tipografia do Brasil de Rothschild & Co. 1925. (Separata da *Revista Politécnica*, out./nov.).

_____. *Notas sobre psicotécnica*. Publicado n'*O Estado de S. Paulo* em julho de 1926. São Paulo: Seção de Obras d'*O Estado de S. Paulo*, 1926.

MARANHÃO, P. *Testes pedagógicos*. Rio de Janeiro: Tipografia Jornal do Brasil, 1926.

_____. *Testes*: testes mentais, testes de escolaridade, programa de testes. São Paulo: Livraria Francisco Alves, 1928.

MARCONDES, D. Um "sonho de exame". Considerações sobre a "Casa de Pensão" de Aluízio Azevedo. *Revista Brasileira de Psicanálise*, São Paulo, v.1, n.1, p.89-100, jun. 1928.

_____. Aspectos do aproveitamento prático da psicanálise. In: 1° CONGRESSO PAULISTA DE PSICOLOGIA, NEUROLOGIA, PSIQUIATRIA, ENDOCRINOLOGIA, IDENTIFICAÇÃO, MEDICINA LEGAL E CRIMINOLOGIA. São Paulo, 24 a 30 de julho de 1938. *Atas...* São Paulo: Imprensa Metodista, 1938a. p.182-8.

_____. Discurso proferido na inauguração das classes de Débeis Mentais no Grupo Escolar Godofredo Furtado. In: 1° CONGRESSO PAULISTA DE PSICOLOGIA, NEUROLOGIA, PSIQUIATRIA, ENDOCRINOLOGIA, IDENTIFICAÇÃO, MEDICINA LEGAL E CRIMINOLOGIA. São Paulo, 24 a 30 de julho de 1938. *Atas...* São Paulo: Imprensa Metodista, 1938b.

_____. Contribuição para o estudo do problema dos repetentes na escola primária (condições físicas, psíquicas e sociais). *Revista de Neurologia e Psiquiatria de São Paulo*, São Paulo, v.7, p.263-71, 1941a.

_____. A higiene mental escolar por meio da Clínica de Orientação Infantil. *Revista de Neurologia e Psiquiatria de São Paulo*, São Paulo, v.7, n. 6, p.251-7, nov./dez. 1941b.

_____. ; ARRUDA, J. Avaliação dos resultados obtidos na Clínica de Orientação Infantil de São Paulo. *Revista de Neurologia e Psiquiatria de São Paulo*, São Paulo, v.7, n. 6, p.259-271, nov./dez. 1941c.

_____. (Org.). *Noções de higiene mental da criança*. São Paulo: Martins, 1946.

_____. ; ARRUDA, J. Avaliação dos resultados obtidos na Clínica de Orientação Infantil de São Paulo. *Revista de Neurologia e Psiquiatria de São Paulo*, São Paulo, v.7, n.6, p.257-71, nov./dez. 1941.

MEDEIROS E ALBUQUERQUE. *Tests*: introdução ao estudo dos meios científicos de julgar a inteligência e a aplicação dos alunos. Rio de Janeiro: Livraria Francisco Alves, 1924.

MEIRELLES, C. O compromisso de ensinar. Conferência realizada no auditório da Escola Normal. *Boletim da Educação Pública*, Distrito Federal, v. 2, n. 1/2, jan./jun. 1932.

MENNUCCI, S. [Saul Maia]. *Alma contemporânea*. São Paulo: s.e., 1918.

———. *Rodapés*. São Paulo: Piratininga, 1927.

———. *A escola paulista*: polêmica com o sr. Renato Jardim. São Paulo: Copag, 1930.

———. *A crise brasileira de educação*. Prefácio Roquete Pinto, Miguel Couto e Aloísio de Castro. 2.ed. São Paulo: Piratininga, 1934. (Obra premiada pela Academia Brasileira de Letras).

MESQUITA FILHO, J. de. *A crise nacional*: reflexões em torno de uma data. São Paulo: Seção de Obras d'*O Estado de S. Paulo*, 1925.

MONTEIRO LOBATO. *Problema vital*. São Paulo: Revista do Brasil, 1918.

———. *How Henry Ford is regarded in Brazil* (Articles). Rio de Janeiro: São Paulo, Editora, 1926.

———. *Mr. Slang e o Brasil*: colóquios com o inglês da Tijuca. São Paulo: Nacional, 1927.

———. Prefácio. In: KEHL, R. *Bio-perspectivas*. Rio de Janeiro, São Paulo, Belo Horizonte: Francisco Alves, 1938.

———. *América*. São Paulo: Nacional, 1932.

MONTESSORI, M. *Il metodo della pedagogia scientifica applicato all'educazione infantile nelle Case dei Bambini*. Città di Castello: Case Editricie S. Lapi, 1909.

———. *O método da pedagogia científica aplicado à educação infantil nas "Casas dos Meninos" pela Dra. Montessori*. Trad. Alípio Franca. Salvador: Livraria Econômica, 1924.

MORAES, D. *A psicanálise na educação*. Rio de Janeiro: Tipografia Mendonça-Machado & Cia., 1927.

———. A psicanálise na educação. *Educação*, São Paulo, v.2, n.1, p.37-45, 1927a.

———. *Pedagogia científica*. Vitória: Governo do Espírito Santo, 1930.

MORAES, P. D. de. Pedagogia científica. *Revista Nacional*, São Paulo, ano 1, n. 11, p.21-8, jul. 1922a.

———. A educação da infância pelo método Montessori. *Revista Nacional*, São Paulo, ano 1, n.13, p.42-52, out. 1922b.

———. Pedagogia científica (continuação). *Revista Nacional*, São Paulo, ano 2, n.1, p.20-4, jan. 1923a.

———. Pedagogia científica (continuação). *Revista Nacional*, São Paulo, ano 2, n.2, p.117-20, fev. 1923b.

———. A escola brasileira. *Revista Nacional*, São Paulo, ano 2, n.4, p.238-44, abr. 1923c.

———. Escola ativa brasileira do Espírito Santo. *Revista Brasileira de Educação*, Rio de Janeiro, 1930.

MORAES BARROS, P. *Impressões do Nordeste brasileiro*. São Paulo: Oficina Gráfica Monteiro Lobato & C., 1924. (Conferências do Dr. Paulo de Moraes Barros realizadas sob os auspícios da Sociedade Nacional de Agricultura, no Rio de Janeiro, e da Sociedade Rural Brasileira, em São Paulo, em 1923).

NEIVA, A.; PENNA, B. *Viagem científica pelo norte da Bahia, sudoeste de Pernambuco, sul do Piauí e de norte a sul de Goiás*. In: *Memórias do Instituto Oswaldo Cruz*. Brasília: Senado Federal, 1999. t.8. (Coleção Memória Brasileira, edição fac-similar).

NOTICIÁRIO. *Revista Brasileira de Psicanálise*, São Paulo, v.1.n.1, p.110-114, jun. 1928.

O BUREAU INTERNATIONAL D'ÉDUCATION. *Educação*, São Paulo, v.4, n.1, p.80-3, jul./set., 1928.

OLIVEIRA, A. de A. *O ensino público* [1873]. Brasília: Senado Federal, Conselho Editorial, 2003. (Edições do Senado Federal, 4, edição fac-similar).

OLIVEIRA, J. F. de. *O ensino público em São Paulo*: algumas reminiscências. São Paulo: Tipografia Siqueira, 1932.

OLIVEIRA VIANNA, J. O idealismo na constituição. In: CARDOSO, V. L. (Org.). *À margem da história da República*. Rio de Janeiro: Anuário do Brasil, 1924.

O 4º. R.I. Os "Tests" americanos e sua aplicação pela primeira vez no Exército Brasileiro. *Educação*, São Paulo, v.8, n.1, p.138-40, jul. 1929.

OTONI JÚNIOR. A base ética da pedagogia socialista. *A Ordem*, Rio de Janeiro, 1932, p.291-314.

PACHECO E SILVA, A. C. *Conferências sobre psiquiatria infantil*. São Paulo: Oficinas Gráficas de Saraiva, 1952.

PATRASCOIU, J. *Diccionario pedagógico ilustrado*. Buenos Aires: A. García Santos, 1923.

_____. *Paidología*: paidotecnia y pedagogía experimental. Buenos Aires: Librería de A. García Santos, 1926.

PAULINO, J. *Escola Nova*: doze pontos de um programa. Bahia: Livraria Editora Baiana, 1938.

PAVLOV, I. P. *Obras escolhidas*. Trad. Hugolino de Andrade Vflakler e Elena Olga Maria Andreoni. São Paulo: Hemus, 1970. v.1.

PAZ, U. F. da. *Educação*: contribuição ao estudo dos problemas do ensino primário. São Paulo: Edigráfica, 1947.

PEIXOTO, A. *Marta e Maria*: documentos de ação pública. Rio de Janeiro: Tipografia da Sociedade Gráfica Editorial, 1931.

_____. *Noções de história da educação*. São Paulo: Nacional, 1933. (Atualidades Pedagógicas, 5).

324 CARLOS MONARCHA

PENAFIEL, C. O elemento psíquico no trabalho humano: a Liga Brasileira de Higiene Mental e os novos horizontes da higiene pública. *Arquivos Brasileiros de Higiene Mental*, Rio de Janeiro, v.1, n.2, p.11-24, 1925.

PENNA, B. *Saneamento do Brasil*: sanear o Brasil e povoá-lo; e enriquecê-lo; e moralizá-lo. Rio de Janeiro: Revista dos Tribunais, 1918.

_____. Saúde e educação, elementos básicos da previdência social. *Revista Nacional*, São Paulo, ano 2, n.8, p.516-24, ago. 1923.

_____. A educação higiênica na escola. *Educação*, São Paulo, v. 2, n.1, p.19-25, jan. 1928.

PEREIRA BARRETO, L. O século XX sob o ponto de vista brasileiro. In: PAIM, A. (Org.). *Plataforma do positivismo ilustrado*. Brasília: Ed. UnB, 1981.

_____. *As três filosofias - filosofia teológica* [1874]. In: BARROS, R. S. M. (Org.). *Obras filosóficas de Pereira Barreto*. São Paulo: Edusp-Grijalbo, 1967.

PEREIRA, M. O Brasil é ainda um imenso hospital — discurso pronunciado pelo prof. Miguel Pereira por ocasião do regresso do prof. Aloysio de Castro, da República Argentina, em outubro de 1916. *Revista de Medicina*, São Paulo, v. 7, n. 21, p. 3-7.

PERNAMBUCANO, U. *Classificação das crianças anormais*: a parada do desenvolvimento intelectual e suas formas; instabilidade e a astenia mental. Recife: Imprensa Industrial, 1918.

_____. Assistência a psicopatas em Pernambuco. Ideias e realizações. *Arquivos de Assistência a Psicopatas de Pernambuco*, Recife, v. 2, n.1, p.3-59, abr. 1932.

PERNAMBUCO FILHO, P. *Conferências*: o problema da educação dos anormais. Perigo dos venenos lentos. Rio de Janeiro: Livraria Francisco Alves, 1928.

_____. *A evolução psicossomática*. Rio de Janeiro: Imprensa Oficial, 1934. (Separata dos Arquivos de Medicina Legal e Identificação).

_____. *Duas conferências*. Rio de Janeiro: Imprensa Oficial, 1938. (Separata dos Arquivos de Medicina Legal e Identificação).

PFISTER, O. *Psicoanálisis y la educación*. Madrid: Revista de Pedagogía, 1932.

PIMENTEL FILHO, A. *Pedologia*: esboço de uma história natural da criança. Lisboa: Guimarães, 1936.

PINKEVICH, A. *La nueva educación en la Rusia soviética*. Madrid: Aguilar, 1931.

PINTO, E. *A escola e a formação da mentalidade popular no Brasil*. São Paulo: Melhoramentos, 1932. (Biblioteca de Educação, 16).

_____. *O problema da educação dos bem dotados*. São Paulo: Melhoramentos, 1933. (Biblioteca de Educação, v. 19).

PINTO, N. S. As crianças anormais, através da psicopedagogia. In: 1º CONGRESSO PAULISTA DE PSICOLOGIA, NEUROLOGIA, PSIQUIATRIA,

ENDOCRINOLOGIA, IDENTIFICAÇÃO, MEDICINA LEGAL E CRI-MINOLOGIA. São Paulo, 24 a 30 de julho de 1938. *Atas...* São Paulo: Imprensa Metodista, 1938. p.112-44.

PISTRAK. *Fundamentos da escola do trabalho.* Trad. Daniel Aarão Reis Filho. São Paulo: Brasiliense, 1981.

PIZZOLI, U. *Pedagogia scientifica.* Trattato di medicina sociale: sanitá psichica. Milano: Dottor Francesco Vallardi, 1909.

PONTOS DE PSICOLOGIA ORGANIZADOS segundo o programa das escolas normais por uma professora. 2.ed. São Paulo: Estabelecimento Gráfico Irmãos Ferraz, 1928.

PORTO-CARRERO, J. P. *Ensaios de psicanálise.* Rio de Janeiro: Flores & Mano Editores, 1929a.

_____. Educação sexual. *Arquivos Brasileiros de Higiene Mental,* Rio de Janeiro, ano 2, n.3, dez. 1929b.

_____. *Psicanálise de uma civilização.* Rio de Janeiro: Guanabara, 1933. (Biblioteca de Cultura Científica).

PRADO, P. *Retrato do Brasil:* ensaio sobre a tristeza brasileira. São Paulo: Duprat-Mayença, 1928.

QUAGLIO, C. *A solução do problema pedagógico-social da educação da infância anormal de inteligência no Brasil.* São Paulo: Tipografia Espindola & Comp., 1913.

_____. *A escola positivista, a escola ativa e a escola viva.* São Paulo: s. n., 1930. (20ª publicação da Faculdade de Pedologia de São Paulo).

RADECKI, W. Contribuição à psicologia das representações. *Revista da Sociedade de Educação,* São Paulo, v.1, n.3, p.224-35, dez. 1923.

_____. *Resumo do curso de Psicologia.* Rio de Janeiro: Imprensa Militar – Estado-Maior do Exército, 1928. (Fascículo 1º Introdução à Psicologia – Objetos e métodos).

_____. *Resumo do curso de Psicologia.* Rio de Janeiro: Imprensa Militar – Estado-Maior do Exército, 1929. (Fascículo 16º Psicotécnica Introdução à Psicologia – Objetos e métodos).

_____. *Laboratório de Psicologia da Colônia de Psicopatas de Engenho de Dentro.* Trabalhos de psicologia. Direção Prof. Dr. W. Radecki. Extraído dos Anais da Colônia de Psicopatas. Rio de Janeiro, s. n., 1928-1929. v.1.

_____. Discurso do professor W. Radecki. *Revista da Sociedade de Educação,* São Paulo, v.1, n.1, ago.-dez., p,71, 1923.

RAMOS, A. *Educação e psicanálise.* São Paulo: Nacional, 1934. (Atualidades Pedagógicas, 7).

————. *A criança problema*: a higiene mental na escola primária. São Paulo: Nacional, 1939. (Atualidades Pedagógicas, v.37).

REGO, L. de M. *Meu desejo de ser útil*. São Luís: s. n., s. d.

ROCHA, C. de F.; BUENO DE ANDRADA. *Tests*: como medir a inteligência dos escolares. Rio de Janeiro: Erbas de Almeida, Editor, 1931.

ROCHA, F. A psicologia de Freud. Conferência pronunciada na Sociedade Brasileira de Psicanálise. *Revista Brasileira de Psicanálise*, São Paulo, v.1.n.1, p.7-23, jun. 1928.

RODRIGUES, J. L. *Um retrospecto*: alguns subsídios para a história pragmática do ensino público em São Paulo. São Paulo: Instituto Ana Rosa, 1930.

ROMERO, S. *Provocações e debates*. Porto: Livraria Chardron, 1910.

SABÓIA, M. Pediatria. *Escola Nova*, São Paulo, n.1/2, jan./fev., p.249-50, 1931.

SAMPAIO DORIA, A. de. *Instrução pelo Estado*. São Paulo: Monteiro Lobato, 1922.

SANCTIS, S. de. *Educazione dei deficienti*. Milano: Casa Editrice Dottore Francesco Vallardi, 1915.

SCHIMIDT, V. *A educação psicanalítica na Rússia soviética*. Relatório sobre o Laboratório do Asilo de Menores de Moscovia. Única tradução autorizada pelo Dr. Zoran Ninitch. Rio de Janeiro: Machado & Schmidt, 1934.

SÉRGIO, L.; SÉRGIO, A. *Contribuição para o estabelecimento de uma escala de pontos dos níveis mentais das crianças portuguesas*. Porto: Tipografia "Renascença Portuguesa", 1919. (Biblioteca de Educação).

SERRANO, J. *A Escola Nova*: uma palavra serena em um debate apaixonado. Rio de Janeiro: Schmidt, Editor, 1932.

SERVA, M. P. *A educação nacional*. Pelotas: Echenique & Comp. Livraria Universal, 1924.

————. A União e a educação nacional. Tese n.103. In: 1ª CONFERÊNCIA NACIONAL DE EDUCAÇÃO, 1927, Curitiba. *Anais...* Curitiba, 1927. (Edição fac-similar organizada por Maria José Franco Ferreira da Costa, Denílson Roberta Shena, Maria Auxiliadora Schmidt. Brasília: Inep, 1997).

SIGHELE, S. *A multidão criminosa*: ensaio de psicologia coletiva. Rio de Janeiro: Organizações Simões, 1954.

SILVA JARDIM, A. *Propaganda republicana*: 1888-1889. Discursos, opúsculos, manifestos e artigos coligidos, anotados e prefaciados por Barbosa Lima Sobrinho. Rio de Janeiro: Fundação Casa de Rui Barbosa – Conselho Federal de Cultura, 1978.

SILVA, P. *Assistência aos menores anormais*. São Paulo: Tipografia Irmãos Ferraz, 1931.

SILVEIRA, N. M. da. A orientação profissional: seu objetivo. Papel da escola primária como pré-orientadora profissional. *Educação*, São Paulo, n.2/3, nov./dez. 1928.

_____. Visita de professores brasileiros aos Estados Unidos. *Educação*, São Paulo, v.12, n.1, p.153-6, jul. 1930a.

_____. *Um ensaio de organização de classes seletivas do 1° grau, com o emprego dos testes ABC*. São Paulo: Diretoria Geral do Ensino, Serviço de Assistência Técnica, 1930b.

_____. Recent psychological experiments in São Paulo, Brazil. *School Life*, Washington, v.15, n.10, jun. 1930c.

_____. *Da organização do Serviço de Psicologia Aplicada*. São Paulo: Tipografia São Lázaro, 1932.

SIMON, B. *Os testes contra a escola democrática*. Rio de Janeiro: Editorial Vitória, 1956.

SOCIEDADE BRASILEIRA DE PSICANÁLISE. *São Paulo Médico*, São Paulo, ano 1, v.1, n.1, p.101-2, maio 1928.

SOCIEDADE DE PSICOLOGIA DE SÃO PAULO. *Revista de Neurologia e Psiquiatria de S. Paulo*, São Paulo, v.4, p.92-3, jan./dez-1938.

SOROCHENKO, N. M. Educação pré-escolar na URSS. In: KLINE, G. L. (Org.). *Educação soviética*. São Paulo: Ibrasa, 1959.

SPENCER, H. *Da educação intelectual, moral e física*. Rio de Janeiro: Empresa Literária Fluminense, 1886.

TAVARES BASTOS. *A Província*: estudo sobre a descentralização no Brasil. [1870] 3.ed. São Paulo: Nacional, 1937. (Brasiliana).

TEIXEIRA, A. *Aspectos americanos da educação*. Bahia: Tipografia de São Francisco, 1928. (Relatório apresentado ao Governo do Estado da Bahia pelo Diretor Geral de Instrução, comissionado em estudos na América do Norte).

_____. Porque "Escola Nova". *Escola Nova*, São Paulo, v.1, n.1, p.3-80, out./dez.1930a.

_____. Porque "Escola Nova". *Boletim da Associação Baiana de Educação*, Salvador, n.1, p.2-30, 1930b.

_____. Prefácio. In: ALVES, I. *Os testes e a reorganização escolar*. Bahia: A Nova Gráfica, 1930c.

_____. *Porque "Escola Nova"*. Bahia: Livraria e Tipografia do Comércio, 1930d.

_____. A pedagogia de Dewey (Esboço da teoria da educação de John Dewey). In: DEWEY, J. *Vida e educação*. São Paulo: Melhoramentos, 1930e. (Biblioteca de Educação, 12).

_____. O movimento da Escola Nova. *Escola Nova*, São Paulo, v.2, n.3/4, mar./abr. 1931.

328 CARLOS MONARCHA

———. Educação e sociedade. *Boletim de Educação Pública*, Rio de Janeiro, n.3/4, p.247-54, jul./dez. 1932a.

———. As diretrizes da escola nova. *Boletim de Educação Pública*, Rio de Janeiro, ano 2, n.1/2, p.1-24, jan./jun. 1932b.

———. As diretrizes da Escola Nova. *Revista do Ensino*, Belo Horizonte, v.32, n.65/67, jan./mar. 1932c.

———. *Educação progressiva*: uma introdução à filosofa da educação. São Paulo: Nacional, 1933.

———. Aspectos da reconstrução escolar do Distrito Federal. *Boletim de Educação Pública*, Distrito Federal, ano 4, n. 9/10, p.7-13, jan./jun. 1934a.

———. Educação Pública: organização e administração. Relatório do Diretor do Departamento de Educação do Distrito Federal. *Boletim de Educação Pública*, Distrito Federal, ano 4, n.11/12, jul./dez. 1934b.

———. *Em marcha para a democracia*: à margem dos Estados Unidos. Rio de Janeiro: Guanabara – Waissman, Koogan, 1934c. (Biblioteca de Cultura Científica).

TEIXEIRA BRANDÃO. *A educação nacional no regime republicano*. Rio de Janeiro: Imprensa Nacional, 1907.

TEÓFILO, R. *O Reino de Kiato*: no país da verdade. São Paulo: Monteiro Lobato Editor, 1922.

TERMAN, L. M. *The measurement of intelligence; an explanation of and a complete guide for the use of the Stanford revision and extension of the Binet-Simon intelligence scale*. London: G.G. Harp & Co., 1928.

THOMPSON, O. "Escola Nova". *Revista de Educação*, São Paulo, v.9. n.9-10, p.197-203, mar. 1935.

———. Relatório apresentado ao Exmo Sr.Dr. Secretário do Interior por Oscar Thompson, Diretor Geral da Instrução Pública. In: *Anuário do Ensino do Estado de S. Paulo. Publicação organizada pela Diretoria Geral da Instrução Pública, com autorização do governo do Estado*. São Paulo: Augusto Siqueira & Co., 1917.

———. ; REIS, C.; LANE, H. Memorial. *Revista de Ensino*, Associação Beneficente do Professorado Público de São Paulo, ano 2, n.6, p.417-541, fev. 1904.

TOLSTOI, L. *La escuela de Yasnaia Poliana*.Valença: Editorial "Prometeo", 1910.

TORRES, A. *O problema nacional brasileiro*: introdução a um programa de organização nacional. 3.ed. São Paulo: Nacional, 1971. (Brasiliana).

UCHOA, D. Psicanálise e higiene mental. *Revista de Neurologia e Psiquiatria de São Paulo*, v.4, n.4, p.139-49, out./dez. 1938.

BRASIL ARCAICO, ESCOLA NOVA **329**

VÉLEZ, M. Sobre a instabilidade psicomotora dos escolares. *Revista de Neurologia e Psiquiatria de São Paulo*, v.7, n.6, p.283-292, nov./dez. 1941.

VERHAEREN, É. *Cidades tentaculares*. Trad. José Jeronymo Rivera. Brasília: Thesaurus, 1999.

VERÍSSIMO, J. *A educação nacional*. 2.ed. aum. Rio de Janeiro: Livraria Francisco Alves, 1906.

_____. O positivismo no Brasil. In: _____. *Estudos brasileiros*. Belo Horizonte: Itatiaia; São Paulo: Edusp, 1976, p. 61-72. (1ª série).

VIANA, A; FRAIZ, P. (Orgs.). *Conversa entre amigos*: correspondência escolhida ente Anísio Spinola Teixeira e Monteiro Lobato. Salvador: Fundação Cultural do Estado da Bahia, Rio de Janeiro: FGV-CPDOC, 1986.

VIANNA, E. *A escola ativa*: pela sua propaganda. Natal: Imprensa Oficial, 1930. (Contribuição para o relatório do dirigente da instrução pública do Rio Grande do Norte na reunião da Federação Nacional das Sociedades de Educação a se realizar no Distrito Federal).

VIANNA, F. *As modernas diretrizes no ensino primário*: escola ativa, do trabalho ou nova. Rio de Janeiro: Livraria Francisco Alves, 1930.

VIEIRA, Francisco Furtado Mendes. A escola clássica e a escola nova. *Boletim de Educação Pública*, Distrito Federal, ano 1, n.3, p.414-423, jul./set.1930.

VIVACQUA, A. *Educação brasileira*: diretrizes e soluções do problema educacional no Espírito Santo. Vitória: Empresa Gráfico-Editora "Vida Capixaba", 1930.

WALTHER, L. *Tecnopsicologia do trabalho industrial*. Trad. Lourenço Filho. São Paulo: Melhoramentos, 1929.

WYNEKEN, G. A. *Las comunidades escolares libres*. Madrid: Revista de Pedagogía, 1926.

XAVIER, L. Necessidades da pedagogia moderna. In: I Conferência Nacional de Educação, 1927. *Anais...* (Edição fac-similar organizada por Maria José Franco Ferreira da Costa, Denílson Roberta Shena, Maria Auxiliadora Schmidt. Brasília: Inep, 1997).

ZULLIGER, *La psychanalyse à l'école*. Paris: Ernest Flammarion 1930.

_____. *Los niños difíciles*. Traducción Agustín Serrata. Madrid: Fundación de Javier Morata, 1920.

Bibliografia de referência

ABBAGNANO, N.; VISALBERGHI, A. *História da pedagogia*. Trad. Glicínia Quartin. Lisboa: Livros Horizonte, 1957. 2v.

ADORNO, T. W. *Educação e emancipação*. Trad. Wolfgang Leo Maar. Rio de Janeiro: Paz e Terra, 1995.

_____.; HORKHEIMER, M. *Dialética do esclarecimento*: fragmentos filosóficos. Trad. Guido Antonio de Almeida. Rio de Janeiro: Zahar, 1985.

ALONSO, A. *Ideias em movimento*: a geração 1870 na crise do Brasil-Império. Rio de Janeiro: Paz e Terra, 2002.

AMADO, J. Região, sertão, nação. *Estudos históricos*, Rio de Janeiro, v.8, n.15, p.145-51, 1995. (História e Região).

ARAUJO, M. M. *José Augusto Bezerra de Medeiros*: vida, educação, política. São Paulo, 1995. Tese (Doutorado em Educação). Faculdade de Educação - Universidade de São Paulo.

ARIÈS, P. L'enfant à travers les siècles. *L'Histoire*, Paris, n. 19, p.85-7, jan. 1980.

BABINI, V. P. *La questione dei frenastenici*: alle origini della psicologia scientifica in Italia (1870-1910). Milano: Franco Angeli, 1996.

_____.; LAMA, L. *Una "duonna nuova"*: il feminismo scientifico di Maria Montessori. Milano: Franco Angeli, 2000. (Storia).

BACZKO, B. Imaginação social. In: *Enciclopédia Einaudi*. Lisboa: Imprensa Nacional-Casa da Moeda, 1985, v.5. (Anthropos-Homem).

_____. Utopia. In: *Enciclopédia Einaudi*. Lisboa: Imprensa Nacional-Casa da Moeda, 1985, v.5. (Anthropos-Homem) .

BARTHES, R. *Sade, Fourier, Loyola*. São Paulo: Martins Fontes, 2005.

BASTOS, E. R.; MORAES, J. Q. de (Org.). *O pensamento de Oliveira Vianna*. Campinas: Ed. da Unicamp, 1993.

BELLO, R. *Subsídios para a história da educação em Pernambuco*. Recife: Secretaria da Educação e Cultura, 1978.

BENJAMIN, W. *Discursos interrompidos I*. Espanha: Taurus, 1982. (Ensaístas, 91).

BERCHERIE, P. A clínica psiquiátrica da criança. Estudo histórico. In: CIRINO, O. *Psicanálise e psiquiatria com crianças*: desenvolvimento e estrutura. Belo Horizonte: Autêntica, 2001. p.128-44.

BERGMAN, I. *O ovo da serpente*. 3.ed. Rio de Janeiro: Nórdica, 1978.

BERLIN, I. *Limites da utopia*: capítulo da história das ideias. São Paulo: Companhia das Letras, 1991.

BLACK, E. *A guerra contra os fracos*: a eugenia e a campanha norte-americana para criar uma raça superior. Trad. Tuca Magalhães. São Paulo: A Girafa, 2003.

BORNHEIM, G. A invenção do novo. In: NOVAES, A. *Tempo e história*. São Paulo: Companhia das Letras, 1992, p.103-118.

BOSI, A. *Dialética da colonização*. São Paulo: Companhia das Letras, 1992.

BRADBURY, M.; MACFARLANE, J. *Modernismo*: guia geral. Trad. Denise Bottmann. São Paulo: Companhia das Letras, 1989.

BRECHT, B. *Diário de trabalho*. Trad. Reinaldo Guarany e José Laurenio de Melo. Rio de Janeiro: Rocco, 2002. 2v.

BRITO, M. da S. *Antecedentes da Semana de Arte Moderna*. História do modernismo brasileiro: I. 2. ed. revisada. Rio de Janeiro: Civilização Brasileira, 1964.

BUCCI, S. *Educazione dell'infanzia e pedagogia scientifica*: da Fröebel a Montessori. Roma: Bulzoni Editore, 1990.

BURKE, P. *Uma história social do conhecimento*: de Gutenberg a Diderot. Rio de Janeiro: Jorge Zahar, 2003.

CABRAL, A. C. M. A psicologia no Brasil. In: *Psicologia*, n.3. Boletim n.69 da Faculdade de Filosofia, Ciências e Letras - Universidade de São Paulo, 1950.

CALÓGERAS, J. P. *Formação histórica do Brasil*. São Paulo: Nacional, 1980. (Brasiliana, 42).

CAMBI, F. *História da pedagogia*. Trad. Álvaro Lorencini. São Paulo: Ed. da Unesp, 1999. (Encyclopaideia).

CANDIDO (Mello e Souza), A. A Revolução de 1930 e a cultura. *Novos Estudos Cebrap*, São Paulo, v. 2, n.4, p.27-36, abr. 1984.

CARNEIRO LEÃO, A. *O culto da ação em Verhaeren*. Rio de Janeiro: s.e., 1960.

CARONE, E. *A Primeira República*: 1889-1930. 3.ed. São Paulo: Difel, 1976.

_____. *Revoluções do Brasil contemporâneo*: 1922-1938. 3.ed. rev. São Paulo: Difel, 1977. (Corpo e Alma do Brasil).

CARRARA, S. L.; RUSSO, J. A. A psicanálise e a sexologia no Rio de Janeiro de entreguerras: entre a ciência e a autoajuda. *História, Ciências, Saúde-Manguinhos*, Rio de Janeiro, v.9, n.2, p.273-90, 2002.

CARVALHO, M. M. C. de. *Molde nacional e forma cívica*: higiene, moral e trabalho no projeto da Associação Brasileira de Educação. São Paulo, 1986. Tese (Doutorado em Educação) – Faculdade de Educação, Universidade de São Paulo.

_____. A bordo do navio, lendo notícias do Brasil: o relato de viagem de Adolphe Ferrière. In: MIGNOT, A. C. V.; GONDRA, J. G. (Orgs.) *Viagens pedagógicas*. São Paulo: Cortez, 2007.

CASSIRER, E. *A filosofia do Iluminismo*. Trad. Álvaro Cabral.Campinas, SP: Ed. da Unicamp, 1992. (Coleção Repertório).

CASTEL, R. *O psicanalismo*. Rio de Janeiro: Graal, 1978a. (Biblioteca de Ciências Sociais. Série Saúde e Sociedade, 1).

_____. *A ordem psiquiátrica*: a idade de ouro do alienismo. Rio de Janeiro: Graal, 1978b. (Biblioteca de Filosofia e História das Ciências, 4).

CAVALCANTE, M. J. M. *João Hippolyto de Azevedo e Sá:* o espírito da reforma educacional de 1922 no Ceará. Fortaleza: Ed. UFC, 2000a.

_____. Algumas fontes para o estudo da ação educacional do jovem Lourenço Filho no Ceará. In: MONARCHA, C.; LOURENÇO FILHO, R. *Por Lourenço Filho*: uma biobibliografia. Brasília: Inep-Mec, 2000. (Coleção Lourenço Filho, v.1).

CAVALHEIRO, E. *Monteiro Lobato e sua obra*. São Paulo: Nacional, 1955. v.1.

CENTOFANTI, R. Radecki e a psicologia no Brasil. *Psicologia: Ciência e Profissão*, Distrito Federal, ano 3, n.1, p.1-50, 1982.

_____. Ugo Pizzoli. *Estudos e Pesquisas em Psicologia*, Rio de Janeiro, ano 2, n. 1, p.75-93, 2002.

CHÂTELET, F. (Dir.) *História da filosofia*: ideias, doutrinas. Rio de Janeiro: Zahar, 1983.

CHILDS, J. L. *Pragmatismo y educación*: su interpretación y critica. Trad. Josefina Ossorio, Aída Aisenson. Buenos Aires: Editorial Nova, 1956.

COMPAGNON, A. *O trabalho da citação*. Trad. Cleonice P. B. Mourão. Belo Horizonte: Ed. UFMG, 2007.

COSTA, J. F. *História da psiquiatria no Brasil*: um corte ideológico. 4.ed. Rio de Janeiro: Xenon, 1989

CUNHA, L. A. A organização do campo educacional: as conferências de educação. *Educação & Sociedade*, São Paulo, n. 9, p.5-48, maio 1981.

_____. A política educacional e a formação da força de trabalho industrial na Era Vargas. In: *A Revolução de 30*: seminário realizado pelo Centro de Pesquisa e Documentação de História Contemporânea do Brasil da Fundação Getúlio Vargas. Brasília: Ed. da UnB, 1983. p.439-69.

DAMASCO PENNA, J. B. Claparède. In: CUZ COSTA, J. et al. *Grandes educadores*: Platão, Rousseau, D. Bosco, Claparède. Rio de Janeiro, Porto Alegre, São Paulo: Globo, 1949. p.231-333.

DESANTI, D. *Los socialistas utópicos*. Barcelona: Editorial Anagrama, 1973.

DEUTSCHER, I. *Trotsky*: o profeta banido (1929-1940). Trad. Waltensir Dutra. São Paulo: Civilização Brasileira, 1963. v.2 (Documentos da história contemporânea).

BRASIL ARCAICO, ESCOLA NOVA **333**

DIAS, F. C. *A renovação da escola pública*: ideias e práticas educativas de Firmino da Costa. Brasília: Inep, 1986. (Prêmio grandes educadores).

DOMMANGET, M. *Os grandes socialistas e a educação*: de Platão a Lenine. Trad. Célia Pestana. Lisboa: Publicações Europa-América, 1974. (Biblioteca Universitária).

DONZELOT, J. *A polícia das famílias*. Trad. M. T. da Costa Albuquerque. 3.ed. Rio de Janeiro: Graal, 1980.(Biblioteca de Filosofia e História das Ciências).

DULLES, J. W. F. *Anarquistas e comunistas no Brasil*: 1900-1935. Trad. César Parreiras Horta. Rio de Janeiro: Nova Fronteira, 1977. (Brasil século 20).

ENGELS, F. *A situação da classe trabalhadora na Inglaterra*. Trad. Rosa Camargo Artigas e Reginaldo Forti. São Paulo: Global, 1985. (Coleção Bases, 47).

FAUSTO, B. A crise dos anos 20 e a Revolução de 30. In: _____. (Org.). *História geral da civilização brasileira*. São Paulo: Difel, 1985. t.3, v.2.

FILONOV, G. N. Anton Sémionovitch Makarenko (1888-1939). *Perspectives*, Paris, v.24, n.1/2, p.83-96, 1994.

FINZI, R. Lênin, Taylor, Stakhanov: o debate sobre a eficiência econômica após Outubro. In: HOBSBAWM, E. J. (Org.). *História do marxismo*: o marxismo na época da terceira internacional – a URSS, da construção do socialismo ao Stalinismo. Trad. Carlos Nelson Coutinho, Luiz Sérgio N. Henriques e Amélia Rosa Coutinho. Rio de Janeiro: Paz e Terra, 1986. p.137-57. (Pensamento Crítico, 61).

FORJAZ, M. C. S. *Tenentismo e forças armadas na Revolução de 30*. São Paulo: Forense Universitária, 1988.

FOUCAULT, M. *Resumo dos cursos do Collège de France*. (1970-1982). Rio de Janeiro: Jorge Zahar Editor, 1997.

_____. *Os anormais*: curso no Collège de France (1974-1975). Trad. Eduardo Brandão. São Paulo: Martins Fontes, 2001. (Coleção Tópicos).

_____. *O nascimento da clínica*. 5.ed. Trad. Roberto Machado. Rio de Janeiro: Forense Universitária, 2003.

_____. *Nascimento da Biopolítica*. Trad. Eduardo Brandão. São Paulo: Martins Fontes, 2008. (Coleção Tópicos).

FOULQUIÉ, P. *As escolas novas*. São Paulo: Nacional, 1952. (Atualidades Pedagógicas, 55).

FRANCO, M. S. C. As ideias estão no lugar. *Cadernos de Debates*, São Paulo, n.1, p.61-67, 1976.

FRANKENA, W. K. *Three historical philosophies of education*: Aristotle, Kant, Dewey. Michigan: Scott, Foresman and Co., 1965. (Keystones of education series).

334 CARLOS MONARCHA

FREINET, É. *Nascimento de uma pedagogia popular*: os métodos Freinet. Trad. Rosália Cruz. Lisboa: Editorial Estampa, 1969. (Biblioteca de Ciências Pedagógicas).

FREUD, E. L.; MENG, H. (Orgs.). *Cartas entre Freud & Pfister*: um diálogo entre a psicanálise e a fé cristã (1909-1939). 3.ed. Viçosa: Ed. Ultimato, 2001.

FREYRE, G. *Tempo morto e outros tempos*: trechos de um diário de adolescência e primeira mocidade – 1915-1930. Rio de Janeiro: José Olímpio, 1975.

GARRET, H. E. *Grandes experimentos da psicologia*. Trad. e notas Maria da Penha Pompeu de Toledo. São Paulo: Nacional, 1966. (Atualidades Pedagógicas).

GAY, P. *Freud*: uma vida para nosso tempo. Trad. Denise Bottmann. São Paulo: Companhia das Letras, 1989.

GOULD, S. J. *A falsa medida do homem*. Trad. Walter Lellis Siqueira. São Paulo: Martins Fontes, 1991.

GRAMSCI, A. *Obras escolhidas*. Trad. Manuel Cruz. Lisboa: Editorial Estampa, 1974. v.2.

GUINSBURG, J. (Org.). *A paz perpétua*: um projeto para hoje. São Paulo: Perspectiva, 2004. (Coleção Elos).

GUSMÃO, M. *Artur Ramos:* o homem e a obra. Maceió: DAC/Senac, 1974.

HABERMAS, J. *Técnica e ciência como "ideologia"*. Lisboa: Edições 70, 1968. (Biblioteca de Filosofia Contemporânea, 3).

HAHNER, J. E. *Pobreza e política*: os pobres urbanos no Brasil: 1870-1921. Trad. Cecy Ramires Maduro. Brasília: Ed. da UnB, 1993.

HAMELINE, D. Adolphe Ferrière: 1879-1960. *Perspectives*, Paris, v.23, n.1-2, p.379-406, mars./juin., 1993a.

_____. Edouard Claparède: 1873-1940. *Perspectives*, Paris, v.23, n.1/2, p.159-71, 1993b.

_____.; DARDELIN, M-J. *La liberte d'apprendre*: justifications pour um enseignement non-directif. Paris: Les Editions Ouvrières, 1967. (Collection Points d'Appui).

HERRNSTEIN, R. J.; BORING, E. G. (Orgs.). *Textos básicos de história da psicologia*. Trad. Dante Moreira Leite. São Paulo: Ed. Herder-Edusp, 1971.

HOBSBAWM, E. J. *A era do capital*. Trad. Luciano Costa Neto. Rio de Janeiro: Paz e Terra, 1982. (Pensamento Crítico, 12).

_____. *A era dos impérios*. 1875-1914. Trad. Sieni Maria Campos e Yolanda Steidel de Toledo. Rio de Janeiro: Paz e Terra, 1989. (Pensamento Crítico).

HOCHMAN, G. *A era do saneamento*. São Paulo: Hucitec-Anpocs, 1998.

INSTRUMENTI ED APPARECCHI di psicometria, di psicologia emendativa ideati dal Dott. Ugo Pizzoli a cura di Mario Gandini. S. Giovanni in Persiceto: Leopoldo Fusconi Editore, 1995.

KROPF, S. Manoel Bomfim e Euclides da Cunha: vozes dissonantes nos horizontes do progresso. *Manguinhos,* Rio de Janeiro, v.3, n.1, p.80-98, mar./jun. 1996.

KUMARIN, V. *Anton Makarenko – su vida y labor pedagógico.* Moscú: Editorial Progreso, 1975.

LE GOFF, J. Antigo-Moderno. In: ROMANO, R. (Dir.). *Enciclopédia Einaudi.* Lisboa: Imprensa Nacional, Casa da Moeda, 1984. v.1.

LEITE, M. M. Maria Lacerda de Moura e o anarquismo. In: PRADO, A. A. (Org.). *Libertários no Brasil*: memórias, lutas, cultura. São Paulo: Brasiliense. 1986, p.82-97.

LIMA, N. T.; HOCHMAN, G. Condenado pela raça, absolvido pela medicina: o Brasil descoberto pelo movimento sanitarista da Primeira República. In: MAIO, M; SANTOS, R. V. (Orgs.). *Raça, ciência e sociedade.* Rio de Janeiro: Fiocruz, 1996. p.23-40.

LOPES, S. C. *Oficina de mestres*: história, memória e silêncio sobre a Escola de Professores do Instituto de Educação do Rio de Janeiro (1932-1939). Rio de Janeiro: DP&A, Faperj, 2006.

LOURENÇO, E. *Americanos e caboclos*: encontros e desencontros em Fordlândia e Belterra-PA. São Paulo, 1999. Dissertação (Mestrado em Geografia) – Faculdade de Filosofia, Letras e Ciências Humanas, Universidade de São Paulo.

LUZ, M. T. *Medicina e ordem política brasileira*: políticas e instituições de saúde (1830-1930). Rio de Janeiro: Graal, 1982. (Biblioteca de Saúde e Sociedade).

MACEDO, R. Biografia de Belizário Augusto de Oliveira Penna. *Anais da Academia Mineira,* Belo Horizonte, n. 5, p.207-218, 1974.

MACHADO, R. A história epistemológica de Georges Ganguilhem. In: _____. *Foucault*: a ciência e o saber. 3.ed. rev. e ampliada. Rio de Janeiro: Jorge Zahar Ed., 2006.

MAIER, C. S. Entre le taylorisme et la technocratie: ideologies et conceptions de la productivité industrielle dans l'Europe des années 1920. In: MURARD, L.; ZYLBERMAN, P. (Orgs.). *Recherches,* Paris, n.32-33, p.95-134, set. 1978. (Le soldat du travail).

MALSON, L. *As crianças selvagens.* Porto: Livraria Civilização, 1967.

MANNONI, M. *A teoria como ficção.* Trad. Roberto Cortes de Lacerda e Waltensir Dutra. Rio de Janeiro: Campus, 1982.

336 CARLOS MONARCHA

MARTINS, W. *Pontos de vista*: crítica literária (1968-1970). São Paulo: T. A. Queiroz, 1994. v. 8.

MARX, K.; ENGELS, F. *Crítica da educação e ensino*. Introdução e notas Roger Dangeville. Trad. Ana Maria Rabaça. Lisboa: Moraes Editores, 1978. (Psicologia e Pedagogia).

MATTHIAS, L. L. et al. *A educação norte-americana em crise*. Prefácio de Paschoal Lemme. Rio de Janeiro: Editorial Vitória, 1956.

MAURY, L. *Freinet e a pedagogia*. Trad. Yara Maria Laranjeira e Mário Laranjeira. São Paulo: Martins Fontes, 1993. (Psicologia e Pedagogia).

MAYER, A. J. *A força da tradição*: a persistência do Antigo Regime. Trad. Denise Bottmann. São Paulo: Companhia das Letras, 1987.

MEDEIROS, J. A. de. *Ulisses Pernambucano um mestre diante de seu tempo*. Brasília: Inep. 1992. (Série Grandes Educadores, 6).

MEDICI, A. *La nueva educación*. Traducción V. D. Bourillons. Buenos Aires: Ediciones Troquel, 1967. (Biblioteca el Tema del Hombre).

MONARCHA, C. *A reinvenção da cidade e da multidão*: dimensões da modernidade brasileira – a Escola Nova. São Paulo: Cortez-Autores Associados, 1989. (Série Memória da Educação).

_____. As três fontes da pedagogia científica: a psicologia, a sociologia e a biologia. *Didática*, São Paulo, v.28, p.41-9, nov. 1992.

_____. Notas sobre história da educação brasileira. *Pro-Posições*, Campinas, v.4, n.3, p.59-63, nov. 1993.

_____. Breve resenha de ideias sobre o "Manifesto dos Pioneiros da Educação Nova". *Filosofia, Sociedade e Educação*, São Paulo, n.2, p.75-86, 1996.

_____. História da educação brasileira: atos de fundação. *Horizontes*, Bragança Paulista, p.35-43, jul. 1996. (Dossiê: Historiografia e Cultura).

_____. (Org.). *Lourenço Filho*: outros aspectos, mesma obra. Campinas: Mercado de Letras, 1997.

_____. Arquitetura escolar republicana: a Escola Normal da Praça e a construção de uma imagem de criança. In: FREITAS, M.C. (Org.). *História social da infância no Brasil*. São Paulo: Cortez, 1997.

_____. O Estado republicano e a escola pública na virada do século. *Filosofia, Sociedade e Educação*, São Paulo, n.1, p.227-235, 1997.

_____. Notas sobre educação na "Era Getuliana". *História da Educação*, Pelotas, p.57-68, out. 1999.

_____. *Escola Normal da Praça*: o lado noturno das Luzes. Campinas: Ed. Unicamp, 1999. (Coleção Momento).

_____. Introdução ao estudo da Escola Nova, de M. B. Lourenço Filho. *Revista Brasileira de Educação*, Campinas, n.14, p.170-6, maio/jun./jul./ago. 2000. (500 anos de educação escolar).

_____. (Org.). *Educação da infância brasileira*: 1875-1983. Campinas, São Paulo: Autores Associados, 2001.

_____. (Org.). *Anísio Teixeira*: a obra de uma vida. Rio de Janeiro: DP&A, 2001.

_____. *Lourenço Filho e a organização da psicologia aplicada à Educação* (São Paulo: 1921-1934). Brasília: Inep, MEC, 2001. (Coleção Lourenço Filho).

_____. (Org.). *História da educação brasileira*: formação do campo. 2ª ed. ver. e aum. Unijuí: Ed. da Unijuí, 2005.

_____. O triunfo da razão psicotécnica: medida humana e equidade social. In: STEPHANOU, M.; BASTOS, M. H. C. (Orgs.). *Histórias e memórias da educação no Brasil*. Petrópolis: Vozes, 2005. (Século XX, 3).

_____. Estudos históricos em educação: entre antigos e modernos. In: SOUZA, R. F. de; VALDEMARIN, V. T. (Orgs.). *A cultura escolar em debate*: questões metodológicas e desafios para pesquisa. Campinas: São Paulo: Autores Associados, 2005.

_____. Bergström Lourenço Filho, Escola Nova e o sertão do Ceará: *terra incognatae*. In: ARAUJO, M. M. de et al. (Orgs.) *Intelectuais, Estado e educação*. Natal: Ed. da UFRN, 2006. p.105-36.

_____. História da educação brasileira (Esboço da formação do campo). In: NASCIMENTO, M. I. M.; SANDANO, W.; LOMBARDI, J. C.; SAVIANI, D. (Orgs.). *Instituições escolares no Brasil - conceito e reconstrução histórica*. Campinas, São Paulo: Autores Associados, 2007.

_____. Sobre Clemente Quaglio (1872-1948): notas de pesquisa. *Boletim Academia Paulista de Psicologia*, São Paulo, ano 27, n.2, p.25-34, jul./dez. 2007.

_____. Cânon da reflexão ruralista no Brasil: Sud Mennucci. In: WERLE, F. O. C. (Org.). *Educação rural em perspectiva internacional*: instituições, práticas e formação do professor. Ijuí: Ed. Unijuí, 2007.

_____. História da educação (brasileira): formação do campo, tendências e vertentes investigativas. *História da Educação*, Pelotas, p.51-78, v.11, 2007.

_____. Testes ABC: origem e desenvolvimento. *Boletim Academia Paulista de Psicologia*, São Paulo, ano 28, n.1-8, p. 7-17, jan./jun.2008.

_____. Cânon do movimento pedológico: Clemente Quaglio (1872-1948). In: *VII Congresso Luso-Brasileiro de História da Educação - Cultura escolar, migrações e cidadania*. Porto, 2008. Anais...

338 CARLOS MONARCHA

MOREL, P. *Dicionário biográfico Psi*. Trad. Lucy Magalhães. Rio de Janeiro: Jorge Zahar Editor, 1997.

MOTTA, M. S. *A nação faz 100 anos*: a questão nacional no centenário da independência. Rio de Janeiro: Ed. FGV, 1992.

MUEL, F. L'École obligatoire et l'invention de l'enfance anormale. *Actes de la Recherche en Sciences Sociales*, Paris, n.1, jan. 1975.

NOGUEIRA, R. F. de S. *A prática pedagógica de Lourenço Filho no Ceará*. Fortaleza: Faculdade de Educação, UFC, 1991. (Cadernos de Educação, n.16).

NÓVOA, A. Autobiografia inédita de António Sérgio. *Revista Crítica de Ciências Sociais*, n.29, p.141-77, fev. 1990.

NUNES, C. *Anísio Teixeira*: a poesia da ação. Bragança Paulista: Edusf, 2000.

_____. Anísio Teixeira na América (1927-1929): democracia, diversidade cultural e políticas públicas de educação. In: MIGNOT, A. C. V.; GONDRA, J. G. (Orgs.) *Viagens pedagógicas*. São Paulo: Cortez, 2007.

OLIVEIRA, C. L. M. V. de. *História da psicanálise*: São Paulo 1920-1969. São Paulo: Escuta, Fapesp, 2005.

PACHECO E SILVA, A. C. *Armando de Salles Oliveira*. São Paulo: Parma, Edusp, 1980.

PENNA, A. G. *História da psicologia no Rio de Janeiro*. Rio de Janeiro: Imago, 1992. (Série Logoteca).

PEREIRA, A. *Ensaios históricos e políticos*. São Paulo: Alfa- Omega, 1979. (Série 1, v.9).

PINELL, P. L'École obligatoire et les recherches en psychopédagogie au début du XXe siècle. *Cahiers Internationaux de Sociologie*, Paris, v.58, p.341-62, 1977.

_____. L'invention de l'echelle metrique de l'intelligence. *Actes de la Recherche em Sciences Sociales*, Paris, n.108, p.19-35, juin, 1995.

PRATES, M. H. O. *A introdução oficial do movimento da Escola Nova no ensino público de Minas Gerais*: a Escola de Aperfeiçoamento. Belo Horizonte, 1989. Dissertação (Mestrado em Educação). Faculdade de Educação - Universidade Federal de Minas Gerais.

QUERZOLA, J. Le chef d'orquestre à la main de fer: Leninisme et Taylorisme. *Recherches*, Paris, n. 33-34, p.57-94, set., 1978.

RICARDO, C. Monteiro Lobato e Anísio Teixeira: o sonho da educação no Brasil. In: MONARCHA, C. (Org.). *Anísio Teixeira*: a obra de uma vida. Rio de Janeiro: DP&A, 2001.

RODRÍGUEZ, H. B. *Lorenzo Luzuriaga y la renovación educativa en España*: 1889-1936. Sada, A Coruña: Edición do Castro, 1989. (Serie Documentos).

BRASIL ARCAICO, ESCOLA NOVA 339

_____. Lorenzo Luzuriaga y el movimiento de la Escuela Única en España, la renovación educativa al exilio (1913-1959). *Revista de Educación*, Madrid, v. 289, p.7-48, mayo-ago. 1998.

ROMANO, R. *Conservadorismo romântico*: origens do totalitarismo. São Paulo: Brasiliense, 1981. (Primeiros Voos).

_____. *Corpo e cristal*: Marx romântico. Rio de Janeiro: Guanabara, 1986.

RÖHRS, H. Maria Montessori: 1870-1952. *Perspectives*, Paris, v. 24, n.1-2, p.173-188, 1994.

RUIZ, S. H. R. *Psicopedagogia do interesse*: estudo histórico, crítico, psicológico e pedagógico do conceito mais importante da pedagogia contemporânea. São Paulo: Nacional, 1960. (Atualidades Pedagógicas).

SADEK, M. T. A. *Machiavel, Machiavéis*: a tragédia Octaviana. São Paulo: Símbolo, 1978. (Coleção Ensaio e Memória).

SAGAWA, R. Y. *Durval Marcondes*. Rio de Janeiro: Imago, Brasília: Conselho Federal de Psicologia, 2002. (Pioneiros da Psicologia Brasileira, 11).

SANTA ROSA, V. *O sentido do tenentismo*. 3.ed. São Paulo: Alfa - Omega, 1976. (Biblioteca Alfa - Omega de Ciências Sociais).

SANTOS, W. G. dos. *Roteiro bibliográfico do pensamento político-social brasileiro*: 1870-1965. Belo Horizonte: Ed. da UFMG; Rio de Janeiro: Casa de Oswaldo Cruz, 2002.

SAVIANI, D. Tendências e correntes da educação brasileira. In: MENDES, D. T. (Coord.). *Filosofia da educação brasileira*. Rio de Janeiro: Civilização Brasileira, 1985.

SCHULTZ, D. P.; SCHULTZ, S. E. *História da psicologia moderna*. Trad. Suely Sonoe Murai Cuccio. São Paulo: Pioneira Tomson, 2005.

SCHWARZ, R. Ideias fora do lugar. In:_____. *Ao vencedor as batatas*. 5.ed. São Paulo: Duas Cidades –Editora 34, 2000.

SGUIGLIA, E. *Fordlândia*. São Paulo: Iluminuras, 1997.

SILVEIRA, J. A influência de Lourenço Filho no Distrito Federal. In: *Um educador brasileiro*: Lourenço Filho. São Paulo: Melhoramentos, 1958. (Volume Preliminar)

SKIDMORE, T. E. *Preto no branco*: raça e nacionalidade no pensamento brasileiro. Trad. Raul de Sá Barbosa. Rio de Janeiro: Paz e Terra, 1976. (Estudos Brasileiros, 9).

SNYDERS, G. *Para onde vão as pedagogias não directivas?* 2.ed. Lisboa: Moraes Editores, 1978. (Colecção Psicologia e Pedagogia).

SOUZA, M. do C. C. O processo político-partidário na Primeira República. In: MOTA, C. G. (Org.). *Brasil em perspectiva*. São Paulo: Difusão Europeia do Livro, 1974. p.162-226.

STEPAN, N. L. *"A hora da eugenia"*: raça, gênero e nação na América Latina. Trad. Paulo M. Garchet. Rio de Janeiro: Editora Fiocruz, 2005. (Coleção História e Saúde).

STEPHANOU, M. *Tratar e educar*: discursos médicos e educação nas primeiras décadas do século XX. Porto Alegre, 1999. Tese (Doutorado em Educação) Universidade Federal do Rio Grande do Sul.

SÜSSEKIND, F.; VENTURA, R. *História e dependência*: cultura e sociedade em Manoel Bomfim. São Paulo: Moderna, 1984.

SZÉKELY, B. (Org.). *Los tests*: manual de técnicas de exploración psicológica. 4.ed. Buenos Aires: Editorial Kapeluz, 1960. (Biblioteca de Ciencias de la Educación).

TAVELLA, N. Las escalas de Binet y sus revisiones. In: SZÉKELY, B. (Org.). *Los tests*: manual de técnicas de exploración psicológica. Madrid: Editorial Kapeluz, 1960. p. 439-508. (Biblioteca de Ciencias de la Educación).

TELES, G. M. *Vanguarda europeia e modernismo brasileiro*: apresentação e crítica dos principais manifestos vanguardistas. Petrópolis: Vozes, 1992.

TROMBETTA, C. *Psicologia dell'educazione e pedologia*: contributo storico-critico. Milano: Franco Angeli, 2002. (Psicologia).

VAUDAGNA, M. L'Americanisme et le management scientifique dans l'Italie des annes 1920. In: MURARD, L.; ZYLBERMAN, P. *Recherches*, Paris, n.32-33 , p. 389-433, set. 1978. (Le soldat du travail).

VEER, R.; VALSINER, J. *Vygotsky*: uma síntese. Trad. Cecília C. Bartalotti. São Paulo: Unimarco Ed. – Loyola, 1996.

VENTURA, R. *Estilo tropical*: história cultural e polêmicas literárias no Brasil. São Paulo: Companhia das Letras, 1991.

VIANNA MOOG, C. *Bandeirantes e pioneiros*: paralelo entre duas culturas. 13.ed. Rio de Janeiro: Civilização Brasileira, 1981.

VINÃO-FRAGO, A. La modernización pedagógica española através de la "Revista de Pedagogía" (1922-1936). *Anales de Pedagogía*, n.12-13, p.7-45, 1994-1995.

VOLPICELLI, L. *L'Évolution de la pédagogie soviétique*. Neuchátel: Delachaux et Niestlé, 1954. (Actualités Pédagogiques et Psychologiques).

WARDE, M. J. Estudantes brasileiros no Teachers College da Universidade de Columbia: do aprendizado da comparação. CBHE – Congresso Brasileiro de História da Educação, 2002. *Anais...*

WEBER, E. *França fin-de-siècle*. Trad. Rosaura Eichenberg. São Paulo: Companhia das Letras, 1989.

WEILL, S. *A condição operária e outros estudos sobre a opressão*. Rio de Janeiro: Paz e Terra, 1979.

WEINSTEIN, B. *(Re) formação da classe trabalhadora no Brasil* (1920-1964). Trad. de Luciano Vieira Machado. São Paulo: Cortez-Edusf, 2000.

WILSON, E. *Rumo à Estação Finlândia*: escritores e atores da história. Trad. Paulo Henriques Britto. São Paulo: Companhia das Letras, 1986.

Periódicos consultados

A Educação, Rio de Janeiro, revista mensal dedicada à defesa da instrução no Brasil, diretor José Augusto (1922-1924).

A Ordem, órgão do Centro D. Vital, Rio de Janeiro (1921-1932).

Arquivos da Assistência a Psicopatas de Pernambuco (1930-1935).

Arquivos do Instituto de Educação, publicação do Departamento de Educação de São Paulo (1933-1934).

Arquivos Brasileiros de Higiene Mental, órgão oficial da Liga Brasileira de Higiene Mental (1925-1932).

Boletim de Educação Pública, publicação organizada pela Diretoria Geral da Instrução Pública do Distrito Federal (1930-1935).

Educação, órgão da diretoria-geral da Instrução Pública e da Sociedade de Educação de São Paulo (1927-1930).

Escola Nova, segunda fase da revista *Educação*, órgão da diretoria-geral da Instrução Pública de São Paulo (1930-1931).

Revista Brasileira de Educação (1929).

Revista Brasileira de Psicanálise, órgão da Sociedade Brasileira de Psicanálise (1928).

Revista da Sociedade de Educação de São Paulo (1923-1924).

Revista de Educação, órgão do Departamento de Educação de São Paulo (1933-1944).

Revista de Neurologia e Psiquiatria de São Paulo (1938-1941).

Revista de Neurologia e Psiquiatria de São Paulo (1938-1941).

Revista de Pedagogía, Madrid (1922-1930).

Revista do Brasil (1916-1925).

Revista do Ensino, órgão técnico da Secretaria de Educação de Minas Gerais (1925-1935).

Revista do Idort, São Paulo, publicação do Instituto de Organização Racional do Trabalho (1931-1946).

Revista Nacional, Nossa terra, Nossa gente, Nossa língua, Educação e Instrução – Ciências e Artes, São Paulo (1921-1922).

São Paulo Médico (1931-1932).

Filmes

BERLIM, SINFONIA DA METRÓPOLE (*Berlin – die Symphonie einer Grosstadt*) (documentário). Direção de Walther Rutmann, argumento de Carl Mayer, operador de câmera Karl Freund. Alemanha, 1927. 63 m, 35 mm, preto-e-branco.

HOMO SAPIENS (documentário). Produção, edição, roteiro e direção de Peter Cohen, narração de John Holmquist, fotografia de Mast Lund, música de Matti Bye. Suécia, 1998. 88 m, 35 mm, preto-e-branco.

ROAD TO LIFE (*Putyovka v Zhizn*). Direção de Nikolai Ekk, roteiro de Alexander R. Yanushevich, Fotografia de Vasili Proni, música de Yakov Stollyar. URSS, 1931, 100 m, preto-e-branco, 35 mm.

SÃO PAULO, A SINFONIA DA METRÓPOLE (documentário). Roteiro de Adalberto Kemeny, direção e fotografia de Rodofo Lustig e Adalberto Kemeny, letreiros de Niraldo Ambra e João Quadros Júnior. São Paulo, 1929. 70 m, 35 mm, preto-e-branco.

THE WILD CHILD. Direção de François Truffaut, adaptação do roteiro e diálogos de François Truffaut e Jean Gruault. França, 1970. 85 m.

SOBRE O LIVRO

Formato: 16 x 23 cm
Mancha: 27,7 x 44,9 paicas
Tipologia: Horley Old Style 11/15
Papel: Offset 75 g/m^2 (miolo)
Cartão Supremo 250 g/m^2 (capa)
1ª edição: 2009

EQUIPE DE REALIZAÇÃO

Coordenação Geral
Marcos Keith Takahashi

Impressão e Acabamento

FARBE DRUCK

gráfica e editora ltda.